de kleine Prisma
Engels-Nederlands

In de reeks Kleine Prisma's zijn de
volgende delen verschenen:

Nederlands
Nederlands-Engels
Engels-Nederlands
Nederlands-Frans
Frans-Nederlands
Nederlands-Duits
Duits-Nederlands
Nederlands-Italiaans
Italiaans-Nederlands
Nederlands-Spaans
Spaans-Nederlands

Engels
Nederlands

PRISMA

De kleine Prisma's worden in de handel gebracht door:
Uitgeverij Het Spectrum B.V.
Postbus 2073
3500 GB Utrecht

Samenstelling: Spectrum Lexicografie m.m.v. Penta Taal
Zetwerk: Spectrum Database Publishing
Druk: Koninklijke Wöhrmann B.V., Zutphen

Eerste druk 1993
Tweede druk 1994
Derde druk 1996
Vierde herziene druk 1997

Ondanks al de aan de samenstelling van de tekst bestede zorg, kan noch de
redactie noch de uitgever aansprakelijkheid aanvaarden voor eventuele schade
die zou kunnen voortvloeien uit enige fout die in deze uitgave zou kunnen
voorkomen.

ISBN 90 274 5656 9   002-0285-001
NUGI 503

CIP-GEGEVENS KONINKLIJKE BIBLIOTHEEK, DEN HAAG

lijst van afkortingen

aanw vnw	aanwijzend voornaam-woord	onb vnw	onbepaald voornaamwoord
AE	Amerikaans- Engels	onp ww	onpersoonlijk werkwoord
anat.	anatomie	overtr. trap	overtreffende trap
archit.	architectuur	ov ww	overgankelijk werkwoord
bep.	bepaald(e)	pej.	pejoratief
betr vnw	betrekkelijk voornaam-woord	pers vnw	persoonlijk voornaam-woord
bez vnw	bezittelijk voornaam-woord	plantk.	plantkunde
		pol.	politiek
bijv.	bijvoorbeeld	rel.	godsdienst
bijw	bijwoord	samenst.	samenstelling
bio.	biologie	samentr.	samentrekking
bnw	bijvoeglijk naamwoord	scheepv.	scheepvaart
chem.	scheikunde	scherts	schertsend
comp.	informatica	sl.	slang
econ.	economie	taalk.	taalkunde
e.d.	en dergelijke	techn.	techniek
ev	enkelvoud	telecom.	telecommunicatie
fig.	figuurlijk	telw	telwoord
form.	formeel	tw	tussenwerpsel
foto.	fotografie	typ.	typografie
geb. wijs	gebiedende wijs	v.d.	van de
geo.	geografie	v.e.	van een
gesch.	geschiedenis	vergr. trap	vergrotende trap
hand.	handel	verl. tijd	verleden tijd
hww	hulpwerkwoord	vero.	verouderd
iem.	iemand	v.h.	van het
inf.	informeel	vnl.	voornamelijk
iron.	ironisch	volt. deelw.	voltooid deelwoord
jur.	juridisch	voorv	voorvoegsel
kind.	kindertaal	vr vnw	vragend voornaam-woord
kww	koppelwerkwoord		
lit.	literatuur	vulg.	vulgair
luchtv.	luchtvaart	vw	voegwoord
lw	lidwoord	vz	voorzetsel
m.b.t.	met betrekking tot	wisk.	wiskunde
med.	medisch	wkd vnw	wederkerend voornaam-woord
mil.	militair	wkg vnw	wederkerig voornaam-woord
muz.	muziek		
mv	meervoud	ww	werkwoord
on ww	onovergankelijk werk-woord	znw	zelfstandig naamwoord

Bijzondere tekens

Trefwoorden zijn vet gedrukt. Alle informatie die niet cursief is gezet, heeft betrekking op het Engels, alle cursieve informatie heeft betrekking op het Nederlands.

•	De vertalingen van een trefwoord zijn per betekenis georganiseerd. Elk van dez betekenissen wordt aangegeven door middel van een bolletje. Ook voorzetsels in de vreemde taal die in combinatie met een trefwoord tot een verschil in betekenis leiden, staan achter een bolletje (en tussen haakjes).
<...>	Elke specificering van een vertaling staat tussen punthaakjes, evenals vakgebied- en stijlaanduidingen.
[...]	Grammaticale categorieën staan tussen rechte haken.
/.../	Grammaticale informatie staat tussen schuine strepen.
★	Voorbeeldzinnen worden voorafgegaan door een sterretje.
I,II enz.	Aanduidingen van grammaticale categorieën (zelfstandig naamwoord, bijvoeglijk naamwoord, soorten werkwoorden enz.) worden voorafgegaan door romeinse cijfers.
~	Een tilde vervangt het trefwoord.
/	Een schuine streep scheidt woorden die onderling verwisselbaar zijn.
≈	Dit teken geeft aan dat de vertaling een benadering is van het vertaalde woord of voorbeeld; een exacte vertaling kan in dat geval niet worden gegeven.
↑	Dit teken geeft aan dat de vertaling formeler is dan het vertaalde woord of voorbeeld.
↓	Dit teken geeft aan dat de vertaling informeler is dan het vertaalde woord of voorbeeld.

A

a [lw] een

abandon [ov ww] opgeven, verlaten

abandoned [bnw] • losbandig • verlaten

abase [ov ww] verlagen, vernederen

abate [ov ww] verlagen <v. prijs>, doen afnemen

abbess [znw] abdis

abbey [znw] abdij

abbot [znw] abt

abbreviate [ov ww] af-/be-/verkorten

abbreviation [znw] afkorting

abdicate [ov ww] aftreden, afstand doen van troon

abdomen [znw] (onder)buik

abdominal [bnw] in/van de onderbuik

abduct [ov ww] ontvoeren, afvoeren

aberrant [bnw] abnormaal, afwijkend, afdwalend

aberration [znw] • afwijking • misstap

abet [ov ww] ophitsen, aanstoken

abhor [ov ww] verfoeien

abhorrence [znw] afschuw

abide I [ov ww] • verdragen • af-/verwachten II [on ww] • overblijven, vertoeven • verblijven, wonen • (~ by) trouw blijven aan, z. schikken naar, z. houden aan

ability [znw] bekwaamheid, bevoegdheid

abject [bnw] • rampzalig • verachtelijk

abjure [ov ww] afzweren

ablaze [bijw] in vlammen, gloeiend

able [bnw] in staat, bekwaam, bevoegd

ably [bijw] in staat, bekwaam, bevoegd

abnormal [bnw] • onregelmatig • abnormaal, afwijkend

abnormality [znw] • onregelmatigheid • afwijking

aboard [bijw + vz] • aan boord (v.) • langszij

abode I [ww] verl.tijd + volt.deelw. → abide II [znw] verblijf, woonplaats

abolish [ov ww] afschaffen

abominable [bnw] verfoeilijk

abominate [ov ww] verfoeien

abomination [znw] gruwel

abort [ov ww] • ontijdig bevallen • (vroegtijdig) afbreken • verschrompelen • doen mislukken

abortion [znw] • miskraam • abortus provocatus

abortive [bnw] • ontijdig • mislukt

abound [on ww] • overvloedig zijn • wemelen • (~ in/with) rijk zijn aan, wemelen van

about [bijw + vz] • om(trent), over • in de buurt (v.) • in het rond • ongeveer

above I [znw] bovengenoemde/ -staande II [bnw] bovengenoemd III [vz] boven, over

abrasion [znw] • schaafwond • afschuring

abrasive [bnw] • schurend, krassend • ruw, scherp

abreast [bijw] naast elkaar

abridge [ov ww] be-/verkorten

abrogate [ov ww] afschaffen, intrekken

absence [znw] afwezigheid

absent I [wkd ww] afwezig zijn II [bnw] afwezig

absentee [znw] afwezige

absolute [bnw] onvoorwaardelijk, absoluut

absolution [znw] absolutie, vergiffenis

absolve [ov ww] vergeven • (~ from/of) vrijspreken van

absorb [ov ww] • absorberen • geheel in beslag nemen • in z. opnemen

absorbent [bnw] absorberend

abstain [on ww] • (~ from) z. onthouden v.

abstemious [bnw] matig

abstention, abstinence [znw] onthouding

abstract I [znw] overzicht, uittreksel II [bnw] • abstract • theoretisch

abstracted [bnw] *verstrooid, in gedachten verzonken*

abstraction [znw] • *abstractie* • *afleiding* • *ontvreemding*

abundance [znw] *overvloed*

abundant [bnw] *overvloedig*

abuse I [ov ww] • *misbruiken* • *uitschelden* II [znw] • *misbruik* • *scheldwoorden*

abyss [znw] • *afgrond* • *hel, bodemloze put*

academic I [znw] *academicus* II [bnw] • *academisch* • *theoretisch* • *nuchter*

academy [znw] • *academie, onderwijsinrichting* • *instituut voor speciaal vak* • *genootschap*

accelerate [ov + on ww] *versnellen*

accelerator [znw] *gaspedaal*

accent I [ov ww] *nadruk leggen op* II [znw] • *klemtoon* • *stembuiging, uitspraak*

accentuate [ov ww] • *accentueren* • *verergeren*

accept [ov + on ww] *aannemen/-vaarden*

acceptable [bnw] • *acceptabel* • *welkom*

acceptance [znw] • *gunstige ontvangst* • *accept*

access I [ov ww] *z. toegang verschaffen tot* II [znw] *vlaag*

accessible [bnw] *toegankelijk*

accession [znw] • *troonsbestijging* • *toegang* • *toename*

accident [znw] • *toeval* • *ongeluk*

accidental [bnw] *toevallig*

acclimatize [ov + on ww] *acclimatiseren, wennen aan*

accommodating [bnw] *inschikkelijk, coulant*

accommodation [znw] *accomodatie*

accompaniment [znw] *begeleiding*

accompany [ov ww] *vergezellen, begeleiden* • (~ with) *vergezeld doen gaan v.*

accomplice [znw] *medeplichtige*

accomplish [ov ww] *volbrengen*

accomplished [bnw] • *volleerd* • *voldongen* • *volkomen* • *begaafd, (veelzijdig) getalenteerd*

accomplishment [znw] • *prestatie* • *talent* • *vaardigheid*

accord [ov ww] • *overeenstemmen* • *verlenen*

accordingly [bijw] *dienovereenkomstig, derhalve*

account I [ov ww] • *rekenen* • *beschouwen als* • (~ for) *verantwoorden, verklaren* II [znw] • *rekenschap* • *rekening* • *belang* • *verslag* • *kostenraming* • *(vaste) klant, opdrachtgever*

accountable [bnw] • *verantwoordelijk* • *verklaarbaar* • *aansprakelijk*

accredit [ov ww] *officieel erkennen* • (~ to) *geloof hechten aan, toeschrijven aan*

accrue I [ov ww] *doen aangroeien, kweken* II [on ww] *aangroeien*

accumulate [ov + on ww] (z.) *ophopen, verzamelen*

accumulation [znw] • *verzameling* • *op(een)hoping*

accumulative [bnw] (z.) *opstapelend*

accuracy [znw] *nauwkeurigheid*

accurate [bnw] *nauwkeurig*

accusal, accusation [znw] • *beschuldiging* • *aanklacht*

accuse [ov ww] *beschuldigen, aanklagen*

accustom [ov ww] *wennen* • (~ to) *wennen aan*

ace [znw] • *aas* ‹v. kaarten› • *uitblinker* ‹in competitie› • *ace* ‹tennis›

acerbity [znw] *wrangheid, bitterheid*

ache I [on ww] • *pijn lijden, pijn doen* • *hunkeren* II [znw] *(voortdurende) pijn*

achieve [ov ww] *volbrengen, bereiken*

achievement [znw] *succes, prestatie*

acid I [znw] • *zuur* • ‹sL› *LSD* II [bnw] • *scherp* • *zuur*

acknowledge [ov + on ww] *erkennen, bevestigen* • *beantwoorden* ‹v. groet›

acme [znw] toppunt
acorn [znw] eikel
acoustic(al) [bnw] gehoor/geluid
betreffend, akoestisch
acquaintance [znw] • kennis
<persoon> • bekendheid
• kennismaking
acquiesce [on ww] berusten • (~ **in**)
instemmen met
acquire [ov ww] • verwerven • aanleren
acquisitive [bnw] hebzuchtig
acquit [ov ww] vrijspreken
acquittal [znw] • vrijspraak
• vervulling
acre [znw] 4000 m²
acreage [znw] oppervlakte
acrid [bnw] • bijtend • bitter
acrimonious [bnw] bits, boos
acrimony [znw] • bitsheid • boosheid
acrobat [znw] acrobaat
acrobatics [mv] acrobatiek
across [bijw] • kruiselings • aan/naar
de overzijde • dwars (over)
act I [on ww] • optreden • handelen
• werken • acteren • (~ (**up**)**on**)
handelen volgens • (~ **up**) <inf.> z.
aanstellen, slecht functioneren • (~ **up
to**) handelen volgens **II** [znw]
• handeling, daad • wet • bedrijf
<toneel> • nummer <variété>
acting I [znw] het acteren **II** [bnw]
waarnemend
action [znw] • handeling, werking
• mechaniek • gevecht • <jur.> proces
activate [ov ww] aanzetten, activeren
active [bnw] • actief • werkzaam
• werkend • levendig
activity [znw] werk(zaamheid),
bedrijvigheid
actor [znw] acteur
actress [znw] actrice
actual [bnw] (daad)werkelijk, feitelijk
actuality [znw] werkelijkheid
actually [bijw] • zowaar • eigenlijk
acute [bnw] • acuut • scherpzinnig
• dringend • scherp <hoek>

adage [znw] gezegde
adamant, adamantine [bnw]
onvermurwbaar
adapt [ov + on ww] • (~ **from...to**)
bewerken van(uit)...naar • (~ **to**)
aanpassen aan
adaptable [bnw] aanpasbaar
addict [znw] verslaafde
addiction [znw] verslaving
addictive [bnw] verslavend
addition [znw] • vermeerdering
• toevoeging
additional [bnw] aanvullend
additive I [znw] toevoeging **II** [bnw]
toevoegend
address I [ov ww] • toespreken,
aanspreken • adresseren **II** [znw]
• adres • toespraak • behendigheid
addressee [znw] geadresseerde
adept I [znw] deskundige **II** [bnw]
ingewijd
adequacy [znw] geschiktheid
adequate [bnw] • voldoende • geschikt
adhere [on ww] (aan)kleven • (~ **to**)
trouw blijven aan, vastplakken aan
adherent I [znw] aanhanger **II** [bnw]
aanklevend
adhesive [znw] kleefmiddel
adjective [znw] bijvoeglijk naamwoord
adjoin I [ov ww] bijvoegen **II** [on ww]
grenzen aan
adjourn I [ov ww] verdagen **II** [on ww]
op reces gaan
adjournment [znw] • verdaging
• onderbreking
adjunct I [znw] • toevoegsel • onderdeel
• <taalk.> bepaling **II** [bnw] toegevoegd
adjust [ov + on ww] schikken, regelen,
afstellen <v. apparatuur> • (~ **to**)
aanpassen aan
adjustable [bnw] verstelbaar
adjustment [znw] regeling, instelling,
aanpassing
administer [ov ww] • beheren
• toedienen <v. medicijnen> • uitvoeren
<v. wet>

administration [znw] • administratie
• regering • ministerie • uitvoering

administrative [bnw] • administratief
• ministerieel

administrator [znw] • administrateur
• executeur, curator

admirable [bnw] bewonderenswaardig

admiral [znw] admiraal

admire [ov ww] bewonderen

admirer [znw] bewonderaar, aanbidder

admissible [bnw] geoorloofd

admission [znw] • erkenning
• toegang, toelating

admit [ov ww] • binnenlaten • toestaan
• erkennen • (~ to) toelaten

admittance [znw] toegang

admittedly [bijw] toegegeven

admonish [ov ww] aanmanen,
vermanen

ado [znw] drukte

adolescence [znw] puberteit

adolescent I [znw] puber II [bnw]
opgroeiend

adopt [ov ww] aan-/op-/overnemen

adorable [bnw] aanbiddelijk, schattig

adoration [znw] aanbidding

adore [ov ww] aanbidden

adorn [ov ww] versieren

adroit [bnw] handig

adult I [znw] volwassene II [bnw]
volwassen

adulterate [ov ww] vervalsen

adulterer [znw] overspelige man

adulteress [znw] overspelige vrouw

adultery [znw] overspel

advance [ov + on ww] • vooruitbrengen
• vervroegen • voorschieten • verhogen
• vorderen • naderen • opdrukken
• stijgen

advanced [bnw] geavanceerd, gevorderd

advancement [znw] • bevordering
• vervroeging • vooruitgang • voorschot

advantage [znw] voordeel

advantageous [bnw] voordelig

adventure [znw] • avontuur • risico
• speculatie

adventurer [znw] • avonturier
• speculant

adversary [znw] tegenstander

adverse [bnw] • ongunstig • vijandig

adversity [znw] tegenspoed

advert [znw] advertentie

advertise I [ov ww] • adverteren
• aankondigen II [on ww] reclame
maken

advertisement [znw] • advertentie
• aankondiging

advertiser [znw] • advertentieblad
• adverteerder

advertising [znw] reclame

advice [znw] • raad • bericht

advisable [bnw] raadzaam

advise [ov + on ww] raad geven

adviser [znw] adviseur, raadgever

advisory [bnw] adviserend

advocacy [znw] voorspraak, verdediging

advocate I [ov ww] voorstaan,
aanbevelen II [znw] • verdediger
• voorstander

aerial I [znw] antenne II [bnw] lucht-,
luchtig

aerobatics [znw] stuntvliegen,
luchtacrobatiek

aeroplane [znw] vliegtuig

afar [bijw] in de verte

affable [bnw] minzaam

affair [znw] • zaak, kwestie • ding
• buitenechtelijke verhouding

affect [ov ww] • voorwenden
• aantasten • beïnvloeden • (ont)roeren

affectation [znw] aanstellerij

affected [bnw] • aanstellerig
• betrokken • getroffen

affecting [bnw] aandoenlijk

affection [znw] • genegenheid,
tederheid • aandoening <ziekte>

affectionate [bnw] • aanhankelijk
• hartelijk

affinity [znw] verwantschap

affirmative I [znw] bevestiging
II [bnw] bevestigend

affix I [ov ww] • (~ on/to) aanhechten,

toevoegen II [znw] *achter-/in-/voorvoegsel*

afflict [ov ww] *teisteren, kwellen*

affluence [znw] *rijkdom*

affluent I [znw] *zijrivier* II [bnw] *overvloedig*

afford [ov ww] • *verschaffen* • *z. veroorloven*

affront I [ov ww] • *beledigen* • *tarten* II [znw] *belediging*

afloat [bijw] • *drijvend* • *in volle gang*

afraid [bnw] *bang*

afresh [bijw] • *opnieuw* • *v. voren af aan*

African I [znw] *Afrikaan(se)* II [bnw] *Afrikaans*

after I [bijw] • *nadat* • *daarna, later* II [vz] • *na, achter, achterna* • *naar* <volgens>

afternoon [znw] *namiddag*

afterwards [bijw] *naderhand, daarna*

again [bijw] • *weer* • *daarentegen*

against [vz] *tegen(over)*

agape [bijw] *met open mond* <v. verbazing>

age I [on ww] *ouder worden, verouderen* II [znw] • *ouderdom* • *tijdperk* • *eeuw*

aged [bnw] *bejaard*

agency [znw] • *bureau, agentschap* • *bemiddeling*

agenda [znw] • *agenda* <v. vergadering> • *werkprogram*

agent [znw] *vertegenwoordiger, tussenpersoon*

aggravate [ov ww] *(ver)ergeren*

aggregate I [ov ww] • *z. verenigen* • *bedragen* II [znw] • *aggregaat* • *totaal* • *verzameling* III [bnw] *gezamenlijk*

aggression [znw] • *aanval* • *agressie* • *strijdlust*

aggressive [bnw] • *strijdlustig* • *ondernemend, actief, dynamisch*

aghast [bnw + bijw] *onthutst, ontzet*

agile [bnw] *vlug en lenig*

agitate [ov ww] • *beroeren, opwinden*

• *opruien*

agitator [znw] *opruier*

ago I [znw] *verleden* II [bijw] *geleden*

agonize [on ww] • *kwellen* • *gekweld worden* • (~ **over**) *z. suf piekeren over*

agonized [bnw] *doodsbenauwd*

agonizing [bnw] *kwellend, hartverscheurend*

agony [znw] • *foltering* • *(doods)angst*

agrarian I [znw] *agrariër* II [bnw] *m.b.t. grondbezit/landbouw, agrarisch*

agree [on ww] *afspreken* • (~ **on**) *het eens zijn over* • (~ **to**) *toestemmen in, goedkeuren* • (~ **with**) *overeenstemmen met*

agreeable [bnw] *aangenaam*

agreement [znw] • *overeenstemming* • *contract, afspraak*

agricultural [bnw] *v. landbouw*

agriculture [znw] *landbouw*

ahead [bijw] • *in het vooruitzicht* • *vooruit* • *vóór*

aid I [ov ww] *helpen* II [znw] *hulp, helper*

ailment [znw] *kwaal*

ain't <vulg.> [samentr.] /am/are/has/have/is not/ → **be, have**

air I [ov ww] *uitlaten, luchten* II [znw] • *lucht* • *melodie* • *houding*

airing [znw] • *uiting, bekendmaking* • *het luchten, het drogen* • *wandeling, ritje*

airmail [znw] *luchtpost*

airy [bnw] • *vluchtig* • *luchtig*

aisle [znw] • *zijbeuk* • *gangpad*

ajar [bijw] • *op een kier* • *knorrig*

alacrity [znw] • *levendigheid* • *bereidwilligheid*

alarm I [ov ww] • *alarmeren* • *verontrusten* II [znw] • *alarm* • *schrik, ontsteltenis* • *wekker*

alarming [bnw] *verontrustend, alarmerend*

Albanian I [znw] *het Albanees* II [bnw] *Albanees*

albeit [bijw] zij het, al is het dan, ofschoon

album [znw] • album • langspeelplaat, cd

alchemy [znw] alchemie

alcoholic I [znw] alcoholist II [bnw] alcoholhoudend, alcoholisch

alcoholism [znw] alcoholisme, drankzucht

ale [znw] bier

alert I [znw] luchtalarm II [bnw] waakzaam, kwiek

Algerian I [znw] Algerijn II [bnw] Algerijns

alien I [znw] • niet genaturaliseerde vreemdeling • buitenaards wezen II [bnw] • buitenlands • weerzinwekkend

alienate [ov ww] vervreemden

alight I [on ww] • afstijgen • uitstappen • landen II [bijw] • verlicht • brandend

align [on ww] (z.) richten, verbinden

alignment [znw] • richting • opstelling

alike [bijw] • hetzelfde • gelijk, gelijkend op

alimentary [bnw] voedings-

alimony [znw] alimentatie, onderhoud

alive [bijw] in leven

all I [bnw] • al(le) • geheel II [onb vnw] • alle(n) • alles • het enige III [bijw] helemaal

allay [ov ww] • verminderen • tot bedaren brengen

allegation [znw] bewering, aantijging

allege [ov ww] beweren

allegiance [znw] (eed v.) trouw

allergic [bnw] • allergisch • afkerig

allergy [znw] • allergie • afkeer

alleviate [ov ww] verzachten, verlichten

alley [znw] • steeg • kegelbaan • pad

alliance [znw] • verbond • huwelijk • verwantschap

allied [bnw] • geallieerd • verbonden

allocate [ov ww] toewijzen

allocation [znw] toewijzing

allotment [znw] • aandeel • volkstuintje

allow [ov ww] • erkennen • toelaten, toestaan • (~ for) rekening houden met

allowance [znw] • compensatie, toegeving • toelage • vergoeding, tegemoetkoming ‹kosten›

alloy [ov ww] legéren

allure [ov ww] aanlokken

alluring [bnw] aanlokkelijk

allusion [znw] toespeling

ally [ov ww] • verbinden • bondgenoot

almanac [znw] almanak

almighty [bnw] almachtig

almond [znw] amandel

almost [bijw] bijna

alms [mv] aalmoes, aalmoezen

aloft [bijw] (om)hoog

along [vz] langs

alongside [vz] langszij

aloof [bnw + bijw] op een afstand, gereserveerd

aloud [bijw] hardop

alphabet [znw] alfabet

alpine [bnw] alpen-, berg-

already [bijw] reeds, al(weer)

Alsatian [znw] • Elzasser • Duitse herder

also [bijw] ook, bovendien

altar [znw] altaar

alteration [znw] wijziging, verandering

altercation [znw] woordenwisseling

alternate I [on ww] afwisselen II [bnw] afwisselend, verwisselend

alternative [znw] alternatief

although [bijw] ofschoon

altitude [znw] hoogte

alto [znw] alt(viool), altstem

altogether [bijw] helemaal, in alle opzichten

always [bijw] altijd

am [ww] → be

amalgamate [ov ww] • samenstellen • verenigen

amass [ov ww] vergaren

amaze [ov ww] *verbazen*

amazement [znw] *verbazing*

amazing [bnw] *verbazingwekkend*

ambassador [znw] *ambassadeur, afgezant*

amber I [znw] *barnsteen* II [bnw]
• *vaalgeel* • *oranje* ‹verkeerslicht›

ambiguous [bnw] *dubbelzinnig*

ambition [znw] • *eerzucht* • *streven, ideaal*

ambitious [bnw] • *eerzuchtig* • *groots, grootscheeps*

ambush I [ov ww] *in hinderlaag laten lopen/vallen* II [on ww] *in hinderlaag liggen* III [znw] *hinderlaag*

amenable [bnw] *handelbaar*

amend [ov ww] • *wijzigen* • z. (ver)beteren

amendment [znw] *amendement*

American I [znw] *Amerikaan* II [bnw]
Amerikaans

amiable [bnw] *beminnelijk*

amicable [bnw] *vriendschappelijk*

amiss [bnw + bijw] *verkeerd, te onpas*

ammunition, ammo [znw] (am)munitie

amnesia [znw] *geheugenverlies*

amnesty [znw] *amnestie*

amorous [bnw] • *verliefdheid* • *liefdes-*

amount I [on ww] • (~ to) *bedragen, gelijk staan met* II [znw] • *bedrag*
• *grootte, hoeveelheid, mate* • *omvang*

amphibian I [znw] • *amfibie, tweeslachtig dier*
• *amfibievliegtuig/-voertuig* II [bnw]
tweeslachtig, amfibieachtig

amphibious [bnw] *tweeslachtig, amfibisch*

ample [bnw] • *ruim* • *uitvoerig*
• *overvloedig*

ampler [znw] *merklap*

amplifier [znw] *versterker*

amplify [ov + on ww] *versterken*

amputate [ov + on ww] *amputeren, afzetten*

amuse [ov ww] *vermaken, aangenaam bezighouden*

amusement [znw] *plezier*

amusing [bnw] *amusant, vermakelijk*

an [lw] • *een* • *één*

anaemia [znw] • *bloedarmoede*
• *lusteloosheid*

anaemic [bnw] • *bloedarm* • *lusteloos*

anaesthesia [znw] *narcose, verdoving*

anaesthetic I [znw] *verdovingsmiddel*
II [bnw] *verdovend*

anal [bnw] *aars-, anaal*

analyse [ov ww] *ontbinden, ontleden*

analysis [znw] • *analyse*
• (psycho)*analyse*

analyst [znw] • *analist*
• (psycho)*analyticus*

anarchy [znw] *anarchie*

anathema [znw] *banvloek*

anatomical [bnw] *anatomisch*

anatomy [znw] • *anatomie* • *ontleding*

ancestral [bnw] • *voorouderlijk*
• *prototypisch*

ancestry [znw] • *voorouders* • *afkomst*

anchor I [ov + on ww] (ver)*ankeren*
II [znw] • *anker* • *steun*

anchorage [znw] • *ligplaats*
• *verankering* • *steun* ‹fig.›

anchoret, anchorite [znw] *kluizenaar*

anchovy [znw] *ansjovis*

ancient I [znw] *grijsaard* II [bnw] (zeer) *oud*

ancillary I [znw] *assistent* II [bnw]
• *ondergeschikt* • *hulp-*

and [vw] *en*

anemone [znw] *anemoon*

anew [bijw] *opnieuw*

angel [znw] • *engel* • *schat*

anger I [ov + on ww] *boos maken*
II [znw] *toorn*

angle I [ov ww] *hengelen* • (~ for) *iets proberen te bereiken* II [znw] • *hoek*
• *gezichtspunt*

angler [znw] *hengelaar*

angry [bnw] • *boos* • *dreigend* • *pijnlijk ontstoken*

anguish [znw] • *zielensmart* • *angst*

• pijn

anguished [bnw] *gekweld, vol angst, vol smart*

angular [bnw] • *hoekig* • *nukkig*

animal I [znw] *dier* II [bnw] *dierlijk*

animate I [ov ww] *bezielen* II [bnw] *levend*

animation [znw] *levendigheid*

animosity [znw] *vijandigheid*

aniseed [znw] *anijszaad(je)*

ankle [znw] *enkel*

annals [mv] *annalen*

annex I [ov ww] *aanhechten, annexeren* II [znw] *annexe* • *aanhangsel* • *bijgebouw*

annihilate [ov ww] *vernietigen*

anniversary [znw] *verjaardag, (jaarlijkse) gedenkdag*

annotate [ov + on ww] *aantekeningen maken van*

announce [ov ww] *aankondigen, omroepen*

announcement [znw] *aankondiging*

announcer [znw] *aankondiger, omroeper*

annoy [ov + on ww] • *ergeren* • *lastig vallen*

annoyance [znw] *ergernis*

annoying [bnw] *hinderlijk, vervelend*

annual I [znw] • *eenjarige plant* • *jaargetijde* • *jaarboekje* II [bnw] *jaarlijks*

annul [ov ww] *tenietdoen*

anoint [ov ww] *zalven, inwrijven*

anonymity [znw] *anonimiteit, naamloosheid*

anonymous [bnw] *anoniem, naamloos*

another [onb vnw] • *een ander* • *een tweede* • *nog een*

answer I [ov + on ww] • *(be)antwoorden (aan)* • *z. verantwoorden voor* • *(~ back) een brutaal antwoord geven* • *(~ for) instaan voor, boeten voor* • *(~ to) antwoorden op* II [znw] *antwoord*

ant [znw] *mier*

antecedent [bnw] *voorafgaand*

antelope [znw] *antilope(leer)*

antenna [znw] • *antenne* • *voelspriet*

anthem [znw] *beurtzang*

anthology [znw] *bloemlezing*

anthropology [znw] *antropologie, leer v.d. mens*

anticipate [ov ww] • *vóór zijn, vooruitlopen op* • *verwachten* • *voorzien*

antipathetic [bnw] *antipathiek*

antipathy [znw] *antipathie, afkeer*

antiquarian I [znw] • *oudheidkundige* • *antiquaar* II [bnw] *oudheidkundig*

antiquated [bnw] *verouderd*

antique [znw] *antiek voorwerp*

antiquity [znw] • *de oudheid* • *antiquiteit*

antithesis [znw] *tegenstelling*

antler [znw] *tak van gewei*

anvil [znw] *aambeeld*

anxiety [znw] • *bezorgdheid* • *verlangen* • *angst*

anxious [bnw] • *bezorgd* • *verontrust* • *verlangend*

any [onb vnw] • *enig* • *ieder* • *soms ook*

anyhow [bijw] *hoe dan ook, in ieder geval*

anyone [onb vnw] • *iemand* • *wie dan ook, iedereen*

anything [onb vnw] • *iets* • *wat dan ook, alles*

anyway [bijw] *in ieder geval, toch*

apart [bnw + bijw] • *apart* • *uit elkaar* • *terzijde*

apartment [znw] • *vertrek* • ‹AE› *appartement*

apathetic [bnw] *lusteloos*

apathy [znw] *apathie, lusteloosheid*

ape I [ov ww] *na-apen* II [znw] *staartloze aap*

apiece [bijw] *per stuk*

aplomb [znw] *zelfverzekerheid*

apologetic [bnw] *verontschuldigend*

apologize [on ww] *z. verontschuldigen*

apology [znw] *verontschuldiging*

apoplexy [znw] *beroerte*

apostle [znw] apostel

apostolic [bnw] apostolisch

apostrophe [znw] <taalk.> apostrof

appal, appall [ov ww] ontzetten

apparatus [znw] • hulpmiddelen
• apparaat

apparent [bnw] • ogenschijnlijk
• duidelijk • blijkbaar

apparition [znw] spook(verschijning)

appeal I [on ww] • in beroep gaan
• spreken tot <fig.> • (~ to) beroep doen
op, z. beroepen op, aantrekkingskracht
uitoefenen II [znw]
• aantrekkingskracht • beroep

appealing [bnw] • smekend
• aantrekkelijk

appease [ov ww] • verzoenen • sussen

append [ov ww] bijvoegen

appendage [znw] bijvoegsel

appendicitis [znw]
blindedarmontsteking

appendix [znw] • aanhangsel • <med.>
appendix

appetite [znw] eetlust

appetizer [znw] • aperitief
• voorgerecht

appetizing [bnw] • smakelijk • de
eetlust opwekkend

applaud I [ov ww] toejuichen
II [on ww] applaudisseren

applause [znw] applaus

apple [znw] appel

applicable [bnw] • toepasselijk
• doelmatig

applicant [znw] sollicitant

application [znw] • toepassing
• sollicitatie • aanvraag • toewijding

applied [bnw] toegepast

apply [ov ww] doen/leggen op • (~ for)
solliciteren naar, aanvragen • (~ to)
van toepassing zijn op, toepassen op, z.
wenden tot

appoint [ov ww] • vaststellen
• aanstellen

apposite [bnw] • passend • adrem

appraise [ov ww] • schatten

• waarderen

appreciable [bnw] • schatbaar
• merkbaar

appreciate [ov ww] • waarderen
• inzien • beoordelen • verhogen in
koers/prijs

appreciation [znw] • waardering
• beoordeling

appreciative [bnw] • goedkeurend
• erkentelijk

apprehend [ov ww] aanhouden

apprehensive [bnw] • ongerust
• intelligent

apprentice I [ov ww] in de leer
doen/nemen • (~ to) in de leer doen bij
II [znw] leerjongen

apprenticeship [znw] • leerlingschap
• leerjaren

approach I [ov ww] • aanpakken
• (be)naderen II [znw] • (be)nadering
• aanpak • opzet

approbation [znw] goedkeuring

appropriate I [ov ww] z. toe-eigenen
II [bnw] • geschikt • passend

approval [znw] goedkeuring

approve [on ww] akkoord gaan • (~ of)
goedkeuren

approximate I [ov ww] (be)naderen
II [bnw] bij benadering (aangegeven)

apricot [znw] abrikoos(kleurig)

apt [bnw] • geneigd • gevat • bekwaam

aquatic [bnw] water-

Arab I [znw] Arabier II [bnw] Arabisch

Arabic [bnw] Arabisch

arable [bnw] bebouwbaar

arbiter [znw] scheidsrechter

arbitrate I [ov ww] beslissen II [on ww]
als scheidsrechter optreden

arbitration [znw] arbitrage

arbitrator [znw] scheidsrechter

arbour [znw] beschutte tuin

arc [znw] (cirkel)boog

arcade [znw] • galerij
• speelautomatenhal

arch I [on ww] (zich) welven II [znw]
• boog • gewelf III [bnw] schalks

archaeology [znw] archeologie, oudheidkunde

archer [znw] boogschutter

archery [znw] • boogschieten • pijl en boog

archipelago [znw] archipel

architectural [bnw] bouwkundig

architecture [znw] architectuur, bouwkunde

ardent [bnw] • vurig • ijverig

ardour [znw] • gloed • vuur

arduous [bnw] • steil • inspannend

are [ww] → be

area [znw] • oppervlakte • gebied • souterrain

argue [on ww] • betogen • debatteren • ruzie maken • bewijzen

argument [znw] • betoog • woordentwist • argument

arid [bnw] dor, droog

arise [on ww] • z. voordoen • opstaan, verrijzen • (~ from) voortkomen uit, ontstaan uit

aristocracy [znw] aristocratie, adel

arithmetic [znw] rekenkunde

arm I [ov ww] bewapenen II [on ww] z. wapenen III [znw] • tak • arm

armadillo [znw] gordeldier

armed [bnw] • gewapend • uit-/toegerust

armistice [znw] wapenstilstand

armour I [ov ww] • pantseren • wapenen II [znw] • bepantsering • tanks • wapenrusting • harnas • duikerpak

armourer [znw] • wapensmid • wapenmeester

armoury [znw] wapenzaal

army [znw] • leger • menigte

aromatic [bnw] geurig

arose [ww] verl. tijd → arise

around I [bijw] • rondom • in de buurt II [vz] • rond(om) • om...heen

arouse [ov ww] (op)wekken

arrangement [znw] • regeling • afspraak • ‹muz.› arrangement

array I [ov ww] • opstellen • uitdossen II [znw] • kledertooi • mars-/slagorde • stoet, rij

arrest I [ov ww] • arresteren • tegenhouden, stuiten II [znw] • stilstand • arrest(atie)

arrival [znw] • aankomst • aangekomene

arrive [on ww] aankomen, arriveren

arrogance [znw] arrogantie, aanmatiging

arrow [znw] pijl

arse ‹vulg.› [znw] • achterste, gat • klootzak

arsenal [znw] kruithuis

arsenic [znw] arsenicum

arson [znw] brandstichting

art I [ww] → be II [znw] • kunst • list • vaardigheid

artefact [znw] kunstproduct

arterial [bnw] v.d. slagader

artery [znw] • slagader • verkeersader

artful [bnw] • listig • gekunsteld • kundig

arthritis [znw] artritis, jicht, gewrichtsontsteking

artichoke [znw] artisjok

article I [ov ww] • in de leer doen • aanklacht indienen • (~ to) in de leer doen bij II [znw] • artikel • statuut • ‹taalk.› lidwoord

artifact [znw] → artefact

artifice [znw] list, kunstgreep

artificial [bnw] • kunstmatig • gekunsteld

artillery [znw] artillerie, geschut

artisan [znw] handwerksman

artist [znw] • artiest • kunstenaar

artistic [bnw] artistiek

artistry [znw] kunstenaarschap, kunstenaarstalent, kunstzinnigheid

artless [bnw] • ongekunsteld • naïef • onhandig

arty [bnw] • te mooi • pseudo-/quasi-artistiek

as I [bijw] zo II [vw] • (zo)als

• *aangezien* • *naarmate* • *terwijl*

asbestos [znw] *asbest*

ascend [ov ww] • *(be)stijgen*
• *teruggaan* ‹in de geschiedenis›

ascendancy, ascendency [znw]
overwicht

ascendant, ascendent I [znw]
• *overwicht, ascendant* • *voorouder*
II [bnw] • *stijgend* • *dominant*

ascent [znw] • *be-/opstijging* • *helling*
• *opkomst*

ascertain [ov ww] • *vaststellen* • *te weten komen*

ash [znw] • *as* • *es* ‹boom›

ashamed [bnw] *beschaamd*

ashen [bnw] • *asgrauw* • *doodsbleek*

ashore [bijw] *aan land*

Asian, Asiatic I [znw] *Aziaat* II [bnw]
Aziatisch

aside I [znw] • *terzijde* ‹toneel›
• *terloops gemaakte opmerking*
II [bijw] *terzijde*

ask [ov + on ww] *vragen* • (~ **after**)
vragen naar • (~ **for**) *vragen om,
uitlokken* • (~ **out**) *uitnodigen*

askance [bijw] • *achterdochtig* • *van
terzijde*

askew [bijw] *scheef*

asleep [bnw + bijw] *in slaap*

aspect [znw] • *gezichtspunt* • *aanblik*
• *ligging*

aspen [znw] • *esp* • *ratelpopulier*

asperity ‹form.› [znw] • *ongeduldige
strengheid* • *ruwheid* • *guurheid*
• *scherpheid*

aspirant I [znw] *kandidaat* II [bnw]
strevend, eerzuchtig

aspiration [znw] *streven*

aspire [on ww] • *streven* • *(ver)rijzen*

aspirin [znw] *aspirine*

ass [znw] • *ezel* • ‹AE vulg.› → *arse*

assail [ov ww] *bestormen, aanvallen*

assailant [znw] *aanvaller*

assassin [znw] *sluipmoordenaar*

assassinate [ov ww] *vermoorden*

assault I [ov ww] • *aanvallen*

• *bestormen* II [znw] • *aanval*
• *bestorming* • *aanranding*

assemble I [ov ww] • *monteren*
• *verzamelen* II [on ww] *bijeenkomen,
z. verzamelen*

assembly [znw] • *montage*
• *vergadering* • *verzameling*

assent I [on ww] *instemmen* • (~ **to**)
instemmen met II [znw] *instemming*

assert [ov ww] • *beweren* • *laten gelden*

assertive [bnw] • *aanmatigend*
• *zelfbewust* • *bevestigend*

assess [ov ww] • *vaststellen* • *belasten*
• *waarderen, beoordelen* • *schatten*

assessment [znw] • *schatting*
• *beoordeling* ‹v. (school)werk›,
waardering • *aanslag*

assessor [znw] *taxateur*

asset [znw] • *aanwinst* • *voordeel,
pluspunt* • *geschiktheid* • ‹econ.›
creditpost

assiduous [bnw] *vlijtig*

assign [ov ww] • *overdragen*
• *toewijzen* • *opgeven*

assignation [znw] • *afspraak*
• *toewijzing*

assignment [znw] • *opdracht* • *opgave*
• ‹AE› *benoeming*

assimilate I [ov ww] • *gelijk maken*
• *opnemen* II [on ww] • *opgenomen
worden* • *gelijk worden*

assist [ov ww] • *bijstaan* • *hulp
verlenen* • (~ **at**) (iets) *bijwonen*

assistance [znw] *hulp, steun*

assistant I [znw] • *assistent* • *bediende*
II [in samenst.] *adjunct-*

associate I [on ww] (z.) *verenigen*
• (~ **with**) *omgaan met* II [znw]
• *compagnon, deelgenoot* • *metgezel,
collega* III [bnw] • *verbonden*
• *begeleidend* • *mede-*

association [znw] • *vereniging*
• *samenwerking*

assorted [bnw] • *bij elkaar passend*
• *gemengd*

assortment [znw] • *assortiment*

• sortering

assume [ov ww] • aannemen
• veronderstellen • op zich nemen • z.
aanmatigen

assumption [znw] • veronderstelling
• vermoeden • aanneming <v. ambt>
• overname <v. macht>

assurance [znw] • zekerheid
• verzekering • zelfvertrouwen

astonish [ov ww] verbazen

astonishing [bnw] verbazingwekkend

astonishment [znw] (stomme)
verbazing

astound [ov ww] • zeer verbazen
• ontstellen

astray [bnw] op een dwaalspoor, op het
slechte/verkeerde pad

astride [bijw] schrijlings

astrologer [znw] astroloog,
sterrenwichelaar

astrology [znw] astrologie,
sterrenwichelarij

astronomer [znw] astronoom,
sterrenkundige

astronomy [znw] astronomie,
sterrenkunde

asylum [znw] asiel <ook politiek>,
gesticht

at [vz] • met • aan • bij • om • in • tegen

ate [ww] verl. tijd → eat

atheism [znw] atheïsme

athlete [znw] atleet

athletic [bnw] atletisch

atmosphere [znw] • atmosfeer • sfeer

atom [znw] • atoom • greintje

atomic [bnw] atoom-

atonement [znw] verzoening

atrocious [bnw] • gruwelijk • slecht

atrocity [znw] wreedheid

attach [on ww] • verbinden, aansluiten
• (aan zich) hechten • (~ to)
vastmaken aan

attaché [znw] diplomatenkoffertje

attachment [znw] • verbinding
• aanhangsel • gehechtheid

attack I [ov ww] aanvallen II [znw]
aanval

attain [ov + on ww] • bereiken
• verwerven

attainable [bnw] • verkrijgbaar
• bereikbaar

attainment [znw] • verworvenheid
• prestatie • talent

attempt I [ov ww] pogen II [znw]
poging

attend [ov ww] • bijwonen • begeleiden
• aanwezig zijn • (~ to) zorgen voor,
verzorgen, oppletten

attendant I [znw] • begeleider
• bediende II [bnw] • aanwezig
• begeleidend • bedienend

attention [znw] aandacht, attentie

attentive [bnw] aandachtig

attenuate [ov ww] • verzachten
• afzwakken • verdunnen

attest [ov ww] • instaan voor • beëdigen
• getuigen

attic [znw] zolder(kamer)

attitude [znw] houding

attorney [znw] gevolmachtigde,
procureur

attract [ov ww] aantrekken, boeien

attraction [znw] • aantrekkingskracht
• attractie

attractive [bnw] aantrekkelijk

attributable [bnw] toe te schrijven

attribute I [ov ww] • (~ to)
toeschrijven aan II [znw] kenmerk

auburn [bnw] kastanjebruin <vnl.
haar>

auction I [ov ww] veilen, openbaar bij
opbod verkopen • (~ off) bij opbod
uit-/verkopen II [znw] veiling

auctioneer I [ov ww] veilen II [znw]
veilingmeester

audacious [bnw] • dapper
• onbeschaamd

audacity [znw] • dapperheid
• onbeschaamdheid

audible [bnw] hoorbaar

audience [znw] • toehoorders • publiek
• audiëntie

audition [znw] • gehoor • auditie

auditor [znw] • toehoorder • accountant

auditorium [znw] gehoorzaal, aula

augment I [ov ww] doen toenemen
II [on ww] toenemen

August [znw] augustus

aunt [znw] tante

aura [znw] • (atmo)sfeer • uitstraling

aural [bnw] van/via het gehoor, oor-

auspicious [bnw] gunstig

austere [znw] • sober • grimmig, streng

austerity [znw] • soberheid • strengheid

Australian I [znw] Australiër II [bnw]
Australisch

Austrian I [znw] Oostenrijker II [bnw]
Oostenrijks

authentic [znw] • origineel • oprecht
‹gevoelens› • rechtsgeldig
• betrouwbaar • echt

authenticity [znw] • echtheid
• betrouwbaarheid

author [znw] • schrijver • schepper
• ‹jur.› dader

authoritarian [bnw] autoritair,
eigenmachtig

authoritative [bnw] gezaghebbend

authority [znw] • gezag, autoriteit
• expert

authorization [znw] • machtiging,
volmacht • goedkeuring

authorize [ov ww] machtigen

autocrat [znw] alleenheerser

automatic I [znw] • automatisch
wapen • automaat ‹auto/apparaat›
II [bnw] • automatisch • werktuiglijk,
zonder nadenken • noodzakelijk
• on-/onderbewust

automaton [znw] automaat, robot

autonomous [bnw] autonoom, met
zelfbestuur

autonomy [znw] zelfbestuur,
autonomie

autopsy [znw] lijkschouwing

autumn [znw] herfst

autumnal [bnw] herfstachtig

auxiliary I [znw] • hulpstuk • helper

• ‹taalk.› hulpwerkwoord II [bnw]
• hulp- • aanvullend

avail I [on ww] baten II [znw] baat, nut

available [bnw] • beschikbaar • geldig

avalanche [znw] lawine

avarice [znw] • hebzucht • gierigheid

avenge [ov ww] wreken

avenue [znw] • laan • toegang • weg
• ‹AE› brede straat

average I [ov ww] • gemiddeld halen
• schatten • (~ out) gemiddeld op
hetzelfde neerkomen II [znw]
gemiddelde III [bnw] gemiddeld

averse [bnw] afkerig

aversion [znw] afkeer

avert [ov ww] afwenden

aviary [znw] volière

aviation [znw] • vliegsport • vliegkunst

avid [bnw] • begerig • vurig • fervent

avoid [ov ww] vermijden

avoidable [bnw] vermijdbaar

avoidance [znw] • vermijding
• ontwijking

avow [ov ww] • bekennen • erkennen

avowal [znw] (openlijke) bekentenis

await [ov ww] (af)wachten

awake [bnw] wakker

awakening [znw] het ontwaken

award I [ov ww] • toekennen • belonen
• (~ to) toekennen aan II [znw]
• bekroning, prijs • toelage • ‹jur.›
vonnis, uitspraak

aware [bnw] • bewust • gewaar

away I [bnw] II [bijw] weg

awe I [ov ww] ontzag inboezemen
II [znw] ontzag

awful [bnw] • afschuwelijk
• indrukwekkend

awkward [bnw] • pijnlijk • onhandig
• lastig

awoke [ww] verl. tijd + volt. deelw.
→ awake

awry [bnw + bijw] • scheef • verkeerd

axis [znw] as, middellijn

azure [bnw] hemelsblauw

B

babble I [on ww] • leuteren, babbelen • kabbelen • verklappen II [znw] geleuter

babe [znw] • baby • ‹sl.› meisje, liefje

baboon [znw] baviaan

baby I [ov ww] als (een) kind behandelen II [znw] • baby, kind • schat • de jongste

babyish [bnw] kinderachtig, kinderlijk

bachelor [znw] • vrijgezel • ≈ kandidaat ‹universitair›

back I [ov ww] • steunen • wedden op • (~ **up**) steunen II [on ww] achteruitrijden • (~ **away**) terugdeinzen • (~ **down**) zich terugtrekken, toegeven, terugkrabbelen • (~ **off**) terugtrekken, terugdeinzen • (~ **out**) terugkrabbelen III [znw] • rug, achterkant • ‹sport› achterspeler IV [bijw] • achter • terug

backing [znw] steun

backward [bnw] achterlijk

backwards [bnw + bijw] achteruit

bacon [znw] spek

bacterial [bnw] bacterie-

bacteriology [znw] bacteriologie

bacterium [znw] bacterie

bad [bnw] • slecht, ondeugdelijk • kwaad • bedorven

bade [ww] verl. tijd → **bid**

badge [znw] onderscheidingsteken, insigne, embleem

badger I [ov ww] • tergen • lastig vallen, zeuren om iets II [znw] das ‹dier›

badly [bnw + bijw]

baffle I [ov ww] • verijdelen • verbijsteren II [znw] schot, scherm

bag I [ov ww] • vangen, schieten, bemachtigen II [on ww] (op)zwellen III [znw] • zak, tas • vangst • wal

‹onder oog›

baggy [bnw] uitgezakt

bail I [ov ww] • hozen • (~ **out**) uit de puree helpen, door borgtocht vrij krijgen II [znw] • (muur v.) voorhof • borgtocht

bait I [ov ww] • van aas of voer voorzien • sarren II [znw] (lok)aas

bake [ov + on ww] bakken

baker [znw] bakker

bakery [znw] bakkerij

balance I [ov ww] • wegen • wikken • in evenwicht houden/brengen II [znw] • weegschaal, balans • evenwicht • saldo, rest

balcony [znw] balkon

bald [bnw] • kaal • nuchter

bale I [ov ww] hozen II [on ww] • (~ **out**) met parachute uit vliegtuig springen, uitstappen

baleful [bnw] • kwaadaardig • verderfelijk

balk I [ov ww] • voorbijgaan, overslaan • z. onttrekken aan • verijdelen • weigeren II [znw] • balk • struikelblok

ball I [ov + on ww] (zich) ballen II [znw] bal, bol, kogel

ballad [znw] ballade

ballast I [ov ww] bezwaren II [znw] ballast

ballistic [bnw] ballistisch

balloon I [on ww] • bol staan • opzwellen II [znw] bol, ballon

ballot I [on ww] • stemmen • balloteren • loten II [znw] • stembriefje • stemming • loting

balm [znw] balsem

balmy [bnw] • mild, • stapelgek

bamboo [znw] bamboe

banal [bnw] banaal

banana [znw] banaan

band I [ov ww] strepen II [znw] • bende • orkest ‹v. blaasinstrumenten› • band, lint, strook • drijfriem

bandage I [ov ww] verbinden • (~ **up**) verbinden II [znw] verband

bandit [znw] (struik)rover
bandy [ov ww] uitwisselen • (~ about) heen en weer werpen of slaan
bandy-legged [bnw] met o-benen
bane [znw] • vloek, pest • vergif
bang I [ov + on ww] • hard slaan • smakken, dichtslaan • knallen • (~ about) ruw behandelen • (~ away) blijven bonzen of hameren II [ov ww] recht afknippen <v. pony> III [znw] • klap, smak, knal • pony <haar> IV [tw] pats!, bom!
banger [znw] • worstje • vuurwerk • wrak <auto>
bangle [znw] armring, armband
banish [ov ww] verbannen
bank I [ov + on ww] • indammen • hellend rijden of vliegen <bij bank> II [znw] • oever • zandbank • berm • bank
banker [znw] bankier
banking [znw] bankwezen
bankrupt [bnw] failliet
bankruptcy [znw] faillissement
banner [znw] • banier • spandoek
banquet I [on ww] feesten, smullen II [znw] feestmaal
baptism [znw] doop
baptize [ov ww] dopen
bar I [ov ww] • versperren, beletten • grendelen II [znw] • balk • staaf, tralie, stang • slagboom • reep <chocolade>, stuk <zeep> • zandbank <voor haven- of riviermonding> • buffet, bar • belemmering, bezwaar • maat(streep)
barb [znw] • baarddraad <v. vis> • weerhaak
barbarian I [znw] barbaar II [bnw] barbaars
barbaric, barbarous [bnw] barbaars
barbarity [znw] barbaarsheid, wreedheid
barbecue I [ov ww] barbecueën II [znw] • feest, barbecue • groot braadrooster

barbed [bnw] * ~ wire prikkeldraad
barber [znw] • barbier • kapper
bare I [ov ww] blootleggen, ontbloten II [bnw] naakt, kaal
bargain I [on ww] • overeenkomen • marchanderen II [znw] • afspraak • koop(je)
barge I [on ww] • (~ into) ergens tegenaanlopen II [znw] • woonschip • aak, praam • officierssloep, staatsiesloep
bark I [ov ww] • afschillen • schaven <v. huid> II [on ww] blaffen III [znw] • geblaf • schors, bast • bark
barley [znw] gerst
barn [znw] schuur
barnacle [znw] eendenmossel
baroness [znw] barones
baroque [bnw] barok
barrack(s) I [ov ww] • kazerneren • uitjouwen <cricket> II [znw] kazerne
barrage [znw] • versperring • spervuur • stuwdam
barrel [znw] • vat • cilinder • loop <v. geweer>
barren [znw] onvruchtbaar, dor
barricade I [ov ww] barricaderen II [znw] barricade
barrier [znw] • hinderpaal, slagboom • dranghek
barring [vz] behoudens
barrister [znw] advocaat, pleiter
barrow [znw] • kruiwagen • berrie • handkar • grafheuvel
barter I [ov + on ww] ruilhandel drijven II [znw] ruilhandel
base I [ov ww] baseren II [znw] • grondgetal • voetstuk, basis • <sport> honk • <chem.> base III [bnw] laag, gemeen
baseless [bnw] ongegrond
basement [znw] souterrain
bash I [ov ww] • (in elkaar) rammen • inslaan, kapot slaan • (~ up) in elkaar slaan II [znw] slag
bashful [bnw] verlegen, bedeesd

basin [znw] • bekken • bassin • kom
• dok • stroomgebied

basis [znw] basis, grondslag

bask [on ww] z. koesteren

basket [znw] mand, korf

bass I [znw] • (zee)baars • soort bier
II [bnw] • lage frequenties, lage tonen
• bas

bassoon [znw] fagot

bastard I [znw] • schoft • bastaard
II [bnw] onecht

bat I [ov + on ww] batten II [znw]
• vleermuis • slaghout, bat

batch [znw] • partij, groep, stel • baksel

bath I [ov ww] een bad geven II [znw]
• bad • badkuip

bathe [ov + on ww] • baden • natmaken

bather [znw] bader, zwemmer

bathroom [znw] • badkamer • ‹AE› wc

baton [znw] • dirigeerstok • gummistok
• staf

battalion [znw] bataljon

batten [znw] (vloer)plank

batter I [ov + on ww] • beuken
• rammen • deuken, havenen II [znw]
• beslag • slagman

battery [znw] • (leg)batterij • accu
• aanranding

battle I [ov + on ww] strijden II [znw]
strijd, veldslag

bauble [znw] snuisterij, prul

baulk [ov ww] → **balk**

bawdy [bnw] liederlijk

bawl [ov + on ww] brullen, schreeuwen
• (~ **out**) ‹inf.› de mantel uitvegen

be I [on ww] • (~ **for**) zijn voor,
voorstander zijn van • (~ **in**)
aanwezig/binnen, aan slag zijn, aan
het bewind zijn, erbij, in de mode,
opgenomen zijn • (~ **off**) afgesloten
zijn ‹elektra/gas/water›, niet in orde
zijn, verwijderd zijn, niet doorgaan,
afgelast zijn, weg zijn, starten,
ervandoor gaan/zijn • (~ **on**) tipsy
zijn, aan/op zijn ‹v. kledingstuk›,
doorgaan, bezig zijn, aan de
gang/beurt zijn, meedoen • (~ **out**)
gepubliceerd zijn, (er)buiten/eruit zijn,
om/weg zijn, in staking zijn, werkloos
zijn, onmogelijk zijn • (~ **over**)
over/uit/voorbij zijn, op bezoek zijn,
overschieten • (~ **through**) het niet
meer zien zitten, klaar zijn, erdoorheen
zijn • (~ **up**) hoger/gestegen zijn,
op/wakker zijn, op/over/voorbij zijn,
aan de gang/hand zijn, ter discussie
staan II [kww] • zijn • bestaan
• worden • liggen, staan

beach [znw] strand

beacon [znw] (vuur)baken, vuurtoren

bead I [ov ww] van kralen voorzien,
rijgen II [znw] • vizierkorrel • kraal
• parel ‹v. zweet›

beady [bnw] • kraalvormig • parelend

beagle [znw] speurder

beak [znw] • scherpe snavel • ‹sl.› neus

beaker [znw] beker(glas)

beam I [ov + on ww] • stralen
• uitzenden ‹op tv› • glunderen
II [znw] • balk • drijfstang • straal
• stralenbundel • radiosignaal

bean [znw] boon

bear I [ov ww] • (ver)dragen • dulden
• uitstaan • opbrengen • baren
• (~ **(up)on**) betrekking hebben op
• (~ **down** (up)on) afkomen op
• (~ **out**) bevestigen • (~ **up against**)
het hoofd bieden aan • (~ **with**)
geduld hebben met II [znw] beer

bearable [bnw] te (ver)dragen

beard I [ov ww] tarten II [znw] baard

bearded [bnw] met een baard

bearer [znw] • toonder • brenger • stut
• drager • houder

bearing [znw] • gedrag, houding
• verband • invloed

beast [znw] • viervoeter • beest

beaten [bnw] • verslagen • gedreven ‹v.
goud›

beater [znw] drijver ‹bij jacht›

beating [znw] pak slaag

beautician [znw] schoonheidsspecialist

beautiful [bnw] *mooi*
beautify [ov ww] *verfraaien*
beauty [znw] *schoonheid*
beaver [znw] • *hoed v. bevervilt* • *bever*
became [ww] verl. tijd → **become**
beck [znw] • *wenk, knik* • *beek*
beckon [ov ww] *wenken*
become I [ov ww] *goed staan* II [kww] *worden*
becoming [bnw] • *betamelijk* • *flatterend*
bed I [ov ww] • (~ **down**) *een slaapplaats geven, naar bed brengen* II [on ww] • (~ **down**) *naar bed gaan, gaan slapen* III [znw] • *bed* • *leger* ‹v. dier› • *bedding* • *(onder)laag*
bedding [znw] • *beddengoed* • *onderlaag*
bedeck [ov ww] *(op)tooien, versieren*
bedevil [ov ww] • *bederven* • *in de war brengen*
bedlam [znw] *gekkenhuis*
bedroom [znw] *slaapkamer*
bee [znw] *bij*
beech [znw] *beuk*
beef I [ov ww] • (~ **up**) ‹sl.› *versterken, opvoeren, opkalefateren* II [on ww] • *klagen* III [znw] • *rundvlees* • *spierkracht*
beefy [bnw] *stevig, gespierd*
beer [znw] *bier*
beet [znw] *biet, kroot*
beetle I [on ww] • (~ **off**) ‹sl.› *zich uit de voeten maken* II [znw] • *tor* • *stamper* • *heiblok*
befit [ov ww] *betamen*
befitting [bnw] *passend*
before [vz] • *voor* • *tevoren* • *voordat*
beforehand [bijw] *van tevoren*
befriend [ov ww] *een vriend zijn voor*
beg [ov + on ww] *bedelen, smeken* • (~ **for**) *verzoeken om* • (~ **off**) (z.) *verontschuldigen voor het niet nakomen van plicht of afspraak*
beget [ov ww] • *verwekken, voortbrengen* • *veroorzaken*

beggar [znw] • *bedelaar* • *schooier(tje)*
beggarly [bnw] *armoedig, armzalig*
begin [ov + on ww] *beginnen*
beginner [znw] *beginneling*
beginning [znw] *oorsprong, begin*
begot [ww] verl. tijd → **beget**
begrudge [ov ww] *misgunnen*
beguile [ov ww] • *bekoren* • *bedriegen*
begun [ww] volt. deelw. → **begin**
behalf [znw] * *on your* ~ *namens u*
behaviour [znw] • *werking* • *gedrag*
behead [ov ww] *onthoofden*
beheld [ww] verl. tijd + volt. deelw. → **behold**
behind I [znw] *achterste* II [vz] • *achter* • *na*
behindhand [bnw + bijw] • *te traag, te laat* • *achter(op)*
behold [ov ww] *waarnemen, zien*
being I [ww] tegenw. deelw. → **be** II [znw] *bestaan, wezen*
belabour [ov ww] • *ervan langs geven* • *te uitvoerig behandelen*
belated [bnw] *te laat, erg laat*
belfry [znw] *klokkentoren*
Belgian I [znw] *Belg* II [bnw] *Belgisch*
belie [ov ww] *verloochenen*
belief [znw] *geloof*
believable [bnw] *geloofwaardig*
believe [ov + on ww] *geloven*
belittle [ov ww] • *verkleinen* • *kleineren*
bell I [ov ww] *de bel aanbinden* II [znw] • *bel* • *klok*
bellicose [bnw] • *agressief* • *oorlogszuchtig*
belligerent I [znw] *oorlogvoerende partij* II [bnw] • *oorlogvoerend* • *agressief*
bellow I [ov + on ww] *loeien, brullen* II [znw] *gebrul*
belly [znw] • *schoot* • *buik*
belong [on ww] *horen bij iets* • (~ **to**) *behoren aan/tot*
belongings [mv] • *eigendom* • *bagage*
beloved I [znw] *geliefde* II [bnw] *geliefd*
below [vz] *onder, (naar) beneden*

belt I [ov ww] • aangorden • afranselen
II [on ww] racen • (~ **up**) zijn
veiligheidsriem omdoen III [znw]
• gordel, riem • zone • opdonder
bench [znw] • bank • rechtbank
• werkbank
bend I [ov + on ww] (zich) buigen
II [znw] bocht, buiging
beneath [vz] onder, beneden
benediction [znw] • zegen • lof ‹r.-k.›
benefactor [znw] weldoener
benefactress [znw] weldoenster
beneficent [bnw] liefdadig
beneficial [bnw] heilzaam
beneficiary I [znw] • vazal • predikant
• begunstigde II [bnw] leenroerig
benefit I [ov + on ww] baten • (~ **by**)
voordeel trekken uit II [znw] • voordeel,
baat • toelage • uitkering
benevolence [znw] • gift
• welwillendheid • vriendelijkheid
• weldadigheid
benevolent [bnw] • welwillend
• weldadig
benign [bnw] • vriendelijk • heilzaam
• goedaardig ‹v. ziekte›
bent I [ww] verl.tijd + volt.deelw.
→ **bend** II [znw] • neiging • voorliefde
bequeath [ov ww] nalaten, vermaken
bequest [znw] legaat
bereavement [znw] • verlies
• sterfgeval
beret [znw] alpinomuts
berry [znw] bes
berserk [bnw] gek van woede
berth I [ov ww] meren II [znw] • kooi
• couchette • ankerplaats • betrekking
beseech [ov ww] (af)smeken
beset [ov ww] • omringen • blokkeren
‹v. weg› • aanvallen
beside [vz] naast
besides [vz] benevens, bovendien
besiege [ov ww] • belegeren
• overstelpen
best I [ov ww] overtreffen
II [bnw + bijw] best(e)

bestial [bnw] beestachtig
bestow [ov ww] • (~ **upon**) schenken
aan
bet I [ov + on ww] (ver)wedden II [znw]
• inzet • weddenschap
betray [ov ww] • verraden • bedriegen
betrayal [znw] verraad
betrothal [znw] verloving
better I [ov ww] verbeteren II [bnw]
beter
between [vz] tussen
beverage [znw] drank
bevy [znw] • troep • vlucht ‹v. vogels›
beware [ov + on ww]
bewilder [ov ww] verbijsteren
bewildering [bnw] verbijsterend
bewilderment [znw] verbijstering
bewitch [ov ww] betoveren, beheksen
beyond I [znw] hiernamaals II [vz]
• verder dan • aan de andere kant (van)
• boven • behalve
bias I [ov ww] richting of neiging geven
aan II [znw] • neiging • vooroordeel
bibliography [znw] bibliografie
bicker [on ww] • kibbelen • kletteren ‹v.
regen› • kabbelen • flikkeren
bicycle [znw] rijwiel
bid I [ov + on ww] • bieden • pogen
• bevelen • verzoeken • wensen II [znw]
• bod • poging • ‹AE› uitnodiging
bidder [znw] bieder
biennial [bnw] tweejarig
bier [znw] lijkbaar
big [bnw + bijw] • groot • belangrijk
bigamy [znw] bigamie
bigot [znw] • dweper • kwezel
bigotry [znw] • dweepzucht • kwezelarij
bike I [on ww] fietsen II [znw] fiets
bilge [znw] • buik v. schip of vat • onzin
bilious [bnw] • galachtig • gemelijk
bill I [ov ww] • volplakken met biljetten
• aankondigen II [znw] • rekening
• wetsontwerp • document • lijst
• snavel • aanplakbiljet • ‹AE›
bankbiljet
billet I [ov ww] • (~ **on**) inkwartieren

bij II [znw] • kwartier • bestemming
• <inf.> baantje

billion [znw] • biljoen • <AE> miljard

billow I [on ww] golven II [znw] golf

bin [znw] • bak, kist • mand • wijnrek

bind [ov ww] • binden <ook v. saus,
beslag>, inbinden, vastbinden,
verbinden • verplichten • bekrachtigen

binder [znw] • (boek)binder • omslag,
band • bindmiddel • bint
• verbindingssteen

binding [znw] • (boek)band • boordsel

binge [znw] braspartij, drinkgelag, fuif

biography [znw] levensbeschrijving

biological [bnw] biologisch

biology [znw] biologie

birch [znw] • roede • berk

bird [znw] • vogel • meisje • vent

birth [znw] • geboorte • ontstaan
• afkomst

birthday [znw] verjaardag

biscuit I [znw] • beschuit, biscuit,
koekje • ongeglazuurd porselein
II [bnw] lichtbruin

bisect [ov ww] in tweeën delen

bisexual [bnw] biseksueel

bishop [znw] • bisschop • bisschopwijn
• loper <v. schaakspel>

bishopric [znw] • bisdom • ambt v.
bisschop

bit I [ww] verl. tijd → **bite** II [znw]
• kleinigheid, beetje, stukje • bit <v.
hoofdstel> • <comp.> bit

bitch I [ov + on ww] • zaniken
• afkraken, kankeren II [znw] • teef
• wijf, griet, del

bitchy [bnw] hatelijk, boosaardig,
kattig

bite I [ov + on ww] • bedriegen
• (uit)bijten • happen • steken
• (~ back) inslikken <v. woorden,
opmerking> II [znw] • hap, beet
• greep • scherpte

biting [bnw] bijtend, scherp

bitten [ww] volt. deelw. → **bite**

bitter I [znw] • bitter bier • maagbitter

II [bnw] bitter, scherp

bivouac I [on ww] bivakkeren II [znw]
bivak

bizarre [bnw] bizar, grillig

blab I [ov ww] eruit flappen, verklappen
II [znw] flapuit

blacken [ov + on ww] zwartmaken,
zwart worden

bladder [znw] • blaas • blaaskaak

blade [znw] • halm • spriet • lemmet
• scheermesje • platte scherpe kant v.
allerlei werktuigen

blame I [ov ww] berispen • (~ for) de
schuld geven van II [znw] schuld

blameless [bnw] onberispelijk

blameworthy [bnw] afkeurenswaardig

blanch [ov + on ww] bleken, (doen)
verbleken

bland [bnw] • flauw • saai • minzaam
• poeslief

blank I [znw] • streepje <i.p.v. lelijk
woord> • niet <in loterij> • open ruimte
<op formulier> • leegte II [bnw] • leeg,
blanco • bot • vruchteloos • wezenloos,
verbijsterd, stom <v. verbazing>

blanket I [ov ww] • met een deken
bedekken • sussen • jonassen
• monopoliseren II [znw] wollen deken
III [bnw] allesomvattend, insluitend

blare I [ov + on ww] schallen, brullen
II [znw] gebrul

blarney [znw] vleierij

blaspheme [ov + on ww] godslasterlijk
spreken (over), spotten (met)

blasphemous [bnw] (gods)lasterlijk

blasphemy [znw] godslastering

blast I [ov ww] • bezoedelen
• vernietigen • laten springen
• verdorren II [on ww] • (~ off)
lanceren <v. ruimteschip> III [znw]
• sterke luchtstroom, windstoot
• (luchtdruk bij) explosie
• springlading • stoot <op
koperinstrument> • plaag • vloek
• meeldauw

blasted [bnw] vervloekt

blatant [bnw] • schaamteloos
• opvallend

blaze I [ov ww] rondbazuinen
• (~ **away**) afvuren II [on ww]
• vlammen • schitteren • uitbarsten
• (~ **away**) losbarsten, oplaaien ‹v.
vuur› • (~ **up**) opvliegen III [znw]
• merk ‹op boom› • vlam • gloed
• uitbarsting • bles

blazing [bnw] • (fel) brandend,
verblindend • ‹inf.› overduidelijk

blazon I [ov ww] • blazoeneren
• verkondigen II [znw] blazoen

bleach I [ov + on ww] bleken II [znw]
bleekmiddel

bleak [bnw] • kaal • guur • somber,
troosteloos

bleat I [ov + on ww] blaten II [znw]
geblaat

bleed [ov + on ww] aderlaten, (laten)
bloeden

bleeding ‹sl.› [bnw] verdomd

bleep I [on ww] oproepen II [znw]
• (elektronische) fluittoon
• oproepsignaal • (tijd)sein

bleeper [znw] pieper ‹om iem. op te
roepen›

blemish I [ov ww] bevlekken,
bekladden II [znw] smet, klad

blench [on ww] • verbleken
• terugdeinzen

blend I [ov + on ww] (zich) vermengen
II [znw] melange, mengsel

blender [znw] mixer, mengbeker

blessed [bnw] • zalig, gezegend
• vervloekt

blessing [znw] zegen

blew [ww] verl. tijd → **blow**

blight I [ov ww] • doen verdorren
• vernietigen II [znw] • meeldauw
• brand • bladluis • verderfelijke
invloed

blighter [znw] • ellendeling • kerel

blind I [ov ww] • verblinden, blind
maken • blinderen II [znw] • rolgordijn
• oogklep • camouflage • blinde

granaat III [bnw] • blind • doodlopend
• onzichtbaar

blindfold I [ov ww] blinddoeken
II [bnw + bijw] geblinddoekt

blink I [ov + on ww] knipperen ‹v. ogen
of licht› II [znw] glimp

blissful [bnw] zalig

blister I [ov + on ww] blaren (doen)
krijgen • bladderen ‹v. verf› II [znw]
• blaar • trekpleister

blithe [bnw] blij, vrolijk

blithering ‹pej.› [bnw] stom, aarts-,
ongelooflijk

blitz [znw] • Blitz(krieg), bliksemoorlog
• (overrompelende) actie

blizzard [znw] hevige sneeuwstorm

bloated [bnw] opgeblazen, pafferig

bloater [znw] bokking

blob [znw] klodder, druppel

bloc [znw] blok, coalitie

block I [ov ww] versperren, blokkeren,
afsluiten • (~ **in**) insluiten ‹v.
geparkeerde auto›, invullen
• (~ **in/out**) in ruwe trekken
schetsen/opzetten • (~ **out**)
buitensluiten, in de doofpot stoppen
II [znw] • blok • huizenblok
• obstructie • onaandoenlijk mens

blockade I [ov ww] • blokkeren
• afzetten II [znw] blokkade

blockage [znw] • verstopping
• stagnatie

bloke ‹inf.› [znw] kerel, vent

blood [znw] • bloed • sap
• temperament

bloodless [bnw] • bloedeloos • bleek
• saai • harteloos

bloody [bnw] • bloederig • bloeddorstig
• verdomd

bloom I [on ww] • prijken • bloeien
II [znw] • bloei • blos • waas • bloem

blooming [bnw] vervloekt

blossom I [on ww] tot bloei komen
II [znw] bloesem, bloei

blot I [ov + on ww] • bevlekken • vloeien
• (~ **out**) vernietigen, overstemmen,

uitwissen • (~ **up**) absorberen II [znw]
vlek, smet

blotchy [bnw] met vlekken

blotter [znw] vloeiblok

blow I [ov + on ww] • waaien • blazen
• doorslaan • doorbranden • verklikken
• verkwisten • (~ **in**) binnen komen
waaien • (~ **over**) voorbijgaan
• (~ **up**) vergroten ‹v. foto›, tekeergaan
II [znw] klap, slag

blower [znw] • blazer • orgeltrapper
• ventilatieklep • (gas)uitlaat • ‹sl.›
telefoon

blubber [ov + on ww] grienen

bludgeon I [ov ww] ranselen II [znw]
knuppel

blue I [ov ww] • blauw maken • erdoor
jagen ‹v. geld› II [znw] • blauw • lucht
• zee III [bnw] • blauw • neerslachtig,
somber • schunnig

bluff I [ov + on ww] (over)bluffen
II [znw] • steile oever, rots of kaap
• bluf III [bnw] • steil • stomp
• openhartig • joviaal

blunder I [on ww] een flater begaan
• (~ **into**) onbeholpen ergens tegenaan
lopen • (~ **upon**) toevallig ontdekken
II [znw] stommiteit

blunt I [ov ww] bot maken II [bnw]
• bot • dom

blur I [ov ww] • uitwissen • bekladden
II [on ww] vervagen III [znw] • veeg
• waas

blush I [on ww] blozen II [znw] • blik
• blos • schaamrood, rode kleur, rose
gloed

bluster I [on ww] • tekeergaan, razen
• snoeven II [znw] • geraas • snoeverij

boar [znw] • wild zwijn • beer ‹varken›

board I [ov ww] • met planken
betimmeren • aan boord gaan
• aanklampen • stappen in • (~ **out**)
uitbesteden • (~ **with**) in de kost doen
bij II [on ww] laveren • (~ **out**)
buitenshuis eten • (~ **with**) in de kost
zijn bij III [znw] • plank • bord

• karton • kost • bestuur, commissie
• boord

boarder [znw] • leerling v. kostschool
• kostganger

boarding [znw] • betimmering,
schutting • het inschepen, het aan
boord gaan

boast I [ov ww] (kunnen) bogen op
II [on ww] pochen • (~ **about/of**)
opscheppen over III [znw]
• grootspraak, bluf • trots

boastful [bnw] pocherig

boat [znw] • boot • sauskom

boatswain [znw] bootsman

bob I [ov ww] • couperen ‹staart› • kort
knippen II [on ww] • dobberen • korte
buiging maken III [znw] • op en neer
gaande beweging • shilling
• gecoupeerde staart • korte buiging

bobbin [znw] klos, spoel

bode [znw] voorspellen

bodice [znw] • keurslijf • onderlijfje

bodily [bijw] • lichamelijk • in zijn
geheel

body I [ov ww] II [znw] • lichaam • lijk
• persoon • romp • carrosserie
• voornaamste deel • groep • corporatie
• volume • volheid ‹v. wijn›

bog I [ww] II [znw] moeras, veen

bogey [znw] • boeman • duivel

boggle I [ov ww] verprutsen II [on ww]
• aarzelen • morrelen III [znw] warboel

boggy [bnw] moerasachtig

bogus [bnw] • gefingeerd • pseudo
• vals

boil I [ov ww] aan de kook brengen
• (~ **down**) inkoken II [znw]
• kook(punt) • steenpuist

bold [bnw] • (stout)moedig, vrij
• onbeschaamd • fors

Bolivian [bnw] Boliviaans

bollard [znw] • meerpaal
• verkeerszuiltje

bolster I [ov ww] • (~ **up**) steunen, in
stand houden II [znw] kussen
‹techniek›

bolt I [ov ww] • onderzoeken
• schrokken • grendelen II [on ww]
ervandoor gaan III [znw] • bout • pin
• grendel • bliksemschicht • rol <stof>

bomb I [ov ww] bombarderen
II [on ww] totaal mislukken III [znw]
bom

bombard [ov ww] bombarderen

bombardment [znw] bombardement

bombastic [bnw] bombastisch,
hoogdravend

bomber [znw] bommenwerper

bonanza I [znw] • voorspoed • grote
productie <v. mijn> II [bnw]
voorspoedig

bond [znw] • band • contract
• obligatie • entrepot

bondage [znw] slavernij

bone I [ww] uitbenen II [znw] been, bot,
kluif III [bnw] van been

bonkers [bnw] ∗ raving/stark ~
stapelgek

bonnet [znw] • Schotse baret
• dameshoed • motorkap

bonus [znw] • bonus • premie, extra
dividend • tantième • bijslag

bony [bnw] mager, benig

boo I [ww] uitjouwen II [znw]
boegeroep

boob [znw] • tiet • <sl.> domoor, ezel

book I [ov ww] • boeken • bespreken
• noteren • een kaartje geven II [znw]
boek

bookable [bnw] bespreekbaar, te
reserveren

bookie [znw] bookmaker

booking [znw] bespreking, reservering

bookish [bnw] • geleerd • pedant

booklet [znw] boekje

boom I [on ww] • dreunen • grote
vlucht nemen • plotseling stijgen <v.
prijzen> II [znw] • hausse • (ge)dreun
• versperring

boon [znw] • zegen • geschenk • verzoek

boor [znw] boerenkinkel

boorish [bnw] lomp

boost I [ov ww] • duwen • verhogen
• opjagen II [znw] • duw • verhoging

booster [znw] • opduwraket • aanjager
• stroomversterker

boot I [ov ww] trappen II [znw] • laars
• hoge schoen • laadbak, bagageruimte
<v. auto>

booth [znw] • tent, kraam • telefooncel,
hokje

booty [znw] buit

booze <inf.> I [on ww] zuipen II [znw]
• drank • zuippartij

border I [ov + on ww] • grenzen
• omzomen • (~ on) grenzen aan
II [znw] • grens(streek) • rand, zoom

bore I [ww] verl. tijd → **bear**
II [ov ww] • boren • vervelen III [znw]
• boorgat • vervelende persoon/zaak
• vloedgolf

boredom [znw] verveling

boring [bnw] vervelend

born I [ww] volt. deelw. → **bear**
II [bnw] geboren

borne [ww] volt. deelw. → **bear**

borough [znw] • stad • gemeente
• kiesdistrict

borrow [ov + on ww] • lenen • ontlenen

bosh [znw] onzin

bosom [znw] • boezem, borst • schoot

boss I [ov ww] • de baas spelen • leiden
• commanderen II [znw] • baas
• kopstuk • uitsteeksel • knop

bossy [bnw] • bazig • eigenzinnig

botany [znw] plantkunde

botch <inf.> I [ov + on ww] • verknoeien
• slordig verstellen • (~ up) <inf.>
verknallen II [znw] slordige reparatie

both [bnw + bijw] beide

bother I [ov ww] lastig vallen, kwellen
II [on ww] • (~ about) z. druk maken
over III [znw] • drukte • gezeur, last

bothersome [bnw] ergerlijk, vervelend

bottle I [ov ww] • bottelen • (~ up)
oppotten, insluiten II [on ww]
• (~ out) ergens op het laatste moment
van afzien III [znw] fles

bottom I [ov ww] • v. bodem voorzien
• peilen • doorgronden II [on ww]
• (~ out) het laagste punt bereiken
III [znw] • bodem • zitvlak
• benedeneinde • laagste score, nul
IV [bnw] • onderste • laatste
• fundamenteel
bough [znw] grote dikke tak
bought [ww] verl. tijd + volt. deelw.
→ buy
boulder [znw] • grote steen • kei
bounce I [ov + on ww] • snoeven
• opveren • naar binnen/buiten stuiven
• (~ along) z. levendig gedragen
• (~ back) z. herstellen • (~ off)
terugkaatsen II [znw] • sprong
• opvering • snoeverij
bouncer [znw] uitsmijter ‹in bar of
disco›
bouncing [bnw] • flink, stevig
• luidruchtig
bound I [ww] verl.tijd + volt.deelw.
→ bind II [ov ww] beperken,
begrenzen III [on ww] • springen
• stuiteren IV [znw] • grens
• veerkrachtige sprong • stuitering
boundary [znw] grens
boundless [bnw] onbegrensd
bounty [znw] • geschenk • premie
• gulheid
bouquet [znw] • ruiker, boeket • geur
‹v. wijn›
bourgeois [bnw] burgerlijk
bout [znw] • beurt • tijdje • aanval
bow I [ov + on ww] buigen II [znw]
• strijkstok • strik • beugel • hengsel
• buiging • boeg • boog
bowels [mv] • ingewanden • medelijden
bowl I [ov + on ww] • voortrollen
• werpen ‹bij cricket› • (~ out)
uitgooien II [znw] • kom, schaal • bal
‹bij bowling›
bowler [znw] werper ‹bij cricket›
boxer [znw] bokser
boxing [znw] het boksen
boy [znw] • jongen • bediende

boycott I [ov ww] boycotten II [znw]
boycot
bra [znw] beha
brace I [ov ww] • steunen, versterken
• opwekken II [znw] • muuranker
• beugel • paar, koppel
bracelet [znw] • armband • handboei
bracing [bnw] verkwikkend
bracken [znw] (adelaars)varen(s)
bracket I [ov ww] • tussen haakjes
zetten • in één naam noemen
• samenkoppelen II [znw] • plank aan
de muur • console • klamp • haakje
• groep, klasse, categorie • ‹archit.›
karbeel
brackish [bnw] brak
brag I [ov + on ww] snoeven II [znw]
soort kaartspel
braggart I [znw] snoever II [bnw]
snoeverig
braid I [ov ww] • vlechten • omboorden
II [znw] • vlecht • tres
brain I [ov ww] de hersens inslaan
II [znw] hersenen, verstand, brein
brainy ‹inf.› [bnw] knap
braise [ov ww] smoren ‹v. vlees›
brake I [ov + on ww] remmen II [znw]
• rem • kreupelhout • egge • varen
bramble [znw] braamstruik
bran [znw] zemelen
branch I [on ww] z. vertakken • (~ off)
afslaan • (~ out) z. uitbreiden ‹v.
zaken› II [znw] • (zij)tak • branche
• filiaal
brand I [ov ww] brandmerken II [znw]
• brandmerk • soort, merk • fakkel
brandish [ov ww] zwaaien met
brandy [znw] • cognac • brandewijn
brash I [znw] • steenslag • oprisping
van (maag)zuur II [bnw]
onverschrokken, brutaal
brass I [znw] • geelkoper, brons • centen
• brutaliteit • bronzen grafplaat
• ‹muz.› koperen instrumenten
II [bnw] koperen, bronzen
brassy [bnw] • koperachtig • brutaal

brat [znw] blaag, jochie

bravado [znw] vertoon van moed/lef

brave I [ov ww] tarten, trotseren II [znw] indianenkrijger III [bnw] dapper, flink

brawl I [on ww] ruziën II [znw] ruzie

brawny [bnw] gespierd

bray I [on ww] balken II [znw] gebalk

brazen I [ov ww] II [bnw] • koperen • schel • brutaal

breach I [ov ww] bres maken II [on ww] springen <v. walvis> III [znw] • bres • breuk • stortzee • sprong <v. walvis>

bread [znw] • brood • voedsel • <sl.> poen

breadth [znw] • breedte, breedheid • baan

break I [ov + on ww] • (ver)breken • aanbreken, afbreken, losbreken • (laten) springen <v. bank> • temmen • overtreden • veranderen • (~ away) zich losrukken, onafhankelijk worden, wegrennen <v. land> • (~ down) tekortschieten, in tranen uitbarsten, afbreken, bezwijken, vast komen te zitten • (~ in) interrumperen • (~ into) aanbreken, aanspreken <v. geld>, inbreken in • (~ off) pauzeren, onderbreken, beëindigen • (~ through) doordringen, ontdekt worden • (~ with) (band) verbreken met II [znw] • kans • breuk • verandering • pauze • <hand.> plotselinge prijsdaling

breakable [bnw] breekbaar

breakage [znw] • breuk • gebroken waar

breakdown [znw] • instorting • defect, storing • specificatie

breaker [znw] • vaatje • hoge golf

breakfast I [on ww] ontbijten II [znw] ontbijt

breast I [ov ww] • worstelen tegen • trotseren • doorklieven II [znw] • borst, boezem • voorkant

breath [znw] adem, zuchtje

breathe [ov + on ww] • ademen • ruisen • blazen • fluisteren

breather [znw] korte rust

breathing [znw] ademhaling

breathless [bnw] • ademloos, buiten adem • bladstil

bred [ww] verl. tijd + volt. deelw. → **breed**

breed I [ov + on ww] • voortbrengen • kweken, fokken • opvoeden II [znw] soort, ras

breeder [znw] fokker

breeding [znw] opvoeding, manieren

breezy [bnw] • joviaal • winderig, fris

brethren [mv] → **brother**

brevity [znw] kortheid, bondigheid

brew I [ov + on ww] • brouwen • broeien • uitbroeden II [znw] brouwsel

brewer [znw] brouwer

briar [znw] → **brier**

bribe I [ov ww] omkopen II [znw] steekpenning

bribery [znw] omkoperij

brick I [ov ww] • (~ in/up) dichtmetselen • (~ off) ommuren II [znw] • blok <v. bouwdoos> • baksteen III [bnw] van bakstenen

bridal I [znw] bruiloft II [bnw] bruids-

bride [znw] bruid

bridge I [ov ww] overbruggen II [znw] • brug • rug <v. neus> • kam <v. viool> • bridge

bridle I [ov ww] beteugelen II [on ww] het hoofd in de nek werpen III [znw] hoofdstel en bit

brief I [ov ww] instrueren II [znw] • dossier • instructie III [bnw] kort, bondig

briefing [znw] • voorlichting • instructie(s)

brier [znw] • wilde roos • heidesoort • doornstruik

bright [bnw] • helder, schitterend • pienter • levendig

brilliance [znw] schittering, glans

brilliant I [znw] briljant II [bnw]

briljant, schitterend
brim I [on ww] • (~ **over**) *overlopen*
II [znw] • *boord* • *rand*
brimful(l) [bnw] *boordevol*
brine I [ov ww] *pekelen* II [znw] • *het
zilte nat* • *pekel*
bring [ov ww] • *(mee)brengen,
aanvoeren* • *indienen* • (~ **about**)
veroorzaken • (~ **along**) *meebrengen,
aanmoedigen* • (~ **back**) *(in de
herinnering) terugbrengen* • (~ **down**)
neerhalen, verslaan, doen vallen
• (~ **forth**) *opleveren, baren,
veroorzaken* • (~ **forward**) *vervroegen,
naar voren brengen* • (~ **in**)
binnenhalen <v. oogst>, inbrengen
• (~ **on**) *veroorzaken* • (~ **out**) *doen
uitkomen, in de handel brengen*
• (~ **over**) *laten overkomen*
• (~ **round**) *overtuigen, bijbrengen <v.
bewusteloos iem.>* • (~ **through**)
erbovenop helpen • (~ **to**) *bijbrengen*
• (~ **together**) *samenbrengen*
• (~ **under**) *bedwingen, onderdrukken*
• (~ **up**) *naar voren brengen, opvoeden*
brink [znw] *rand*
brisk [bnw] • *levendig, kwiek*
• *opwekkend*
bristle I [ov + on ww] • *overeind gaan
staan* • *nijdig worden* • (~ **with**) *vol
zitten met, wemelen van* II [znw]
• *borstel(haar)* • *stoppel*
bristly [bnw] *borstelig, stekelig*
Britannic, British [bnw] *Brits*
brittle [bnw] *bros, broos*
broach I [ov ww] • *aanbreken*
• *aansnijden <v. onderwerp>* II [znw]
• *braadspit* • *torenspits*
broad I [znw] <AE> *meisje, vrouw*
II [bnw] • *breed, wijd, plat <v.
taalgebruik>* • *algemeen* • *uitgestrekt*
broadcast I [ov + on ww] *omroepen,
uitzenden* II [znw] *uitzending*
III [bnw] *uitgezonden*
brocade [znw] *brokaat*
brogue [znw] • *zware schoen*

• (Iers/Schots) *accent*
broil I [ov + on ww] • *heet zijn <v. weer>*
• <AE> *op rooster braden* II [znw]
• *trammelant* • <AE> *geroosterd vlees*
broiler [znw] • *herrieschopper*
• *braadrooster* • *braadkip*
broke I [ww] *verl. tijd* → **break**
II [znw] III [bnw] *geruïneerd, op zwart
zaad*
broken I [ww] *volt. deelw.* → **break**
II [bnw] *gebroken*
broker [znw] • *uitdrager* • *makelaar*
bronze I [ov + on ww] *bruin worden*
II [znw] • *kunstwerk in brons*
• *bronskleur* III [bnw] • *bronzen*
• *bronskleurig*
brooch [znw] *broche*
brood I [on ww] *broeden* • (~ **on/over**)
tobben over II [znw] *broedsel, gebroed*
broody [bnw] *broeds*
brook I [ov ww] *dulden* II [znw] *beek*
broom [znw] • *bezem* • *brem*
broth [znw] *bouillon*
brothel [znw] *bordeel*
brother [znw] • *broer* • *collega*
brotherly [bnw + bijw] *broederlijk*
brought [ww] *verl. tijd + volt. deelw.*
→ **bring**
brow [znw] • *voorhoofd* • *wenkbrauw*
• *top <v. heuvel>* • *uitstekende rand*
brown [bnw] *bruin*
brownie [znw] • *camera* • *goedaardige
kabouter* • *kabouter
<padvinder>* • *gebak met noten*
browse I [ov + on ww] • *rondneuzen*
• *grazen* • *knabbelen* • *grasduinen*
II [znw] *twijgen, scheuten <als veevoer>*
bruise I [ov ww] • *fijnstampen*
• *kneuzen* • *kwetsen* II [znw] *blauwe
plek*
brunt [znw] • *geweld* • *schok*
brush I [ov + on ww] • *vegen* • *borstelen*
• (~ **aside**) *opzijschuiven, negeren*
• (~ **by**) *langssnellen* • (~ **down**)
afborstelen • (~ **off**) *schoonvegen,
afwijzen* • (~ **up**) <inf.> *opfrissen <v.*

kennis> II [ov ww] • (~ **off**)
afborstelen, afschepen III [znw]
• borstel • kwast, penseel

brusque [bnw] bruusk, kortaf

brutal [bnw] • wreed, beestachtig • grof

brutality [znw] • wreedheid
• beestachtigheid

brutalize [ov ww] onmenselijk
behandelen

brute I [znw] • bruut • beest II [bnw]
• redeloos • wreed

brutish [bnw] dierlijk

bubble I [on ww] borrelen • (~ **over
with**) overlopen van II [znw] (lucht)bel

buck I [ov + on ww] bokken • (~ **up**)
<inf.> moed houden/inspreken II [znw]
• (ree)bok • fat • <AE> dollar

bucket [znw] emmer

buckle I [ov + on ww] • vastgespen
• kromtrekken, verbuigen • in elkaar
zakken • (~ **down to**) <inf.> z. ertoe
zetten II [znw] gesp

bud I [ov + on ww] • uitbotten
• ontluiken • z. ontwikkelen • enten
II [znw] • knop • kiem

Buddhism [znw] boeddhisme

buddy <AE inf.> [znw] broer, maat,
vriend

budget I [ov + on ww] II [znw] budget,
begroting

budgetary [bnw] budgettair

buff I [ov ww] polijsten II [znw]
• bruingeel leer • enthousiasteling, fan
• dreun, stoot III [bnw] bruingeel

buffalo [znw] • bizon, buffel
• amfibietank

buffet I [ov ww] • worstelen • slaan,
stompen II [znw] • buffet <v. station>
• restauratie(wagon) • koude maaltijd
• klap <met de hand> • buffet(kast)

buffoon <vero.> I [on ww] de pias
spelen II [znw] clown, pias

bug I [ov ww] • afluisteren • hinderen,
dwars zitten II [znw] • wandluis
• insect • ziektekiem, bacil, virus
• verborgen microfoon • storing

bugger <pej.> I [ov ww]
• (~ **about/around**) pesten, sollen
met • (~ **up**) verknallen II [on ww]
• (~ **about**) donderjagen, rondklooien
III [znw] • sodomiet • viezerik

bugle I [ov + on ww] signaal blazen
II [znw] signaalhoorn

build I [ov ww] bouwen II [on ww]
• (~ **on**) vertrouwen op

builder [znw] • bouwer • aannemer

built [ww] verl. tijd + volt. deelw.
→ build

bulb I [on ww] bolvormig opzwellen
II [znw] • (bloem)bol, knol • gloeilamp

bulbous [bnw] • bolvormig
• uitpuilend <v. ogen>

Bulgarian I [znw] Bulgaar II [bnw]
Bulgaars

bulge I [ov + on ww] (doen) uitpuilen
II [znw] bobbel, uitzetting

bulk [znw] • partij • het grootste deel
• lading • massa, omvang

bulky [bnw] omvangrijk

bull I [ov + on ww] à la hausse
speculeren II [znw] • stier • <AE> smeris

bullet [znw] • geweerkogel
• loodkogeltje

bullock [znw] os

bully I [ov ww] • kwellen • tiranniseren
• pesten II [znw] • laffe kwelgeest • het
kruisen v.d. sticks <bij hockey> • tiran
III [bnw] reuze

bulwark [znw] • verschansing • bolwerk

bum <sl.> I [ov ww] bedelen, bietsen
II [on ww] rondzwerven • (~ **around**)
nutteloos rondhangen III [znw]
• achterste • <AE> landloper IV [bnw]
van slechte kwaliteit

bumf, bumph <inf.> [znw] • saai
(verplicht) reclame-/studiemateriaal
• <vero.> closetpapier • <pej.> paperassen

bump I [ov + on ww] • botsen • stoten
• (~ **into**) <inf.> bij toeval ontmoeten,
botsen tegen • (~ **off**) <inf.>
vermoorden • (~ **up**) <inf.> verhogen <v.
prijs> II [ov ww] • (~ **up**) opkrikken,

opvijzelen III [znw] • botsing • bult

bumper [znw] • bumper • buffer <v. spoorwagen> • vol glas

bumpy [bnw] bultig, hobbelig

bun [znw] • broodje • haarwrong

bunch I [ov + on ww] een bos vormen II [znw] • troep • bos • tros

bundle I [ov + on ww] • oprollen • inpakken • (~ off) wegwerken <v. persoon> • (~ up) samenvoegen, z. warm kleden II [znw] bundel, bos, pak

bung I [ov ww] dichtstoppen • (~ up) <inf.> verstoppen II [znw] stop

bungle I [ov ww] (ver)prutsen II [znw] prutswerk

bungler [znw] prutser

bunion [znw] eeltknobbel onder grote teen

bunk [znw] • kooi, couchette • onzin

bunker [znw] • kolenruim • betonnen schuilplaats

bunny [znw] konijntje

buoy I [ov ww] • (~ up) aanmoedigen, drijvende houden, kracht geven II [znw] ton, boei

buoyancy [znw] • opgewektheid • levendigheid • drijfvermogen • veerkracht

buoyant [bnw] • drijvend • opgewekt

burden I [ov ww] • belasten • drukken II [znw] • vracht • last • tonnage • refrein • hoofdthema

bureau [znw] • schrijfbureau • kantoor

bureaucracy [znw] bureaucratie

burgeon [on ww] snel groeien, uitbotten

burglar [znw] inbreker

burglary [znw] inbraak

burgle [ov + on ww] inbreken bij/in

burial [znw] begrafenis

burly [bnw] zwaar, stevig

burn [ov + on ww] • (~ out) uitbranden, opbranden

burner [znw] pit <v. fornuis>, brander

burning [bnw] • gloeiend • vurig

burnish [ov ww] • glanzen • polijsten

• bruineren

burnt [ww] verl. tijd + volt. deelw. → burn

burp <inf.> [ov + on ww] een boer(tje) laten

burrow I [ov + on ww] • een hol maken • wroeten II [znw] hol

bursary [znw] • kantoor v.d. penningmeester • studiebeurs

burst I [ov + on ww] • (open)barsten • (open)breken • (~ with) overlopen van II [znw] • barst, scheur • vlaag • opwelling

bury [ov ww] • begraven • verbergen • (~ away) naar een afgelegen oord verplaatsen

bus I [on ww] met de bus gaan II [znw] bus

bush [znw] • oerwoud • haarbos • struik • rimboe

bushel [znw] schepel

bushy [bnw] • ruig • begroeid

business [znw] • taak • zaken • zaak • beroep • bedrijf • kwestie • agenda

businesslike [bnw] zakelijk

bust I [ov ww] kapot maken • (~ up) in de war sturen, verknallen II [on ww] kapot gaan • (~ out) <inf.> met geweld ontsnappen • (~ up) trammelant hebben, uit elkaar gaan III [znw] buste

bustle I [ov ww] opjagen II [on ww] • (~ about) druk in de weer zijn III [znw] • queue • drukte

busy I [znw] detective II [bnw] • druk bezig • rusteloos • bemoeiziek

but [vw] • behalve • slechts • maar

butane [znw] butaan, butagas

butcher I [ov ww] • slachten • vermoorden II [znw] • moordenaar • slager

butt I [ov + on ww] stoten • (~ in) in de rede vallen, z. ergens mee bemoeien • (~ up against) botsen tegen II [znw] • vat • achtereind • peukje • stronk • doel, mikpunt

butter I [ov ww] smeren • (~ up) vleien

II [znw] • boter • vleierij
butterfly [znw] vlinder
buttery I [znw] provisiekamer II [bnw] als boter
button I [ov + on ww] • (~ **up**) dichtknopen, afronden II [znw] • knoop • knop
buttress I [ov ww] II [znw] steunbeer, stut
buxom [bnw] • knap • mollig
buy I [ov ww] • (in)kopen • omkopen • slikken, geloven, pikken • (~ **in**) inkopen • (~ **into**) z. inkopen • (~ **off**) <inf.> afkopen, uitkopen • (~ **out**) uitkopen • (~ **over**) omkopen • (~ **up**) opkopen II [znw] aankoop
buyer [znw] • (in)koper • klant
buzz I [ov + on ww] gonzen • • (~ **about**) rondfluisteren, ronddraven II [znw] • telefoontje • soort kever • gezoem
buzzard [znw] buizerd
buzzer [znw] • zoemer • stoomfluit • insect
by [vz] • door • bij • volgens • langs • van • per • via • ten opzichte van • ten <v. kompas>
bye [tw] tot ziens
bygone [bnw] vroeger

C

cab [znw] • taxi • cabine • kap
cabbage [znw] kool
cabin [znw] hut
cabinet [znw] kabinet, ministerraad
cable I [ov + on ww] telegraferen II [znw] • kabel, (anker)ketting • kabellengte <185,31 meter> • (kabel)telegram
cache I [ov ww] verbergen II [znw] verborgen (voedsel)voorraad
cackle I [ov + on ww] • snoeven • zwammen II [znw] gekakel, gesnater
cadaver [znw] lijk
cadaverous [bnw] lijkkleurig, lijkachtig
caddie I [on ww] als caddie optreden II [znw] caddie
cadence [znw] cadans, ritme
cadre [znw] kader(lid)
cafeteria [znw] cafetaria
cage I [ov ww] in een kooi opsluiten II [znw] • kooi • gevangenis
cairn [znw] • steenhoop <als grens- of grafteken> • cairnterriër
cajole [ov ww] door vleien ompraten
cake I [ov + on ww] samenkoeken II [znw] • veekoek • gebak(je) • <Schots> haverbrood
calamitous [bnw] rampzalig
calamity [znw] ramp(spoed), ellende
calculate [ov ww] berekenen, uitrekenen
calculating [bnw] weloverwogen, berekend
calculation [znw] berekening
calculator [znw] • (be)rekenaar • rekenmachine • berekeningstafel
calendar I [ov ww] registreren II [znw] • kalender • register • <jur.> rol
calf [znw] • kalf • jong • kalfsleer • kuit <v. been>
calibrate [ov ww] • het kaliber bepalen

van • *van schaalverdeling voorzien, kalibreren*

call I [ov + on ww] • (~ **back**) terugbellen **II** [ov ww] (*aan-/af-/op-/toe*)roepen, noemen, opbellen • (~ **down on**) uitkafferen, afsmeken • (~ **forth**) te voorschijn roepen • (~ **in**) binnenroepen, inroepen, opvragen • (~ **off**) wegroepen, afgelasten, uitmaken ‹v. verloving› • (~ **over**) afroepen, appel houden • (~ **up**) doen denken aan, in (zijn) herinnering roepen, opbellen, oproepen, wekken **III** [on ww] (*aan*)komen • (~ (**up**)**on**) beroep doen op, bezoeken, aanmanen • (~ **for**) vereisen, roepen, vragen om **IV** [znw] • *kreet* • *premie te leveren* • (*op*)roep, (oproep tot) telefoongesprek • *bod* ‹kaartspel› • *aanmaning* • *aanleiding, noodzaak* • *vraag* • *kort bezoek*

caller [znw] • *bezoeker* • *beller*

calligraphy [znw] • *schoonschrift* • *kalligrafie*

calling [znw] • *roeping* • *beroep*

callous [bnw] *ongevoelig*

callow [bnw] • *kaal* • *groen* ‹fig.›, *onervaren*

callus [znw] *eelt(plek)*

calm I [ov ww] *kalmeren, bedaren* **II** [on ww] • (~ **down**) *kalmeren* **III** [znw] *windstilte, kalmte* **IV** [bnw] *kalm*

calumny [znw] *laster*

calve [ov + on ww] (*af*)kalven

calves [mv] → **calf**

cambric I [znw] *batist* **II** [bnw] *batisten*

came [ww] verl. tijd → **come**

camel [znw] *kameel*

cameo [znw] • *camee* • ‹lit.› *karakterschets*

camp I [on ww] • (*z.*) *legeren* • *kamperen* **II** [znw] • *kamp* • ‹inf.› *nichterig gedrag* **III** [bnw] • *homoseksueel*

campaign I [on ww] *een*

campagne/veldtocht voeren **II** [znw] • *campagne* • ‹mil.› *veldtocht*

camper [znw] • *kampeerder* • *kampeerwagen*

campus [znw] • *universiteitsterrein* • *de academische wereld*

can I [ov ww] *inblikken* **II** [hww] *kunnen* **III** [znw] • *kan* • *inmaakblik* • ‹AE inf.› *bajes* • ‹AE inf.› *wc*

Canadian I [znw] *Canadees* **II** [bnw] *Canadees*

canal [znw] • *kanaal* • *vaart, gracht*

canalize [ov ww] *kanaliseren*

canary I [znw] *kanarie* **II** [bnw] *kanariegeel*

cancel I [ov ww] • *afgelasten, annuleren* • *schrappen, doorhalen* • *afstempelen* • *opheffen, intrekken* **II** [on ww] • (~ **out**) *tegen elkaar wegvallen* ‹v. factoren› **III** [znw] • *annulering* • *doorhaling, het doorgehaalde, vervanging*

cancer [znw] *kanker*

cancerous [bnw] *kankerachtig*

candidacy, candidature [znw] *kandidatuur*

candidate [znw] *kandidaat*

candle [znw] *kaars*

candour [znw] *oprechtheid, openheid*

candy I [ov ww] *confijten, glaceren* **II** [znw] • *chocola* • *kandij* • ‹AE› *snoepgoed*

cane I [ov ww] *ranselen* **II** [znw] • *riet, suikerriet* • *wandelstok* • *stengel* • *scheut*

canine [bnw] *honds-*

canister [znw] *trommeltje*

canker I [ov ww] *aantasten met kanker, wegvreten* **II** [znw] • *bladrups* • *slechte invloed* • *mondkanker* • *voetzeer*

cannery [znw] *inleggerij, conservenfabriek*

cannibal [znw] *kannibaal*

cannibalism [znw] *kannibalisme*

cannon I [ov + on ww] *caramboleren* • (~ **into**) *opbotsen tegen* **II** [on ww]

kanon(nen) afschieten III [znw]
• kanon(nen) • carambole
cannonade [znw] beschieting
cannot [samentr.] /can not/ → can
canny [bnw] • slim, handig, verstandig
• zuinig
canoe I [on ww] kanoën II [znw] kano
canon [znw] • canon • kanunnik
canonize [ov ww] heilig verklaren
canopy [znw] • baldakijn, (troon)hemel
• bedekking
cant I [ov ww] op zijn kant zetten,
kantelen II [on ww] • kwezelen
• huichelachtige of boeventaal spreken
III [znw] • schuine kant, helling • stoot
• kanteling • jargon, boeventaal
• sentimenteel of huichelachtig gepraat
can't [samentr.] /can not/ → can
canteen [znw] • kantine • eetkantaltje
• veldfles • cassette <v. bestek> • set
kookgerei
canter I [ov ww] in handgalop laten
gaan II [on ww] in handgalop gaan
III [znw] • kwezelaar, huichelaar
• handgalop
canvas [znw] • zeildoek, tentdoek
• linnen <schildersdoek> • schilderij
canvass I [ov + on ww] • colporteren,
werven, bewerken • onderzoeken,
uitpluizen • bespreken II [znw]
• opinieonderzoek • werving
canyon, cañon [znw] diep ravijn
cap I [ov ww] • een muts opzetten
• promotiegraad verlenen • beslaan
• (be)dekken • voorzien v.e. dop
• overtreffen II [znw] • muts, pet • hoed
<v. paddestoel> • kap(je), dòp(je)
• wieldop • klappertje • speler in 1e
elftal • <inf.> pessarium
capability [znw] bekwaamheid
capable [bnw] • bekwaam • begaafd
• vatbaar
capacious [bnw] ruim
capacity [znw] • inhoud, vermogen
• (berg)ruimte • capaciteit • volume
• hoedanigheid • bevoegdheid

cape [znw] • kaap • pelerine, cape, kap
caper I [on ww] bokkensprongen maken
II [znw] • bokkensprong, gril
• (kwajongens)streek
capital I [znw] • hoofdletter • kapiteel
• kapitaal • hoofdstad II [bnw]
• voornaamste, hoofd-, zeer belangrijk
• prachtig, magnifiek III [tw] prima!
capitalism [znw] kapitalisme
capitalize [ov + on ww] • kapitaliseren
• munt slaan uit
caprice [znw] gril(ligheid)
capricious [bnw] grillig
capsize I [ov ww] omwerpen II [on ww]
omslaan III [znw] het omslaan, het
omwerpen
captain [znw] • aanvoerder, leider
• eerste piloot • ploegbaas • <scheepv.>
kapitein • <luchtv.> gezagvoerder
caption [znw] • inleiding <v.
document> • opschrift, onderschrift
captive I [znw] gevangene II [bnw]
gevangen
captivity [znw] gevangenschap
capture I [ov ww] • innemen, veroveren
• gevangennemen II [znw] buit, prijs
car [znw] • auto • wagen, kar(retje)
• schuitje, gondel • <AE> liftkooi • <AE>
spoorwagen, tram
carafe [znw] karaf
caramel I [znw] karamel II [bnw]
karamelkleurig
carat [znw] karaat
carbon [znw] • carbonpapier • koolspits
• <chem.> kool(stof)
carbuncle [znw] • karbonkel
• (steen)puist
carburettor [znw] carburator
carcase, carcass [znw] • lijk
• geraamte • geslacht dier
card [znw] • kaart(je) • <inf.> vent,
snoeshaan
cardiac [bnw] hart-
cardigan [znw] wollen vest
cardinal I [znw] • kardinaal
• kardinaalvogel • (schouder)manteltje

II [bnw] • *voornaamst, essentieel, belangrijk(st)* • *donkerrood*

care I [on ww] *geven om* • *(wel) willen, (graag) willen* • *(~ about) z. bekommeren om* • *(~ about/for) houden van, geven om* • *(~ for) zorgen voor* **II** [znw] *zorg, bezorgdheid*

careful [bnw] • *voorzichtig* • *zorgvuldig* • *nauwkeurig*

careless [bnw] • *onvoorzichtig* • *nonchalant, zorgeloos* • *onnauwkeurig*

caress I [ov ww] *liefkozen, strelen* **II** [znw] *liefkozing*

cargo [znw] • *vracht* • *scheepslading*

caricature I [ov ww] *tot een karikatuur maken* **II** [znw] *karikatuur*

caries [znw] *cariës, tandbederf*

carnage [znw] *slachting, bloedbad*

carnal [bnw] *vleselijk, zinnelijk*

carnation I [znw] *anjer* **II** [bnw] *felrose*

carnival I [znw] • *carnaval* • *kermis* • *zwelgpartij*

carnivore [znw] *vleeseter*

carnivorous [bnw] *vleesetend*

carouse [on ww] *zwelgen, brassen*

carousel <AE> [znw] • *draaimolen* • <luchtv.> *draaiende bagageband*

carp I [on ww] • *zeuren* • *vitten* **II** [znw] *karper*

carpenter [znw] *timmerman*

carpet I [ov ww] • *met tapijt bedekken* • *een uitbrander geven* **II** [znw] *tapijt, loper*

carriage [znw] • *rijtuig* • *vervoer, vracht(prijs)* • *houding* • *wagon, wagen* • <techn.> *slede*

carrier [znw] • *vliegdekschip* • *postduif* • *vrachtrijder, expediteur, bode* • *vrachtvaarder* • *drager v.e. ziekte* • *patroonhouder* • *bagagedrager*

carrion I [znw] *kadaver* **II** [bnw] *rottend, weerzinwekkend*

carrot [znw] *wortel(tje)*

carroty [bnw] *met rood haar*

carry I [ov ww] • *(ver)voeren,*

mee-/wegvoeren, (mee-/over)brengen, bij z. hebben/dragen, dragen • *verdragen, houden* • *(be)halen, erdoor halen doorzetten, uitoefenen, (actie) voeren* • *(~ about) ronddragen, met z. meedragen* • *(~ along) meedragen, meeslepen* • *(~ away) wegvoeren, wegdragen, meeslepen, verliezen, verspelen* • *(~ back) terugvoeren* • *(~ off) wegdragen, af-/wegvoeren, (prijs) behalen, het eraf brengen* • *(~ out) uitvoeren, volbrengen, vervullen* • *(~ over) overhalen, transporteren, laten liggen* • *(~ through) volhouden, volvoeren, tot een goed einde brengen* **II** [on ww] • *dragen, reiken* • *(~ on) z. aanstellen, doorgaan* **III** [znw] *draagwijdte*

cart I [ov ww] *per kar vervoeren* **II** [znw] • *kar* • *winkelwagentje*

cartel [znw] <hand.> *kartel*

carton [znw] *karton(nen doos)*

cartoon [znw] • *modelblad* • *spotprent* • *tekenfilm*

cartoonist [znw] *spotprenttekenaar*

cartridge [znw] • *patroon* • *cassette*

carve I [ov + on ww] *(voor)snijden* • *(~ up) verdelen* **II** [ov ww] • *kerven, splijten* • *beeldhouwen, beeldsnijden* • *graveren*

carving [znw] *beeldhouwwerk, snijwerk*

cascade I [on ww] *bruisend/golvend neerstorten* **II** [znw] *(kleine) waterval*

case I [ov ww] • *in een huls of andere verpakking doen* • *overtrekken* **II** [znw] • *overtrek, tas(je), etui, kist, koffer, kast, bus, koker* • *geval* • *staat, toestand* • *zaak* • *(rechts)zaak, proces, geding* • *naamval* • *patiënt*

cash I [ov ww] *incasseren* • *(~ in) verzilveren, te gelde maken, wisselen* • *(~ up) opdokken* **II** [on ww] • *(~ in) sterven* • *(~ on) munt slaan uit* **III** [znw] • *kassa, kas* • *(gereed) geld* • *contant(en)*

cashew [znw] *cashewnoot*

cashier [znw] *caissière, kassier*

cashmere [znw] • *cachemir* • *sjaal*

cask [znw] *vat, fust*

casket [znw] *kistje, cassette*

cassock [znw] *soutane*

cast I [ov + on ww] *rekenen, optellen*
• (~ **off**) *losgooien* • (~ **on**) *opzetten*
<*v. breiwerk*> II [ov ww] • (~ **aside**)
aan de kant zetten, afdanken,
wegwerpen • (~ **away**) *verwerpen,*
verkwisten • (~ **down**) *neerslaan* <*v.*
ogen>, terneerdrukken • (~ **off**)
verstoten, (van z.) afwerpen • (~ **out**)
verjagen, verdrijven • (~ **up**) (*iem.*)
opnemen, aan land werpen, optellen,
berekenen III [on ww] • *indelen,*
toewijzen <*v. rollen>* • *werpen*
• *af-/neer-/wegwerpen* • *verwerpen,*
afwijzen, wegsturen • *veroordelen*
• *opwerpen* <*v. twijfels>* • <*techn.*>
gieten • (~ **about**) *wenden* • (~ **about**
for) *omzien naar* • (~ **back**)
teruggaan IV [znw] • *worp*
• *rolbezetting* • *afgietsel, vorm* • *aard,*
type, soort • *tint(je), zweem(pje)*
• *berekening, optelling*

caste [znw] *kaste*

castellated [bnw] • *kasteelachtig*
• *gekanteeld*

caster [znw] • *werper* • *gieter* • *rekenaar*
• *rolverdeler*

castigate [ov ww] • *kastijden*
• *corrigeren*

castle [znw] *kasteel*

castrate [ov ww] *castreren*

cat [znw] • *kat* • *karwats* • <*inf.*> *knul,*
jongen, vent

cataclysm [znw] • *overstroming*
• *aardbeving* • *geweldige beroering,*
omwenteling

catalogue I [ov ww] *catalogiseren*
II [znw] • *catalogus* • *lijst* • *reeks*

catalyst [znw] *katalysator*

catapult I [ov ww] *met een katapult*
af-/beschieten II [on ww] *afgeschoten*
worden III [znw] *katapult*

cataract [znw] • *waterval* • <*med.*>
grauwe staar

catarrh [znw] *ontsteking v.h. slijmvlies,*
neusloop

catastrophe [znw] • *ramp*
• *ontknoping* <*v. tragedie>*

catastrophic [bnw] *rampzalig*

catch I [ov + on ww] • (~ **up**)
op-/overnemen, in de rede vallen, gelijk
komen met, inhalen II [ov ww]
• (*op*)*vangen* • (*aan-/vast*)*grijpen*
• *treffen* <*v. gelijkenis>* • *aansteken*
<*ziekte>* • 'doorhebben', *begrijpen*
• *boeien, treffen* • *halen* <*trein>*
• *vatten, betrappen* • *aantreffen*
• (*weg*)*grissen* III [on ww] • *haken* <*aan*
een spijker> • *pakken, sluiten* <*v.*
grendel> • *om z. heen grijpen*
• *aanstekelijk zijn* • *populair worden*
• (~ **at**) *grijpen naar, aangrijpen,*
betrappen op • (~ **on**) *aanslaan,*
snappen IV [znw] • *vangst* • *vangbal*
• *strikvraag, valstrik* • *haak*
• *aanwinst* • *goede partij* • *lokmiddel*
• *het stokken* <*v.d stem>*

catching [bnw] • *besmettelijk*
• *pakkend, aanlokkelijk*

catchy [bnw] • *pakkend, aantrekkelijk*
• *goed in het gehoor liggend*
• *misleidend, bedrieglijk*
• *onregelmatig bewegend*

catechism [znw] *catechismus*

categorize [ov ww] *categoriseren*

category [znw] *categorie*

cater [on ww] *provianderen, voedsel*
verschaffen/leveren • (~ **for**) *zorgen*
voor, leveren aan

caterer [znw] • *leverancier* <*v.*
maaltijden> • *cuisinier*
• *proviandmeester*

caterpillar [znw] • *rups* • *rupsband*

caterwaul I [on ww] *krollen* II [znw]
kattengejank

cathedral [znw] *kathedraal*

cathode [znw] *kathode*

Catholicism [znw] *katholicisme*

cattle [znw] (rund)vee
caucus [znw] • kiescomité • kliek
caught [ww] verl. tijd + volt. deelw.
→ catch
cauldron [znw] • grote ketel
• heksenketel
cauliflower [znw] bloemkool
causal [bnw] causaal, oorzakelijk
causality [znw] causaliteit
cause I [ov ww] • veroorzaken,
teweegbrengen • zorgen dat II [znw]
• motief • reden • oorzaak
caustic I [znw] bijtmiddel II [bnw]
• brandend • bijtend • sarcastisch
caution I [ov ww] waarschuwen
II [znw] • omzichtigheid,
voorzichtigheid
• waarschuwing(scommando)
• berisping
cautionary [bnw] waarschuwend
cautious [bnw] voorzichtig, omzichtig
cavalier I [znw] • (galante) ridder
• royalist ‹in de 17e eeuw› II [bnw]
• nonchalant • aanmatigend, uit de
hoogte • koningsgezind • zwierig
cavalry [znw] cavalerie
cave I [on ww] • (~ in) instorten,
bezwijken II [znw] • hol, grot • deuk
cavern [znw] hol, spelonk
cavernous [bnw] vol holen,
spelonkachtig
cavil [on ww] vitten
cavity [znw] holte
caw [on ww] krassen ‹v. raaf, kraai›
cease I [ov + on ww] ophouden
• (~ from) ophouden met II [znw] het
ophouden
ceaseless [bnw] onafgebroken,
aanhoudend
cede [ov ww] afstaan
ceiling [znw] • plafond • maximale
hoogte • prijslimiet, loonlimiet
celebrate [ov + on ww] • vieren
• verheerlijken • loven • de mis
opdragen
celebrated [bnw] gevierd, beroemd

celebration [znw] • viering • feestelijke
herdenking • huldiging • het opdragen
v.d. mis
celebrity [znw] roem, beroemdheid
‹persoon›
celery [znw] selderie
celestial [bnw] hemels
cell [znw] • kluis • cel
cellar [znw] kelder
cellular [bnw] celvormig, met cellen
Celt [znw] Kelt
Celtic [bnw] Keltisch
cement I [ov ww] • bevestigen • één
worden • met cement verbinden
II [znw] • cement • bindmiddel • iets
dat verbindt ‹fig.›
censor I [ov ww] censuur uitoefenen
over, censureren II [znw] censor
censorious [bnw] • bedillerig • vol
kritiek
censure I [ov ww] • berispen • afkeuren
• kritiseren II [znw] • berisping
• afkeuring
census [znw] volkstelling
centenarian I [znw] 100-jarige
II [bnw] 100-jarig
centenary, centennial I [znw]
eeuw(feest) II [bnw] 100-jarig
centigrade [bnw] met/op schaal v. 100
graden Celsius
centimetre [znw] centimeter
centipede [znw] duizendpoot
central I [znw] • centraal geheugen ‹v.
computer› • ‹AE› centrale II [bnw]
• centraal, midden- • voornaamste,
hoofd-
centralize [ov + on ww] centraliseren
centre I [ov ww] • in het midden
plaatsen • het midden zoeken/bepalen
van • ‹sport› voorzetten, naar het
midden spelen II [on ww] z.
concentreren III [znw] • voorzet
• plaats v. samenkomst • basis
• hoofdkwartier • centrum • kern, bron
centrifugal [bnw] middelpuntvliedend
century [znw] • eeuw • 100 runs ‹bij

cricket> • *Romeinse legereenheid v. 100 man • 100 pond*

ceramic [bnw] pottenbakkers-

cereal I [znw] *graan* II [bnw] *graan-*

cerebral [bnw] *hersen-*

ceremonial I [znw] *ceremonieel, ritueel* II [bnw] *plechtig, ceremonieel*

ceremonious [bnw] • *plechtstatig* • *vormelijk*

ceremony [znw] • *ceremonie, plechtigheid* • *vormelijkheid* • *formaliteit(en)*

certifiable [bnw] • *certificeerbaar* • *krankzinnig*

certificate [znw] *verklaring, attest, akte, bewijs • diploma*

certify [ov ww] • *verzekeren, verklaren* • *getuigen • waarmerken, attesteren* • *krankzinnig verklaren*

certitude [znw] *zekerheid*

cessation [znw] • *het ophouden* • *stilstand*

cesspit, cesspool [znw] *beerput*

chafe I [ov + on ww] • *sarren • z. dood ergeren • koken <v. woede>* • *(warm)wrijven • schuren* • *(stuk)schaven* II [znw] • *schaafwond* • *ergernis*

chaff I [ov + on ww] • *voor de gek houden, plagen • gekheid maken* II [znw] • *kaf • haksel • waardeloos spul • scherts • plagerij*

chagrin I [ov ww] • *verdriet doen* • *ergeren • kwellen* II [znw] • *teleurstelling • verdriet*

chain I [ov ww] • *(aaneen)ketenen, aan de ketting leggen • schakelen* II [znw] • *ketting • reeks, keten*

chair I [ov ww] • *in triomf ronddragen* • *voorzitten, presideren* II [znw] • *zetel, stoel • voorzittersstoel, voorzitterschap* • *leerstoel • professoraat* • *burgemeesterschap • <AE> de elektrische stoel*

chalice [znw] *kelk*

chalk I [ov ww] • *met krijt inwrijven* • *tekenen, merken • (be)schrijven* • *(~ out) schetsen, aangeven • (~ up) opschrijven* II [znw] *krijt*

chalky [bnw] • *krijtachtig • krijtwit* • *vol krijt*

challenge I [ov ww] • *eisen, vragen* • *uitdagen • betwisten • ontkennen* II [znw] • *uitdaging • opwekking* • *aanroeping • <jur.> wraking*

challenging [bnw] *een uitdaging vormend*

chamber [znw] • *kamer • <pol.> kamer*

chamois [znw] • *gemzenleer, zeemleer* • *gems*

champ I [ov + on ww] • *(hoorbaar) kauwen • knagen • bijten* II [znw] • *gekauw • <inf.> kampioen*

champion I [ov ww] *verdedigen, krachtig opkomen voor* II [znw] • *kampioen • voorvechter*

championship [znw] • *kampioenschap • verdediging, krachtige steun*

chance I [ov ww] *wagen, riskeren* II [on ww] *gebeuren* • *(~ across/upon) toevallig tegenkomen* III [znw] • *toeval • geluk* • *gelegenheid, kans, mogelijkheid* IV [bnw] *toevallig*

chancel [znw] *(priester)koor*

chancellor [znw] • *kanselier • titulair hoofd v.e. universiteit*

chancy [bnw] *gewaagd, riskant*

chandelier [znw] *kroonluchter*

change I [ov + on ww] • *veranderen* • *(ver)wisselen, (om)ruilen* • *omschakelen • overstappen • z. verkleden • (~ down) terugschakelen* • *(~ into) overgaan in, z. verkleden* • *(~ over) omschakelen, omzwaaien* • *(~ up) naar hogere versnelling schakelen* II [znw] • *verandering* • *verwisseling, (ver)ruiling • variatie* • *overgang • overstap • kleingeld*

changeable, changeful [bnw] *veranderlijk*

channel I [ov ww] • *groef maken,
uithollen* • *kanaliseren* II [znw]
• *kanaal* • *waterloop* • *stroombed*
• *vaargeul*

chant I [ov + on ww] *reciteren, zingen*
II [znw] • *lied, melodie* • *koraal, psalm*
• *zangerige toon*

chaotic [bnw] *chaotisch*

chap I [ov + on ww] *splijten, scheuren*
II [znw] • *kloof, spleet* • *kaak, kinnebak*
• *kerel, vent*

chapel [znw] • *kapel* • *kerk* • *kerkdienst*

chaplain [znw] • *veldprediker,
aalmoezenier* • *huiskapelaan*

chapter [znw] • *hoofdstuk* • *kapittel*

char I [ov + on ww] *(doen) verkolen,
branden, schroeien* II [znw] • *bergforel*
• *werkster* • *klusje*

character [znw] • *reputatie, goede
naam* • *getuigschrift* • *hoedanigheid,
rol* • *karakter* • *kenmerk* • *merkteken*
• *aard* • *type* • *persoon* • *teken, letter*
• *(hand)schrift*

characteristic I [znw] • *kenmerk*
• <wisk.> *index v. logaritme* II [bnw]
kenmerkend

characterless [bnw] *karakterloos*

charade [znw] • *woordspelletje*
• *schertsvertoning*

charcoal [znw] *houtskool*

charge I [ov + on ww] • *in rekening
brengen* • *gelasten, opdragen*
• *losstormen op, aanvallen* • *laden*
• *vullen* • *verzadigen* • (~ **with**)
*bezwaren met, beschuldigen, ten laste
leggen* II [znw] • *uitgave(n), (on)kosten*
• *prijs* • *belasting* • *taak, plicht, hoede,
zorg* • *pleegkind, pupil* • *instructie*
• *parochie* • *vermaning* • *last, lading*
• *aanval* • <jur.> *beschuldiging*

chargeable [bnw] • *schuldig* • *in
rekening te brengen*

chariot [znw] *zegekar*

charitable [bnw] • *liefdadig*
• *welwillend* • *mild*

charity [znw] • *liefdadigheid* • *aalmoes*

• *(naasten)liefde*
• *liefdadigheidsinstelling* • *mildheid*

charlatan [znw] • *kwakzalver*
• *beunhaas*

charm I [ov ww] *betoveren, bekoren*
• (~ **away**) *wegtoveren* II [znw]
• *betovering, bekoring, charme*
• *tovermiddel, toverspreuk* • *amulet*

charmer [znw] • *tovenaar* • *charmeur*
• *verlokker*

charming [bnw] *betoverend,
charmant, allerliefst*

chart I [ov ww] • *in kaart brengen*
• *grafisch voorstellen/nagaan* II [znw]
• *zeekaart* • *grafiek* • *tabel*

charter I [ov ww]
• *octrooi/privilege/recht verlenen aan*
• *charteren, huren* II [znw] • *contract*
• *octrooi* • *voorrecht* • *oorkonde,
handvest*

charwoman [znw] *werkster*

chase I [ov ww] • *jagen* • *achtervolgen,
vervolgen* II [znw] • *jacht* • *jachtterrein*
• *vervolging, achtervolging*

chaste [bnw] *kuis*

chasten [ov ww] *kuisen*

chastise [ov ww] *kastijden, tuchtigen*

chastity [znw] *kuisheid*

chat I [ov + on ww] *babbelen* II [znw]
• *gekeuvel, geklets* • *roddel*

chatter I [on ww] • *kakelen, snateren*
• *klapperen* • *rammelen* II [znw]
• *geklets* • *geklapper*

chatty [bnw] *babbelziek*

cheap [bnw + bijw] • *goedkoop*
• *waardeloos*

cheapen [ov + on ww] • *in prijs
verminderen* • *kleineren* • *afdingen,
pingelen*

cheat I [ov + on ww] • *afzetten* • *vals
spelen* • *spieken* • *bedriegen* • (~ (**out**)
of) *beroven van, door de neus boren*
II [znw] • *bedrog, zwendel* • *bedrieger*
• *valsspeler*

check I [ov + on ww] • *intomen*
• *belemmeren* • *stopzetten* • *inhouden,*

tegenhouden, ophouden • het spoor
bijster raken en blijven staan • schaak
zetten • controleren • <AE>
afgeven/ophalen tegen reçu • (~ in)
aankomen, z. melden • (~ out)
vertrekken • (~ up) controleren
II [znw] • beteugeling, belemmering
• fiche • cheque • (plotselinge) stilstand
• remmende factor • terechtwijzing
• controle(merk) • reçu • <AE> rekening
checked [bnw] geruit
checker [znw] controleur
cheek [znw] • wang • brutaliteit
cheeky [bnw] brutaal
cheer I [ov + on ww] • opvrolijken
• aanmoedigen • (toe)juichen • (~ up)
moed scheppen II [znw] • hoera(atje)
• stemming • vrolijkheid • onthaal
• aanmoediging, bijval
cheerful [bnw] vrolijk, opgeruimd
cheerio(h) [tw] • dag, tot ziens!
• succes! prosit!
cheerless [bnw] triest, somber
cheery [bnw] vrolijk, opgewekt
cheese I [ov ww] II [znw] kaas
chef [znw] chef-kok
chemical I [znw] scheikundige stof
II [bnw] scheikundig
chemistry [znw] scheikunde
cherish [ov ww] • koesteren • liefhebben
cherry I [znw] • kersenboom,
kersenhout • kers II [bnw] kerskleurig
cherub [znw] • cherub(ijn) • engel
chess [znw] schaakspel
chest [znw] • koffer, kist • kas • borstkas
chestnut I [znw] • kastanje • vos
<paard> II [bnw] kastanjebruin
chic I [znw] stijl, elegance II [bnw] chic
chick [znw] • kuiken(tje), jong vogeltje
• <inf.> grietje
chicken I [on ww] II [znw] • kuiken
• kip • <inf.> lafaard
chicory [znw] • cichorei • Brussels lof
chide [ov + on ww] • berispen
• tekeergaan
chief I [znw] leider, hoofd, chef II [bnw]

voornaamste, leidend(e)
chiefly [bijw] voornamelijk
chieftain [znw] aanvoerder, opperhoofd
child [znw] kind
childish [bnw] kinderachtig
children [mv] → **child**
chilly [bnw] • kil • huiverig
chime I [ov + on ww] • luiden
• samenklinken, harmoniëren • (~ in
with) overeenstemmen met II [znw]
• klokkenspel • samenklank, harmonie
chimney [znw] • schoorsteen
• lampenglas
chimp, chimpansee [znw]
chimpansee
chin [znw] kin
china [znw] • Chinese thee • porselein
Chinese [bnw] Chinees
chink I [ov + on ww] rinkelen II [znw]
• spleet • gerinkel
chip I [ov ww] • inkerven • (af)bikken,
(af)hakken • stukjes breken uit
II [on ww] schilferen • (~ in) in de rede
vallen, meebetalen III [znw]
• spaan(der), schilfer, splintertje
• plakje, schijfje • fiche • <comp.> chip
chiropodist [znw] pedicure
chirp I [ov + on ww] • tjilpen, kwelen
• opgewekt praten II [znw] getjilp
chirrup I [on ww] • tjilpen
• aanmoedigen door met de tong te
klakken II [znw] getjilp
chisel I [ov ww] • beitelen, beeldhouwen
• bedriegen, beetnemen II [znw] beitel
chit [znw] • hummel • getuigschrift,
briefje, bonnetje • kattebelletje
chivalric, chivalrous [bnw] ridderlijk,
hoofs
chivalry [znw] • ridderschap
• ridderlijkheid
chlorine [znw] chloor
chocolate I [znw] • bonbon
• chocolaatje, chocolade II [bnw]
chocoladebruin
choice I [znw] • keuze • voorkeur • het
puikje, het beste II [bnw] • uitgelezen

• kieskeurig

choir [znw] koor

choke I [ov ww] • smoren, verstikken
• verstoppen, afsluiten • onderdrukken
• vernauwen • (~ **down**)
onderdrukken, inslikken, met moeite
verwerken • (~ **off**) (iem.) dwingen iets
op te geven, (iem.) de mond snoeren
• (~ **up**) verstoppen II [on ww]
• verstopt raken • zich verslikken
III [znw] • verstikking(sgevoel) • snik
• verstopping • vernauwing

choker [znw] • wurger • dooddoener
• hoge stijve boord • (strop)das

choleric [bnw] opvliegend

choose [ov + on ww] kiezen,
uitverkiezen

chop I [ov + on ww] (fijn)hakken,
kappen • (~ **up**) fijnhakken II [znw]
• slag, houw • kotelet

chopper [znw] • hakmes • helikopter
• hakker

choppy [bnw] vol kloven of barsten

choral [bnw] ★ ~ society
zangvereniging

chord [znw] • snaar • streng • <muz.>
akkoord

chore [znw] karweitje

choreography [znw] choreografie

chorister [znw] koorzanger, koorknaap

chortle [on ww] • schateren • grinniken

chorus [znw] • koor, rei • refrein

chose [ww] verl. tijd → **choose**

chosen [ww] volt. deelw. → **choose**

chow [znw] • chow-chow • <sl.> eten

chowder [znw] stoofpot met vis

christen [ov ww] dopen

Christendom [znw] de christenheid

christening [znw] doop, het dopen

Christianity [znw] • christelijkheid
• het christendom

Christmas [znw] Kerstmis

chrome [znw] chroom

chromium [znw] chroom

chronic [bnw] • chronisch • <sl.>
verschrikkelijk

chronicle I [ov ww] te boek stellen
II [znw] kroniek, geschiedenis

chronologic(al) [bnw] chronologisch

chronology [znw] chronologie

chubby [bnw] mollig

chuck I [ov ww] • onder de kin
strijken/aaien • gooien, smijten • de
bons geven • klikken <met tong>
• (~ **away**) weggooien • (~ **out**) eruit
smijten • (~ **up**) er de brui aan geven
II [znw] • aai, streek <onder kin>
• gooi, het van z. afsmijten, worp
• geklik <met tong>

chuckle I [on ww] • gniffelen,
grinniken • z. verkneuteren II [znw]
lachje

chug I [on ww] ronken II [znw] geronk

chum I [on ww] • bij elkaar op kamer(s)
wonen • dikke vrienden zijn II [znw]
goede vriend, gabber

chummy [bnw] intiem

chump [znw] • blok hout • dik einde <v.
lendestuk> • kop • stomkop

chunk [znw] homp, blok, stuk

chunky [bnw] • bonkig • gezet

church [znw] kerk

churlish [bnw] lomp

churn I [ov ww] • omwoelen • doen
schuimen II [znw] • karn • melkbus
• het schuimen

chute [znw] • stroomversnelling
• glijbaan • helling • parachute

cigar [znw] sigaar

cigarette [znw] sigaret

cinch I [ov ww] • singelen <v. paard>
• te pakken krijgen II [znw] • iets dat
zeker is • makkie

cinema [znw] bioscoop

cinnamon I [znw] kaneel(boom)
II [bnw] geelbruin

cipher I [ov + on ww] • cijferen
• coderen II [znw] • nul • cijfer
• monogram • geheimschrift, code

circle I [ov ww] omcirkelen II [on ww]
rondgaan, ronddraaien, rondzwaaien
III [znw] • cirkel, (k)ring

• (omme)zwaai

circuit [znw] • omtrek, omsloten gebied
• tournee, rondgang, rondreis
• kringloop • omweg • ronde baan
• schakeling • ‹techn.› stroombaan

circuitous [bnw] omslachtig

circular I [znw] • circulaire • rondweg
II [bnw] cirkelvormig, rond(gaand)

circulation [znw] • (bloeds)omloop
• circulatie • oplage • omzet
• betaalmiddel

circumcise [ov ww] besnijden

circumference [znw] omtrek v. cirkel

circumlocution [znw] omhaal v.
woorden

circumscribe [ov ww] • omschrijven
• begrenzen

circumspect [bnw] omzichtig

circumspection [znw] omzichtigheid

circumstance [znw] • praal, drukte
• omstandigheid • bijzonderheid

circumstantial [bnw] uitvoerig

circumvent [ov ww] • omsingelen
• ontwijken

cissy [znw] melkmuil, mietje

cistern [znw] • waterreservoir • stortbak

citadel [znw] fort, bolwerk

citation [znw] • dagvaarding • eervolle
vermelding

cite [ov ww] • dagvaarden • aanhalen

citizen [znw] • burger • stedeling

citizenship [znw] burgerschap

city [znw] (grote) stad

civic [bnw] stads-, burger-

civics [znw] burgerlijk recht, staatsbestel

civil [bnw] • privaatrechtelijk • beleefd,
beschaafd • burgerlijk, burger-

civilian I [znw] burger II [bnw] burger-

civility [bnw] beleefdheid

civilization [znw] • beschaving
• beschaafde wereld

civilize [ov ww] beschaven

clack [on ww] ratelen, kletteren

clad [ww] volt. deelw. → clothe

claim I [ov ww] • vorderen • beweren
• aanspraak maken op, (op)eisen

II [znw] • aanspraak, recht, eis,
vordering • claim • concessie ‹in
mijnbouw›

claimant [znw] • eiser • pretendent

clairvoyance [bnw] helderziendheid

clam [znw] = mossel

clamorous [bnw] luidruchtig,
schreeuwerig

clamour I [on ww] • schreeuwen
• protesteren • eisen II [znw]
• geschreeuw, misbaar • luid protest
• eis

clamp I [ov ww] • vastzetten, krammen
• ophopen • inkuilen II [on ww]
onderdrukken, de kop indrukken
III [znw] • (muur)anker • klem, kram

clan [znw] • stam ‹in Schotse
Hooglanden› • familie • kliek

clandestine [bnw] clandestien

clang I [ov + on ww] • (laten) klinken
• bellen, rinkelen II [znw] • metalige
klank • klokgelui, belgerinkel

clank I [ov + on ww] rammelen,
kletteren II [znw] metaalgerinkel

clap I [ww] • klappen, klapperen ‹met
vleugels› • applaudisseren, toejuichen
II [znw] • donderslag • klap, slag
• applaus • ‹vulg.› druiper

clapper [znw] • klepel • ratel

claret I [znw] • rode bordeaux(wijn)
• bloed II [bnw] wijnrood

clarify I [ov ww] • ophelderen,
verhelderen • helder/zuiver maken
II [on ww] helder/zuiver worden

clarity [znw] zuiverheid, klaarheid

clash I [ov + on ww] botsen, kletteren
• (~ with) in botsing komen met
II [znw] • botsing, conflict
• tegenstrijdigheid

clasp I [ov + on ww] • sluiten
• (aan)haken, pakken • omhelzen
II [znw] • gesp, broche • slot • beugel
• omhelzing • handdruk

class I [znw] • klas(se) • stand • stijl
• klassestelsel • les(uur), cursus II [bnw]
superieur

classic I [znw] • klassiek werk, klassieke schrijver • classicus II [bnw] klassiek

classical [bnw] klassiek

classification [znw] classificatie

classified [bnw] • geclassificeerd • <AE> geheim

classify [ov ww] rangschikken, classificeren

classy [bnw] superieur

clatter I [ov + on ww] kletteren, ratelen II [znw] gekletter, geratel

claustrophobia [znw] claustrofobie

claw I [ov + on ww] • krabben • grissen, grijpen II [znw] • klauw, poot • (klem)haak

clay I [znw] klei, leem II [bnw] van klei

clean I [ov + on ww] schoonmaken, reinigen • (~ out) schoonmaken, leegmaken, opmaken • (~ up) schoonmaken, opruimen, winst maken II [bnw] • schoon, zuiver, rein • zindelijk, welgevormd • handig • glad • van de drugs/drank af III [bijw] totaal

cleaner [znw] • schoonmaker • stofzuiger • wasserij

cleanly [bnw] zindelijk

cleanse [ov ww] zuiveren, reinigen

clear I [ov + on ww] • ledigen • verdwijnen • nemen <v. hindernis> • ophelderen, verhelderen, opklaren, verduidelijken • wegnemen • vrijspreken, zuiveren • opruimen, afruimen <v. tafel> • (~ away) opruimen, afruimen, optrekken <v. mist> • (~ off) afdoen, wegtrekken, verdwijnen • (~ out) ertussenuit knijpen, wegdoen, opruimen, uitmesten • (~ up) opklaren, ophelderen, opruimen II [bnw + bijw] • klaar, helder, duidelijk • zuiver, onbezwaard • vrij • veilig • netto • totaal, helemaal III [bijw] totaal, helemaal

clearing [znw] • open plek in bos • ontginning

cleavage [znw] kloof, kloving

cleave I [ov + on ww] kloven, splijten II [on ww] trouw blijven, (aan)kleven

cleaver [znw] hakmes

clef [znw] sleutel

cleft I [ww] verl.tijd + volt.deelw. → cleave II [znw] spleet, barst III [bnw] gekloven

clench [ov ww] • openklemmen <v. tanden> • ballen <v. vuist> • vastpakken

clergy [znw] geestelijkheid, geestelijken

clerical [bnw] • administratief • geestelijk • van dominee

clerk I [on ww] als klerk/secretaris optreden II [znw] • kantoorbediende • secretaris, griffier • koster en voorlezer • <AE> winkelbediende

clever [bnw] • knap, goed bij • handig

click I [ov + on ww] • verliefd worden • het samen goed kunnen vinden • klikken, klakken II [znw] klik, tik

client [znw] cliënt

cliff [znw] steile rots(wand) aan zee, klif

climate [znw] klimaat

climatic [bnw] klimaat-

climax I [ov ww] • klaarkomen • een hoogtepunt bereiken II [znw] • toppunt • orgasme

climb I [ov + on ww] stijgen, (be)klimmen • (~ down) een toontje lager zingen II [znw] • klim • helling • stijgvermogen

climber [znw] • klimplant • streber • (bergbe)klimmer

clinch I [ov ww] • klinken • beklinken II [on ww] elkaar vastgrijpen III [znw] • het vastgrijpen • klinknagel

cling [on ww] • (aan)kleven • nauw aansluiten • (blijven) aanhangen • (~ to) z. vastklampen aan

clinic [znw] verpleeginrichting, kliniek

clinical [bnw] • geneeskundig, klinisch • aan het ziekbed

clink I [ov ww] doen klinken II [on ww] klinken III [znw] • het klinken • gevangenis, nor

clip I [ov ww] • afknippen, kortknippen, uitknippen, knippen • half uitspreken <v. woorden> • klemmen II [znw] • hoeveelheid geschoren wol • klem • knip • patroonhouder

clipper [znw] • knipper • schaar

clipping [znw] (kranten)knipsel

clique [znw] kliek

cloak I [ov ww] omhullen II [znw] mantel

clock [znw] klok

clod [znw] • kluit, klont • boerenpummel

clog I [ov + on ww] • verstoppen, verstopt raken • klonteren, vastkoeken II [ov ww] • aan het blok leggen • belemmeren III [znw] • klompschoen, klomp <aan been>

cloister [znw] klooster(gang)

close I [ov + on ww] • (~ down) sluiten, eindigen II [ov ww] • besluiten, (af)sluiten • langszij komen • (~ up) verstoppen, afsluiten III [on ww] het slot vormen van • (~ (up)on) omsluiten, sluiten achter, het eens worden • (~ in) insluiten, naderen • (~ up) dichtgaan • (~ with) naderen, handgemeen worden, akkoord gaan met IV [znw] • binnenplaats • speelveld • erf • terrein • hofje • besluit, einde V [bnw] • dichtbij • bondig • benauwd • geheim, verborgen • gierig • samenhangend • nauwkeurig • innig, intiem • gesloten, dicht • nauw • nauwsluitend

closet [znw] • (privé)kamertje, kabinet • kast

closure [znw] • slot • sluiting

clot I [ov + on ww] klonteren II [znw] klont

cloth [znw] • laken, stof • tafellaken • doek, dweil

clothe [ov ww] (be)kleden

clothes [mv] • kleding • (was)goed

clothing [znw] kleding

cloud I [ov + on ww] bewolken, verduisteren, een schaduw werpen over • (~ over) somber worden, betrekken II [znw] wolk

cloudless [bnw] onbewolkt

clout I [ov ww] een klap geven, slaan II [znw] • lap, doek • kleren • invloed • slag, mep

clove I [ww] verl. tijd → **cleave** II [znw] • kruidnagel • anjer

cloven [ww] volt. deelw. → **cleave**

clover [znw] klaver

clown I [on ww] de clown spelen II [znw] clown

club I [ov ww] • met knuppel slaan • zijn steentje bijdragen II [on ww] (z.) verenigen III [znw] • klaverkaart • knuppel • golfstick • club, sociëteit

clue I [ov ww] een tip geven II [znw] • (lei)draad • aanwijzing • sleutel tot oplossing

clump I [ov ww] bij elkaar doen/planten II [on ww] klossen III [znw] groep <v. bomen>

clumsy [bnw] lomp, onhandig

clung [ww] verl. tijd + volt. deelw. → **cling**

cluster I [ov ww] groeperen II [on ww] • z. groeperen • in trossen/bosjes groeien III [znw] • groep • bos, tros • zwerm, troep

clutch I [ov ww] pakken, grijpen II [on ww] • (~ at) grijpen naar III [znw] • broedsel • greep • koppeling

clutter I [ov ww] • (~ up) rommelig maken II [znw] • bende, rommel • verwarring

coach I [ov ww] coachen II [znw] • repetitor • koets, rijtuig • autobus • coach

coal [znw] (steen)kool, kolen

coalesce [on ww] samensmelten, samenvallen

coalition [znw] verbond, coalitie

coarse [bnw] grof, ruw

coarsen I [ov ww] ruw maken II [on ww] ruw worden

coast I [on ww] • langs de kust varen
• glijden • freewheelen II [znw] • kust
• het freewheelen • <AE> bobsleebaan
• <AE> het glijden

coastal [bnw] kust-

coaster [znw] • kustvaartuig • bierviltje

coat I [ov ww] • (be)dekken • bekleden
• vernissen • van een laag(je) voorzien
II [znw] • jas, mantel • bedekking,
huid, pels • laag(je)

coating [znw] • bekleding, overtrek
• laag(je)

coax [ov + on ww] vleien • (~ (in)to)
vleiend overhalen om/tot

cobalt [znw] kobalt(blauw)

cobweb I [znw] spinnenweb, rag
II [bnw] ragfijn

cocaine [znw] cocaïne

cock I [ov ww] • scheefzetten/-houden
• (op)steken • (op)zetten II [znw]
• mannetje • leider • belhamel
• opwaartse buiging • haan • <vulg.>
pik

cockatoo [znw] kaketoe

cockerel [znw] jonge haan

cockney I [znw] • geboren Londenaar
• Londens dialect II [bnw] cockney

cocky [bnw] verwaand, eigenwijs

coco [znw] kokospalm

cocoa [znw] cacao

coconut [znw] kokosnoot

cocoon I [ov ww] inspinnen II [on ww]
z. inspinnen III [znw] cocon

cod I [ov + on ww] bedotten II [znw]
kabeljauw

code I [ov ww] • coderen • als wet of
regel stellen II [znw] • wet(boek)
• reglement, gedragslijn • code

codify [ov ww] codificeren

coefficient [znw] coëfficiënt

coerce [ov ww] (af)dwingen

coercion [znw] dwang

coexist [on ww] naast elkaar bestaan

coexistence [znw] coëxistentie

coffee [znw] koffie

coffer [znw] (geld)kist

coffin [znw] doodskist

cog [znw] tand <v. wiel>

cogency [znw] overtuigingskracht

cogent [bnw] overtuigend

cogitate [ov + on ww] overdenken

cognate [znw] (bloed)verwant

cognizance [znw] • kennis
• competentie • onderscheidingsteken

cohabit [on ww] samenwonen

cohere [on ww] samenhangen

coherent, cohesive [bnw]
samenhangend

coil I [ov ww] oprollen II [on ww] (z.)
kronkelen III [znw] • spiraal(veer)
• tros • kronkel • rol

coin I [ov ww] • munten • verzinnen
II [znw] • munt • geld

coinage [znw] • munt(stelsel) • het
munten

coincide [on ww] • samenvallen
• overeenstemmen

coincidence [znw] toeval

coke [znw] • cokes • cola • <inf.> cocaïne

cold I [znw] • kou(de) • verkoudheid
II [bnw] koud, koel

colic [znw] (darm)koliek

collaborate [on ww] • collaboreren
• samenwerken

collaborator [znw] • collaborateur
• medewerker

collapse I [on ww] • invallen,
in(elkaar)zakken • mislukken II [znw]
• ineenstorting • mislukking

collapsible [bnw] opvouwbaar

collar I [ov ww] • een halsband
aandoen • bij de kraag pakken • tot
rollade maken • inpikken II [znw]
• kraag, boord • (hals)keten, (hals)band
• zwaar werk • rollade

collateral I [znw] bloedverwant in
zijlinie II [bnw] • zij aan zij • zijdelings

colleague [znw] collega

collect I [ov ww] • verzamelen • innen,
ophalen • inpikken II [on ww] z.
verzamelen

collection [znw] • zelfbeheersing

• buslichting • verzameling

collective [bnw] • samengesteld
• verzamelend • gemeenschappelijk

collectivize [ov ww] tot collectief bezit
maken

college [znw] • college • zelfstandig
universiteitsinstituut • grote kostschool

collide [on ww] botsen

colliery [znw] kolenmijn

collision [znw] botsing

colloquial [bnw] tot de spreektaal
behorend

colloquialism [znw] alledaagse
uitdrukking

collusion [znw] geheime
verstandhouding

collywobbles [mv] buikpijn <v.
zenuwen/angst>

colon [znw] • dikke darm • dubbele
punt

colonel [znw] • kolonel • overste

colonial [bnw] koloniaal

colonize [ov + on ww] koloniseren

colonnade [znw] zuilengalerij

colony [znw] kolonie

colossal [bnw] kolossaal

colour I [ov ww] • verkeerd voorstellen
• kleuren, verven II [znw] • kleur • verf
• blos

colourful [bnw] kleurrijk

colouring [znw] • kleur(sel) • schijn

colourless [bnw] • kleurloos
• oninteressant

column [znw] • kolom, zuil • colonne
• column

comatose [bnw] • diep bewusteloos
• slaperig

comb I [ov ww] kammen • (~ out)
uitkammen, zuiveren II [znw] • kam
• honingraat

combat [znw] gevecht

combatant [znw] strijder

combination [znw] combinatie

combine I [ov ww] • verenigen
• combineren II [on ww] • z. verenigen
• samenwerken, samenspelen III [znw]

syndicaat

combustible I [znw] brandbare stof
II [bnw] brandbaar

combustion [znw] verbranding

come [on ww] • (aan-/neer-/op)komen,
erbij komen, terechtkomen • naderen
• worden • meegaan • afleggen <v.
afstand> • <vulg.> klaarkomen
• (~ about) gebeuren, tot stand
komen, overstag gaan, richting
veranderen • (~ across) tegenkomen,
aantreffen • (~ after) komen na,
achterna komen • (~ along)
voortmaken, eraan komen • (~ apart)
losgaan, uit elkaar vallen
• (~ around) <AE> langs komen,
bijkomen <na flauwte>, bijtrekken <na
ruzie> • (~ at) aanvallen, verkrijgen
• (~ away) losgaan • (~ back) weer
voor de geest komen, terugkomen, iets
terugzeggen • (~ between)
tussenbeide komen • (~ by)
voorbijkomen, (ver)krijgen, komen aan
• (~ down) naar beneden komen,
kalmeren, rustig worden • (~ down
on) neerkomen op, straffen, uitvaren
tegen • (~ down to) z. uitstrekken tot
• (~ down with) krijgen <v. ziekte>,
dokken • (~ for) komen om, afhalen,
(dreigend) afkomen op • (~ forth) te
voorschijn komen • (~ forward) z.
aanmelden, naar voren komen
• (~ from) komen van/uit, het
resultaat zijn van • (~ home to)
duidelijk worden • (~ in) thuiskomen,
erin komen, aankomen <v. post>,
beginnen, eraan te pas komen, aan de
macht komen, binnenkomen • (~ in
for) (als aandeel) krijgen • (~ off) eraf
gaan/komen, afgeven, uitkomen, uit de
strijd komen, lukken • (~ on)
opkomen, naderen, vorderen, op gang
komen • (~ out) (er) uitkomen, te
voorschijn komen, blijken, in staking
gaan, debuteren • (~ over) komen over,
overkómen, óverkomen, oversteken

• (~ **round**) aankomen, vóórkomen, bijkomen, weer goed worden
• (~ **through**) doorkomen, overleven, over de brug komen • (~ **to**) bijkomen, bijdraaien • (~ **under**) vallen onder
• (~ **up**) opkomen, bovenkomen, ter sprake komen • (~ **up to**) eropaf komen, de hoogte bereiken van, voldoen aan • (~ **up with**) inhalen, gelijk komen met • (~ **upon**) overvallen, tegen 't lijf lopen, te binnen schieten, ten laste komen van, opkomen bij

comedian [znw] • blijspelspeler
• blijspelschrijver

comedy [znw] blijspel

comely [bnw] knap, keurig

comer [znw] • aangekomene, bezoeker
• ‹AE inf.› veelbelovend iem.

comet [znw] komeet

comfort I [ov ww] troosten II [znw]
• troost, bemoediging • gemak, gerief, comfort • welstand

comfortable [bnw] geriefelijk, gemakkelijk

comforter [znw] • trooster • fopspeen
• wollen sjaal

comic I [znw] komiek II [bnw] komisch

coming I [znw] komst II [bnw]
• veelbelovend • komend, aanstaand

command I [ov ww] • bevelen, commanderen • het commando voeren over • beheersen • beschikken over II [znw] • beheersing • beschikking
• bevel, order • commando

commandeer [ov ww] vorderen

commander [znw] • commandant
• gezagvoerder

commanding [bnw] • indrukwekkend
• met goed uitzicht

commandment [znw] gebod

commemorate [ov ww] herdenken

commence [ov ww] • beginnen
• promoveren

commend [ov ww] prijzen, aanbevelen

commendable [bnw] prijzenswaardig, aanbevelenswaardig

commensurate [bnw] • evenredig
• samenvallend

comment I [on ww] • van commentaar voorzien • aan- of opmerkingen maken II [znw] commentaar, kritiek

commentary [znw] • uiteenzetting, commentaar • reportage

commentator [znw] • commentator
• verslaggever ‹v. radio/tv›

commerce [znw] handel, verkeer

commercial I [znw] reclameboodschap ‹op radio›, reclamefilm/-spot ‹op tv› II [bnw] handels-, commercieel

commission I [ov ww] • opdragen
• machtigen • bestellen • aanstellen II [znw] • opdracht, taak, ambt
• commissie • provisie

commit [ov ww] • toevertrouwen
• plegen, bedrijven • (z.) compromitteren • verwijzen ‹naar commissie› • binden • (~ **to**) prijsgeven aan

committal [znw] gevangenzetting

committee [znw] • commissie, comité
• bestuur

commodious [bnw] ruim en geriefelijk

commodity [znw] handelsartikel

common I [znw] • onbebouwd (stuk) land • gemeenschappelijke wei II [bnw]
• gemeenschappelijk • algemeen
• openbaar • gewoon • vulgair, ordinair

commoner [znw] • (gewoon) burger
• lid v. House of Commons
• niet-beursstudent

commotion [znw] opschudding

communal [bnw] gemeente-, gemeenschaps-

commune I [on ww] ‹AE› de communie ontvangen • (~ **with**) z. onderhouden met II [znw] • gemeente • kommune

communicate I [ov ww] • (~ **to**) mededelen aan II [on ww]
• communiceren • het Avondmaal ontvangen • (~ **with**) een goede relatie aanknopen/hebben met, in verbinding staan met

communication [znw] • mededeling,
het mededelen • verbinding(sweg)
communicative [bnw] mededeelzaam
communion [znw] • gemeenschap
• verbinding • omgang
• kerkgenootschap
communism [znw] communisme
communist I [znw] communist
II [bnw] communistisch
community [znw] genootschap,
gemeenschap
commute I [ov ww] • afkopen en
omzetten <v. schuld of verplichting>
• verzachten <v. straf> II [on ww]
forenzen
commuter [znw] pendelaar, forens
companion [znw] • makker, metgezel,
deelgenoot • gezelschapsdame
• bijbehorende deel
companionable [bnw] gezellig
company I [on ww] II [znw]
• gezelschap • vennootschap,
maatschappij • bedrijf • genootschap
• compagnie
comparable [bnw] vergelijkbaar
comparative I [znw] <taalk.>
vergrotende trap II [bnw] vergelijkend
compare I [ov ww] vergelijken
II [on ww] vergeleken worden
comparison [znw] vergelijking
compartment [znw] • afdeling • coupé
compartmentalize [ov ww] in vakken
verdelen, onderverdelen
compass I [ov ww] • beramen
• omvatten, insluiten • begrijpen
• volvoeren • gaan om II [znw]
• kompas • gebied, terrein • omvang,
draagwijdte <v. stem> • omweg
• omtrek
compassion [znw] medelijden
compassionate [bnw] meelevend,
medelijdend
compatriot [znw] landgenoot
compel [ov ww] (af)dwingen,
verplichten
compelling [bnw] onweerstaanbaar,

boeiend, fascinerend
compensate [ov ww] goedmaken,
vergoeden
compete [on ww] • concurreren
• mededingen
competence [znw] • bevoegdheid
• competentie
competent [bnw] • geoorloofd
• bekwaam, bevoegd
competition [znw] • concurrentie
• competitie
competitive [bnw] • m.b.t. competitie
• prestatiegericht
competitor [znw] concurrent,
mededinger
compilation [znw] samenstelling,
verzameling
compile [ov ww] compileren,
bijeenbrengen
complacent [bnw] (zelf)voldaan, kalm
complain [on ww] klagen
complaint [znw] kwaal, (aan)klacht
complaisant [bnw] minzaam,
inschikkelijk
complement I [ov ww] aanvullen
II [znw] aanvulling, complement,
vereist aantal
complementary [bnw] aanvullend
complete I [ov ww] maken, afmaken,
invullen II [bnw] compleet, volkomen,
voltallig
completion [znw] voltooiing
complex I [znw] complex, samenstel,
geheel II [bnw] samengesteld,
ingewikkeld
complexion [znw] • gelaatskleur
• voorkomen
complexity [znw] complexiteit
compliance [znw] toestemming,
nakoming, inwilliging
compliant [bnw] meegaand, soepel
complicate [ov ww] ingewikkeld
maken
complicated [bnw] ingewikkeld
complication [znw] complicatie
complicity [znw] medeplichtigheid

compliment I [ov ww]
complimenteren II [znw] compliment
complimentary [bnw] gratis
comply [on ww] • (~ with) handelen
overeenkomstig, inwilligen, toestaan
component I [znw] bestanddeel
II [bnw] samenstellend
compose [ov + on ww] • samenstellen
• zetten ‹drukwerk› • schikken
• kalmeren • componeren
composed [bnw] beheerst, bedaard
composer [znw] componist
composite [bnw] gezamenlijk,
samengesteld
composition [znw] • samenstelling
• compositie • mengsel • opstel • aard
compositor [znw] (letter)zetter
compound I [ov ww] • afkopen
• samenstellen, (ver)mengen II [on ww]
schikken, tot een akkoord komen
III [znw] • kamp • samenstelling,
mengsel IV [bnw] samengesteld,
gecompliceerd
comprehend [ov ww] • insluiten
• begrijpen
comprehension [znw] • omvang
• begrip
comprehensive I [znw] middenschool,
scholengemeenschap II [bnw]
veelomvattend
compress I [ov ww] samendrukken
II [znw] compres
compressor [znw] • drukverband
• compressor
comprise [ov ww]
be-/om-/samenvatten
compromise I [ov ww]
compromitteren II [on ww] tot een
akkoord komen III [znw] compromis,
overeenkomst, middenweg
compulsion [znw] • dwangneurose
• dwang
compulsive [bnw] dwingend
compulsory [bnw] verplicht
compunction [znw] wroeging, spijt
computation [znw] berekening

compute [ov + on ww] (be)rekenen,
calculeren
computer [znw] computer,
elektronisch brein
computerize I [ov + on ww] op de
computer overgaan, computeriseren
II [ov ww] met computer verwerken, in
computer opslaan
comrade [znw] kameraad
con [znw] • zwendel • oplichter
concave I [znw] (hemel)gewelf II [bnw]
hol
conceal [ov ww] verbergen, geheim
houden
concealment [znw] het verborgen
houden
concede I [ov ww] toegeven, toestaan
II [on ww] z. gewonnen geven
conceit [znw] eigendunk, verwaandheid
conceited [bnw] verwaand
conceivable [bnw] denkbaar
conceive I [ov + on ww] z. indenken
II [on ww] zwanger worden
concentrate I [on ww] • samenkomen
• (z.) concentreren II [znw]
geconcentreerde stof
concentration [znw] concentratie
concept [znw] begrip
conception [znw] • bevruchting
• voorstelling ‹mentaal›
conceptual [bnw] conceptueel, begrips-
concern I [ov ww] aangaan, betrekking
hebben op II [znw] • zaak, firma
• bezorgdheid • deelneming
• betrekking • (aan)deel
concerning [bijw] betreffende
concert [znw] • concert
• overeenstemming
concerto [znw] • concert
concession [znw] concessie,
toestemming, inwilliging
conch [znw] schelp(dier)
conciliatory [bnw] verzoeningsgezind
concise [bnw] beknopt
conclave [znw] conclaaf
conclude I [ov ww] concluderen,

beëindigen, (be)sluiten • (~ *from*) *opmaken uit* II [on ww] *ten einde komen, aflopen*

conclusion [znw] *besluit, conclusie*

conclusive [bnw] *beslissend, overtuigend*

concoct [ov ww] • *verzinnen* • *bereiden, brouwen*

concord [znw] • *verdrag* • *eendracht, overeenstemming*

concrete I [znw] • *beton* • *concreet ding/woord* II [bnw] • *concreet* • *vast* • *v. beton* • *hard*

concubine [znw] *bijzit*

concur [on ww] • *samenvallen* • *mee-/samenwerken* • *'t eens zijn*

concurrent [bnw] *samenwerkend, in samenwerking*

concussion [znw] • *botsing* • *schok* • *hersenschudding*

condemn [ov ww] • *afkeuren* • *veroordelen* • *onbruikbaar verklaren, onbewoonbaar verklaren*

condemnation [znw] • *veroordelingsgrond* • *veroordeling*

condense [ov + on ww] *condenseren, concentreren, bekorten*

condescend [on ww] *afdalen, z. verwaardigen*

condescension [znw] *neerbuigendheid, minzaamheid*

condiment [znw] *kruiderij, bijspijs*

condition I [ov ww] • *in goede staat brengen* • *als voorwaarde stellen, vereist zijn voor* • *bepalen* II [znw] • *staat, toestand* • *bepaling* • *voorwaarde* • *conditie* • *rang, stand*

conditional [bnw] *voorwaardelijk*

condone [ov ww] • *goedmaken* • *vergeven* • *gedogen, door de vingers zien*

conducive [bnw] *bevorderlijk*

conduct I [ov + on ww] *geleiden* <v. elektriciteit> II [ov ww] • *(aan)voeren, leiden* • *dirigeren* III [wkd ww] *z. gedragen* IV [znw] • *optreden, gedrag*

• *leiding* • *behandeling*

conduction [znw] *geleiding*

conductor [znw] • *dirigent* • *conducteur* • *gids, leider* • *bliksemafleider* • *geleider*

conductress [znw] *conductrice*

conduit [znw] • *leiding* • *kanaal*

confection I [ov ww] *bereiden* II [znw] • *jurk* • *suikergoed, snoepgoed* • *bereiding* • *mantel* • *(dames)confectie*

confectioner [znw] *suikerbakker, snoepgoedfabrikant*

confectionery [znw] *suikergoed, snoepgoed, banket, suikerbakkerij*

confederacy [znw] • *complot* • *(ver)bond, statenbond, federatie*

confederate I [on ww] (z.) *verbinden, samenspannen* II [znw] • *bondgenoot* • *medeplichtige* III [bnw] *in een federatie verenigd*

confederation [znw] *(con)federatie*

confer I [ov ww] *verlenen* II [on ww] *beraadslagen*

conference [znw] *conferentie*

confess I [ov + on ww] • *bekennen* • *erkennen* • (~ *to*) *bekennen* II [on ww] *biechten*

confession [znw] • *(geloofs)belijdenis* • *biecht, bekentenis*

confessional I [znw] *biechtstoel* II [bnw] *confessioneel, biecht-*

confessor [znw] *biechtvader*

confidant [znw] • *vertrouweling* • *deelgenoot* <v.e. geheim>

confide [ov ww] *vertrouwen* • (~ *in*) *vertrouwen op* • (~ *to*) *toevertrouwen aan*

confidence [znw] • *(zelf)vertrouwen, vrijmoedigheid* • *vertrouwelijke mededeling*

confident [bnw] *vol zelfvertrouwen, vertrouwend, vrijmoedig*

confidential [bnw] *vertrouwelijk*

confiding [bnw] *vertrouwend, vol vertrouwen*

confine I [ov ww] • *opsluiten*

• begrenzen, beperken II [znw] grens

confined [bnw] nauw ∗ be ~ bevallen

confinement [znw] • opsluiting
• beperking • kraambed, bevalling

confirm [ov ww] bevestigen,
bekrachtigen

confirmation [znw] bevestiging

confirmed [bnw] overtuigd

confiscate [ov ww] • afnemen • in
beslag nemen, verbeurd verklaren

conflagration [znw] grote brand

conflict I [on ww] botsen • (~ with) in
tegenspraak zijn met II [znw] ruzie,
strijd, conflict

confluence [znw] • toeloop
• samenvloeiing

conform I [ov ww] aanpassen • (~ to)
in overeenstemming brengen met
II [on ww] inschikkelijk zijn • (~ to) z.
voegen naar, z. richten naar

conformity [znw] • overeenstemming
• gelijkvormigheid

confound [ov ww] • verwarren
• beschamen • verijdelen

confront [ov ww] • het hoofd bieden
• confronteren • tegenover elkaar
staan/stellen

confrontation [znw] confrontatie

confuse [ov ww] verwarren

confused [bnw] • verward, beduusd
• rommelig

congenial [bnw] • gezellig
• sympathiek, geschikt

congestion [znw] • verstopping <v.
wegen> • ophoping
• verkeersopstopping

conglomerate I [ov + on ww]
conglomereren II [znw] conglomeraat
III [bnw] opeengepakt

conglomeration [znw] conglomeraat

congratulate [ov ww] feliciteren
• (~ on) gelukwensen met

congratulatory [bnw] feliciterend

congregate [ov + on ww] (z.)
verzamelen

congress [znw] congres

congressional [bnw] v.h. congres

congruent [bnw] congruent, passend,
overeenstemmend

conifer [znw] conifeer

conjecture I [on ww] gissen,
vermoeden II [znw] gissing, vermoeden

conjugal [bnw] echtelijk

conjunction [znw] • samenloop
• <taalk.> voegwoord

conjure [ov + on ww] • aanroepen <v.
geest> • toveren, goochelen • (~ up)
voor de geest roepen

conjurer, conjuror [znw] goochelaar

conk I [ov ww] een opdonder geven
II [znw] • kokkerd, harses • stomp,
dreun

connect I [ov ww] in verband brengen,
aansluiten II [on ww] in verband
staan, (z.) verbinden

connection, connexion [znw]
• verbinding, aansluiting
• koppeling • omgang
• (familie)relatie, familielid • klandizie

connivance [znw] samenspanning

connive [on ww] samenspannen

connoisseur [znw] kenner, fijnproever

connotation [znw] bijbetekenis

connote [ov ww] • insluiten • (ook nog)
betekenen

conquer [ov + on ww] • veroveren
• overwinnen

conqueror [znw] veroveraar,
overwinnaar

conquest [znw] verovering

conscious [bnw] • bij kennis • (z.)
bewust

conscript I [ov ww] aanwijzen voor
militaire dienst
II [znw] dienstplichtige III [bnw]
dienstplichtig

conscription [znw] dienstplicht

consecrate [ov ww] heiligen, wijden

consecutive [bnw] (opeen)volgend

consent I [on ww] • (~ to) toestemmen
in II [znw] toestemming

consequence [znw] (logisch) gevolg

consequent I [znw] *gevolg* II [bnw]
• *consequent • daaruit
volgend/voortvloeiend*
consequential [bnw] *consequent*
conservation [znw] *natuurbehoud,
milieubescherming*
conservatism [znw] *conservatisme*
conservative I [znw] *lid v.e.
conservatieve partij, conservatief*
II [bnw] *conservatief*
conservatory I [znw] • *broeikas*
• *conservatorium* II [bnw] *conserverend*
conserve [ov ww] *in stand houden,
bewaren, behouden, goed houden* ‹v.
voedsel›
consider I [ov ww] • *overwegen*
• *bedenken • in aanmerking nemen • v.
mening zijn • beschouwen (als)*
II [on ww] *nadenken*
considerable [bnw] • *belangrijk*
• *aanzienlijk*
considerate [bnw] *attent*
consideration [znw] • *inachtneming*
• *overweging • consideratie • beloning,
compensatie • welwillendheid • achting*
considering [bijw] *in aanmerking
genomen/nemend*
consign [ov ww] • *overleveren,
overdragen • consigneren • zenden*
• *deponeren, storten* ‹v. geld› • *(~ to)
toevertrouwen aan*
consist [on ww] • *(of) bestaan uit*
consistence, consistency [znw]
• *consequentie • vaste lijn • dichtheid,
vastheid*
consistent [bnw] • *consequent*
• *samengaand*
console I [ov ww] *troosten* II [znw]
• *speeltafel van orgel • console,
bedieningspaneel*
consolidate I [ov ww] • *bevestigen,
consolideren • hecht maken* II [on ww]
hechter worden
consonant [znw] *medeklinker*
consort I [on ww] • *(~ with) optrekken
met, overeenstemmen* II [znw] *gemalin,*

gemaal
consortium [znw] *consortium,
syndicaat*
conspicuous [bnw] *in het oog
springend, opvallend*
conspiracy [znw] *samenzwering*
conspirator [znw] *samenzweerder*
conspire [on ww] • *samenwerken*
• *samenzweren, beramen*
constancy [znw] *standvastigheid*
constant [bnw] • *voortdurend*
• *standvastig, trouw*
constellation [znw] • *sterrenbeeld*
• *constellatie*
consternation [znw] *consternatie,
ontsteltenis*
constituency [znw] • *de cliëntèle*
• ‹pol.› *kiesdistrict, de kiezers*
constituent I [znw] • *lastgever*
• *bestanddeel* • ‹pol.› *kiezer* II [bnw]
• *constituerend • afvaardigend*
• *samenstellend*
constitute [ov ww] • *stichten*
• *samenstellen, vormen, uitmaken*
• *instellen • aanstellen (tot)*
constitution [znw] • *gestel*
• *staatsbestel, grondwet, reglement*
constitutional [bnw] *m.b.t. de
grondwet*
constrain [ov ww] • *gevangen zetten*
• *af-/bedwingen • noodzaken*
constraint [znw] • *(zelf)beheersing*
• *dwang • verlegenheid • beperking*
constrict [ov ww] *samentrekken*
constriction [znw] *samentrekking*
construct [ov ww] *construeren,
(op)bouwen, aanleggen*
construction [znw] *constructie,
opbouw, aanleg*
constructive [bnw] • *opbouwend* ‹vnl.
v. kritiek› • *af te leiden, niet
rechtstreeks*
construe [ov ww] • *construeren*
• *af-/uitleiden*
consular [bnw] *consulair*
consulate [znw] *consulaat*

consult I [ov ww] • *raadplegen*
• *rekening houden met* II [on ww]
beraadslagen, overleggen
consultant [znw] • *consulterend
geneesheer* • *raadpleger, adviseur*
consultation [znw] • *consult <bij arts>*
• *beraadslaging*
consume I [ov ww] *verbruiken,
nuttigen* II [on ww] *ver-/wegteren*
consumer [znw] *verbruiker, consument*
consummate I [ov ww] *voltooien*
II [bnw] *volkomen, volmaakt*
consumption [znw] • *verbruik,
consumptie* • *tuberculose, tering*
contact I [ov ww] • z. *in verbinding
stellen met, in contact komen met*
• *aanklampen* II [znw] • *contact,
aanraking, raakpunt* • *bacillendrager*
contagion [znw] • *verderf* • *besmetting*
contagious [bnw] *besmettelijk <m.b.t.
ziekte>*
contain [ov ww] • *bevatten* • z.
beheersen, bedwingen • *vasthouden*
• *binden <vijand>*
container [znw] • *doos* • *reservoir* • *vat*
• *(diepvries)kast* • *voorwerp dat iets
be-/omvat* • *laadkist* • *bus* • *(plastic)
fles*
contaminate [ov ww] *bevuilen,
besmetten*
contemplate I [ov ww] *beschouwen,
overpeinzen, overwegen* II [on ww]
bespiegelen, peinzen
contemplative [bnw] *beschouwend,
bespiegelend*
contemporaneous [bnw] *gelijktijdig*
contemptible [bnw] *verachtelijk*
contemptuous [bnw] *minachtend*
contend I [ov ww] *beweren* II [on ww]
strijden, twisten, wedijveren
contender [znw] *mededinger*
content I [ov ww] *tevredenstellen*
II [znw] • *inhoud* • *tevredenheid*
III [bnw] *tevreden*
contented [bnw] *tevreden*
contention [znw] *geschil*

contentious [bnw] • *betwistbaar*
• *twistziek*
contentment [znw] *tevredenheid*
contest I [ov ww] • *dingen naar*
• *betwisten, debatteren* • (~ **for**)
wedijveren om, strijden om II [znw]
• *wedstrijd* • *(woorden)twist, geschil*
contestant [znw] *deelnemer <aan
wedstrijd>*
contiguous [bnw] *naburig,
aangrenzend*
continence [znw] • *(seksuele)
onthouding* • *continentie*
• *zelfbeheersing*
continent I [znw] • *werelddeel*
• *Europese vasteland* II [bnw] • *kuis*
• z. *beheersend*
continental I [znw] *bewoner v.h. Eur.
vasteland* II [bnw] *continentaal*
contingency [znw] • *samenloop*
• *onvoorziene uitgave* • *toevallige
omstandigheid*
contingent I [znw] • *bijkomendheid*
• *eventualiteit* • *aandeel, bijdrage*
II [bnw] • *bijkomend* • *onzeker,
toevallig*
continual [bnw] • *herhaaldelijk*
• *voortdurend*
continuance [znw] *verblijf*
continuation [znw] *vervolg,
voortzetting*
continue I [ov ww] *door (laten) gaan
met, voortzetten* II [on ww] *blijven
(bestaan)*
continuity [znw] • *continuïteit,
doorlopend verband*
continuous [bnw] *onafgebroken*
contort [ov ww] *(ver)draaien*
contortion [znw] *(ver)draaiing*
contortionist [znw] *slangenmens*
contra [znw] *tegendeel*
contraband I [znw]
smokkelhandel/-waar II [bnw]
smokkel-
contraception [znw] *anticonceptie*
contraceptive I [znw]

voorbehoedmiddel II [bnw]
anticonceptioneel

contract I [ov ww] • contracteren,
aannemen • oplopen <v. ziekte>
• (~ **for**) z. verbinden tot, aannemen,
overeenkomen II [on ww] inkrimpen, z.
samentrekken III [znw] • contract,
verdrag, overeenkomst • verloving

contraction [znw] samentrekking

contractor [znw] • <hand.> leverancier
• <archit.> aannemer • <anat.> sluitspier

contractual [bnw] contractueel, m.b.t.
contract

contradict [ov ww] ontkennen,
tegenspreken

contradiction [znw]
• tegenstrijdigheid • tegenspraak

contradictory [bnw] tegenstrijdig

contralto [znw] alt

contrary I [znw] tegengestelde II [bnw]
• ongunstig • tegen(gesteld)
• tegendraads

contribute [ov + on ww] bijdragen
• (~ **to**) bevorderen

contribution [znw] bijdrage

contributor [znw] medewerker

contributory I [znw] medewerker
II [bnw] secundair

contrivance [znw] • overleg • middel,
toestel • vindingrijkheid, vernuft, list

contrive [ov ww] het klaarspelen,
uitdenken

contrived [bnw] onnatuurlijk,
gekunsteld

control I [ov ww] • controleren
• beheersen • beheren, leiden, besturen
II [znw] • toezicht, beheer • bediening
<v. apparaat>, besturing <v. voertuig>
• bedwang • macht • controle
• regelorgaan, stuurorgaan

controller [znw] controleur, regulateur

controversial [bnw] controversieel

controversy [znw] • polemiek
• dispuut • geschil, twistpunt

conundrum [znw] woordraadsel

conurbation [znw] agglomeratie

convalesce [on ww] herstellende zijn

convalescence [znw] herstel(periode)

convalescent I [znw] herstellende zieke
II [bnw] herstellend <v. ziekte>

convene [ov ww] oproepen,
bijeenroepen

convenience I [ov ww] gerieven
II [znw] gerief

convent [znw] klooster

convention [znw] • afspraak
• akkoord • conventie, gebruik
• bijeenroeping, vergadering

conventional [bnw] • vormelijk
• (stilzwijgend) overeengekomen,
gebruikelijk

converge I [ov ww] in één punt laten
samenkomen II [on ww] in één punt
samenkomen

conversant [bnw] bedreven

conversation [znw] het praten, gesprek

conversational [bnw] gespreks-

converse I [on ww] converseren II [znw]
het omgekeerde III [bnw] omgekeerd

conversion [znw] • conversie • bekering

convert I [ov ww] • bekeren • omzetten,
converteren II [on ww] veranderen
III [znw] bekeerling

convertible I [znw] cabriolet II [bnw]
omkeerbaar, in-/verwisselbaar

convex [bnw] bol

convey [ov ww] • mededelen,
uitdrukken • vervoeren

convict I [ov ww] • overtuigen <v.
dwaling> • schuldig bevinden,
veroordelen II [znw] • dwangarbeider
• gevangene III [bnw] straf-

convince [ov ww] overtuigen

convocation [znw] senaat, synode

convoy I [ov ww] begeleiden II [znw]
konvooi

convulsion [znw] stuiptrekking

coo [on ww] kirren

cook I [ov + on ww] koken, bereiden
• (~ **up**) verwarmen II [znw] kok,
keukenmeid

cooker [znw]

• kookfornuis/-pan/-toestel • stoofpeer
cookery [znw] kookkunst
cooking [znw] het koken, kookkunst
cool I [ov + on ww] bekoelen
• (~ **down/off**) afkoelen II [znw]
koelte III [bnw] • koel, kalm • brutaal
• ongeïnteresseerd
cooler [znw] koeler
coop I [ov ww] opsluiten • (~ **in/up**)
opsluiten II [znw] • fuik
• kippenhok/-mand
cop I [ov ww] pakken, inrekenen
II [znw] smeris
cope I [ov ww] bedekken II [on ww] 't
aankunnen • (~ **with**) het hoofd
bieden aan
co-pilot [znw] tweede piloot
copious [bnw] overvloedig,
(woorden)rijk
copper I [znw] • koperen ketel • smeris
• (rood)koper II [bnw] koperen
coppice, copse [znw] kreupelbosje
copulate [on ww] • paren • z. koppelen
copy I [ov ww] • nabootsen
• overschrijven, kopiëren • (~ **out**)
letterlijk overschrijven II [znw]
• exemplaar • kopie, afschrift
• reclame-inhoud, kopij • model
coral I [znw] koraal II [bnw]
• koraalrood • koralen
cord [znw] streng, koord
cordial I [znw] • likeur
• hartversterkend middel II [bnw]
hartelijk, hartversterkend
cordon I [ov ww] • (~ **off**) met een
kordon afzetten II [znw] • kordon
• ordelint, sierkoord
core [znw] • klokhuis • binnenste, kern
cork I [ov ww] kurken • (~ **up**)
(dicht)kurken II [znw] kurk(eik)
III [bnw] kurken-
cormorant [znw] • veelvraat
• aalscholver
corn I [ov ww] zouten II [znw] • korrel
• likdoorn • koren, graan • <AE> maïs
• <AE> whisky

cornea [znw] hoornvlies
corner I [ov ww] • in de hoek
drijven/zetten • opkopen om prijzen op
te drijven • v. hoek voorzien II [on ww]
de hoek nemen/omslaan III [znw]
• hoek • hoekschop
cornice [znw] (kroon)lijst, lijstwerk
Cornish I [znw] taal v. Cornwall
II [bnw] m.b.t. Cornwall
corny [bnw] • sentimenteel • flauw <fig.>
coronary I [znw] <inf.> hartinfarct
II [bnw] kroonvormig
coronation [znw] kroning
coroner [znw] • ≈ rechter v. instructie
• lijkschouwer
corporal I [znw] korporaal, corporale
II [bnw] lichamelijk
corporate [bnw] gemeenschappelijk,
gezamenlijk
corporation [znw] • rechtspersoon(lijk
lichaam) • onderneming, maatschappij
• <AE> bedrijf
corporeal [bnw] lichamelijk, stoffelijk
corpse [znw] lijk
corpulent [bnw] zwaarlijvig
corral [znw] • wagenkamp • omheining
• kraal
correct I [ov ww] • verbeteren
• terechtwijzen, afstraffen • verhelpen,
reguleren II [bnw] • goed, juist
• correct, netjes
correction [znw] verbetering
corrective I [znw] verbeterend middel
II [bnw] verbeterend
correlate I [ov + on ww] in onderling
verband brengen/staan II [znw]
wisselbegrip
correspond [on ww] corresponderen
• (~ **to**) beantwoorden aan
correspondent I [znw]
• correspondent • zakenrelatie II [bnw]
overeenkomend
corresponding [bnw]
corresponderend, overeenkomstig
corridor [znw] gang
corroborate [ov ww] bekrachtigen,

bevestigen

corroborative [bnw] bevestigend

corrode I [ov ww] aan-/wegvreten
II [on ww] wegteren, (ver)roesten,
oxyderen

corrosion [znw] roest

corrupt I [ov ww] • omkopen
• be-/verderven II [on ww] ontaarden
III [bnw] • omkoopbaar, corrupt,
be-/verdorven • verknoeid, vervalst

corruption [znw] corruptie, omkoping

cosine [znw] cosinus

cosmetic I [znw] schoonheidsmiddel
II [bnw] schoonheids-

cosmic(al) [bnw] kosmisch

cosmonaut [znw] ruimtevaarder

cosmopolitan I [znw] wereldburger
II [bnw] cosmopolitisch

cosmos [znw] heelal

cosset [ov ww] verwennen

cost I [ov ww] kosten II [znw] prijs,
kosten

co-star [znw] tegenspeler/-speelster <in
film/toneelstuk>

costly [bnw] duur, kostbaar

costume I [ov ww] kleden II [znw]
kostuum, klederdracht

cosy I [ov ww] sussen • (~ up to) z.
nestelen bij II [znw] theemuts III [bnw]
gezellig, knus

cot [znw] ledikant(je), krib

cottage [znw] huisje, villaatje, hut

cotton I [on ww] • (~ on) het snappen
• (~ up to) z. bemind maken bij
II [znw] katoen, garen III [bnw]
katoenen

couch I [ov ww] • verwoorden,
formuleren • neerleggen II [on ww]
gaan liggen, klaar liggen voor de
sprong III [znw] • sofa • (rust)bed,
divan

could [ww] verl. tijd → can

council [znw] • (raad)svergadering
• concilie

counsel I [ov + on ww] adviseren
II [znw] • advocaten, advocaat

• adviseur • plan • beraadslaging,
overleg, raad(geving)

counsellor [znw] • raadgever
• welzijnswerker

count I [ov ww] (mee-/op)tellen,
rekenen • (~ **down**) aftellen • (~ **in**)
meerekenen • (~ **out**) uittellen, aftellen
II [on ww] meetellen, gelden • (~ **for**)
meetellen als • (~ **on**) rekenen op
III [znw] • graaf • tel(ling), aantal

countenance I [ov ww] • goedvinden
• steunen, aanmoedigen II [znw]
• gelaat(suitdrukking) • steun,
aanmoediging

counterfeit I [ov ww] vervalsen
II [on ww] huichelen III [znw] namaak
IV [bnw] nagemaakt, vals

countermand I [ov ww] • afbestellen,
annuleren • een tegenbevel geven
II [znw] tegenbevel

countess [znw] gravin

countless [bnw] talloos

country [znw] • land • streek
• platteland, de provincie

county [znw] • graafschap • <AE>
provincie

coup [znw] • coup • goede slag/zet

coupé [znw] • tweedeursauto • coupé
• tweepersoonsrijtuig

couple I [ov ww] koppelen • (~ **with**)
paren aan II [on ww] • paren • paren
vormen III [znw] paar(tje), tweetal

couplet [znw] twee rijmende versregels

courage [znw] moed

courageous [bnw] moedig

courier [znw] koerier

course I [ov ww] jagen op, najagen
II [on ww] snellen, stromen III [znw]
• loop, (be-/ver)loop • kuur • reeks
• cursus • gang <v. maaltijd> • weg,
(ren)baan • gedragslijn, koers

court I [ov ww] • streven naar
• uitlokken • het hof maken II [on ww]
verkering hebben, vrijen III [znw] • hof
• rechtzitting, rechtbank, gerechtshof
• hofhouding • vergadering, college

courtesy [znw] *hoffelijkheid*
courtier [znw] *hoveling*
courtly [bnw] *hoofs, vleierig*
cousin [znw] *neef <zoon v. oom en tante>, nicht <dochter v. oom en tante>*
cove [znw] *inham*
covenant I [ov + on ww] *overeenkomen* II [znw] *verbond, verdrag*
cover I [ov ww] • *beschermen* • *insluiten* • *verbergen* • *v. toepassing zijn op* • *overstelpen met* • *z. uitstrekken over* • *be-/overdekken* • *(z.) dekken* • *(~ over) geheel bedekken* • *(~ up) verbergen, toedekken, in de doofpot stoppen* II [on ww] • *(~ for) invallen voor* III [znw] • *bedekking, deksel* • *buitenband* • *couvert* • *dekmantel* • *boekomslag* • *bescherming, schuilplaats*
coverage [znw] *(pers)verslag*
covering [znw] *dekking*
covert I [znw] *schuilplaats, struikgewas* II [bnw] • *impliciet* • *heimelijk*
covet [ov ww] *begeren*
covetous [bnw] *begerig, hebzuchtig*
cow [znw] • *koe* • *wijfje <bij zoogdieren>*
coward [znw] *lafaard*
cowardice [znw] *lafheid*
cowardly [bnw + bijw] *lafhartig*
cower [on ww] *(neer)hurken, ineenkrimpen*
coy [bnw] • *afgezonderd* • *bedeesd, zedig*
crab I [on ww] *mopperen* II [znw] • *krab* • *laagste worp <bij dobbelspel>* • *lier* • *platluis*
crabbed [bnw] • *kriebelig <handschrift>* • *kribbig, nors*
crack I [ov ww] • *doen barsten* • *laten knallen* • *kraken <v. codes>, ontcijferen* II [on ww] • *knallen* • *breken/overslaan <v. stem>* • *geestelijk instorten <onder druk>* • *snoeven* • *scheuren, barsten, kraken* III [znw] • *inbraak* • *gekraak, (ge)knal, klap* • *kier, spleet, barst* • *eersteklas paard/schutter/speler, enz.* • *inbreker*

IV [bnw] *prima, eersteklas*
cracked [bnw] *getikt*
cracker [znw] • *spetter <persoon>* • *giller* • *cracker, dun biscuitje* • *voetzoeker, knaller* • *leugen*
cracking <sl.> [bnw] • *uitstekend, geweldig* • *snel*
crackle I [on ww] • *knetteren, knappen* II [znw] • *geknetter* • *craquelé* III [bnw] *craquelé*
crackling [znw] • *gebraden zwoerd* • *geknetter*
cradle [znw] *wieg*
crafty [bnw] *listig*
crag [znw] • *steile rots* • *schelpzand*
craggy [bnw] • *rotsig* • *woest* • *verweerd <fig.>*
cram I [ov ww] *volproppen, inpompen <kennis>* II [on ww] *(z.) volstoppen* III [znw] *gedrang*
cramp I [ov ww] • *verankeren* • *belemmeren, vastklemmen* • *kramp veroorzaken (in)* • *(~ up) in nauwe ruimte opsluiten* II [znw] • *kramp* • *muuranker, klemhaak*
cramped [bnw] • *bekrompen* • *met kramp* • *kriebelig, gewrongen*
cranberry [znw] *veenbes*
cranium [znw] *schedel*
crank I [znw] • *zonderling* • *slinger* • *kruk(stang)* II [bnw] *zwak, wankel* • *(~ up) aanslingeren <v. auto>*
cranky [bnw] • *excentriek* • *humeurig* • *wankel* • *kronkelend*
cranny [znw] *scheur, spleet*
crap <vulg.> [znw] • *gelul* • *rotzooi, troep*
crash I [ov ww] *verbrijzelen* II [on ww] • *te pletter vallen* • *failliet gaan* • *daveren* • *galmen* • *(~ against/into) aanbotsen tegen* III [znw] • *botsing* • *klap* • *<econ.> krach*
crashing <inf.> [bnw] *verpletterend, ongelooflijk*
crass [bnw] *grof, lomp*
crate [znw] • *krat* • *tenen mand*

crater [znw] • krater • bomtrechter

crave I [ov ww] smeken, verzoeken II [on ww] hunkeren • (~ **for**) vurig verlangen naar

craving [znw] verzoek, smeekbede

crawl I [on ww] • crawlen • (de) hielen likken • kruipen • langzaam bewegen/voortgaan • (~ **with**) krioelen van II [znw] crawl

crayon [znw] • koolspits • kleurpotlood, tekenkrijt • pastel(tekening)

craze I [ov ww] • krankzinnig maken • craqueleren II [on ww] gecraqueleerd zijn III [znw] manie, rage

crazy [bnw] • gek, krankzinnig • bouwvallig • grillig, met onregelmatig patroon

creak I [on ww] piepen, knarsen II [znw] geknars

creaky [bnw] knarsend

cream I [ov ww] • tot room maken • afromen • room doen bij II [on ww] room/schuim vormen III [znw] • room • crème • crème de la crème, het puikje

creamy [bnw] smeuïg • zacht, vol

crease I [ov + on ww] vouwen, kreukelen II [znw] • streep <bij cricket> • vouw, kreukel

create [ov ww] • scheppen, teweegbrengen • verheffen tot • benoemen

creator [znw] schepper

creature [znw] • voortbrengsel • schepsel, dier

credence [znw] • geloof • credens(tafel)

credentials [mv] geloofsbrieven

credible [bnw] geloofwaardig

credit I [ov ww] • geloven • crediteren II [znw] • verdienste, eer, merite • invloed • goede naam • krediet • credit(zijde) • vertrouwen, geloof

creditable [bnw] eervol, achtenswaardig

creditor [znw] schuldeiser, crediteur

credulity [znw] lichtgelovigheid

creed [znw] geloof(sbelijdenis)

creek [znw] • kreek • inham • <AE> riviertje

creep I [on ww] sluipen, kruipen II [znw] griezel

creeper [znw] • kruiper • kruipdier/-plant

creepy [bnw] griezelig

cremate [ov ww] cremeren

crept [ww] verl. tijd + volt. deelw. → creep

crescent I [znw] • maansikkel, halve maan • rij huizen in halve cirkel • halve cirkel II [bnw] • wassend <v. maan> • halvemaanvormig

cress [znw] tuinkers, waterkers

crest [znw] • hoogtepunt, top • (schuim)kop op golf • pluim • kuif, kam

cretin [znw] • idioot • gedrochtje

crevice [znw] spleet, scheur

crew [znw] • bemanning, personeel • zootje, troep

crib I [ov ww] • gappen • opsluiten II [on ww] • spieken • plagiaat plegen III [znw] • hut • krib • plagiaat, gespiekte vertaling, spiekbriefje

crick [znw] kramp

cricket [znw] • krekel • cricket(spel)

cricketer [znw] cricketspeler

crier [znw] • huiler • omroeper, schreeuwer

crikey [tw] allemachtig!

crime [znw] misdaad

crimp [ov ww] krullen <v. haar>, plooien

crimson I [ov ww] rood kleuren II [on ww] rood worden III [znw] karm(oz)ijnrood IV [bnw] karm(oz)ijnrood

cringe I [on ww] ineenkrimpen • (~ **to**) kruipen voor II [znw] slaafse buiging

crinkle I [ov + on ww] rimpelen, (ver)frommelen II [znw] kreuk, rimpel

crinkly [bnw] verkreukt, rimpelig

cripple I [ov ww] • verminken • verlammen, belemmeren II [znw] kreupele

crisp I [znw] chip II [bnw] • netjes en
verzorgd • levendig • kroes-, gekruld
• kort en bondig • pittig, krachtig • fris
• bros, krokant

criterion [znw] criterium, maatstaf

critic [znw] • vitter • criticus,
beoordelaar

critical [bnw] • hachelijk, kritiek
• vitterig • kritisch

criticism [znw] • kritiek • kritische
bespreking

criticize [ov ww] • bespreken
• beoordelen • aanmerkingen maken op

croak I [ov ww] <sl.> mollen II [on ww]
• krassen, kwaken • ongeluk
voorspellen • <vulg.> kreperen

crochet I [ov + on ww] haken <met wol
of garen> II [znw] haakwerk

crock [znw] pot(scherf)

crockery [znw] aardewerk, serviesgoed

crocodile [znw] krokodil

croft [znw] perceeltje bouwland, kleine
pachtboerderij

crofter [znw] keuterboer, pachtboertje

crone [znw] oud wijf

crony [znw] boezemvriend(in)

crook I [on ww] buigen, z. krommen
II [znw] • kromstaf • oplichter, boef
• kromte, bocht, haak III [bnw]
→ crooked

crooked [bnw] • oneerlijk, onoprecht
• met krom handvat • krom, gebogen

croon I [ov + on ww] • croonen
• neuriën II [znw] • liedje • zacht
stemgeluid

crop I [ov ww] • bebouwen, oogsten,
• afknippen, afsnijden • bijsnijden
II [on ww] opbrengen • (~ out/up)
vóórkomen, (plotseling) opduiken
III [znw] • gewas, oogst, krop
• rijzweepje • zeer kort geknipt haar

cross I [ov + on ww] oversteken, dwars
gaan door II [ov ww] • strepen <v.
cheque> • dwarsbomen • dwars over
elkaar leggen • (~ out) doorhalen
III [on ww] (elkaar) kruisen IV [znw]

• kruis(ing), kruisteken • bedrog,
zwendel V [bnw] • oneerlijk • gekruist
• tegengesteld, dwars • uit zijn humeur

crotch [znw] • kruis <v. menselijk
lichaam> • vertakking

crotchet [znw] • haakje • gril • <muz.>
kwartnoot

crotchety [bnw] grillig, nukkig

crouch [on ww] • neerhurken, z.
bukken • kruipen

crow I [on ww] kraaien • (~ over)
victorie kraaien II [znw] • koevoet
• kraai, gekraai

crowd I [ov ww] samenpakken in,
volproppen • (~ into/out) naar
binnen/buiten dringen II [on ww] (z.
ver)dringen III [znw] menigte,
gedrang, troep, gezelschap, hoop

crowded [bnw] druk, gedrongen, vol

crown I [ov ww] kroon zetten op,
(be)kronen, alles overtreffen II [znw]
• kroon • kruin, hoogste punt • bol <v.
hoed>

crucial [bnw] cruciaal, beslissend,
kritiek

crucible [znw] • vuurproef <fig.>
• smeltkroes

crucifix [znw] kruisbeeld

crucify [ov ww] • kruisigen • kastijden

crude [bnw] onrijp, ruw, onafgewerkt,
grof, rauw

cruel [bnw] wreed

cruelty [znw] wreedheid

cruet [znw] • ampul • azijn-/olieflesje

cruise I [ov ww] bevaren II [on ww]
• kruisen • varen • patrouilleren
III [znw] • cruise • tocht

crumpet [znw] • bol • kop • plaatkoek

crumple I [ov ww] kreuk(el)en,
(op)frommelen II [on ww] in elkaar
schrompelen, zakken

crunch I [ov ww] • doen knerpen
• kapotkauwen II [on ww] knarsen,
knerpen III [znw] geknars

crusade I [on ww] een kruistocht voeren
II [znw] kruistocht

crusader [znw] kruisvaarder

crush I [ov + on ww] dringen, verfomfaaien • (~ **into**) (z.) dringen in II [ov ww] verpletteren, in elkaar persen, de kop indrukken • (~ **out**) uitroeien III [znw] drukte

crust I [ov ww] met een korst bedekken II [on ww] aankoeken, een koek vormen III [znw] korst

crustacean I [znw] schaaldier II [bnw] m.b.t. schaaldieren

crutch I [ov ww] steunen II [znw] kruk, steun

crux [znw] moeilijkheid, probleem

cry I [ov + on ww] • schreeuwen, (uit)roepen • huilen • omroepen • (~ **for**) schreeuwen om/van • (~ **off**) ervan afzien • (~ **out**) het uitschreeuwen, luid protesteren II [znw] • kreet, roep • huilbui • (ge)schreeuw, gehuil, geblaf, geluid ‹v. dier› • gerucht • publieke opinie

crying [bnw] dringend, ten hemel schreiend

crypt [znw] crypte

crystal I [znw] kristal II [bnw] kristal- crystalline [bnw] kristallijn

cub I [on ww] jongen werpen II [znw] welp, jong ‹v. beer, vos, grote kat›

Cuban I [znw] Cubaan II [bnw] Cubaans

cube [znw] • blok(je) • dobbelsteen • kubus

cubic(al) [bnw] • kubiek • kubusvormig

cubicle [znw] hokje, stemhokje, slaaphokje

cubism [znw] kubisme

cucumber [znw] komkommer

cuddle I [ov ww] knuffelen II [on ww] z. nestelen, knus tegen elkaar gaan liggen III [znw] knuffel

cuddly [bnw] van knuffelen houdend, aanhalig

cue [znw] • biljart-/pool-/snookerkeu • stemming • aanwijzing, wenk

cuff I [ov ww] klap/stomp geven

II [znw] • manchet • stomp, klap

culinary [znw] keuken-, kook-

cull I [ov ww] plukken, selecteren II [znw] sukkel

culminate [on ww] op 't toppunt zijn, culmineren

culpable [bnw] schuldig

cult [znw] • rage • eredienst • cultus

cultivate [ov ww] • beoefenen • verzorgen, koesteren • veredelen, beschaven • kweken, bebouwen

cultivated [bnw] beschaafd, ontwikkeld

cultural [bnw] cultureel

culture I [ov ww] → **cultivate** II [znw] • kweek • cultuur

cultured [bnw] ontwikkeld, beschaafd

cumbersome, cumbrous [bnw] moeilijk hanteerbaar, omslachtig

cumulative [bnw] aangroeiend

cumulus [znw] stapel(wolk)

cunning I [znw] listigheid II [bnw] listig, sluw

cup I [ov ww] tot een kom vormen II [znw] • kelk • kom • beker, kop(je) • holte

curable [bnw] geneeslijk, te genezen

curate [znw] hulppredikant, kapelaan

curator [znw] • directeur • curator, conservator

curd I [ov + on ww] → **curdle** II [znw]

curdle I [ov ww] doen stremmen II [on ww] stollen, stremmen III [znw] gestremde melk

cure I [ov + on ww] genezen, verhelpen II [znw] • genezing • kuur • vulcanisatie • geneesmiddel

curfew [znw] avondklok

curio [znw] rariteit

curiosity [znw] • rariteit • nieuwsgierigheid

curious [bnw] • nauwgezet • merkwaardig, eigenaardig • weetgierig, nieuwsgierig

curlew [znw] wulp

currant [znw] • krent • aalbes

currency [znw] • (om)loop(tijd),

circulatie • valuta, koers, deviezen • algemene geldigheid

current I [znw] • strekking • stroom, richting, loop II [bnw] • actueel, lopend • (algemeen) gangbaar • geldig, geldend

curriculum [znw] leerplan, cursus

curry I [ov ww] • roskammen • met kerrie kruiden II [znw] kerrie(schotel)

curse I [ov + on ww] (uit)vloeken • (~ with) bezoeken met II [znw] (ver)vloek(ing)

cursed [bnw] vervloekt

cursory [bnw] vluchtig

curt [bnw] kort(af), beknopt

curtail [ov ww] korten, beperken • (~ of) beroven van

curtain [znw] gordijn

curvaceous [bnw] met goed gevormde rondingen <v. (vrouwelijk) lichaam>

curvature [znw] kromming

curve I [on ww] (z.) buigen II [znw] curve, gebogen lijn

cushion I [ov ww] van kussen voorzien, met kussen steunen II [znw] • kussen • (biljart)band

cushy [bnw] • fijn, lekker • <sl.> gemakkelijk

custodian [znw] bewaarder, voogd

custody [znw] • bewaring, hechtenis • hoede

custom [znw] gewoonte(recht), gebruik

customary [bnw] gewoonlijk

customer [znw] klant

cut I [ov + on ww] • (~ back) snoeien, inkrimpen II [ov ww] • (~ down) omhakken, beperken, bezuinigen • (~ off) afsnijden, stopzetten, uitsluiten van, afsluiten van • (~ out) ophouden (met), uitsnijden, uitknippen, verwijderen, uitschakelen, verdringen • (~ up) kapotsnijden, uitroeien, afkraken, erg aangrijpen, opsnijden, vernielen III [on ww] • kapothakken • verdelen • modelleren • (bij)slijpen • bijknippen • monteren

<film> • verlagen • negeren • snijden • versnijden • (af)knippen • (~ across) dwars doorsteken, ingaan tegen, doorbreken • (~ at) uithalen naar, inhakken op • (~ into) aansnijden, onderbreken, een aanslag doen op • (~ out) weigeren IV [znw] • geul • snit, coupe, stijl • snede • knip • het snijden • het (haar) knippen • slag, houw, jaap • houtsnede • verlaging, vermindering

cute [bnw] • bijdehand • schattig • <AE> leuk

cutlet [znw] kotelet

cutter [znw] • sloep, kotter • montagetechnicus <film> • soort baksteen • snijder, snijmachine

cutting I [znw] • stek <v. plant> • af-/uitgeknipt stuk II [bnw] afgesneden, uitgesneden

cybernetics [mv] cybernetica

cycle I [on ww] fietsen II [znw] • hertz • periode • (motor)fiets • kringloop • cyclus

cyclist [znw] fietser

cyclone [znw] cycloon

cylinder [znw] cilinder, rol

cymbal [znw] bekken

cynic I [znw] cynicus II [bnw] cynisch

cynical [bnw] cynisch

cypher [znw] → **cipher**

cypress [znw] cipres

Cypriot I [znw] Cyprioot II [bnw] Cyprisch

cyst [znw] • cyste • vruchtvlies • blaas • abces

czar [znw] tsaar

czarina [znw] keizerin <v. Rusland>

Czech I [znw] Tsjech II [bnw] Tsjechisch

Czechoslovak I [znw] Tsjecho-Slowaak II [bnw] Tsjecho-Slowaaks

D

dab I [ov + on ww] • betten II [znw]
• veeg(je), likje <verf> • schar

dabbler [znw] • dilettant • beunhaas

dachshund [znw] taks(hond)

dado [znw] • voetstuk • lambrisering

daffodil [znw] gele narcis

daft <vulg.> [bnw] dwaas, dol

dagger [znw] • dolk • (het teken) †

dago [znw] • Spanjool • Portugees
• Italiaan

daily [bnw + bijw] dagelijks

dainty I [znw] lekkernij II [bnw] • fijn,
tenger • kieskeurig

dairy [znw] • zuivelfabriek • melkwinkel

dais [znw] podium

daisy [znw] madeliefje

dally [on ww] • dartelen • talmen
• (~ with) flirten/spelen met

dam I [ov ww] • (~ up) afdammen,
indijken II [znw] • opgestuwd water
• moer <v. dier> • dam, dijk

damage I [ov ww] beschadigen II [znw]
schade

damask I [ov ww] damasceren II [znw]
damast III [bnw] damasten

dame [znw] • moedertje • vrouwe • <AE>
griet

damn I [ov ww] • verdoemen
• vervloeken II [bnw + bijw] vervloekt

damnable [bnw] vervloekt

damnation [znw] • vervloeking
• verdoemenis

damned [bnw] • uiterst, totaal
• verdomd

damp I [ov ww] bevochtigen II [bnw]
vochtig, klam

damper [znw] • domper <fig.>
• bevochtiger • demper • regelklep <v.
kachel>, sleutel <v. kachel>

dance I [on ww] • dansen • wiegen
II [znw] bal

dancer [znw] danser

dandelion [znw] paardenbloem

dandruff [znw] hoofdroos

dandy I [znw] fat II [bnw] • fatterig
• chic

Dane [znw] • Deen • Noorman
• Deense dog

danger [znw] gevaar

Danish [bnw] Deens

dank [bnw] vochtig

dapper [bnw] parmantig, kwiek

dare [ov + on ww] durven

daring I [znw] vermetelheid II [bnw]
• vermetel • gewaagd

dark I [znw] het donker II [bnw] donker

darken [ov ww] donker maken,
verduisteren

darling I [znw] lieveling II [bnw]
geliefd

darn I [on ww] stoppen <v. sokken>
II [znw] stop

dart I [ov ww] (af)schieten, werpen
• (~ out) razendsnel uitsteken
II [on ww] • (~ away) wegstuiven
III [znw] • schijf <bij darts> • pijl(tje),
werpspies • angel • plotselinge sprong
vooruit • worp

dash I [ov + on ww] slaan, smijten,
smakken, kletsen • (~ against)
(ergens) tegenaan smijten II [ov ww]
• (~ in) inslaan/smijten,
binnenstuiven • (~ off) wegsnellen
III [znw] • gedachtestreepje • streep
• pennestreek • zwier • scheutje, tintje,
tikje

dashboard [znw] • spatscherm
• dashboard

dashing [bnw] • onstuimig • kranig,
kloek • chic, zwierig

data [mv] • informatie • gegevens, data

date I [ov ww] • dateren • ouderdom
vaststellen van • afspraakjes hebben
met • dagtekenen II [znw]
• dadel(palm) • datum, jaartal • <AE>
afspraak(je)

dated [bnw] gedateerd, ouderwets

daub I [ov ww] • *bepleisteren*
• *bekladden* II [znw] *pleisterkalk*
daughter [znw] *dochter*
daunt [ov ww] *ontmoedigen, bang maken*
dauntless [bnw] *onvervaard*
dawdle [on ww] • *beuzelen, lummelen*
• *talmen*
dawn I [on ww] • *dagen, licht worden*
• *aanbreken* • *ontluiken* <fig.> II [znw] *dageraad*
day [znw] *dag*
daze I [ov ww] • *verbijsteren, doen duizelen* • *verblinden* II [znw] *verbijstering*
dazzle I [ov ww] • *verbijsteren*
• *verblinden* II [znw] *schittering, pracht*
deacon [znw] • *diaken* • *ouderling*
dead I [znw] II [bnw] • *dood*
• *uitgedoofd* • *totaal, volstrekt*
III [bijw] • *dodelijk* • *uiterst* • *volkomen*
deaden I [ov ww] • *geestelijk doden*
• *krachteloos maken* II [on ww] • *glans verliezen* • *krachteloos worden*
deaf [bnw] *doof*
deafen [ov ww] *doof maken*
deal I [ov ww] • *handelen* • *uitdelen*
• (~ with) *behandelen, handelen over, klant zijn bij* II [znw] • (vuil) *zaakje*
• *transactie*
dealer [znw] • *dealer* • *handelaar*
dean [znw] • *deken* • *decaan*
dear I [znw] *liefste* II [bnw] • *duur, kostbaar* • *lief, dierbaar*
dearie, deary [znw] *lieveling*
dearly [bijw] • *duur* • *zeer, dolgraag*
deathly [bnw] • *dodelijk* • *doods*
debar [ov ww] • *uitsluiten* • *verhinderen*
debase [ov ww] • *vernederen* • *vervalsen*
debatable [bnw] *betwistbaar*
debate I [ov ww] • *betwisten*
• *overpeinzen* II [on ww] *debatteren*
III [znw] *debat*
debauch [ov ww] *op 't slechte pad brengen*
debauchery [znw] *losbandigheid*

debilitate [ov ww] *verzwakken*
debility [znw] *zwakte, zwakheid*
debit I [ov ww] • (~ against) *debiteren*
• (~ with) *debiteren voor* II [znw] *debetpost, debetzijde*
debonair [bnw] *vriendelijk, goedig*
debrief [ov ww] *verslag laten uitbrengen*
debris [znw] *puin* • *resten*
debtor [znw] *schuldenaar, debiteur*
debug [ov ww] • *fouten opsporen en verwijderen* <in computerprogramma>
• *afluisterapparatuur weghalen*
debunk [ov ww] *ontmaskeren, van zijn voetstuk stoten*
decad(e) [znw] • *10-tal* • *decennium*
decadence [znw] *decadentie*
decadent I [znw] *decadent* II [bnw]
• *decadent* • *in verval*
decamp [on ww] *opbreken, ervandoor gaan*
decant [ov ww] *voorzichtig uitschenken*
<v. wijn>
decanter [znw] *wijnkaraf*
decapitate [ov ww] *onthoofden*
decay I [on ww] *vervallen, bederven, rotten* II [znw] • *bederf* • *verval*
deceased [bnw] *overleden, pas gestorven*
deceit [znw] • *misleiding*
• *bedrieglijkheid*
deceitful [bnw] *bedrieglijk*
deceive [ov ww] *bedriegen*
decelerate [on ww] *vaart minderen*
decency [znw] *fatsoen*
decentralize [ov + on ww] *decentraliseren*
deception [znw] *bedrog, misleiding*
deceptive [bnw] *bedrieglijk*
decide [ov + on ww] *beslissen*
decided [bnw] • *beslist* • *uitgesproken*
deciduous [bnw] *loof* <v. boom>
decimal I [znw] • *decimaal* • <wisk.>
tiendelige breuk II [bnw] • *tientallig*
• *decimaal* • <wisk.> *tiendelig* <v.

breuk>
decimalize [ov ww] tiendelig maken
decimate [ov ww] decimeren
decipher [ov ww] ontcijferen
decision [znw] • vastberadenheid
• beslissing
decisive [bnw] • beslissend • beslist
deck I [ov ww] • (~ out) versieren
II [znw] • dek • spel kaarten
declaim [ov + on ww] declameren
declaration [znw] verklaring
declare [ov ww] • verklaren
• vaststellen • aangeven <bij douane>
decode [ov ww] decoderen
decompose [on ww] rotten
decomposition [znw] ontbinding
decontaminate [ov ww] ontsmetten
decorate [ov ww] • versieren • decoreren
• schilderen, behangen
decoration [znw] decoratie
decorative [bnw] decoratief
decorator [znw] huisschilder, behanger
decorous [bnw] waardig, fatsoenlijk
decorum [znw] waardigheid, fatsoen
decoy I [ov ww] (in de val) lokken
II [znw] lokeend, lokvogel, lokmiddel
decrease I [ov ww] verminderen
II [on ww] afnemen, dalen III [znw]
afname
decrepit [bnw] vervallen, afgeleefd
dedicate [ov ww] • (~ to) opdragen
aan, toewijden aan
dedication [znw] toewijding
deduce [ov ww] nagaan • (~ from)
afleiden uit
deduct [ov ww] aftrekken
deduction [znw] • aftrek, korting
• deductie
deductive [bnw] deductief
deed [znw] • daad • akte
deem I [ov ww] achten II [on ww]
oordelen
deep I [znw] diepte, zee II [bnw]
• diepzinnig, verdiept • diep, hoog
<sneeuw>, diepliggend
deepen I [ov ww] dieper maken

II [on ww] dieper worden
deer [znw] hert(en)
deface [ov ww] schenden, ontsieren
defamation [znw] smaad
defamatory [bnw] lasterlijk
defame [ov ww] belasteren
default I [on ww] in gebreke blijven,
nalatig zijn II [znw] • gebrek
• nalatigheid • verzuim • wanbetaling
• wanprestatie
defeat I [ov ww] • verslaan • verijdelen
• nietig verklaren • verwerpen II [znw]
nederlaag
defeatism [znw] defaitisme
defence, defense [znw] • verdediging
• afweermiddel • verweer
defend [ov ww] verdedigen, beschermen
defendant [znw] gedaagde
defender [znw] verdediger
defensible [bnw] verdedigbaar,
houdbaar <fig.>
defensive [bnw] verdedigend, defensief
defer I [ov ww] uitstellen II [on ww]
• (~ to) z. onderwerpen aan
deference [znw] • eerbied • eerbiediging
deferential [bnw] eerbiedig,
onderdanig
defiance [znw] • verzet • trotsering,
uitdaging
defiant [bnw] • uitdagend, tartend
• trotserend
deficiency [znw] tekort
deficient [bnw] • onvoldoende,
gebrekkig • zwakzinnig
deficit [znw] • tekort • achterstand
defile I [ov ww] • bevuilen • ontwijden,
onteren II [znw] (berg)pas
definable [bnw] definieerbaar
define I [ov ww] • afbakenen, bepalen
• beschrijven, omschrijven II [on ww]
definiëren
definite [bnw] • bepaald • precies
definition [znw] • (beeld)scherpte
• definitie
definitive [bnw] beslissend, definitief
deflate [ov ww] laten ontsnappen <v.

gas-, leeg laten lopen

deflect I [ov ww] doen afwijken, opzij buigen • (~ from) afketsen/-schampen van II [on ww] afwijken

deflection [znw] afbuiging

deflower [ov ww] ontmaagden

defoliant [znw] ontbladeringsmiddel

defoliate [ov + on ww] ontbladeren

deforest [ov ww] ontbossen

deform [ov ww] • ontsieren
• misvormen

deformation [znw] • verbastering
• misvorming

deformity [znw] • mismaaktheid
• perversiteit • wangedrocht

defray [ov ww] bekostigen

deft [bnw] • handig, behendig • vlug

defunct [bnw] niet meer bestaand

defuse [ov ww] demonteren <v. explosieven>

defy [ov ww] trotseren, uitdagen (tot)

degenerate I [on ww] degenereren
II [znw] gedegenereerde, ontaarde
III [bnw] gedegenereerd, ontaard

degradation [znw] • degradatie
• ontaarding

degrade [ov ww] • z. verlagen,
ontaarden • degraderen

degree [znw] • mate • graad <ook academisch>

dehumanize [ov ww] ontmenselijken

dehydrate [ov ww] (uit)drogen

deify [ov ww] vergoddelijken

deign [ov + on ww] z. verwaardigen

deity [znw] godheid

dejected [bnw] ↓ down, ontmoedigd, neerslachtig

dejection [znw] neerslachtigheid

delay I [ov ww] uitstellen II [znw] vertraging

delectable [bnw] verrukkelijk

delectation [znw] genot

delegate I [ov ww] overdragen II [znw]
• afgevaardigde • gemachtigde

delegation [znw] • delegatie
• machtiging

delete [ov ww] wissen, schrappen

deliberate I [on ww] overwegen, overleggen II [bnw] • opzettelijk
• weloverwogen • bedachtzaam

deliberation [znw] • behoedzaamheid
• bedachtzaamheid • overleg,
afweging, overweging

deliberative [bnw] beraadslagend

delicacy [znw] • fijngevoeligheid
• delicatesse • teerheid

delicate [bnw] • kies, fijn(gevoelig)
• zwak, teer • netelig, moeilijk • lekker

delicatessen [mv] • delicatessezaak
• delicatessen, comestibles

delicious [bnw] lekker, heerlijk

delight I [on ww] verheugen II [znw]
genot, vreugde, genoegen

delightful [bnw] verrukkelijk

delineate [ov ww] • omlijnen
• schetsen, tekenen

delinquency [znw] • vergrijp
• misdadig gedrag

delinquent I [znw] delinquent
II [bnw] • misdadig • schuldig <aan vergrijp>

delirious [bnw] • ijlend • uitzinnig

deliver I [ov ww] • overhandigen,
(af)leveren • verlossen II [on ww]
bevallen

deliverance [znw] bevrijding

delivery [znw] • bestelling • het afleveren • verlossing • (het houden v.e.) toespraak

delude [ov ww] misleiden

deluge I [ov ww] overstelpen, overstromen II [znw]
• (woorden)stroom • wolkbreuk

delusion [znw] • bedrog
• zinsbegoocheling

delusive [bnw] misleidend, bedrieglijk

delve [on ww] grondig doorvorsen

demagogue [znw] volksmenner

demand I [ov ww] eisen, verlangen
II [znw] • eis • <econ.> vraag

demarcate [ov ww] • demarqueren
• afbakenen

demented [bnw] • krankzinnig
• dement

demerit [znw] • gebrek • minpunt

demilitarize [ov ww] demilitariseren

demise [znw] • het vermaken,
overdraging • overlijden

demist [ov ww] ontwasemen

demobilize, demob [ov + on ww]
<mil.> afzwaaien, demobiliseren

democracy [znw] democratie

democrat [znw] democraat

democratize [ov + on ww]
democratiseren

demolish [ov ww] slopen

demolition [znw] • vernietiging • het
slopen

demonstrable [bnw] aantoonbaar

demonstrate I [ov ww]
• demonstreren, bewijzen • aan de dag
leggen II [on ww] demonstreren,
betoging houden

demonstration [znw] • demonstratie
• actie • protestmars • vertoon
• betoging

demonstrative I [znw] aanwijzend
voornaamwoord II [bnw]
• aanwijzend, bewijzend • z. uitend
• demonstratief

demonstrator [znw] • demonstrator
• betoger

demoralize [ov ww] demoraliseren

demur I [on ww] bezwaar maken
II [znw] • bedenking • aarzeling

den [znw] • hol • hok • (werk)kamer

denationalize [ov ww] privatiseren

denial [znw] • ontkenning
• zelfverloochening

denigrate [ov ww] • denigreren
• belasteren

denomination [znw] • coupure,
(munt)eenheid • benaming • gezindte,
kerkgenootschap

denominator [znw] <wisk.> noemer
<in breuk>

denote [ov ww] • aanduiden • wijzen op

denounce [ov ww] aanklagen

dense [bnw] • dicht • dom

dent I [ov ww] deuken II [znw] deuk

dental I [znw] <taalk.> dentaal II [bnw]
tand-

dentist [znw] tandarts

dentistry [znw] tandheelkunde

denude [ov ww] blootleggen

denunciation [znw] → denounce

deny [ov ww] • ontkennen
• (ver)loochenen • ontzeggen, weigeren

depart [ov ww] • vertrekken
• heengaan, doodgaan

department [znw] • sectie, vakgroep
• afdeling • departement

departmental [bnw] • afdelings-
• <AE> ministerieel

departure [znw] vertrek

depend [on ww] eropaan kunnen,
vertrouwen • (~ (up)on) afhangen van

dependence [znw] afhankelijkheid

depict [ov ww] • uitbeelden, afbeelden
• afschilderen

depilatory I [znw] ontharingsmiddel
II [bnw] ontharend

deplorable [bnw] betreurenswaardig

deplore [ov ww] betreuren

depopulate [ov ww] ontvolken

deport [ov ww] • verbannen
• deporteren

deportment [znw] • houding • gedrag

depose [ov ww] afzetten

deposit I [ov ww] • deponeren, in
bewaring geven • als waarborg storten
• (neer)leggen • afzetten II [znw]
• deposito • waarborgsom • storting
• afzetting, aanslibbing, geologische
laag

deposition [znw] • het deponeren
• afzetting • (aflegging v.) verklaring

deprave [ov ww] slecht maken, bederven

depravity [znw] verdorvenheid

deprecate [ov ww] afkeuren

depreciate [ov + on ww] in waarde
(doen) verminderen

depress [ov ww] • neerslachtig maken
• (neer)drukken • verlagen

depression [znw] • het neerdrukken
• slapte, malaise, depressie
• neerslachtigheid • gebied van lage
luchtdruk

deprivation [znw] • ontbering • verlies

deprive [ov ww] beroven

depth [znw] diepte

deputation [znw] afvaardiging

depute [ov ww] • machtigen
• afvaardigen

deputize I [ov ww] aanstellen als
waarnemer II [on ww] waarnemen

deputy I [znw] • plaatsvervanger • <AE>
hulpsheriff II [bnw] • waarnemend,
plaatsvervangend • gevolmachtigd
• afgevaardigd

derail [ov ww] doen ontsporen

derelict [bnw] • verlaten • vervallen

dereliction [znw] het onbeheerd laten

deride [ov ww] uitlachen

derision [znw] spot

derisive [bnw] spottend

derivation [znw] • afleiding • afkomst

derivative I [znw] • derivaat • afgeleid
woord II [bnw] afgeleid, niet
oorspronkelijk

derive I [ov ww] • (~ from) afleiden
van, ontlenen aan II [on ww]
• (~ from) voortkomen uit,
afstammen van

derogatory [bnw] geringschattend

derrick [znw] • kraan, bok • boortoren

descale [ov ww] ontkalken

descendant [znw] afstammeling

descent [znw] • afdaling • afkomst,
geslacht

describe [ov ww] beschrijven

description [znw] beschrijving

descriptive [bnw] beschrijvend

desecrate [ov ww] ontwijden,
profaneren

desert I [ov ww] in de steek laten,
verlaten II [on ww] <mil.> deserteren
III [znw] woestijn

deserter [znw] deserteur

deserve [ov ww] verdienen

deserving [bnw] waardig

design I [ov + on ww] ontwerpen
II [znw] • schets, ontwerp(tekening)
• vormgeving • aanzien • plan, opzet

designate [ov ww] • (be)noemen,
aanduiden • bestemmen

designation [znw] • benoeming
• bestemming

designer [znw] • intrigant • ontwerper

designing [bnw] intrigerend, sluw

desire I [ov ww] • wensen • begeren
II [znw] • verlangen, wens • begeerte

desist [on ww] stoppen • (~ from)
afzien van, ophouden met

desk [znw] • schrijftafel, lessenaar
• afdeling • balie • <AE> preekstoel

desolate I [ov ww] • verwoesten
• ontvolken II [bnw] • eenzaam
• verwaarloosd • troosteloos

desolation [znw] • eenzaamheid,
verlatenheid • verwoesting

despair I [on ww] wanhopen II [znw]
wanhoop

despairing [bnw] wanhopig

desperate [bnw] • wanhopig • hopeloos

desperation [znw] wanhoop,
vertwijfeling

despicable [bnw] verachtelijk

despise [ov ww] verachten

despite [vz] ondanks, in weerwil van

despondent [bnw] • wanhopig,
vertwijfeld • zwaarmoedig

despot [znw] despoot

despotic [bnw] despotisch

despotism [znw] despotisme, tirannie

destination [znw] bestemming

destitute I [znw] noodlijdende II [bnw]
noodlijdend, behoeftig

destitution [znw] gebrek, armoede

destroy [ov ww] • afmaken <v. dier>
• vernietigen, vernielen

destroyer [znw] • vernietiger
• torpedojager

destruction [znw] vernietiging

destructive [bnw] destructief

desultory [bnw] • zonder vaste lijn

• onsamenhangend • vluchtig

detach [ov ww] • detacheren • eraf
halen, losmaken • los raken

detachable [bnw] afneembaar

detached [bnw] • objectief • los
• emotieloos, afstandelijk • vrijstaand
<v. huis>

detachment [znw] • detachement
• gereserveerdheid

detail [znw] • bijzonderheid, detail
• bijzaak • <mil.> kleine afdeling

detain [ov ww] • vasthouden
• ophouden

detect [ov ww] • betrappen • bespeuren

detection [znw] • waarneming
• speurwerk

detective I [znw] • detective
• rechercheur II [bnw] recherche-

detention [znw] • nablijven <op
school> • het vasthouden

deter [ov ww] afschrikken

detergent [znw] (af)wasmiddel

deteriorate [on ww] slechter worden

determinant [znw] beslissende factor

determination [znw] • bepaling,
besluit • vastberadenheid • richting

determine I [ov ww] vaststellen,
bepalen II [on ww] besluiten

determined [bnw] vastberaden

deterrent I [znw] afschrikwekkend
middel II [bnw] afschrikwekkend

detest [ov ww] verafschuwen, haten

detestable [bnw] afschuwelijk

detonate I [ov ww] doen ontploffen
II [on ww] ontploffen

detour [znw] • omweg • omleiding

detract [on ww] • (~ from) afbreuk
doen aan

detriment [znw] nadeel

detrimental [bnw] schadelijk

deuce [znw] • twee <op dobbelstenen,
speelkaarten> • 40 gelijk <tennis>
• du(i)vel, de donder

devalue [ov + on ww] in waarde (doen)
dalen

devastate [ov ww] verwoesten

devastating [bnw] • ontzettend
• verwoestend

develop I [ov ww] • ontginnen
• ontwikkelen II [on ww] • z.
ontwikkelen • aan de dag leggen

developer [znw] • uitwerker • <foto.>
ontwikkelaar

development [znw] ontwikkeling

deviant [bnw] afwijkend, abnormaal

deviate [on ww] • afwijken • afdwalen

deviation [znw] afwijking

device [znw] • middel • opzet, plan
• list • apparaat, uitvinding, toestel
• ontwerp • devies, motto

devil [znw] duivel

devious [bnw] • slinks • kronkelend

devise [ov ww] bedenken, beramen

devoid [bnw] verstoken

devolution [znw] • delegatie
• decentralisatie v. bestuur, overdracht
van bestuur(sbevoegdheden)

devolve I [ov ww] overdragen,
afwentelen II [on ww] te beurt vallen

devote [ov ww] besteden <v. tijd,
aandacht>, (toe)wijden, geheel geven

devoted [bnw] toegewijd

devotee [znw] • dweper • enthousiast
liefhebber

devotion [znw] • toewijding
• godsvrucht

devotional [bnw] • godsdienstig
• devoot

devour [ov ww] verslinden

devout [bnw] • vroom • toegewijd

dew [znw] dauw

dewy [bnw] • vochtig • dauwachtig

dexterity [znw] • handigheid
• rechtshandigheid

dext(e)rous [bnw] handig

dextrose [znw] druivensuiker

diabetes [znw] suikerziekte, diabetes

diabetic I [znw] iem. die aan
suikerziekte lijdt, diabeticus/-ca
II [bnw] m.b.t. suikerziekte

diadem [znw] diadeem

diagnose [ov ww] • constateren • de

diagnose opmaken van
diagnosis [znw] *diagnose*
diagonal I [znw] *diagonaal* II [bnw]
diagonaal
diagram [znw] • *diagram* • *figuur*
• *grafiek*
diagrammatic [bnw] *schematisch*
dialogue [znw] *dialoog*
diameter [znw] *middellijn*
diamond I [znw] • *diamant* • *ruit*
II [bnw] *diamanten*
diaper [znw] *luier*
diaphanous [bnw] *doorschijnend*
diaphragm [znw] • *pessarium*
• *middenrif* • ‹foto.› *diafragma*
diarist [znw] *dagboekschrijver*
diarrh(o)ea [znw] *diarree*
diary [znw] • *dagboek* • *agenda*
diatribe [znw] *felle aanval ‹met
woorden›*
dice I [on ww] • *dobbelen* • *in blokjes
snijden* II [znw] [mv] *dobbelspel,
dobbelstenen*
dicey ‹inf.› [bnw] • *riskant* • *link*
dictate [ov + on ww] • *dicteren*
• *voorschrijven*
dictation [znw] • *het dicteren* • *dictee,
dictaat* • *voorschrift, wet*
dictator [znw] • *dictator* • *dicteelezer*
dictatorial [bnw] *dictatoriaal*
dictatorship [znw] *dictatuur*
diction [znw] • *zegging, voordracht*
• *manier v. uitdrukken*
dictionary [znw] *woordenboek*
dictum [znw] • *gezegde* • *uitspraak*
did [ww] *verl. tijd* → **do**
didactic [bnw] *didactisch*
diddle ‹inf.› [ov ww] • *inpikken*
• *bedotten*
die I [on ww] • *sterven, omkomen*
• *kwijnen* • ‹vulg.› *z. doodlachen*
• (~ **away/down**) *bedaren,
wegsterven* • (~ **for**) *hevig verlangen
naar* • (~ **off/out**) *uitsterven,
wegsterven* • (~ **to**) *ongevoelig worden
voor* II [znw] *dobbelsteen*

diet I [on ww] *op dieet leven* II [znw]
• *voedsel, kost* • *menu* • *dieet*
dietary [bnw] *dieet-*
dietician [znw] • *diëtist(e)*
• *voedingsexpert*
differ [on ww] *verschillen*
difference [znw] *punt v. verschil*
different [bnw] *ander(e)*
differential I [znw] • *differentiaal*
• *loonklasseverschil* II [bnw]
• *kenmerkend* • *differentieel*
difficult [bnw] *moeilijk*
diffidence [znw] *gebrek aan
zelfvertrouwen*
diffident [bnw] *bedeesd*
diffuse I [ov ww] *verspreiden, uitstralen*
II [on ww] *z. verspreiden* III [bnw]
• *diffuus* • *verspreid, verstrooid*
• *omslachtig*
dig I [ov + on ww] *graven* II [ov ww]
• *uitgraven, opgraven* • *duwen, porren*
• ‹AE sl.› *iets snappen, iets/iem. zien
zitten* III [on ww] *ploeteren, blokken*
• (~ **in**) *zich ingraven, aanvallen*
‹opeten› IV [znw] • *por, stoot* • *steek
onder water*
digest I [ov ww] • *verteren, slikken,
verwerken* • *in z. opnemen* II [on ww]
• *voedsel opnemen* • *verteren* III [znw]
• *overzicht* • *compendium*
digestible [bnw] • *verteerbaar*
• *aanvaardbaar*
digestion [znw] • *spijsvertering*
→ **digest**
digestive I [znw] *spijsvertering
bevorderend middel* II [bnw] *de
spijsvertering bevorderend*
digger [znw] ↑ *excavateur*
digit [znw] • *vinger* • *teen* • *cijfer,
geheel getal onder de tien*
• *vingerbreedte*
digital [bnw] *digitaal*
dignify [ov ww] • *waardigheid
toekennen* • *opluisteren*
dignitary [znw] *kerkelijk
waardigheidsbekleder*

digress [on ww] *afdwalen*

dike I [ov ww] *indijken, omwallen*
II [znw] • *dijk* • <vulg.> *lesbienne*

dilate I [ov ww] *wijder maken*
II [on ww] • *wijder worden* • (z.)
uitzetten

dill [znw] *dille*

dilute I [ov ww] *met water verdunnen*
II [bnw] *waterig*

dim I [ov ww] • *donker/mat/schemerig*
maken • *ontluisteren, doen beslaan*
II [on ww] *beslaan* III [bnw] • *mat*
• *donker, schemerig* • *flauw, vaag*

dimension [znw] • *dimensie*
• *afmeting* • *omvang*

diminish [ov + on ww] *verminderen*

diminutive I [znw] *verkleinwoord*
II [bnw] • *verkleinend, miniatuur*

dimmer [znw] *dimschakelaar, dimmer*

dimple [znw] *kuiltje*

din [znw] • *lawaai* • *gekletter*

dine [on ww] *dineren* • (~ in) *thuis*
dineren • (~ off/on) *zijn*
(middag)maal doen met • (~ out)
buitenshuis dineren

diner [znw] • *restauratiewagen* • *eter*
• <AE> *klein (weg)restaurant*

dingy [bnw] *vuil, smerig*

dinner [znw] *diner, middagmaal*

dinosaur [znw] *dinosaurus*

dip I [ov ww] • *(onder)dompelen*
• *dimmen* <v. koplampen> II [on ww]
(even) duiken III [znw] • *het*
(onder)dompelen • *bad* • *(dip)saus*

diphtheria [znw] *difterie*

diplomacy [znw] *diplomatie*

diplomat, diplomatist [znw]
diplomaat

diplomatic [bnw] *diplomatisch*

dipper [znw] *pollepel*

dire [bnw] *gruwelijk*

direct I [ov ww] • *regisseren* • *richten,*
adresseren <v. post> • *aanwijzingen*
geven II [bnw] • *rechtstreeks* • *zonder*
omwegen • *oprecht*

direction [znw] • *richting* • *bestuur*

• *regie*

directional [bnw] *richtings-*

directive I [znw] *richtlijn* II [bnw]
leidend

directly [bijw] • *rechtstreeks* • *meteen,*
dadelijk

director [znw] • *regisseur*
• *commissaris* <v. NV> • *bestuurder*
• *adviseur* • *directeur, hoofd* <v.
afdeling>

directorate [znw] *raad v.*
commissarissen

directorship [znw] *directeurschap*

directory I [znw] *gids, adresboek*
II [bnw] *adviserend*

dirge [znw] *klaagzang*

dirt [znw] • *vuil* • *drek* • *modder, drab*
• *grond, aarde*

dirty I [ov ww] *bevuilen* II [bnw] *vuil*

disable [ov ww] • *onbekwaam maken*
• *buiten gevecht stellen*

disadvantage I [ov ww] *benadelen*
II [znw] *nadeel*

disadvantageous [bnw] *nadelig*

disaffection [znw] • *afvalligheid*
• *ontrouw*

disagree [on ww] • *het oneens zijn*
• *niet passen bij*

disagreeable [bnw] *onaangenaam*

disagreement [znw] • *meningsverschil*
• *verschil*

disappoint [ov ww] *teleurstellen*

disappointing [bnw] *teleurstellend,*
tegenvallend

disappointment [znw] *teleurstelling*

disapprove [ov + on ww] • (~ of)
afkeuren

disarm I [ov + on ww] *ontwapenen*
II [ov ww] *ontmantelen*

disarrange [ov ww] *in de war brengen*

disarray [znw] *wanorde*

disaster [znw] • *narigheid* • *ramp*

disavow [ov ww] • *ontkennen,*
loochenen • *verwerpen*

disband I [ov ww] *ontbinden*
II [on ww] • z. *ontbinden* • *ontbonden*

worden

disbelief [znw] *ongeloof*

disc [znw] • *grammofoonplaat*
• *parkeerschijf* • *rond bord* • *discus*
• *schijf* • *schotelantenne*

discard [ov ww] • *verwerpen* • *afdanken*

discern [ov ww] • *bespeuren,*
waarnemen • *onderscheiden*

discernible [bnw] *waarneembaar*

discerning [bnw] *scherpzinnig*

discernment [znw] • *vermogen om te*
onderscheiden • *inzicht*

discharge I [ov ww] • *afschieten*
• *ontlasten* • *lossen* • *betalen*
• *ontheffen, ontslaan* • *lozen* II [znw]
• *schot* • *ontslag*

disciple [znw] *leerling, volgeling*

disciplinarian [znw] *tuchtmeester*

disciplinary [bnw] *disciplinair*

disclaim [ov ww] *niet erkennen,*
afwijzen

disclaimer [znw] *ontkenning,*
afwijzing

disclose [ov ww] *onthullen*

discolour I [ov ww] *doen verkleuren*
II [on ww] *verkleuren, verschieten*

discomfit [ov ww] *in verlegenheid*
brengen

discomfiture [znw] *verwarring*

discomfort [znw] • *onbehaaglijkheid*
• *ongemak*

disconcert [ov ww] • *verwarren*
• *ontstellen*

disconnect [ov ww] • *verbinding*
verbreken • *verband verbreken*
• *uitschakelen*

disconsolate [bnw] • *troosteloos*
• *ontroostbaar*

discontent [znw] *ontevredenheid*

discontinue I [ov ww] • *opzeggen*
• *opheffen* II [on ww] • *niet voortzetten*
• *ophouden*

discontinuity [znw] • *onderbreking*
• *discontinuïteit*

discontinuous [bnw] *onderbroken,*
niet doorgaand

discord, discordance [znw]
• *tweedracht* • *wanklank*

discordant [bnw] • *strijdig*
• *wanklanken producerend*

discount I [ov ww] • *korten* • *buiten*
beschouwing laten • *weinig*
geloof/belang hechten aan II [znw]
• *korting*

discourage [ov ww] • *ontmoedigen*
• *afschrikken*

discouragement [znw] *moedeloosheid*

discourse I [on ww] *converseren*
II [znw] • *verhandeling* • *rede* • *preek*

discover [ov ww] *ontdekken*

discoverer [znw] *ontdekker, uitvinder*

discovery [znw] *ontdekking*

discredit I [ov ww] • *niet geloven* • *in*
diskrediet brengen II [znw] • *schande,*
diskrediet • *opspraak*

discreditable [bnw] *schandelijk*

discreet [bnw] • *discreet* • *stemmig*

discrepancy [znw] *discrepantie*

discrete [bnw] • *afzonderlijk* • *zonder*
samenhang

discretion [znw] • *discretie*
• *geheimhouding* • *wijsheid, beleid,*
tact, voorzichtigheid

discriminate I [ov ww] *onderscheiden,*
herkennen II [on ww] *onderscheid in*
acht nemen (~ **against**) *onderscheid*
maken (ten nadele van)

discriminating [bnw] *scherpzinnig*

discrimination [znw] • *discriminatie*
• *onderscheidingsvermogen* • *inzicht,*
doorzicht

discursive [bnw] • *logisch* • *uitweidend*

discuss [ov ww] *bespreken*

discussion [znw] *discussie*

disdain I [ov ww] *verachten* II [znw]
• *minachting*

disdainful [bnw] *minachtend,*
hooghartig

disease [znw] • *ziekte* • *kwaal*

disembark [ov + on ww] *(z.) ontschepen*

disembowel [ov ww] • *ontweien*
• *openrijten*

disengage [ov + on ww] (z.) vrijmaken

disentangle [ov + on ww] (z.) ontwarren

disgorge I [ov ww] uitbraken, uitstorten **II** [on ww] z. uitstorten

disgrace I [ov ww] • in ongenade doen vallen • degraderen • te schande maken • ontsieren **II** [znw] • ongenade • schande

disguise I [ov ww] vermommen, onherkenbaar maken **II** [znw] vermomming

disgust I [ov ww] doen walgen **II** [znw] afschuw

dish I [ov ww] opdienen **II** [znw] • schotel, schaal • schotelantenne • gerecht

dishonest [bnw] oneerlijk

dishonesty [znw] oneerlijkheid

dishonourable [bnw] schandelijk

disillusion I [ov ww] ontgoochelen **II** [znw] ontgoocheling

disinclination [znw] tegenzin

disinfect [ov ww] ontsmetten

disinfectant I [znw] ontsmettend middel **II** [bnw] ontsmettend

disingenuous [bnw] onoprecht

disinherit [ov ww] onterven

disinterested [bnw] • belangeloos • onbevooroordeeld • ongeïnteresseerd

disjointed [bnw] onsamenhangend

dislike I [ov ww] een hekel hebben aan, niet mogen **II** [znw] afkeer

dislocate [ov ww] • ontwrichten • verplaatsen

dislocation [znw] • dislokatie • ontwrichting

dislodge I [ov ww] loswrikken **II** [on ww] z. losmaken

disloyal [bnw] trouweloos

disloyalty [znw] trouweloosheid

dismal [mv] [bnw] akelig, naar, triest

dismay I [ov ww] totaal ontmoedigen, ontstellen **II** [znw] ontzetting, verslagenheid

dismember [ov ww] aan stukken hakken

dismiss [ov ww] • wegzenden • ontslaan • van z. afzetten

dismissal [znw] • wegzending • verwerping • ontslag

dismount [on ww] afstijgen, afstappen

disobedience [znw] ongehoorzaamheid

disobedient [bnw] ongehoorzaam

disobey [ov + on ww] ongehoorzaam zijn

disorder [znw] • oproer • wanorde • ongesteldheid, kwaal • ontregeling

disorderly [bnw] • wanordelijk • oproerig

disorganize [ov ww] • ontwrichten • ontredderen

disown [ov ww] • (ver)loochenen • verwerpen • ontkennen

disparage [ov ww] • kleineren • afgeven op

disparaging [bnw] geringschattend, kleinerend

disparate [bnw] wezenlijk verschillend

disparity [znw] (essentieel) verschil

dispassionate [bnw] • onpartijdig • bedaard, koel

dispatch I [ov ww] • uit de weg ruimen • goed en snel afdoen • vlug opeten • (met spoed) verzenden **II** [znw] • depêche • nota • spoed • sterfgeval

dispel [ov ww] verdrijven

dispensable [bnw] niet noodzakelijk

dispensary [znw] (fonds-/huis)apotheek

dispensation [znw] dispensatie

dispense [on ww] • uitdelen • toedienen • (~ from) vrijstellen van • (~ with) het (kunnen) stellen zonder

dispenser [znw] • apotheker • automaat • doseerbuisje, houder

disperse I [ov ww] • verspreiden • verjagen **II** [on ww] • z. verspreiden • uiteen gaan

displace [ov ww] • verplaatsen • verdringen

displacement [znw] *verplaatsing*

display I [ov ww] • *(ver)tonen*
• *ontplooien* • *aan de dag leggen*
II [znw] • *beeldscherm* • *uitstalling*
• *visueel hulpmiddel*

displease [ov ww] *mishagen*

disposable I [znw] *wegwerpartikel*
II [bnw] • *beschikbaar* • *wegwerp-*

disposal [znw] *regeling, stemming*

dispose [on ww] • *(~ of) verkopen,*
beschikken over, afdoen (met),
tenietdoen

disposition [znw] *neiging, aard,*
gezindheid

dispossess [ov ww] • *onterven*
• *onteigenen*

disproportion [znw] *onevenredigheid*

disproportionate [bnw] *onevenredig*

disprove [ov ww] *weerleggen*

disputation [znw] *dispuut, discussie*

dispute I [ov ww] *betwisten* **II** [on ww]
redetwisten **III** [znw] *geschil*

disqualification [znw] *diskwalificatie*

disqualify [ov ww] *diskwalificeren*

disquiet I [ov ww] *onrustig maken*
II [znw] • *ongerustheid* • *onrust*
III [bnw] *onrustig*

disregard I [ov ww] *negéren, z. niets*
aantrekken van **II** [znw]
veronachtzaming

disrepair [znw] *vervallen staat*

disreputable [bnw] • *berucht,*
schandelijk • *onfatsoenlijk*

disrepute [znw] *diskrediet*

disrespect [znw] *gebrek aan eerbied*

disrespectful [bnw] *oneerbiedig,*
onbeschaamd

disrupt [ov ww] *ontwrichten*

disruption [znw] *ontwrichting*

disruptive [bnw] *ontwrichtend*

dissatisfaction [znw] *ontevredenheid*

dissect [ov ww] *ontleden*

dissemble I [ov ww] • *verhullen*
• *veinzen* • *verbergen* **II** [on ww]
huichelen

disseminate [ov ww] *verspreiden*

dissension [znw] *onenigheid*

dissent I [on ww] *verschillen v. mening*
II [znw] *verschil v. inzicht*

dissenter [znw] *andersdenkende*

dissertation [znw] *verhandeling*

disservice [znw] *slechte dienst*

dissident I [znw] *andersdenkende*
II [bnw] *andersdenkend*

dissimilar [bnw] *ongelijk*

dissimilarity, dissimilitude [znw]
• *verschil* • *ongelijkheid*

dissimulate [ov + on ww] • *huichelen*
• *verbergen*

dissipate I [ov ww] • *verdrijven* • *doen*
verdwijnen • *verspillen, verkwisten*
II [on ww] *verdwijnen*

dissipated [bnw] *liederlijk*

dissipation [znw] *losbandigheid*

dissociate [ov ww] • *(~ from) los*
maken/zien van

dissolute [bnw] *losbandig*

dissolution [znw] • *ontbinding* • *dood*

dissolve I [ov ww] • *oplossen*
• *ontbinden, opheffen* **II** [on ww] • *z.*
oplossen • *z. ontbinden*

dissonance [znw] • *wanklank*
• *onenigheid*

dissuade [ov ww] *afraden*

distance [znw] • *verte* • *afstand*

distant [bnw] • *ver (weg)* • *hautain*

distaste [znw] • *afkeer* • *tegenzin*

distasteful [bnw] • *onaangenaam*
• *onsmakelijk*

distemper [znw] • *dierenziekte*
• *tempera* • *muurverf*

distend [ov + on ww] *(doen) opzwellen*

distension [znw] *zwelling*

distil [ov ww] • *distilleren* • *zuiveren*

distillery [znw] *distilleerderij, stokerij*

distinct [bnw] • *duidelijk* • *apart*
• *onderscheiden*

distinction [znw] • *onderscheid(ing)*
• *voornaamheid, aanzien* • *apartheid*

distinctive [bnw] • *onderscheidend*
• *kenmerkend*

distinguish I [ov ww] *onderscheiden*

II [on ww] • (~ **among/between**) onderscheid maken tussen

distinguishable [bnw] • (goed) te onderscheiden • duidelijk waarneembaar

distortion [znw] vervorming

distract [ov ww] • afleiden • verwarren, verbijsteren

distraction [znw] • afleiding • ontspanning • waanzin • verwarring

distress I [ov ww] • benauwen • smart veroorzaken aan II [znw] • pijn • angst • nood, ellende • uitputting

distressing [bnw] • pijn/angst veroorzakend • verontrustend

distribution [znw] distributie, verspreiding

distributor [znw] • groothandelaar • verdeler

district [znw] • district, streek, gebied • wijk

distrust I [ov ww] wantrouwen II [znw] wantrouwen

distrustful [bnw] wantrouwig

disturb [ov ww] • (ver)storen • in beroering brengen

disturbance [znw] verstoring

disuse [znw] onbruik

ditch I [ov ww] achterlaten, in de steek laten II [znw] sloot, greppel

dither I [on ww] treuzelen II [znw] opgewonden toestand

ditto [znw] dezelfde, hetzelfde

ditty [znw] deuntje, wijsje

diurnal [bnw] • overdag • gedurende de dag

divan [znw] divan

dive I [on ww] duiken II [znw] duik

divergent [bnw] • divergent • afwijkend

diverse [bnw] verschillend

diversify [ov ww] • variëren, afwisselen • wijzigen

diversion [znw] • afleidingsmanoeuvre • omlegging • verstrooiing

diversity [znw] • variatie

• verscheidenheid

divert [ov ww] • een andere richting of wending geven • afleiden • vermaken

divide I [ov ww] • verdelen, (in)delen • scheiden II [on ww] z. verdelen

divination [znw] • voorspelling • waarzeggerij

divinity [znw] • goddelijkheid • god(heid) • godgeleerdheid

division [znw] • stemming <voor of tegen> • afdeling • branche • groep • divisie • district, wijk

divorce I [ov ww] scheiden van II [znw] echtscheiding

divulge [ov ww] openbaar (bekend) maken

dizzy I [ov ww] duizelig maken II [bnw] duizelig

do I [ov ww] • doen • maken • (gaar) koken, bereiden • spelen (voor) • uitputten, moe maken • ertussen nemen • (~ **for**) <sl.> ruïneren/doden • (~ **in**) <inf.> van kant maken • (~ **up**) opknappen, vastmaken II [on ww] • doen • deugen, genoeg zijn, (ermee door) gaan • (~ **away with**) afschaffen, van kant maken • (~ **by/to**) behandelen • (~ **for**) dienen als • (~ **without**) ontberen, niet nodig hebben III [znw] • fuif • <muz.> do

doc <sl.> [znw] → **doctor**

docile [bnw] • gedwee • volgzaam

dock I [ov ww] • korten • dokken, binnengaan II [on ww] meren, dokken III [znw] • dok • haven • beklaagdenbank • zuring • staartwortel

docker [znw] dokwerker, havenarbeider

docket I [ov ww] labelen II [znw] korte inhoudsaanduiding <op document>

doctor I [ov ww] • de graad van doctor verlenen • behandelen • dokteren (aan) II [znw] • dokter • doctor, geleerde

doctrinal [bnw] leerstellig

document I [ov ww] documenteren

II [znw] document, bewijsstuk
documentary [znw] documentaire
documentation [znw] documentatie
dodder I [on ww] • beven
• (voort)sukkelen II [znw] warkruid
dodge I [ov ww] • ontwijken • handig
ontduiken II [on ww] uitwijken
III [znw] • ontwijkende beweging
• smoesje • truc, foefje
dodger [znw] • slimme vos • ‹AE›
strooibiljet
dodgy [bnw] gehaaid, slinks
does [ww] → do
dog I [ov ww] achtervolgen II [znw]
• hond • mannetjeswolf, mannetjesvos
• kerel
dogged [bnw] • hardnekkig, koppig
• nors
doggerel [znw] kreupel vers, rijmelarij
dogmatic [bnw] • dogmatisch
• autoritair
dogmatism [znw] dogmatisme,
dogmatiek
do-gooder ‹iron.› [znw]
wereldverbeteraar
do-it-yourself [bnw] doe-het-zelf
dole I [ov ww] • (~ out) (karig)
uitdelen II [znw] • steun • aalmoes
doleful [bnw] • somber, akelig
• smartelijk
doll I [wkd ww] • (~ up) z. opdirken
II [znw] pop
dollop [znw] • kwak • scheut
dolphin [znw] • dolfijn • dukdalf
dolt [znw] dommerd, stommeling
domain [znw] gebied, domein
dome [znw] • koepel • gewelf
domed [bnw] koepelvormig
domesticity [znw] het huiselijke leven
domicile [znw] woonplaats, domicilie
dominance [znw] dominantie
dominant [bnw] dominant
dominate I [ov ww] overheersen
II [on ww] • heersen, domineren • de
overhand hebben
domineering [bnw] bazig

dominion [znw] • heerschappij
• eigendomsrecht
domino [znw] domino(steen)
don I [ov ww] aantrekken ‹v. kleren›
II [znw] docent aan een universiteit
donate [ov ww] • begiftigen • schenken
donation [znw] schenking, gift
done [ww] volt. deelw. → do
donkey [znw] ezel
donor [znw] • donor • donateur,
schenker
don't [samentr.] /do not/ → do
doodle I [on ww] poppetjes tekenen
II [znw] krabbel
doom I [ov ww] doemen, veroordelen
II [znw] ondergang
door [znw] deur
dope I [ov ww] toedienen • (~ out)
ontdekken • (~ up) behandelen met
dope II [znw] • sufferd • tip, inlichting
• doping • ‹sl.› dope, heroïne
dopey [bnw] • (ver)suf(t) • dom
dormant [bnw] • latent • slapend,
ongebruikt
dormitory [znw] • slaapzaal
• woonwijk
dormouse [znw] relmuis
dorsal [bnw] van/aan de rug, rug-
dosage [znw] • dosering • dosis
dose I [ov ww] • doseren • een dosis
geven II [znw] dosis
dot I [ov ww] • punten plaatsen op
• stippelen II [znw] stip, punt
double I [ov ww] • verdubbelen
• dubbelslaan, dubbelvouwen
• doubleren • een dubbelrol spelen
II [on ww] • (~ back) omdraaien en
terugkomen • (~ up) ineenkrimpen ‹v.
pijn›, een kamer delen III [znw] • 't
dubbele • dubbelganger, duplicaat,
doublure • dubbelspel • looppas
IV [bnw + bijw] • dubbel • niet oprecht
doubly [bijw] dubbel, extra
doubt I [ov + on ww] twijfelen II [znw]
• twijfel • onzekerheid
doubtful [bnw] • weifelend

• bedenkelijk, precair
doubtless [bijw] ongetwijfeld
dough [znw] • deeg • poen
dour [bnw] streng, hard, koel, ongenaakbaar
douse [ov ww] → **dowse**
dove [znw] duif(je)
dovetail I [ov + on ww] • met zwaluwstaarten verbinden • in elkaar sluiten II [znw] zwaluwstaart <in timmervak>
dowager [znw] douairière
dowdy [bnw] smakeloos gekleed
dowel [znw] deuvel
down I [znw] • dons • tegenslag • hooggelegen land II [bnw] benedenwaarts III [bijw] • neer, onder, (naar) beneden, af • stroomafwaarts IV [vz] langs, (naar beneden) in, van ... af
downy [bnw] donzig
dowry [znw] • bruidsschat • talent, gave
dowse I [ov ww] • uitdoen <v. licht> • natgooien II [on ww] met de wichelroede lopen
doyen [znw] nestor, oudste
doze I [on ww] dutten, soezen • (~ off) indutten II [znw] sluimering
dozen [znw] dozijn
dozy <inf.> [bnw] soezerig, loom, slaperig
drab [bnw] • vaalbruin • saai, eentonig
draft I [ov ww] • ontwerpen, opstellen, schetsen • detacheren • inlijven II [znw] • trekking <v. wissel> • detachement • schets, ontwerp, concept, klad • het trekken <v. wissel> • wissel, cheque • tocht <luchtstroom> • <AE> dienstplicht
drag I [ov ww] • trekken • dreggen • (~ down) omlaaghalen <ook fig.>, deprimeren • (~ out) rekken, eruit trekken, ophalen met dreg II [on ww] • niet opschieten • slepen • dreggen • (~ on) (z.) voortslepen III [znw] • dreg • sleepnet

dragon [znw] draak
dragoon [znw] dragonder, huzaar
drain I [ov ww] • afwateren, droogleggen, draineren, rioleren • leegmaken, opmaken • uitputten • aftappen, afgieten II [on ww] • leeglopen • wegtrekken • afwateren III [znw] afvoerbuis, afvoerpijp, riool
drainage [znw] afgevoerd water, rioolwater
drake [znw] woerd
drama [znw] • toneel • toneelstuk • drama
dramatist [znw] toneelschrijver
dramatize I [ov ww] • dramatiseren • voor toneel bewerken II [on ww] z. aanstellen
drank [ww] verl. tijd → **drink**
drape [ov ww] • bekleden • draperen • omfloersen
draper [znw] manufacturier
drapery [znw] manufacturen(zaak)
drastic [bnw] • drastisch, doortastend • ingrijpend
draught [znw] • teug, slok • tocht, zucht
draughtsman [znw] • tekenaar • damschijf
draughty [bnw] tochtig
draw I [ov + on ww] • tekenen, schetsen • trekken • (op)halen, binnenhalen, uithalen • lot trekken, winnen • (~ (up)on) gebruik maken van • (~ out) (uit)rekken • (~ up) vóórrijden, optrekken, opstellen, tot staan brengen/komen II [ov ww] • klanten trekken • aftappen • uithoren • (~ forth) te voorschijn halen III [on ww] pistool/zwaard trekken • (~ apart) uiteendrijven • (~ away) terugwijken • (~ back) terugdeinzen, terugwijken • (~ near) naderen
IV [znw] • gelijkspel • opmerking om iem. uit te horen • het trekken • vangst • successtuk, succesnummer, succesartikel • loterijtrekking

drawer [znw] lade

drawing [znw] tekening

drawl I [on ww] lijzig spreken II [znw] lijzige manier van praten

drawn I [ww] volt. deelw. → **draw** II [bnw] * ~ face lang gezicht

dreadful [bnw] vreselijk

dream I [ov + on ww] dromen II [znw] droom

dreamer [znw] dromer

drear(y) [bnw] akelig, somber

dredge I [ov + on ww] • dreggen • baggeren II [znw] • sleepnet • dreg • baggermachine

dredger [znw] baggermachine

dregs [mv] bezinksel

drench [ov ww] doorweken

dress I [ov ww] • kleden • kostumeren • optuigen • aanmaken <v. etenswaren> • bereiden • verbinden <v. wond> • (~ **down**) een aframmeling/schrobbering geven • (~ **up**) opsmukken II [on ww] • toilet maken • z. (aan)kleden • <mil.> z. richten • (~ **down**) z. zeer eenvoudig kleden • (~ **out**) z. uitdossen • (~ **up**) z. verkleden, z. opdirken III [znw] • kleding • avondkleding, rok • japon, jurk

dresser [znw] • soort kast • <AE> toilettafel

dressing [znw] • (sla)saus • verband(stoffen)

dressy [bnw] • chic • pronkziek

drew [ww] verl. tijd → **draw**

dribble I [ov + on ww] • druppelen • <sport> dribbelen (met) II [on ww] kwijlen III [znw] • stroompje • dribbel <bij voetbal>

drier I [znw] droger II [bnw] vergr. trap → **dry**

drift I [on ww] • afdrijven • afwijken • z. laten meeslepen • (z.) ophopen • doelloos rondzwalken • (~ **apart**) van elkaar vervreemden II [znw] • stroom, koers • strekking • neiging, hang

• afwijking • opeenhoping, drijvende massa

drifter [znw] iem. die doelloos rondzwalkt

drill I [ov ww] • drillen, africhten • doorboren • (~ **in(to)**) erin stampen II [on ww] • boren • stampen <v. leerstof> • oefenen III [znw] • drilboor • exercitie, het africhten • oefening • dril <stof> • drilaap

drink I [ov ww] (op)drinken • (~ **in**) gretig in z. opnemen • (~ **up**) opdrinken II [on ww] drinken • (~ **to**) drinken op • (~ **up**) leegdrinken III [znw] • dronk • borrel • drank

drinker [znw] • drinker • alcoholist

drip I [ov ww] laten druppelen II [on ww] druppelen • (~ **with**) druipen van III [znw] • druppel • infusie

dripping [znw] braadvet

drive I [ov ww] • slaan <v. bal, paal> • drijven, aandrijven, voortdrijven, (aan)jagen • (be)sturen, mennen • (~ **in(to)**) aanzetten tot/om te II [on ww] rijden • (~ **at**) bedoelen • (~ **up**) vóórrijden, oprijden III [znw] • rit, tocht • drijfjacht • slag • energie • rijweg, oprijlaan

drivel [on ww] • kwijlen • kletspraat verkopen

driven [ww] volt. deelw. → **drive**

driver [znw] • koetsier, voerman, chauffeur, bestuurder • machinist

dromedary [znw] dromedaris

drool <AE> [on ww] kwijlen

droop [on ww] • (neer)hangen, kwijnen • de moed verliezen

drop I [ov ww] • laten vallen • droppen • vergieten • niet doorzetten, laten verlopen • verliezen • afzetten • afgeven II [on ww] vallen • (~ **away**) afvallen, een voor een weggaan • (~ **behind**) achter(op) raken • (~ **by**) even langskomen, binnenwippen • (~ **in**) eens komen aanlopen • (~ **off**)

in slaap komen, insluimeren • (~ **out**)
uitvallen, wegraken III [znw] • druppel
• zuurtje • borreltje, slokje • helling
naar beneden, daling, achteruitgang,
(ver)val • scherm ‹v. toneel›

droppings [mv] uitwerpselen

dross [znw] • metaalslak(ken)
• verontreiniging(en)

drought [znw] droogte

drove I [ww] verl. tijd → drive
II [znw] samengedreven kudde, menigte

drown I [ov ww] • verdrinken
• overstromen • overstemmen • (~ **out**)
overstemmen, met water
verdrijven/uitdrijven, overschreeuwen
II [on ww] • verdrinken • overstromen

drowse [on ww] dutten, soezen

drowsy [bnw] • slaperig
• slaapverwekkend

drudge I [on ww] zwoegen II [znw]
werkezel, zwoeger

drudgery [znw] • 't zwoegen • saai
werk

drug I [ov ww] • bedwelmende
middelen toedienen • een drug mengen
in II [znw] • medicijn, drankje
• bedwelmend middel, drug

drum I [ov + on ww] trommelen
II [znw] • trom • tamboer • cilinder
• grote bus • draadklos • (metalen) vat
• olievat

drummer [znw] tromslager, tamboer

drunk I [ww] volt. deelw. → drink
II [znw] dronkenman III [bnw] dronken

drunkard [znw] dronkaard

drunken [bnw] dronken

dry I [ov ww] • (~ **out**) door en door
droog laten worden, laten afkicken,
uitdrogen II [on ww] door en door
droog worden, afkicken • (~ **up**)
verdrinken, verdorren, vastzitten ‹v.
toneelspeler› III [bnw] • droog • sec,
niet zoet • nuchter • saai

dryer [znw] droger, (haar)droogkap

dubious [bnw] twijfelachtig

duchess [znw] hertogin

duchy [znw] hertogdom

duck I [ov ww] onderdompelen
II [on ww] • onderduiken • z. bukken
• (~ **out**) er onderuit komen, ontkomen
(aan) III [znw] • eend(en) • schat • duik

duckling [znw] jonge eend

duct [znw] (afvoer)kanaal, afvoerbuis

dud ‹sl.› [znw] • blindganger
• vogelverschrikker • prul, fiasco • valse
cheque, vals bankbiljet

dudgeon [znw] • kwaadheid • wrok

due I [znw] wat iem. toekomt II [bnw]
• (ver)schuldig(d) • behoorlijk, gepast

duel I [on ww] duelleren II [znw] duel

duet [znw] • duet • paar

duffer [znw] sufferd, stomkop

dug I [ww] verl.tijd + volt.deelw.
→ dig II [znw] uier ‹v. zoogdier›

duke I [znw] • hertog • ‹sl.› vuist

dukedom [znw] hertogdom

dull I [ov ww] somber maken II [on ww]
somber worden III [bnw] • saai • dom
• stompzinnig, idioot • bot, stomp
• lusteloos • somber • dof

duly [bijw] → due

dumb [bnw] • dom • stom, sprakeloos
• zwijgzaam

dummy I [znw] • lege verpakking
• fopspeen • pop ‹op schietbaan› • pop,
modepop, kostuumpop • blinde ‹bij
kaartspel› • figurant, stroman
• stommerd • exercitiepatroon II [bnw]
namaak-

dump I [ov ww] • neergooien • storten
‹v. vuil› II [znw] • opslagplaats
• vuilnisbelt • ‹sl.› huis, kamer

dumpling [znw] • (appel)bol
• dikkerdje

dumpy [bnw] • kort, gezet • dwars
• verdrietig

dun [bnw] grijsbruin, vaal

dunce [znw] domkop, uilskuiken,
stommeling

dune [znw] duin

dung I [ov ww] bemesten II [znw] mest

dunk [ov ww] dopen, soppen

duo [znw] • duo, paar • duet
duodenum [znw] twaalfvingerige darm
dupe I [ov ww] beetnemen II [znw] • dupe, gedupeerde • onnozele hals
duplex [bnw] tweevoudig, dubbel
duplicate I [ov ww] kopiëren, dupliceren II [znw] duplicaat, kopie III [bnw] dubbel
duplicator [znw] kopieermachine
duplicity [znw] onbetrouwbaarheid
durable [bnw] duurzaam
duress(e) [znw] • vrijheidsberoving • dwang
during [vz] gedurende
dusk [znw] schemering
dusky [bnw] duister, donker <v. kleur>, schemerig
dust I [ov ww] • afstoffen, afkloppen • bestuiven, stoffig maken • (~ **down/off**) afkloppen, afstoffen • (~ **off**) afstoffen, afranselen II [znw] • stof • stuifmeel • pegels, geld
duster [znw] stofjas • stofdoek
dusty [bnw] • stoffig • dor
Dutch [bnw] Nederlands
duty [znw] • plicht • functie, dienst
dwarf I [ov ww] nietig doen lijken II [znw] dwerg
dwell [on ww] wonen • verblijven
dwelling [znw] woning
dwindle [on ww] afnemen, kwijnen, achteruitgaan
dying [bnw] stervend, sterf-
dyke [znw] → dike
dynamic I [znw] stuwkracht II [bnw] dynamisch, energiek
dynamism [znw] • dynamisme • dynamiek
dynamite I [ov ww] met dynamiet vernielen II [znw] dynamiet
dynasty [znw] dynastie
dysentery [znw] dysenterie

E

each [onb vnw] elk
ear [znw] • oor • gehoor • aar
earl [znw] graaf
early [bnw + bijw] vroeg
earn [ov ww] • verdienen • behalen
earnest I [znw] ernst II [bnw] ijverig, ernstig
earth I [ov ww] <techn.> aarden II [znw] • aarde, grond • hol <v. dieren>
earthen [bnw] van aarde(werk)
earthly [bnw] aards
earthy [bnw] laag-bij-de-gronds, platvloers
ease I [ov ww] • op zijn gemak stellen, vergemakkelijken • verlichten • losser maken • vieren II [on ww] • (~ **off**) gemakkelijker worden, afnemen <in ernst> III [znw] gemak
easily [bijw] → easy
east I [znw] het oosten II [bnw] oost
easterly [bnw + bijw] oostelijk
easy [bnw + bijw] • gemakkelijk • meegaand • ongedwongen
eat I [ov + on ww] • (op)eten • verteren • (~ **up**) helemaal opeten, verslinden <ook fig.> II [on ww] • (~ **away**) wegteren, verteren • (~ **into**) wegvreten, invreten, uitbijten • (~ **out**) buitenshuis eten
eatable [bnw] eetbaar
eater [znw] • eter • handappel/-peer
eaves [mv] onderste dakrand
ebb I [on ww] teruglopen, afnemen II [znw] • eb • verval, het afnemen
ebullient [bnw] kokend, (op)bruisend
eccentric I [znw] zonderling, excentriekeling II [bnw] • excentrisch • onregelmatig • zonderling
eccentricity [znw] excentriciteit
ecclesiastic [znw] geestelijke
ecclesiastical [bnw] kerkelijk

eclipse I [ov ww] • verduisteren • overschaduwen II [znw] • verduistering • verdwijning

ecological [bnw] ecologisch

ecology [znw] ecologie

economics [mv] economie

economist [znw] econoom

economize [ov ww] • spaarzaam beheren • bezuinigen (op)

economy [znw] • economie, huishoudkunde • spaarzaamheid • besparing

ecstasy [znw] extase, geestvervoering

ecstatic [bnw] in vervoering

ecumenical [bnw] oecumenisch

eczema [znw] eczeem, huiduitslag

eddy I [ov + on ww] dwarrelen II [znw] • draaikolk • dwarreling

edge I [ov ww] begrenzen II [on ww] • zich in (schuine) richting bewegen • langzaam vorderen • (~ away) <scheepv.> afhouden • (~ on) langzaam vooruitkomen, aanzetten III [znw] • scherpe kant • rand • sne(d)e

edging [znw] rand, franje

edgy [bnw] • scherp • met scherpe contouren • zenuwachtig • ongedurig

edible I [znw] II [bnw] eetbaar

edict [znw] edict, bevelschrift

edifice [znw] gebouw

edify [ov ww] geestelijk verheffen

edit [ov ww] • bewerken en doen uitgeven • redactie voeren • monteren <v. film of geluidsband> • verfraaien, aanpassen • (~ out) schrappen

edition [znw] editie

editor [znw] • bewerker • redacteur

editorial I [znw] hoofdartikel II [bnw] redactioneel

educate [ov ww] • onderwijzen • opvoeden

education [znw] opleiding

educational [bnw] • m.b.t. de opleiding • leerzaam

educator [znw] opvoeder

eel [znw] paling, aal(tje)

efface [ov ww] • uitwissen • in de schaduw stellen

effect I [ov ww] • teweeg brengen • tot stand brengen II [znw] effect

effective I [znw] <AE> soldaat in werkelijke dienst II [bnw] doeltreffend, werkzaam

effectual [bnw] • doeltreffend • bindend

effeminate [bnw] verwijfd

effervescent [bnw] • borrelend • bruisend

effete [bnw] uitgeput, versleten

efficacious [bnw] • werkzaam • probaat

efficacy [znw] • uitwerking • doeltreffendheid

efficiency [znw] efficiëntie

efficient [bnw] • bekwaam • voortvarend • doeltreffend, doelmatig • krachtig • economisch

effigy [znw] (af)beeld(ing), beeldenaar

effort [znw] • poging • (krachts)inspanning

effortless [bnw] moeiteloos, ongedwongen

effrontery [znw] onbeschaamdheid

effusion [znw] uitstorting, ontboezeming

egg I [ov ww] • (~ on) aanzetten, ophitsen II [znw] ei

egoism [znw] zelfzucht

egoist [znw] egoïst

egotism [znw] • egocentrisme • egoïsme

egotist [znw] • egoïst • egocentrisch persoon

Egyptian I [znw] Egyptenaar II [bnw] Egyptisch

eh [tw] hè

eight [telw] acht

eighteen [telw] achttien

eighth [telw] achtste

eightieth [telw] tachtigste

eighty [telw] tachtig

either [bnw + bijw] • elk (v. beide) • (een van) beide(n)

ejaculate [ov ww] • uitroepen

• uitstorten
eject [ov ww] • verdrijven • uitwerpen
elaborate I [on ww] uitweiden II [bnw]
• nauwgezet • met zorg uitgewerkt,
uitgebreid
elastic I [znw] elastiek II [bnw]
• rekbaar • ruim • veerkrachtig
elasticity [znw] elasticiteit
elation [znw] opgetogenheid
elbow I [on ww] (met de elleboog)
dringen II [znw] elleboog
elder I [znw] • oudere, oudste
• <plantk.> vlier II [bnw] ouder, oudste
elderly [bnw] op leeftijd
eldest [bnw] oudste
elect [ov ww] (ver)kiezen
election [znw] verkiezing
elective [bnw] • gekozen • kies- • met
kiesrecht
elector [znw] kiezer, kiesman
electoral [bnw] m.b.t. verkiezing
electorate [znw] alle kiezers
electric [bnw] elektrisch
electrical [bnw] → electric
electrician [znw] elektricien
electricity [znw] elektriciteit
electrify [ov ww] • elektrificeren • onder
stroom zetten • schokken <fig.>
electrocute [ov ww] elektrocuteren,
terechtstellen op elektrische stoel
electrode [znw] elektrode
electrolysis [znw] elektrolyse
elegant [bnw] • sierlijk, smaakvol
• elegant
elegy [znw] treurdicht/-zang
elemental [bnw] • m.b.t. de elementen
• natuur- • enorm • essentieel
elementary [bnw] eenvoudig,
elementair
elephant [znw] olifant
elephantine [bnw] • als een olifant
• plomp
elevate [ov ww] • (op-/ver)heffen
• veredelen
elevation [znw] • verhoging • hoogte
elevator [znw] • silo • <AE> lift

eleven I [znw] elftal II [telw] elf
elevenses [znw] elfuurtje
eleventh [telw] elfde
elicit [ov ww] ontlokken
eligible [bnw] • verkiesbaar, verkieslijk
• wenselijk
eliminate [ov ww] • verwijderen
• elimineren
elk [znw] • eland • <AE> wapiti(hert)
ellipse [znw] ovaal, ellips
ellipsis [znw] <taalk.> weglating
elm [znw] iep
elocution [znw] voordracht
elongate [ov + on ww] • (uit)rekken
• (z.) verlengen
elope [on ww] (van huis) weglopen om
te trouwen
eloquence [znw] welsprekendheid
eloquent [bnw] welsprekend,
welbespraakt
else [bnw] anders
elucidate [ov ww] ophelderen,
toelichten
elude [ov ww] ontwijken, ontgaan
elusive, elusory [bnw] • onvindbaar
• ontwijkend
emancipate [ov ww] vrij maken,
emanciperen
embalm [ov ww] • balsemen • geurig
maken
embankment [znw] • opgehoogde
weg • kade • spoordijk
embargo I [ov ww] beslag leggen op
II [znw] • embargo • verbod v. in- of
uitvoer
embark I [ov ww] aan boord nemen
II [on ww] aan boord gaan
• (~ in/upon) z. begeven/wagen in
embarrass [ov ww] in verlegenheid
brengen
embarrassing [bnw] lastig, pijnlijk
embarrassment [znw] verlegenheid
embassy [znw] ambassade
embattled [bnw] • omringd door
vijand(en) • belaagd, in moeilijkheden
embed [ov ww] (vast)leggen, insluiten

embezzle [ov ww] *verduisteren <v. geld>*

embitter [ov ww] *verbitteren*

emblem [znw] *symbool • embleem*

emblematic [bnw] *symbolisch*

embodiment [znw] *belichaming*

embody [ov ww] • *belichamen • vorm geven • uitdrukken • omvatten*

embolden [ov ww] *aanmoedigen*

embrace I [ov ww] • *omvatten • (elkaar) omhelzen* II [znw] *omhelzing*

embroider [ov ww] *borduren*

embroidery [znw] *borduurwerk*

embroil [ov ww] *verwikkelen*

embryonic [bnw] *nog niet ontwikkeld*

emend [ov ww] *verbeteren*

emerald I [znw] *smaragd* II [bnw] • *smaragden • smaragdgroen*

emerge [on ww] • *(naar) boven komen • naar buiten komen*

emergence [znw] • *uitwas • het verschijnen*

emergency [znw] *nood(toestand)*

emery [znw] *amaril*

eminence [znw] • *hoge positie • eminentie*

eminent [bnw] *eminent, verheven, uitstekend*

emirate [znw] *emiraat*

emission [znw] • *uitstraling, uitzending • uitlaatgas <v. auto>*

emit [ov ww] • *uiten • uitgeven/-zenden*

emolument [znw] *emolumenten, (bij)verdienste*

emotion [znw] *emotie, ontroering*

emotional [bnw] • *gevoels- • ontvankelijk, licht geroerd*

emotive [bnw] *roerend*

emperor [znw] *keizer*

emphasis [znw] • *nadruk • overwicht*

emphasize [ov ww] *nadruk leggen op*

emphatic [bnw] *nadrukkelijk*

empire [znw] • *(keizer-/wereld)rijk • heerschappij*

employ I [ov ww] • *gebruiken • in dienst hebben* II [znw]• *bezigheid*

• *dienst(betrekking)*

employee [znw] *werknemer*

empower [ov ww] • *machtigen • in staat stellen*

empress [znw] *keizerin*

emptiness [znw] *leegheid, leegte*

empty I [ov ww] *leeg maken/raken* II [on ww] *leeg worden* III [bnw] • *leeg • nietszeggend*

emu [znw] *emoe*

emulate [ov ww] • *wedijveren met • navolgen*

emulsify [ov ww] *emulgeren*

emulsion [znw] *emulsie*

enable [ov ww] • *in staat stellen • machtigen*

enact [ov ww] *spelen <v. rol op toneel>*

enactment [znw] *verordening*

enamel I [ov ww] *emailleren* II [znw] • *vernis • email • lak*

encamp [on ww] • *(zich) legeren • kamperen*

encampment [znw] *kamp(ement)*

encase [ov ww] *omhullen, omsluiten*

enchant [ov ww] • *betoveren • verrukken*

enchanting [bnw] *aantrekkelijk, verrukkelijk, charmant, betoverend*

enchantment [znw] *betovering*

enchantress [znw] • *toverkol • verleidster*

encircle [ov ww] *omringen, insluiten, omsingelen*

enclose [ov ww] • *omgeven, omheinen • insluiten <bij brief>*

enclosure [znw] • *eigen terrein, omheind gebied • bijlage*

encompass [ov ww] • *omgeven • omvatten*

encore I [znw] *toegift* II [tw] *bis*

encourage [ov ww] • *aanmoedigen • bevorderen*

encouragement [znw] *aanmoediging*

encouraging [bnw] *bemoedigend*

encroach [on ww] • *(~ (up)on) inbreuk maken op*

encroachment [znw] • *aantasting* • *overschrijding*

encumber [ov ww] • *belemmeren* • *belasten*

encumbrance [znw] *last* ‹ook fig.›

endanger [ov ww] *in gevaar brengen*

endear [ov ww] *zich bemind maken*

endearing [bnw] *sympathiek, vertederend*

endearment [znw] *liefkozing*

endeavour [on ww] • *(~ after) streven naar*

endemic I [znw] *inheemse ziekte* II [bnw] *inheems*

ending [znw] • *einde* • ‹taalk.› *uitgang* ‹v. woord›

endive [znw] *andijvie*

endless [bnw] *eindeloos*

endorse [ov ww] • *endosseren* • *onderschrijven*

endorsement [znw] *onderschrijving*

endow [ov ww] • *subsidiëren* • *begiftigen*

endowment [znw] *talent, gave*

endurance [znw] • *lijdzaamheid, geduld* • *uithoudingsvermogen* • *duur(zaamheid)*

endure I [ov ww] *verdragen, uithouden* II [on ww] *in stand blijven, (voort)duren*

enema [znw] *lavement, darmspoeling*

enemy I [znw] *vijand* II [bnw] *vijandelijk*

energetic [bnw] • *krachtig* • *energiek*

enfold [ov ww] *in-/omwikkelen, hullen in*

enforce [ov ww] • *kracht bijzetten* • *streng handhaven* • *(af)dwingen (tot)*

enforceable [bnw] *af te dwingen*

engage I [ov ww] • *bespreken* ‹v. plaatsen› • *in dienst nemen* • *op z. nemen* • *voor zich innemen* II [on ww] • *(zich) verbinden* • *zich verloven* • *slaags raken met* • *(~ in) z. begeven in* • *(~ upon) beginnen met* • *(~ with) in dienst gaan bij*

engagement [znw] • *afspraak* • *verloving*

engaging [bnw] *charmant, aantrekkelijk*

engender [ov ww] *teweegbrengen, verwekken*

engine [znw] *machine, motor, locomotief*

engineer I [ov ww] • *construeren* • *op touw zetten, bewerken* II [znw] • *aanstichter* • *ingenieur* • *technicus* • ‹scheepv.› *machinist* • ‹AE› *(trein)machinist*

engineering [znw] *(machine)bouwkunde*

English I [znw] *Engelsen* II [bnw] *Engels*

engrave [ov ww] • *graveren* • *inprenten*

engraver [znw] *graveur*

engraving [znw] *gravure*

engulf [ov ww] *verzwelgen*

enhance [ov ww] • *verhogen* • *versterken*

enjoy [ov ww] *genieten (van)*

enjoyable [bnw] *prettig*

enjoyment [znw] *plezier*

enlarge [ov ww] *vergroten, verruimen* • *(~ (up)on) uitweiden over*

enlargement [znw] *vergroting*

enlighten [ov ww] *toe-/verlichten* • *(~ about/on) inlichten over*

enlightened [bnw] *verlicht*

enlist I [ov ww] • *inlijven* • *te hulp roepen* II [on ww] *(z. laten) inschrijven*

enliven [ov ww] *verlevendigen*

enmity [znw] *vijandschap*

ennoble [ov ww] • *adelen* • *veredelen*

enormity [znw] • *enormiteit* • *gruweldaad*

enormous [bnw] *enorm, kolossaal*

enough [bnw + bijw] *genoeg*

enquire [ov + on ww] → **inquire**

enrich [ov ww] • *rijk(er) maken, verrijken*

enroll, enrol [ov ww] • *inschrijven* • *registreren* • *(~ in) opnemen in*

enrol(l)ment [znw] *register, lijst*

enshrine [ov ww] • (als heiligdom)
bewaren • in-/omsluiten • bevatten
ensign [znw] • vaandel • vaandrig
enslave [ov ww] tot slaaf maken
ensnare [ov ww] verstrikken
ensue [on ww] • volgen • intreden
ensure [ov ww] • verzekeren (van)
• waarborgen
entail [ov ww] als gevolg/nasleep
hebben
entangle [ov ww] verwikkelen
entanglement [znw] intrige
enter I [ov + on ww]
binnengaan/-komen • (~ for) gaan
deelnemen aan II [ov ww] boeken
• (~ (up)on) aannemen, ter hand
nemen III [on ww] • opkomen ‹op
toneel› • (zich laten) inschrijven
enterprise [znw]
• onderneming(sgeest), initiatief
• waagstuk
enterprising [bnw] ondernemend
entertain [ov ww] • onderhouden
• vermaken • gastvrij ontvangen
entertainer [znw] conferencier,
kleinkunstenaar
entertaining [bnw] amusant
entertainment [znw] amusement
enthuse I [ov ww] enthousiast maken
II [on ww] enthousiast zijn, dwepen
enthusiasm [znw] enthousiasme,
geestdrift
enthusiast [znw] enthousiasteling,
geestdriftig bewonderaar
enthusiastic [bnw] enthousiast
entice [ov ww] (aan-/ver)lokken
entire [bnw] • (ge)heel • compleet
• ongecastreerd
entirely [bijw] helemaal, totaal
entirety [znw] geheel
entitle [ov ww] betitelen • (~ to) het
recht geven te/op
entity [znw] • iets bestaands • wezen
entourage [znw] gevolg, begeleiding
entrails [mv] ingewanden, binnenste
entrance I [ov ww] in verrukking of

trance brengen II [znw] • intocht
• toegang, ingang • entree
• aanvaarding • binnenkomst
entreat [ov ww] dringend verzoeken
entreaty [znw] smeekbede
entrée [znw] entree
entrench [on ww] verschansen
entrepreneur [znw] ondernemer
entrust [ov ww] toevertrouwen
entry [znw] • (binnen)komst • ingang
• inschrijving, boeking • notitie ‹in
dagboek›
enumerate [ov ww] opnoemen,
opsommen
enunciate [ov ww] • uitspreken
• verkondigen • stellen
envelop [ov ww] (in-/om)hullen,
omgeven
enviable [bnw] benijdenswaardig
envious [bnw] afgunstig
environment [znw] milieu
environmental [bnw] milieu-
environs [mv] omstreken
envisage [ov ww] beschouwen
envoy [znw] (af)gezant
envy I [ov ww] benijden II [znw]
(voorwerp van) afgunst
enzyme [znw] enzym
ephemeral [bnw] van één dag,
kortstondig
epic I [znw] episch gedicht II [bnw]
episch
epicentre [znw] epicentrum
epidemic I [znw] epidemie II [bnw]
epidemisch
epigram [znw] puntdicht
epileptic I [znw] epilepsiepatiënt
II [bnw] epileptisch
epilogue [znw] slotwoord, naschrift
Epiphany [znw] Driekoningen
episcopal [bnw] m.b.t. bisschoppelijke
hiërarchie
epitaph [znw] grafschrift
epithet [znw] scheldwoord
epitome [znw] • toonbeeld • korte
samenvatting

epoch [znw] • tijdvak • tijdstip

equable [bnw] • gelijkvormig
• evenwichtig

equal I [ov ww] • gelijk zijn aan
• evenaren II [znw] gelijke III [bnw]
gelijk

equalize [ov ww] gelijk maken/stellen

equally [bijw] even

equator [znw] evenaar

equatorial [bnw] equatoriaal

equine [bnw] paarden-

equip [ov ww] uit-/toerusten

equipment [znw] uitrusting

equitable [bnw] billijk

equity [znw] billijkheid

equivalent I [znw] equivalent II [bnw]
gelijkwaardig

equivocal [bnw] twijfelachtig,
dubbelzinnig

era [znw] • jaartelling • tijdperk

eradicate [ov ww] uitroeien

erase [ov ww] doorhalen

eraser [znw] • vlakgum • bordenwisser

erasure [znw] uitwissing

erect I [ov ww] • oprichten • stichten
II [bnw] omhoog-/opgericht, overeind

erection [znw] • erectie • gebouw • het
oprichten

ermine [znw] hermelijn

erode [ov ww] • uitbijten <door zuur>
• uitschuren • wegvreten

erosion [znw] erosie

eroticism [znw] erotiek

errand [znw] boodschap

errant I [znw] II [bnw] dolend

erratic [bnw] • dwalend
• onevenwichtig • grillig

erroneous [bnw] onjuist

error [znw] • fout, vergissing • dwaling

erudite [bnw] geleerd

erudition [znw] uitgebreide kennis

erupt [on ww] • uitbarsten • oplaaien

escalate [on ww] • toenemen • escaleren

escalator [znw] roltrap

escape I [on ww] ontsnappen,
ontkomen II [znw] • brandladder

• ontsnapping

escapee [znw] ontsnapte gevangene

escarpment [znw] glooiing, talud

escort I [ov ww] begeleiden II [znw]
escorte, geleide

esoteric [bnw] geheim, voor ingewijden

especial [bnw] bijzonder

espionage [znw] spionage

essay [znw] • essay, korte studie • poging

essayist [znw] essayschrijver

essence [znw] • wezen, kern • extract
• parfum

essential I [znw] • het wezenlijke • het
onontbeerlijke II [bnw] • wezenlijk
• onontbeerlijk

establish [ov ww] • oprichten
• vestigen • instellen, vaststellen
• bewijzen

establishment [znw] • instelling,
organisatie • personeel • handelshuis,
grote zaak

estate [znw] • onroerend goed • boedel,
nalatenschap • landgoed • plantage

esteem I [ov ww] • achten
• beschouwen II [znw] achting

estimation [znw] • oordeel • mening
• achting

etch [ov + on ww] etsen

etching [znw] ets

eternal [bnw] eeuwig

ethereal [bnw] • etherisch • vluchtig
• hemels

ethic(al) [bnw] ethisch

ethnic [bnw] • etnisch, heidens
• volkenkundig

ethnology [znw] volkenkunde

Eucharist [znw] • eucharistie
• Avondmaal

eugenics [mv] eugenetiek

eulogize [ov ww] prijzen

eulogy [znw] lof(rede)

euphemism [znw] eufemisme

euphemistic [bnw] eufemistisch

euphoria [znw] euforie, gelukzalig
gevoel

Eurasian I [znw] Euraziër II [bnw]

Europees-Aziatisch

European I [znw] Europeaan II [bnw] *Europees*

euthanasia [znw] *euthanasie*

evacuate [ov ww] • *evacueren* • *ontruimen*

evacuee [znw] *evacué*

evade [ov ww] *ontduiken/-wijken*

evaluate [ov ww] *de waarde bepalen van*

evaluation [znw] • *waardebepaling* • *nabeschouwing*

evangelize [ov ww] • *het evangelie prediken* • *kerstenen*

evaporate [ov + on ww] (*doen*) *verdampen*

evasion [znw] *ontwijking*

evasive [bnw] *ontwijkend*

eve [znw] • *vooravond* • *dag vóór*

even I [ov + on ww] • (~ *out*) *gelijkmatig verdelen/-spreiden* II [bnw] • *effen* • *even* • *vlak* • *gelijk-/regelmatig* III [bijw] *zelfs*

evening [znw] *avond*

event [znw] • *gebeurtenis* • *geval* • *evenement*

eventful [bnw] *veelbewogen*

eventual [bnw] *uiteindelijk*

eventuality [znw] *mogelijke gebeurtenis*

eventually [bijw] *tenslotte*

ever [bijw] *ooit*

evergreen I [znw] • *altijdgroene plant* • *liedje dat populair blijft*

everlasting [bnw] *eeuwig(durend)*

every [telw] *ieder*

everybody [onb vnw] *iedereen*

everyday [bnw] • *alledaags* • *dagelijks*

everything [onb vnw] *alles*

everywhere [bnw + bijw] *overal*

evict [ov ww] *uitwijzen/-zetten*

eviction [znw] *uitzetting, ontruiming*

evidence I [ov ww] *getuigen (van)* II [znw] • *bewijs, bewijsstuk/-materiaal* • *getuige(nis)*

evident [bnw] *duidelijk*

evince [ov ww] *bewijzen, (aan)tonen*

evocation [znw] • *evocatie* • *oproeping*

evocative [bnw] *beeldend ‹v. taalgebruik›*

evoke [ov ww] • *aanhalen* • *oproepen*

evolution [znw] *evolutie*

evolutionary [bnw] *evolutie-*

evolve I [ov ww] *ontwikkelen* II [on ww] • *zich ontplooien* • *geleidelijk ontstaan*

ewe [znw] *ooi*

ewer [znw] • *kruik* • *lampetkan*

exact I [ov ww] *eisen* II [bnw] • *precies, nauwkeurig* • *juist*

exacting [bnw] *veeleisend*

exactitude [znw] *nauwkeurigheid*

exaggerate [ov ww] *overdrijven*

exalt [ov ww] *verheffen*

exaltation [znw] • *verheerlijking* • *verrukking*

examine [ov + on ww] *ondervragen, onderzoeken*

examiner [znw] *examinator*

example [znw] *voorbeeld*

exasperate [ov ww] • *ergeren* • *kwaad maken*

excavate [ov ww] *op-/uitgraven*

excavator [znw] *excavateur, graafmachine*

exceed [ov ww] *overschrijden/-treffen*

exceeding(ly) [bnw] *buitengewoon*

excel I [ov ww] *overtreffen* II [on ww] *uitmunten*

excellence [znw] *uitmuntende eigenschap*

excellent [bnw] *uitstekend*

except [vz] *uitgezonderd, behalve*

exception [znw] *uitzondering*

exceptional [bnw] *uitzonderlijk*

excerpt [znw] *uittreksel*

excess [znw] • *overmaat* • *exces* • *uitspatting*

excessive [bnw] *buitensporig*

exchange I [ov ww] • (*ver-/uit-/om*)*wisselen* • *ruilen* II [znw] • *wisselkoers* • *beurs*

• telefooncentrale
excise I [ov ww] uitsnijden II [znw]
accijns
excitable [bnw] prikkelbaar
excite [ov ww] • (op)wekken • prikkelen
• opwinden
excited [bnw] opgewonden
excitement [znw] • opwinding • roes
exciting [bnw] opwindend, spannend
exclaim [ov ww] uitroepen
exclamation [znw] uitroep
exclude [ov ww] uitsluiten, onmogelijk
maken
exclusion [znw] uitsluiting
excommunicate [ov ww] in de
kerkelijke ban doen
excrete [ov ww] afscheiden
excruciating [bnw] folterend,
ondraaglijk
excursion [znw] • excursie • uitstapje
excuse I [ov ww] • excuseren,
verontschuldigen • vrijstellen II [znw]
• verontschuldiging • uitvlucht
execrable [bnw] afschuwelijk
execute [ov ww] • uitvoeren, ten uitvoer
brengen • vervullen • ter dood brengen
executioner [znw] beul
executive I [znw] • directeur
• topambtenaar • uitvoerende macht
• bewindsman II [bnw] uitvoerend,
verantwoordelijk
executor [znw] executeur-testamentair
exemplary [bnw] • voorbeeldig
• kenschetsend
exemplify [ov ww] • als voorbeeld
dienen • met voorbeeld toelichten
exempt I [ov ww] vrijstellen II [bnw]
vrijgesteld
exercise I [ov ww] • (be-/uit)oefenen
• in acht nemen • beweging laten
nemen • <mil.> (laten) exerceren
II [on ww] • oefeningen doen/maken
• sporten III [znw] • oefening
• (lichaams)beweging
exert [ov ww] inspannen, uitoefenen
exertion [znw] • inspanning

• krachtige poging
exhale [ov ww] • uitademen
• uitwasemen
exhaust I [ov ww] • uitputten
• verbruiken II [znw] • uitlaatgassen
• uitlaat <v. motor>
exhaustion [znw] uitputting
exhaustive [bnw] volledig, grondig
exhibit I [ov ww] • (ver)tonen
• tentoonstellen II [znw] • bewijsstuk
• inzending <op tentoonstelling>
• vertoon, vertoning
exhibition [znw] tentoonstelling
exhibitionism [znw] exhibitionisme
exhort [ov ww] aansporen, vermanen
exhume [ov ww] opgraven
exile I [ov ww] verbannen II [znw]
• ballingschap • balling • verbanning
exist [on ww] bestaan • (~ on) bestaan
van
existence [znw] het bestaan
existent [bnw] bestaand
exit I [on ww] (v.h. toneel) verdwijnen
II [znw] • uitgang • dood • vertrek
exodus [znw] uittocht
exorbitant [bnw] buitensporig
exorcism [znw] duivelbezwering
exotic I [znw] uitheemse plant II [bnw]
uitheems
expand I [ov ww]
• uitbreiden/-spreiden • uitwerken <v.
aantekeningen> II [on ww]
• toenemen • uitzetten
expanse, expansion [znw]
• uitgestrektheid • uitbreiding
expansive [bnw] • uitzettings- • wijd
• open <v. karakter>
expatriate [ov ww] verbannen
expect [ov ww] verwachten
expectancy [znw] verwachting,
afwachting, kans
expectation [znw] vooruitzicht
expedient I [znw] (red)middel II [bnw]
• doelmatig, raadzaam
• opportunistisch
expedite [ov ww] bespoedigen,

voorthelpen
expedition [znw] • expeditie • vlotheid
expeditious [bnw] vlot
expel [ov ww] verdrijven, verjagen,
verwijderen
expend [ov ww] besteden, uitgeven
expendable [bnw] te verwaarlozen
expenditure [znw] uitgaven
expense [znw] uitgave(n), (on)kosten
expensive [bnw] duur
experience I [ov ww] ervaren II [znw]
• mystieke ervaring • ondervinding
• ervaring
experiment I [on ww] proeven nemen
II [znw] proef
expert I [znw] deskundige II [bnw]
deskundig, bedreven
expiration [znw] uitademing, expiratie
expire I [ov + on ww] uitademen
II [on ww] • sterven • aflopen, vervallen
explain [ov ww] uitleggen, verklaren
expletive [znw] • verwensing
• krachtterm
explicable [bnw] verklaarbaar
explicit [bnw] • expliciet • nauwkeurig
omschreven • uitdrukkelijk • stellig
• duidelijk
explode [ov + on ww] (doen) ontploffen
exploit I [ov ww] • exploiteren
• uitbuiten II [znw] • heldendaad
• prestatie
exploratory [bnw] verkennend,
onderzoekend
explore [ov ww] • onderzoeken
• verkennen
explorer [znw] ontdekkingsreiziger,
verkenner
explosion [znw] explosie
explosive I [znw] springstof II [bnw]
• ontplofbaar • ontploffend
• opvliegend
exponent [znw] • exponent <bij
algebra> • vertolker, vertegenwoordiger
• vertolking
export I [ov ww] exporteren II [znw]
export

exporter [znw] exporteur
expose [ov ww] • ontmaskeren
• uiteenzetten • tentoonstellen • (~ to)
blootstellen aan
exposition [znw] uiteenzetting
expound [ov ww] uiteenzetten,
verklaren
express I [ov ww] uitdrukken II [znw]
• expresse • sneltrein III [bnw + bijw]
• expresse <post> • uitdrukkelijk, stellig
• met opzet
expression [znw] uitdrukking
expressionism [znw] expressionisme
expressive [bnw] • expressief
• veelzeggend
expropriate [ov ww] • onteigenen
• afnemen
exquisite [bnw] voortreffelijk,
(ver)fijn(d)
extemporize [ov ww] improviseren
extend I [ov ww] • uitsteken • rekken,
verlengen II [on ww] zich uitstrekken
extension [znw] • uitgebreidheid
• bijkantoor
extensive [bnw] • groots opgezet
• veelomvattend
extenuate [ov ww] verzachten
exterior I [znw] buitenkant II [bnw]
• uiterlijk • uitwendig • buiten-
external [bnw] • uitwendig • van
buiten af • uiterlijk
extinct [bnw] uitgestorven
extinction [znw] het uitsterven
extinguish [ov ww] blussen, (uit)doven
extinguisher [znw] blusapparaat
extort [ov ww] afdwingen/-persen
extra I [znw] • extraatje • figurant <in
film> II [bnw] extra III [voorv] buiten-
extract I [ov ww] • (uit)trekken
• afdwingen • uitpersen II [znw]
• passage <uit boek> • extract
extraction [znw] afkomst
extramarital [bnw] buitenechtelijk
extraneous [bnw] buiten de zaak
staand
extraordinary [bnw] buitengewoon

extravagance [znw] *extravagantie*
extravagant [bnw] • *buitensporig,
overdreven* • *verkwistend* • *ongerijmd*
extreme I [znw] • *(uit)einde* • *hoogste
graad* **II** [bnw] • *uiterst, laatst, hoogst*
• *buitengewoon*
extremism [znw] *extremisme*
extremist I [znw] *extremist* **II** [bnw]
extremistisch
extremity [znw] • *uiterste nood*
• *uiterste maatregel* • *uiterste*
• *uitsteeksel*
extricate [ov ww] • *uit de knoop halen*
• *bevrijden*
exuberant [bnw] • *overvloedig*
• *uitbundig*
exude [ov ww] *uitzweten*
exult [on ww] *juichen* • *(~ over)
triomferen over*
exultant [bnw] • *juichend*
• *opgewonden* • *dol van blijdschap*
eye I [ov ww] *na-/aankijken* **II** [znw] *oog*

F

fable [znw] • *fabel* • *leugen, praatje*
fabled [bnw] *legendarisch*
fabric [znw] *geweven stof, weefsel*
fabricate [ov ww] • *verzinnen*
• *namaken*
fabrication [znw] • *verzinsel* • *namaak*
fabulous [bnw] *wonderbaarlijk,
fabelachtig*
face I [ov ww] • *uitzicht geven op*
• *onder ogen (durven) zien*
• *liggen/staan tegenover* • *(~ up to)
flink aanpakken, onder ogen zien*
II [znw] • *gelaat, gezicht* • *voorkomen*
• *beeldzijde, voorkant* • *oppervlakte*
• *wijzerplaat*
facet [znw] *facet*
facetious [bnw] *schertsend*
facial I [znw] *gezichtsmassage* **II** [bnw]
gelaats-
facilitate [ov ww] *vergemakkelijken*
facility [znw] • *gemak* • *voorziening,
faciliteit*
facing I [znw] • *revers* • *(aanbrenging
van) buitenlaag <op muur>* **II** [vz]
(staande) tegenover
fact [znw] • *feit, gebeurtenis*
• *werkelijkheid*
faction [znw] • *politieke partij*
• *partijgeest*
factitious [bnw] *nagebootst,
kunstmatig, onecht*
factor [znw] *factor*
factory [znw] *fabriek*
factotum [znw] *manusje-van-alles*
factual [bnw] *feitelijk, feiten-*
faculty [znw] • *vermogen* • *faculteit*
fad [znw] *rage, gril*
fade [on ww] • *wegzakken <v.
radio-ontvangst>* • *verwelken*
• *geleidelijk verdwijnen*
• *(~ away/out) (doen) verbleken,*

wegkwijnen • (~ **in/up**) *volume regelen, inregelen* <v. beeld> • (~ **into**) *overgaan in* • (~ **out**) *uitregelen* <v. beeld/film>

faeces [znw] *uitwerpselen*

fag [znw] • *vermoeiend en onaangenaam werk* <inf.> *sigaret* • <pej.> *homo*

fail I [ov ww] • *in gebreke blijven* • *laten zakken* <bij examen> II [on ww] • *mislukken* • *zakken* <bij examen> • *falen* • *opraken* • *wegsterven*

failing I [znw] *gebrek, zwak(te)* II [vz] *bij gebrek aan*

faint I [on ww] *flauwvallen* II [znw] *flauwte* III [bnw] • *zwak* • *vaag*

fair I [znw] • *beurs* • *kermis* • *jaarmarkt* II [bnw] • *mooi* • *blond* • *zuiver* • *eerlijk, geoorloofd* • *tamelijk* • *gunstig*

fairly [bijw] • *eerlijk* • *tamelijk*

fairy I [znw] *fee* II [bnw] *feeachtig, tover-*

faith [znw] • *geloof, vertrouwen* • *leer(stelling)*

faithful [bnw] • *gelovig* • *trouw* • *nauwgezet*

fake I [ov ww] *vervalsen, fingeren* II [znw] • *namaak* • *bedrog, voorwendsel* III [bnw] *vals, nep*

falcon [znw] *valk*

falconer [znw] *valkenier*

falconry [znw] *valkenjacht*

fall I [on ww] • *vallen* • *worden* • *afdalen* • *betrekken* <v. gezicht> • (~ **away**) *weg-/uit-/afvallen, verminderen, hellen, verdwijnen* • (~ **back**) *achteropraken, terugvallen* • (~ **behind**) *achteropraken* • (~ **for**) *verliefd worden op* • (~ **in**) *instorten, z. aansluiten* • (~ **in with**) *het eens zijn met* • (~ **into**) *vervallen tot* • (~ **on**) *zich storten op* • (~ **out**) *uitvallen, ruzie krijgen, gebeuren, blijken (te zijn)* • (~ **through**) *in duigen vallen, mislukken* • (~ **to**) *z. toeleggen op, beginnen met* • (~ **upon**) *vallen op,*

aanvallen • (~ **within**) *binnen het kader vallen* II [znw] • *val* • *daling* • *helling* • *verval, ondergang* • *waterval* • <AE> *herfst*

fallacious [bnw] *bedrieglijk*

fallacy [znw] • *bedrog* • *drogrede(n)*

fallen [ww] *volt. deelw.* → **fall**

fallible [bnw] *feilbaar*

fallow [bnw] *braak(liggend)*

false [bnw] • *vals, onjuist* • *ontrouw* • *onecht*

falsehood [znw] *leugen(s)*

falsify [ov ww] *vervalsen, verkeerd voorstellen*

falsity [znw] • *valsheid* <in geschrifte> • *oneerlijkheid* • *bedrog* • *onjuistheid*

famed [bnw] *beroemd*

familiar [bnw] • *familiaar* • *vertrouwd, bekend*

familiarity [znw] • *vertrouwdheid* • *familiariteit*

familiarize [ov ww] *bekend/vertrouwd maken met*

family [znw] • *familie, gezin* • *geslacht*

famine [znw] *schaarste, hongersnood*

famous [bnw] *vermaard, beroemd*

fan I [ov ww] • *aanwakkeren* • *koelte toewaaien* II [znw] • *waaier* • *ventilator* • *enthousiast(eling), fan*

fanatic I [znw] *fanatiekeling* II [bnw] *fanatiek*

fanaticism [znw] *fanatisme, dweepzucht*

fanciful [bnw] • *ingebeeld, fantastisch* • *kieskeurig*

fancy I [ov ww] *z. inbeelden, verbeelden* II [znw] • *in-/verbeelding(skracht)* • *gril, zin, voorliefde* III [bnw] • *luxe* • *chic*

fang [znw] *slagtand, giftand*

fanny [znw] • <sl.> *kut* • <AE sl.> *kont*

fantastic [bnw] • *grillig, vreemd* • *fantastisch*

fantasy [znw] *fantasie*

far [bnw + bijw] *ver, afgelegen*

farcical [bnw] *bespottelijk*

fare [znw] • vrachttarief • vrachtje
<taxi> • kost <eten>

farewell [znw] vaarwel

farm I [on ww] boerenbedrijf uitoefenen
II [znw] • landerij, boerderij • kwekerij,
fokkerij

farmer [znw] boer, pachter

farming I [znw] landbouw II [bnw]
landbouw-

fart I [on ww] een scheet laten II [znw]
scheet

farther [bnw + bijw] vergr. trap → far

farthest [bnw] overtr. trap → far

fascinate [ov ww] • betoveren
• fascineren

fashion I [ov ww] vormen, pasklaar
maken II [znw] • fatsoen • mode
• aard, wijze

fast I [ov ww] vasten II [znw] vastentijd
III [bnw + bijw] • snel • wasecht
• onbeweeglijk, vast • los <v. zeden>
• vóór <v. klok>

fasten [ov ww] bevestigen, sluiten,
vastmaken • (~ on) vasthouden aan,
uitkiezen <voor kritiek e.d.> • (~ up)
vastmaken <japon>

fastener [znw] sluiting

fastness [znw] • bolwerk • → fast

fat I [ww] → fatten II [znw] het vet(te)
III [bnw] vet, dik

fatal [bnw] • noodlottig, rampspoedig
• fataal, dodelijk • onvermijdelijk

fatalism [znw] fatalisme

fatality [znw] • noodlot,
voorbeschikking • ramp, ongeluk met
dodelijke afloop

fate [znw] dood, (nood)lot

fateful [bnw] noodlottig

father I [ov ww] • voortbrengen • een
vader zijn voor II [znw] • vader
• voorvader • nestor • pater,
biechtvader • kerkvader • God • leider

fatherly [bnw] vaderlijk

fathom I [ov ww] peilen, doorgronden
II [znw] vadem, 3 voet (ca. 1.80 m)

fathomless [bnw] peilloos,
ondoorgrondelijk

fatigue I [ov ww] vermoeien II [znw]
vermoeidheid

fatten I [ov ww] mesten II [on ww]
dik/vet worden

fatty I [znw] <inf.> dikke(rd) II [bnw]
vet(tig)

fatuous [bnw] sullig, idioot

fault I [ov ww] aanmerking maken
II [znw] • fout • schuld • overtreding
• gebrek

faultless [bnw] onberispelijk

faulty [bnw] • gebrekkig • onjuist

favour I [ov ww] • (willen) begunstigen,
bevoordelen • goedkeuren, steunen
• verkiezen • lijken op • <inf.> ontzien
II [znw] • begunstiging, gunst
• achting • genade, vriendelijkheid

favourable [bnw] gunstig

favourite I [znw] gunsteling, lieveling
II [bnw] lievelings-

favouritism [znw] (oneerlijke)
bevoorrechting

fawn I [on ww] • kwispelstaarten <v.
hond> • vleien, kruipen voor II [znw]
• jong hert • geelbruin

fear I [ov ww] bang zijn voor, vrezen,
duchten • (~ for) bang/bezorgd zijn
voor II [znw] vrees, angst

fearful [bnw] • vreselijk • bang

fearless [bnw] onbevreesd

fearsome [bnw] vreselijk

feasible [bnw] • uitvoerbaar
• waarschijnlijk

feast I [on ww] feest vieren • (~ on) z. te
goed doen aan II [znw] • kerkelijk feest
• feest(maal)

feat [znw] heldendaad, prestatie

feather I [ov ww] met veren bedekken
II [znw] veer

February [znw] februari

fecund [bnw] overvloedig,
vruchtbaar

fed [ww] verl. tijd + volt. deelw.
→ feed

federal [bnw] federaal, bonds-

federation [znw] statenbond

fee [znw] • schoolgeld • loon, honorarium

feeble [bnw] futloos, zwak

feed I [ov ww] voeden, voederen, instoppen <computer> II [on ww] eten, z. voeden III [znw] veevoer

feeder [znw] • eter • zijlijn/-tak • aanvoerapparaat

feel I [ov ww] voelen, gewaarworden II [on ww] gevoelens hebben, voelen, gevoel/tastzin hebben • (~ for) zoeken naar, voelen voor • (~ out) aan de tand voelen • (~ with) meevoelen met III [znw] gevoel

feeler [znw] voelhoorn/-spriet

feeling [znw] gevoel(en)

feet [mv] → foot

feint I [on ww] doen alsof II [znw] • schijnbeweging • voorwendsel

felicitous [bnw] goed (gevonden) en toepasselijk

felicity [znw] • groot geluk, zegen(ing) • gelukkige vondst • toepasselijkheid

feline I [znw] katachtige II [bnw] katachtig

fell I [ov ww] vellen II [on ww] verl. tijd → **fall** III [znw] • vel, huid • berg • heidevlakte <N.-Engeland>

fellow I [znw] • makker • kerel, vrijer, vent II [bnw] • -genoot, mede- • gelijke

fellowship [znw] • kameraadschappelijke omgang, collegialiteit • broederschap, genootschap • studiebeurs, betrekking van wetenschapper

felt I [on ww] verl.tijd + volt.deelw. → **feel** II [znw] vilt III [bnw] vilten

female I [znw] wijfje, vrouw(spersoon) II [bnw] vrouwelijk, wijfjes-

feminism [znw] feminisme

feminist [znw] feminist(e)

fen [znw] moeras, ondergelopen land

fence I [ov ww] beschutten, omheinen • (~ off) afschermen II [on ww] <sport> schermen III [znw] • hek, omheining • schutting • <inf.> heler(shuis)

fencing [znw] • omheining • schermkunst/-sport

fend [ww] • (~ for) zorgen voor • (~ off) afweren

fender [znw] • bescherming, haardhekje • bumper • <AE> spatbord <v. auto>

fennel [znw] venkel

ferment I [on ww] fermenteren, gisten II [znw] gist, gisting

ferry I [ov ww] overzetten II [znw] veer(boot)

fertile [bnw] vruchtbaar, rijk (in/aan)

fertilize [ov ww] • vruchtbaar maken • met kunstmest behandelen • bevruchten

fertilizer [znw] (kunst)mest

fervent [bnw] heet, vurig

fervour [znw] hitte, drift

fester [on ww] zweren

festive [bnw] feest-, feestelijk

festivity [znw] feestelijkheid, feestvreugde

festoon I [ov ww] versieren met slingers II [znw] guirlande

fetch [ov ww] • toebrengen <slag> • halen • opbrengen <prijs>

fetching [bnw] • innemend • aantrekkelijk • pakkend

fetid [bnw] stinkend

fetish [znw] fetisj

fetter I [ov ww] boeien, belemmeren II [znw] • voetboei • belemmering

fettle [znw] conditie

fetus [znw] foetus, vrucht, ongeboren kind

feud [znw] vete

feudal [bnw] leen-

feudalism [znw] leenstelsel

fever [znw] • koorts • (koortsachtige) opwinding

feverish [bnw] koorts(acht)ig

few [onb vnw] weinige(n)

fib I [on ww] jokken II [znw] leugentje

fibber, fibster [znw] jokkebrok

fibre [znw] • karakter • vezelachtige stof • <AE> vezel(s)

fibroid, fibrous [bnw] vezelachtig

fiddle I [ov ww] <sl.> bedriegen, knoeien <vooral met de boekhouding> **II** [on ww] vioolspelen **III** [znw] • vedel, viool • knoeierij, bedrog, geklungel

fiddler [znw] • vedelaar • bedrieger

fiddling [bnw] • onbetekenend • prullerig

fidelity [znw] (ge)trouw(heid)

fidget I [on ww] • (z.) zenuwachtig bewegen • (~ **about**) niet stil kunnen zitten **II** [znw] druk en nerveus persoon

fidgety [bnw] druk, gejaagd

field I [ov ww] • bal vangen • in 't veld brengen <v. team> **II** [znw] • veld • slagveld • akker • gebied, terrein

fielder [znw] balvanger

fiend [znw] • duivel • maniak

fiendish, fiendlike [bnw] duivels

fierce [bnw] • woest, onstuimig, hevig • erg

fiery [bnw] • vurig, opvliegend • gloeiend

fifteen [telw] vijftien

fifth [telw] vijfde

fiftieth [telw] vijftigste

fifty [telw] vijftig

fig [znw] vijg(enboom)

fight I [ov ww] • vechten tegen • laten vechten **II** [on ww] vechten **III** [znw] • gevecht, strijd • vechtlust

figment [znw] verzinsel

figurative [bnw] • figuurlijk, zinnebeeldig • beeld-

figure I [ov ww] <AE> geloven • (~ **on**) rekenen op, vertrouwen op • (~ **out**) uitrekenen, bedenken **II** [on ww] verschijnen, voorkomen **III** [znw] • figuur, vorm, gestalte • patroon • bedrag • cijfer

filament [znw] • gloeidraad • vezel • <plantk.> helmdraad

filch [ov ww] gappen

file I [ov ww] • vijlen • in archief opbergen • indienen <v. eis/klacht/verzoek> **II** [on ww] • (~ **in/out**) achterelkaar naar binnen/buiten lopen **III** [znw] • vijl • briefordener • dossier • gelid

filial [bnw] v. dochter/zoon

fill I [ov ww] • vullen • plomberen • stoppen <pijp> • verzadigen • bekleden <ambt.> • (~ **in**) invullen, dempen, inlichten • (~ **out**) opvullen, inschenken, invullen <formulier> • (~ **up**) volproppen, tanken, dempen **II** [on ww] z. vullen **III** [znw] • vulling • bekomst

filler [znw] (op)vulsel

filling [znw] vulling

fillip [znw] aansporing, prikkel, knip <met duim en vinger>, tikje

filmy [bnw] • fijn • wazig

filter I [ov ww] filtreren, zuiveren **II** [on ww] • (~ **through**) door-/uitlekken **III** [znw] filter

filth [znw] • vuile taal • vuiligheid

filthy [bnw] vuil

fin [znw] • vin • <luchtv.> kielvlak

final I [znw] • eindwedstrijd • <inf.> laatste editie v. krant op de dag **II** [bnw] • definitief, afdoend • eind-, slot-, laatste

finalist [znw] • eindexamenkandidaat • speler in eindwedstrijd

finalize [ov ww] besluiten, afmaken

finance I [ov ww] financieren **II** [znw] financieel beheer, financiën, financiewezen

financial [bnw] financieel

finch [znw] vink

find I [ov + on ww] oordelen, uitspreken **II** [ov ww] • (be)vinden • zien, ontdekken • (gaan) halen • verschaffen, bekostigen **III** [znw] vondst

finder [znw] • zoeker <op fototoestel> • vinder

fine I [ov ww] beboeten **II** [znw] geldboete **III** [bnw] • fijn, mooi

• verfijnd, subtiel, zuiver • hard
‹potlood› • scherp ‹pen› • uitstekend
‹conditie› • goed, gelukkig, schoon,
waardig • helder of droog ‹weer›
IV [bijw] prima

finery [znw] opschik • ‹techn.›
frishaard

finesse [znw] handigheid,
spitsvondigheid

finger [znw] vinger

finicky [bnw] overdreven precies,
pietepeuterig

finish I [ov + on ww] • voltooien,
(be)eindigen • opeten/-drinken/-roken,
enz. • garneren • uitlezen • afwerken,
lakken • v. kant maken II [znw]
• laatste laag, afwerkingslaag,
glanslaag • vernis • finish, einde,
afwerking

finite [bnw] begrensd, eindig

fink [znw] verrader, aanbrenger

Finn [znw] Fin

Finnish [bnw] Fins

fiord [znw] fjord

fir [znw] den(nenboom), dennenhout,
spar

fire I [ov ww] • aanvuren • bakken
‹stenen› • afvuren • ontslaan
• (~ away) er op los schieten, v. leer
trekken, beginnen • (~ off) afvuren
II [znw] vuur, brand, gloed, hitte

firm I [znw] firma II [bnw] • vast, hard
• vastberaden, standvastig

first I [znw] eerste II [bnw] eerst,
belangrijkst III [bijw] • voor 't eerst
• ten eerste • liever

firstly [bijw] ten eerste

fiscal [bnw] fiscaal, belasting-

fish I [ov + on ww] vissen II [znw] vis

fisherman [znw] visser

fishery [znw] visgrond/-plaats

fishing [znw] het vissen

fishy [bnw] • naar vis smakend
• visachtig • ‹inf.› niet helemaal pluis,
verdacht

fission [znw] splijting, celdeling,

splitsing v. atoom

fissure [znw] kloof, spleet

fist [znw] vuist

fit I [ov + on ww] • passen (bij), geschikt
maken • monteren • (~ in) inlassen
• (~ in with) kloppen met • (~ on)
(aan)passen • (~ out) uitrusten ‹bijv.
schip› • (~ up) monteren, uitrusten
• (~ with) voorzien van II [znw] • bui
• aanval, stuip • beroerte • 't
passen/zitten III [bnw] • geschikt,
gepast • gezond, in goede conditie

fitful [bnw] afwisselend, bij vlagen

fitment [znw] wandmeubel

fitter [znw] • monteur • bankwerker
• fitter

fitting I [znw] • pasbeurt • armatuur
II [bnw] passend

five [telw] vijf

fiver ‹inf.› [znw] bankbiljet v. vijf pond

fix I [ov ww] • vastleggen/-maken,
bevestigen, vaststellen ‹v. datum›
• monteren, installeren, fixeren
• repareren • opmaken ‹v. haar›
• aanleggen ‹vuur› • klaarspelen
• (~ up) regelen, organiseren II [znw]
• moeilijkheid, dilemma
• doorgestoken kaart • ‹sl.› shot ‹drugs›

fixation [znw] obsessie

fixed [bnw] vast

fixture [znw] • wat vast is • datum v.
wedstrijd

fizz I [on ww] sissen II [znw]
• champagne • gesis

fizzle [on ww] sissen, sputteren
• (~ out) met een sisser aflopen

flabby, flaccid [bnw] • slap, zwak
• willoos

flag I [ov ww] • (~ down) teken geven
om te stoppen ‹aan auto› II [on ww]
kwijnen, verflauwen III [znw] vlag

flagellate [ov ww] kastijden, geselen

flagon [znw] • schenkkan • fles

flagrant [bnw] • flagrant • opvallend
• schandelijk ‹belediging›

flair [znw] • flair • bijzondere

handigheid

flake I [ov ww] • doen afschilferen
II [on ww] • als vlokken vallen
• afschilferen • (~ out) 't bewustzijn
verliezen III [znw] • vlok • schilfer
• plakje

flaky [bnw] • vlokkig • schilferachtig

flame I [ov ww] • ontvlammen
• vuurrood worden II [znw] vlam, vuur

flaming [bnw] • zeer heet • felgekleurd

flammable [bnw] brandbaar

flan [znw] vlaai, jamgebak

flange [znw] flens

flank I [ov ww] flankeren II [znw] zijde,
flank

flannel I [znw] • flanel • flanellen
wrijflap, dweil, washandje II [bnw]
flanellen

flap I [ov + on ww] • klapperen,
fladderen • klapwieken • (~ away/off)
wegvliegen II [znw] • klep
• neerhangend deel <v. tafelblad> • slip
<jas> • kieuwdeksel • omslag <v. boek>

flare I [on ww] • flikkeren, gloeien • z.
buitenwaarts bollen, uitstaan <v. rok>
• (~ up) oplaaien II [znw] • helle vlam
• lichtkogel <met parachute>,
signaalvlam

flash I [ov ww] • seinen • doen flitsen,
laten schijnen, schieten <vuur v. ogen>
II [on ww] schijnen, opvlammen,
flitsen III [znw] • vlam • oogwenk
• vertoon • vlaag • kiekje • nieuwsflits

flasher [znw] • exhibitionist,
potloodventer • knipperlicht <auto>

flashy [bnw] opzichtig, fatterig, poenig

flatten I [ov ww] • plat maken • pletten
• klein krijgen • met de grond gelijk
maken II [on ww] plat/vlak worden
• (~ out) plat worden

flatter [ov ww] vleien, strelen <v.
ego/ijdelheid>

flatterer [znw] vleier

flattery [bnw] vleierij

flatulence [znw] • winderigheid
• aanmatiging

flaunt [ov ww] pronken met

flautist [znw] fluitist

flavouring [znw] 't kruiden, kruiderij

flavourless [bnw] smakeloos

flaw [znw] • regen-/windvlaag • barst,
scheur • onvolkomenheid, fout

flawless [bnw] perfect, onberispelijk,
smetteloos

flay [ov ww] • bekritiseren • villen

flea [znw] vlo

fleck [znw] vlek, spat, spikkel

flee I [ov ww] vluchten II [on ww]
ontvluchten

fleece I [ov ww] • scheren <schapen>
• geld afhandig maken II [znw]
schapenvacht

fleecy [bnw] wollig, vlokkig

fleet [znw] • vloot • wagenpark <auto's>

fleeting [bnw] snel, vergankelijk,
vluchtig

Flemish [bnw] Vlaams

flesh I [ov ww] • (~ out) nader
preciseren, uitwerken II [znw] vlees

flew [ww] verl. tijd → fly

flex I [ov ww] buigen II [znw]
(elektrisch) snoer

flexible [bnw] buigzaam, handelbaar

flick [ov ww] tikken, rukken, knippen

flicker I [on ww] flikkeren II [znw]
opflikkering

flight [znw] • vlucht • zwerm
• formatie <vliegtuigen>

flighty [bnw] • grillig • wispelturig

flimsy [bnw] ondeugdelijk, zwak, nietig

flinch [on ww] • wijken • ineenkrimpen
<v.d. pijn> • (~ from) terugdeinzen
voor

fling I [ov ww] • smijten • gooien
II [znw] • worp • onstuimige
Hooglandse dans • kortstondige,
stormachtige liefdesaffaire, uitspatting

flint [znw] keisteen, vuursteen

flip I [ov + on ww] • (~ over)
omdraaien II [ov ww] • (weg)knippen,
tikken • (om) laten kantelen • (snel)
omdraaien • (~ through)

doorbladeren III [on ww] • flippen
<door drugs>, ongunstig reageren op,
door het dolle heen raken,
wildenthousiast worden • een salto
maken IV [znw] • knip, tik • salto
flippancy [znw] • spot • oneerbiedige
opmerking
flippant [bnw] ongepast luchthartig,
zonder de nodige ernst, spottend
flirt I [on ww] flirten • (~ with) spelen
<met de gedachte> II [znw] flirt
flirtatious [bnw] koket(terend)
float I [ov ww] laten drijven, doen
zweven II [on ww] • vlot komen
• drijven, zweven • doelloos
rondtrekken III [znw] • vlotter <v.
stoomketel> • dobber • vlot • lage
wagen <in optocht>
floating [bnw] drijvend, vlottend
<kapitaal>
flock I [on ww] samenstromen II [znw]
schare, kudde, troep
floe [znw] drijvende ijsschots(en)
flog [ov ww] • slaan • verpatsen
flood I [ov ww] • (doen) overstromen
• overvoeren <v.d. markt> II [on ww]
overstromen III [znw] • vloed • stroom,
overstroming
floor I [ov ww] • vloeren, neerslaan
• overdonderen, te machtig zijn
II [znw] • vloer, bodem • verdieping
• loonminimum
flop I [on ww] • klossen
• neerploffen/-smijten • mislukking
worden II [znw] • plof, plons <inf.>
flop, fiasco III [bijw] ineens
floppy [bnw] flodderig, zwak
floral [bnw] m.b.t. bloemen
florid [bnw] • opzichtig • blozend
florist [znw] bloemist, bloemenkweker
flotilla [znw] flotille
flotsam [znw] • aanspoelende
wrakgoederen, rommel • zwervers
flounce I [on ww] woedend (weg)lopen
II [znw] • ruk • strook
flounder I [on ww] • ploeteren <door

modder> • fouten maken • in de war
raken II [znw] bot <vis>
flour I [ov ww] bestrooien met meel
II [znw] bloem, meel
flourish I [ov ww] wuiven met, gebaren
II [on ww] gedijen, in de bloeitijd
leven/zijn III [znw] • krul <als
versiering> • zwierig gebaar
floury [bnw] melig, bedekt met meel
flout [ov ww] in de wind slaan
flow I [on ww] • stromen, golven
• opkomen <v. getij> • (~ from)
(voort)vloeien uit II [znw] • vloed
• stroming, golving
flower I [on ww] (op)bloeien II [znw]
• bloem • bloei • keur
flowered [bnw] gebloemd, versierd met
bloemen
flowery [bnw] bloemrijk, gebloemd,
bloemen-
flown [ww] volt. deelw. → fly
flu <inf.> [znw] griep
fluctuate [on ww] golven, op en neer
gaan
flue [znw] rookkanaal, vlampijp
fluency [znw] • spreekvaardigheid
• welbespraaktheid
fluent [bnw] • vaardig <vnl.
spreekvaardigheid>, welbespraakt
• vloeiend, sierlijk
fluff I [ov ww] donzig maken,
opschudden <v. bed> • (~ out/up)
laten uitstaan <haar> II [znw] • pluis,
donzig spul • onhandige slag • <sl.>
blunder, verspreking
fluffy [bnw] donzig <v. kussen>, pluizig
fluid I [znw] vloeistof II [bnw]
vloeibaar, beweeglijk
fluke [znw] (gelukkig) toeval
flummox [ov ww] versteld doen staan
flung [ww] verl. tijd + volt. deelw.
→ fling
flunk <inf.> [ov ww] laten zakken <bij
examen> • (~ out) weggestuurd
worden <v. school/universiteit>
fluorescent [bnw] fluorescerend

flurry I [ov ww] *zenuwachtig maken* II [znw] *(wind)vlaag*

flush I [ov ww] • *doorspoelen* • *opjagen* <v. vogels> II [on ww] *blozen* III [znw] • *gesloten serie* <poker> • *doorspoeling* • *plotselinge stroom* • *opwinding* • *blos* IV [bnw] • *in één vlak liggend* • *goed bij kas zijnde*

fluster [ov ww] *gejaagd maken*

flute [znw] *fluit*

flutist [znw] *fluitist*

flutter I [on ww] *fladderen, trillen, vlug heen en weer bewegen* II [znw] *trilling, gefladder*

fly I [on ww] *vliegen, zweven* II [znw] • *vlieg* • *gulp*

flying [bnw] *vliegend*

foal [znw] *veulen*

foam I [on ww] *schuimen* II [znw] *schuim*

foamy [bnw] *schuimend*

fob I [ov ww] • (~ **off**) (met smoesjes) *afschepen* II [znw] *horlogeketting*

focal [bnw] *brandpunt(s)-*

focus I [ov + on ww] • *concentreren* <v. gedachten> • *instellen* <v. camera> II [znw] • *brandpunt* • *scherpstelling*

fodder [znw] *stalvoer*

foe [znw] *vijand* <dichterlijk>

fog I [ov ww] *vertroebelen, benevelen* II [znw] *mist*

foggy [bnw] • *mistig* • *vaag*

foible [znw] *zwakke zijde*

foil I [ov ww] *verijdelen, in de war brengen* II [znw] • *folie* • *zilverpapier*

foist [ov ww] • (~ **on/upon**) *opdringen*

fold I [ov ww] *vouwen* • (~ **up**) <inf.> *failliet gaan* II [znw] • *vouw, kronkel* • *schaapskooi*

folder [znw] *folder, vouwblad, map* <voor documenten>

foliage [znw] *gebladerte, loof*

folk, folks [znw] <inf.> *volk, luitjes, ouders, familieleden*

folksy [bnw] *gezellig, plattelands-, eenvoudig*

follow I [ov ww] • *uitoefenen* <v. ambacht> • *volgen* • *najagen* • *begrijpen* II [on ww] *volgen (op/uit)* • (~ **up**) *nagaan, werk maken van*

follower [znw] *volgeling*

following I [znw] • *aanhang* • *volgelingen* • *het volgende* II [bnw] *volgend*

folly [znw] *dwaasheid*

foment [ov ww] *aanstoken/-vuren*

fond [bnw] • *dwaas* • *innig, teder*

fondle [ov ww] *liefkozen*

font [znw] • *doopvont* • *wijwaterbakje* • *oliereservoir* <v. lamp> • <AE> *lettertype*

food [znw] *voedsel, eten, voedingsartikel*

fool I [ov ww] *bedriegen* • (~ **into**) *wijsmaken* • (~ **out of**) (iets) *aftroggelen* II [on ww] • (~ **about/around**) *rondhangen* III [znw] • *dwaas, gek, nar* • (kruisbessen)vla IV [bnw] <AE inf.> *dwaas*

foolhardy [bnw] *roekeloos*

foolish [bnw] • *belachelijk* • *dwaas*

foolscap [znw] • *narrenkap, papieren muts* • *schrijfpapier* <17 x 13,5 in.>

foot [znw] • *voet* • *pas, tred* • *versvoet* • *voet* < 30,5 cm>

football [znw] • *voetbal* • *rugby*

footballer [znw] • (prof)voetballer • *rugbyspeler*

footing [znw] • *voet* • 't plaatsen van de voeten • *vaste betrekking, vaste voet* • *verhouding*

foppish [bnw] *fatterig*

for I [vz] • *om, wegens* • *wat aangaat* • *naar* • *gedurende* II [vw] *want, aangezien*

forage I [on ww] *plunderen* II [on ww] • *fourageren* • *snuffelen in* III [znw] • *voer* • 't fourageren

foray I [ov ww] *plunderen* II [znw] *rooftocht*

forbear [on ww] z. onthouden van

forbearance [znw] *verdraagzaamheid*

forbid [ov ww] *verbieden*

forbidden I [ww] volt. deelw.
→ forbid II [bnw] *verboden*

forbidding [bnw] *onaanlokkelijk*

force I [ov ww] • *tot 't uiterste inspannen* • *forceren, doorbreken* • *noodzaken, dwingen tot* • *geweld aandoen, overweldigen* • *(voort)drijven, iem. iets opdringen* • *met geweld nemen* • (~ from) *afdwingen, ontwringen* II [znw] • *kracht, macht* • *invloed* • *strijdkracht* • *overtuigingskracht* • *noodzaak* • *ploeg werklui*

forceful [bnw] *krachtig*

forcemeat [znw] *gehakt*

forceps [znw] *tang* <v. chirurg>

forcible [bnw] *krachtig, gedwongen*

fore I [bnw] *voor-* II [bijw] *voor(aan)*

forearm [znw] *voorarm*

foreboding [znw] *(slecht) voorgevoel*

forecast I [ov ww] *voorspellen* II [znw] • *(weers)voorspelling* • *prognose*

forecourt [znw] *voorhof/-terrein*

forefinger [znw] *wijsvinger*

forefoot [znw] *voorpoot*

forefront [znw] *voorste deel, voorste gelederen*

forego [ov ww] *voorafgaan (aan)*

foregoing [bnw] • *bovenvermeld* • *voorafgaand*

foreground [znw] *voorgrond*

forehead [znw] *voorhoofd*

foreign [bnw] • *vreemd* • *buitenlands*

foreigner [znw] *buitenlander*

foreknowledge [znw] *voorkennis*

foreleg [znw] *voorpoot/-been*

forelock [znw] *lok haar op voorhoofd*

foreman [znw] • *voorzitter v. jury* • *meesterknecht, ploegbaas*

foremost [bnw] *voorste, eerste, voornaamste*

forename [znw] *voornaam*

foreshorten [ov ww] *in perspectief afbeelden, verkort weergeven*

foreskin [znw] *voorhuid*

forest I [ov ww] *bebossen* II [znw] *woud, bos*

forestry [znw] • *boscultuur* • *bosgrond*

foretaste [znw] *voorproefje*

foretell [ov ww] *voorspellen*

forethought [znw] *overleg*

forever [bijw] • *voor eeuwig/altijd, voortaan* • *de hele tijd, steeds maar (door)*

forewarn [ov ww] *van tevoren waarschuwen*

foreword [znw] *voorwoord*

forfeit I [ov ww] *verspelen* II [znw] • *boete* • *'t verbeurde, pand* III [bnw] *verbeurd verklaard*

forgave [ww] *verl. tijd* → forgive

forge I [ov + on ww] • *smeden* • *verzinnen, vervalsen* II [znw] • *smidse, smidsvuur* • *smeltoven, smelterij* • *vervalsing*

forgery [znw] *valsheid in geschrifte*

forget [ov + on ww] *vergeten*

forgetful [bnw] *vergeetachtig*

forgive [ov ww] *vergeven, kwijtschelden*

forgiveness [znw] *vergeving, vergevingsgezindheid*

forgiving [bnw] *vergevingsgezind*

forgo [ov ww] • *z. onthouden van* • *opgeven, afstand doen van*

fork I [ov ww] • (~ out) *dokken, over de brug komen* II [on ww] *z. vertakken* III [znw] • *vork, gaffel* • *vertakking* • *splitsing* <in weg>

forlorn [bnw] • *wanhopig, hopeloos* • *verlaten, troosteloos* • *ellendig uitziend*

form I [ov ww] *vormen* II [on ww] *zich vormen* • (~ after) (z.) *vormen naar* • (~ up) (z.) *opstellen* III [znw] • *vorm, gedaante* • *schoolklas* • *formulier* • *gedrag* • <sport> *conditie*

formal [bnw] *formeel, nadrukkelijk*

formalism [znw] *formalisme, vormelijkheid*

formality [znw] *formaliteit*

format I [ov ww] *formatteren* II [znw] • *formaat* • *het formatteren*

formation [znw] *vorming, formatie*

formative [bnw] • *vormend*
• *buigings-, afleidings-*

former [bnw] • *vroeger, voormalig*
• *eerstgenoemde*

formidable [bnw] *ontzagwekkend, geducht*

formula [znw] • *recept* • *formule* • ‹AE› *babyvoeding*

formulate [ov ww] *formuleren*

fornicate [on ww] *ontucht plegen*

forsake [ov ww] *in de steek laten, verlaten*

forswear [ov ww] *afzweren*

forte [znw] • *sterke kant* • ‹muz.› *forto*

forth [bijw] *voort, uit, weg, buiten*

forthcoming [bnw] • *aanstaande, komend* • *tegemoetkomend ‹v. personen›*

forthright [bnw] • *open, eerlijk, oprecht* • *direct, onmiddellijk*

forthwith [bijw] *onmiddellijk*

fortieth [telw] *veertigste*

fortify [ov ww] *(ver)sterken*

fortitude [znw] *vastberadenheid*

fortnight [znw] *twee weken*

fortnightly [bijw] *iedere twee weken*

fortress [znw] *vesting*

fortuitous [bnw] • *toevallig* • *fortuinlijk*

fortunate [bnw] *gelukkig*

fortune [znw] *geluk, lot, fortuin ‹geld›*

forty [telw] *veertig*

forward I [ov ww] • *bevorderen, vooruithelpen* • *(door)sturen, (ver)zenden* II [znw] ‹sport› *voorspeler* III [bnw] • *vooruitstrevend* • *voorwaarts, naar voren* • *vroegrijp, vroegtijdig* • *vrijpostig* IV [bijw] *voorwaarts, vooruit*

fossil I [znw] *fossiel* II [bnw] • *versteend* • *opgedolven*

foster I [ov ww] *koesteren* II [bnw] *pleeg-*

fought [ww] *verl. tijd + volt. deelw.*
→ **fight**

foul I [ov ww] *bezoedelen* • *(~ up) verprutsen, verknoeien* II [on ww] *vuil worden* III [znw] ‹sport› *overtreding* IV [bnw] • *walgelijk, stinkend* • *oneerlijk* • *smerig ‹weer›* • *vuil, bedorven ‹lucht›*

found I [ww] *verl. tijd + volt. deelw.*
→ **find** II [ov ww] *stichten*

foundation [znw] • *basis, fundering* • *oprichting* • *stichting*

founder I [on ww] • *mislukken* • *vergaan ‹schip›* II [znw] • *oprichter* • *gieter ‹v. metaal›*

foundling [znw] *vondeling*

foundry [znw] *metaalgieterij*

fount [znw] *bron ‹dichterlijk›*

fountain [znw] • *waterstraal, fontein* • *bron*

four I [znw] *boot met 4 riemen* II [telw] *vier*

fourteen [telw] *veertien*

fourth [telw] *vierde*

fourthly [bijw] *ten vierde*

fowl [znw] • *gevogelte ‹ook 't vlees›* • *kip, haan*

fox I [ov ww] *onbegrijpelijk zijn voor* II [znw] • *sluwaard* • *vos*

foxy [bnw] • *sluw* • *aantrekkelijk*

fracas [znw] *herrie, vechtpartij*

fraction [znw] • *breuk* • *onderdeel*

fractional [bnw] • *gebroken, gedeeltelijk* • *onbeduidend*

fracture I [ov ww] *breken* II [znw] • *barst* • *botbreuk*

fragile [bnw] *broos, bros, zwak, teer, breekbaar*

fragment I [ov + on ww] • *verdelen in (brok)stukken* • *versplinteren* II [znw] • *fragment* • *scherf, (brok)stuk*

fragmental, fragmentary [bnw] *fragmentarisch*

fragrant [bnw] *geurig*

frail [bnw] *broos, zwak*

franchise [znw] • *burgerrecht* • *stemrecht* • *vrijstelling* • *vergunning*

frank [bnw] *openhartig*

frankincense [znw] *wierook*

frantic [bnw] *razend, krankzinnig*

fraternal [bnw] *broederlijk*

fraternity [znw] • *broederschap* • <AE> *studentenclub/-corps*

fraternize [on ww] *z. verbroederen*

fraud [znw] • *fraude, bedrog* • *bedrieger*

fraudulent [bnw] *frauduleus*

fraught [bnw] *beladen, vol van*

fray I [ov + on ww] *rafelen* II [znw] *gekrakeel, strijd*

freak I [on ww] • (~ **out**) *hallucinaties krijgen* <bij drugs> II [znw] • *gril* • *gedrocht, rariteit* • *zonderling, hippie* • *fanaat*

freckle [znw] *sproet*

free I [ov ww] • *bevrijden, los-/vrijmaken* • *ontslaan* <v. belofte> II [bnw] • *vrij, onbelemmerd* • *onafhankelijk* • *gratis*

freedom [znw] *vrijheid*

freeze I [ov ww] • (doen) *bevriezen* <ook fig.> • *laten stilstaan* <beeldband of film> • *stabiliseren* <prijzen of lonen> • (doen) *stollen* • (~ **out**) *uitsluiten, boycotten* II [on ww] • *bevriezen* <plotseling onbeweeglijk worden> • *vriezen* • (~ **over**) *dichtvriezen* III [znw] • *vorst* • *bevriezing* <v. loon>

freezer [znw] *diepvries*

freight I [ov ww] • *verzenden* • *laden, bevrachten* II [znw] *vracht(prijs), lading*

freighter [znw] • *bevrachter* • *vrachtboot/-vliegtuig*

French I [znw] *de Fransen* II [bnw] *Frans*

frenetic [bnw] *dwaas, waanzinnig*

frequent I [ov ww] *regelmatig/vaak bezoeken* II [bnw] *veelvuldig*

fresh [bnw] • *nieuw, anders, fris, vers* • *onervaren* • *zoet* <water> • *brutaal*

freshen [ov ww] • *ontzouten* • *opfrissen, aanzetten* • (~ **up**) (z.) *opfrissen*

fret I [ov ww] • *versieren met snijwerk*

• *knagen, in-/wegvreten* • (z.) *ergeren*
• *verdrietig zijn, kniezen* II [znw]
• *ergernis* • *vingerzetting* <v. snaarinstrument>

fretful [bnw] • *verdrietig, gemelijk*
• *vingerzetting* <v. snaarinstrument>
• *stormachtig* <weer>

friction [znw] *wrijving*

Friday [znw] *vrijdag*

fridge [znw] *koelkast*

friend [znw] • *vriend(in), kennis*
• *relatie*

friendless [bnw] *zonder vrienden*

friendly I [znw] *vriendschappelijke wedstrijd* II [bnw] • *welwillend*
• *vriendschappelijk, bevriend* <naties>

friendship [znw] *vriendschap*

frieze [znw] *fries* <rand v. versiering>

frigate [znw] *fregat*

fright [znw] *schrik, vrees*

frighten [ov ww] *doen schrikken*
• (~ **away**) *verjagen*

frightful [bnw] • *afschuwelijk* • <inf.> *ontzaglijk*

frigid [bnw] • *frigide* • *koud, ijzig, kil*

frill [znw] *geplooide strook*

frilly [bnw] *met kantjes/strookjes/prullaria*

fringe [znw] • *franje, zoom, buitenkant, zelfkant* • *ponyhaar*

frippery [znw] *opschik, snuisterijen*

frisk I [ov ww] • *fouilleren* • <AE> *zakkenrollen* II [on ww] • *springen* • *dartelen*

fritter I [ov ww] • (~ **away**) *verklungelen* II [znw] *(appel)beignet*

frivolity [znw] *lichtzinnigheid*

frivolous [bnw] • *dwaas* • *lichtzinnig, wuft*

frizz [ov + on ww] *krullen* <haar>

frock [znw] *japon, jurkje*

frog [znw] • *kikker, kikvors* • <pej.> *Fransoos*

frolic I [on ww] *rondspringen, pret maken* II [znw] *grap, fuif*

from [vz] • *naar, volgens* • *als gevolg v.,*

wegens, door • *van, weg van, van ... af, uit*

front I [ov ww] *staan tegenover* II [znw]
• *front* • *gezicht* • *voorgevel*
• *voorhoofd* ‹dichterlijk› • *brutaliteit*
• *strandboulevard* • *camouflage*
III [bnw] *voorste, voor-*

frontage [znw] • *vóór gelegen terrein*
• *front*

frontal [bnw] *front(en)-, voorhoofds-*

frontier [znw] *grens*

frontispiece [znw] • *voorgevel* • *plaat tegenover titelblad ‹in boek›*

frost I [ov ww] • *doen bevriezen*
‹planten› • *glaceren ‹gebak› • berijpen*
• *mat maken ‹glas›* II [znw] *vorst*

frosting [znw] *glazuur ‹voor gebak›*

frosty [bnw] • *vriezend, ijzig • berijpt*

froth [znw] *schuim*

frown I [on ww] *'t voorhoofd fronsen, dreigend kijken* II [znw] *frons, afkeurende blik*

froze [ww] *verl. tijd* → **freeze**

frozen I [ww] *volt. deelw.* → **freeze**
II [bnw] *bevroren, ijzig*

frugal [bnw] *matig, sober*

fruit [znw] *fruit, vrucht(en)*

fruitful [bnw] *vruchtbaar, resultaat gevend*

fruition [znw] • *verwezenlijking*
• *vervulling*

fruitless [bnw] • *onvruchtbaar*
• *vruchteloos*

fruity [bnw] • *vrucht-* • *geurig, pikant*
• *klankrijk, vol ‹v. stem›*

frump [znw] *slons*

fry I [ov ww] *braden, bakken* II [znw] *jonge vissen*

fuck ‹vulg.› [ov + on ww] *neuken*
• (~ **about/around**) *rotzooien, aanklooien*

fudge I [ov ww] *eromheen draaien*
II [znw] • *onzin, bedotterij* • *zachte karamel*

fuel I [ov ww] *voorzien v. brandstof*
II [znw] *brandstof*

fug [znw] *bedompte atmosfeer ‹in kamer›*

fugitive I [znw] • *voortvluchtige*
• *vluchteling* II [bnw] • *kortstondig*
• *voortvluchtig*

fulcrum [znw] *steunpunt, draaipunt*
‹v. hefboom› • ‹plantk.› *aanhangsel*

fulfil [ov ww] • *vervullen, beantwoorden aan ‹doel›* • *uitvoeren*

fulfilment [znw] *bevrediging*

fully [bijw] • *volledig* • *v. ganser harte*

fulminate [ov ww] *uitvaren tegen*

fulsome [bnw] *kruiperig vleiend*

fumble [on ww] *op onhandige manier doen*

fumigate [ov ww] • *ontsmetten*
• *doorgeuren*

fun [znw] *pret*

function I [on ww] *functioneren*
II [znw] • *functie, beroep*
• *plechtigheid, feest*

functional [bnw] *doelmatig, functioneel*

functionary I [znw] • *ambtenaar, beambte* • *functionaris* II [bnw]
→ **functional**

fund I [ov ww] *bekostigen* II [znw] *fonds, voorraad*

fundamental I [znw] *basis, grondbeginsel, grondtoon* II [bnw] *grond-, fundamenteel*

funeral I [znw] • *begrafenis(stoet)* • ‹AE› *rouwdienst* II [bnw] *begrafenis-, lijk-*

funereal [bnw] • *begrafenis-* • *somber, treur-* • *diepzwart*

fungus [znw] • *paddestoel* • *zwam*

funk I [ov ww] *ontwijken ‹uit angst›*
II [znw] • *bangerd* • ‹muz.› *funk*

funnel I [ov ww] *afvoeren door trechter*
II [znw] • *trechter* • *lichtkoker, luchtkoker* • *schoorsteen*

funny [bnw] • *grappig, raar*
• *bedrieglijk*

fur I [znw] • *bont(werk)* • *aanzetsel ‹v. wijn›, beslag ‹op de tong›, ketelsteen*
II [bnw] *bont(en)-*

furbish [ov ww] • (~ **up**) oppoetsen, opknappen, vernieuwen
furious [bnw] • woedend • wild
furl [ov ww] reven <zeil>, opvouwen
furlong [znw] 1/8 Eng. mijl <201 m.>
furnace [znw] oven, vuurhaard
furnish [ov ww] • leveren • meubileren • (~ **with**) voorzien v.
furore [znw] furore, opwinding
furrier [znw] bontwerker, bonthandelaar
furrow I [ov ww] rimpelen II [znw] voor, groef, rimpel
furry [bnw] • met bont bekleed • zacht
further I [ov ww] bevorderen II [bnw + bijw] • verder • meer
furthest [bnw] verst(e)
fury [znw] • woeste vrouw, feeks, furie • woede
fuse I [ov ww] • v. lont voorzien • (samen)smelten II [on ww] doorslaan <v. zekeringen> III [znw] • zekering <v. elektr.> • lont
fuselage [znw] romp v. vliegtuig
fusion [znw] smelting, fusie
fuss I [on ww] • druk maken • zenuwachtig maken • (~ **over**) z. druk maken over II [znw] drukte, ophef
fussy [bnw] • gejaagd, druk • pietluttig
fusty [bnw] muf
futile [bnw] doelloos, nutteloos, waardeloos
futility [znw] • futiliteit • nutteloosheid
future I [znw] toekomst, toekomende tijd II [bnw] toekomstig, aanstaand
futuristic [bnw] futuristisch
fuzz [znw] • dons • <sl.> politie
fuzzy [bnw] • beneveld, wazig • donzig

G

gab [on ww] praten, kletsen
gabble I [ov + on ww] haastig praten II [znw] haastig gepraat
gable [znw] gevelspits
gadget [znw] • machineonderdeel(tje), instrument(je) • truc, foefje
gadgetry [znw] allerlei spullen
Gaelic I [znw] de Keltische taal II [bnw] Keltisch
gaffe [znw] blunder, ongepaste daad/opmerking
gag I [ov ww] knevelen, de mond snoeren II [on ww] kokhalzen III [znw] • knevel • grap
gaga [bnw] kinds, dement
gaggle I [on ww] snateren II [znw] • vlucht ganzen • het snateren
gaiety [znw] • vrolijkheid • opschik
gaily [bijw] • vrolijk • fleurig
gain I [ov ww] • winnen, behalen, krijgen, verwerven • bereiken • toenemen <v. lichaamsgewicht> • (~ (**up**)**on**) inhalen II [znw] winst, voordeel
gainful [bnw] winstgevend
gainsay [ov ww] tegenspreken, ontkennen
gait [znw] manier v. lopen, pas
gaiter [znw] • slobkous • <AE> bottine
gal <inf.> [znw] meisje
galaxy [znw] • de melkweg • schitterende groep/schare/stoet
gale [znw] • storm • <plantk.> gagel
gall I [ov ww] verbitteren, kwetsen II [znw] • gal • bitterheid • (oorzaak v.) verdriet • <AE> arrogantie
gallant I [znw] galante ridder <fig.> II [bnw] • fier, statig • dapper • galant
gallantry [znw] • dapperheid • hoffelijkheid
gallery [znw] • galerij

- (schilderijen)museum • toonzaal
- schellinkje • <AE> veranda

galley [znw] • galei • sloep
- scheepskeuken

Gallic [bnw] • Gallisch • Frans

gallivant [on ww] • flaneren • flirten

gallop I [ov + on ww] (laten) galopperen II [znw] galop

gallows [mv] galg

galvanize [ov ww] • galvaniseren
- opzwepen

gambit [znw] • gambiet • listige zet

gamble I [ov + on ww] dobbelen, gokken, speculeren II [znw] gok

gambler [znw] gokker

gambol [on ww] dartelen

game I [znw] • spel(letje) • wild
II [bnw] moedig

gammon [znw] gerookte ham

gamut [znw] • het hele register
- toonladder, toonschaal
- (toon)omvang

gander [znw] • gent • <inf.> stomme idioot

gang I [on ww] • (~ up) samenklitten, een bende vormen • (~ up against/on) z. collectief keren tegen, samenspannen tegen II [znw] troep, bende

gangling [bnw] slungelig

gangrene [znw] gangreen, koudvuur

gangrenous [bnw] gangreneus

gangster [znw] gangster, bendelid

gantry [znw] stellage, seinbrug, rijbrug <onder kraan>

gaol [znw] → **jail**

garb [znw] • kledij • klederdracht

garbage [znw] afval, vuilnis

garden I [on ww] tuinieren II [znw] tuin

gardener [znw] tuinman, tuinier

gargantuan [bnw] reusachtig

gargle I [ov + on ww] gorgelen II [znw] gorgeldrank

gargoyle [znw] waterspuwer

garish [bnw] opzichtig, bont

garland I [ov ww] bekransen II [znw] bloemslinger, bloemkrans

garlic [znw] knoflook

garment [znw] kledingstuk, gewaad

garnet I [znw] granaat(steen) II [bnw] granaatrood

garnish I [ov ww] versieren, opmaken II [znw] versiering, garnering

garret [znw] zolderkamer(tje)

garrison I [ov ww] bezetten II [znw] garnizoen

garrulous [bnw] praatziek

garter [znw] kousenband

gas I [ov ww] vergassen II [on ww] zwammen III [znw] • gas • gezwam
- <AE> benzine

gash I [ov ww] een jaap toebrengen II [znw] diepe snede, jaap

gasolene, gasoline [znw] • gasoline
- benzine

gasometer [znw] gashouder

gasp I [ov ww] • hijgen II [znw] het stokken van de adem

gastric [bnw] v.d. maag, maag-

gastronomic [bnw] gastronomisch

gastronomy [znw] gastronomie

gate [znw] • poort • hek • deur <ook v. sluis>

gather [ov + on ww] • (z.) verzamelen
- oogsten, plukken, oprapen • rimpelen, plooien • afleiden • (~ from) besluiten, v. iets afleiden

gathering [znw] • vergadering
- bijeenkomst

gauche [bnw] onhandig, lomp

gaudy [bnw] opzichtig

gauge I [ov ww] • meten, peilen
- normaliseren, ijken II [znw]
- standaard (inhouds)maat • omvang, inhoud • spoorwijdte • regenmeter, oliedrukmeter

gaunt [bnw] mager, ingevallen

gauntlet [znw] dikke handschoen

gave [ww] verl. tijd → **give**

gavel [znw] (voorzitters)hamer

gawky [bnw] onhandig, klungelig

gay [bnw] • vrolijk • fleurig
• homo(seksueel), lesbisch

gaze I [on ww] staren II [znw] starende
blik

gear I [ov ww] (op)tuigen • (~ to)
aanpassen aan, afstemmen op II [znw]
• gereedschappen, spullen • raderwerk,
tandwieloverbrenging,
versnelling(smechanisme) • vlotte
kledij, snelle kleren • tuig

geese [mv] → goose

gel I [on ww] (meer) vaste vorm krijgen
II [znw] gel

gelding [znw] ruin

gem [znw] edelsteen, kleinood, juweel

gen I [ov ww] • (~ up) grondig van
informatie voorzien II [on ww]
• (~ up) zich volledig laten inlichten

gender [znw] geslacht

gene [znw] gen

genealogic(al) [bnw] genealogisch

genealogy [znw] • stamboom
• genealogie

genera [mv] → genus

general I [znw] • generaal • strateeg
II [bnw] algemeen, gewoon(lijk)

generality [znw] algemeenheid

generalization [znw] generalisatie

generate [ov ww] genereren
• voortbrengen

generation [znw] • wording
• generatie, geslacht

generator [znw] • dynamo, stoomketel
• generator

generic [bnw] • algemeen • generisch,
kenmerkend voor de soort

generosity [znw] vrijgevigheid

generous [bnw] • overvloedig • gul
• mild

genesis [znw] ontstaan, oorsprong

genial [bnw] • mild • gezellig, joviaal

genie [znw] geest

genital [bnw] m.b.t. de geslachtsdelen,
voortplantings-

gent <inf.> [znw] meneer

genteel <iron.> [bnw] chic, deftig

gentility [znw] deftigheid

gentle [bnw] • zacht, rustig, matig
• vriendelijk

gentleman [znw] heer

gentry [znw] • lagere adel • ridders en
baronets

genuflect [on ww] de knie buigen

genuine [bnw] • onvervalst, echt
• oprecht

genus [znw] geslacht, soort, klasse

geography [znw] aardrijkskunde

geology [znw] geologie

geometry [znw] meetkunde

geophysics [znw] geofysica

Georgian I [znw] • Georgiër • inwoner
van Georgia II [bnw] • Georgisch
• 18e-eeuws

geriatric [bnw] geriatrisch

germ [ov ww] doen ontkiemen

Germanic [bnw] Germaans

germinate [ov + on ww] (doen)
ontkiemen

gestation [znw] • groeiperiode • dracht

gesticulate [on ww] gebaren maken

gesture I [on ww] gebaren maken
II [znw] • gebaar • geste

get I [ov ww] • krijgen • (te) pakken
(krijgen) • (be)halen • verdienen • ertoe
brengen • snappen • laten • (~ across)
begrijpelijk maken • (~ back)
terugkrijgen • (~ down) deprimeren,
doorslikken, noteren • (~ in)
erin/ertussen komen, instappen
• (~ on) aantrekken • (~ out of)
krijgen/halen uit • (~ over) te boven
komen • (~ through) erdoor krijgen
• (~ to~her) bijeenbrengen • (~ up)
op touw zetten II [on ww]
• terechtkomen • (ge)raken • bereiken
• worden • (~ about) z. verspreiden,
rondlopen • (~ across) begrepen
worden • (~ ahead) vooruitkomen
• (~ along) vorderen • (~ around)
rondreizen • (~ around to) ertoe
komen, tijd vinden om te • (~ at)
bereiken, er komen • (~ away)

wegkomen • (~ **back**) *terugkomen*
• (~ **down**) *naar beneden komen*
• (~ **in**) *binnenhalen* • (~ **into**)
komen/belanden in • (~ **off**) *afstijgen,
er afkomen, uitstappen* • (~ **on**)
opschieten, 't stellen • (~ **out**) *eruit
komen, uitlekken* • (~ **over**) *begrepen
worden, overkomen* • (~ **through**)
erdoor komen • (~ **to**) *komen/krijgen
te, bereiken* • (~ **to-her**) *bijeenkomen*
• (~ **up**) *opstaan*

geyser [znw] • *natuurlijke hete bron,
geiser* • *geiser, heetwatertoestel*

ghastly [bnw] • *gruwelijk, afgrijselijk*
• *doodsbleek*

gherkin [znw] *augurk*

ghetto [znw] *getto*

ghost [znw] *geest, spook*

ghostly [bnw] *spookachtig*

ghoul [znw] • (*lugubere) geest, monster*
• *lijkeneter, grafschender*

giant I [znw] *reus* II [bnw] *reusachtig*

gibber [on ww] *brabbelen*

gibberish [znw] *brabbeltaal*

gibe I [ov + on ww] (*be)spotten, honen*
II [znw] *schimpscheut, spottende
opmerking*

giddy [bnw] • *duizelig*
• *duizelingwekkend* • *wispelturig,
onbezonnen, dwaas*

gig [znw] • *optreden* • *sjees*

gigantic [bnw] *reusachtig*

giggle I [on ww] *giechelen* II [znw]
gegiechel

gild I [ov ww] *vergulden* II [znw]
→ **guild**

gill [znw] *kieuw*

gilt I [ww] *verl.tijd + volt.deelw.*
→ **gild** II [bnw] *verguld*

gimlet [znw] *handboor(tje)*

gimmick [znw] *truc, foefje, vondst*

gin [znw] *jenever*

ginger I [znw] *gember* II [bnw] *rood <v.
haar>*

gingerly [bijw] *behoedzaam*

giraffe [znw] *giraf*

gird [ov ww] • *een gordel omdoen,
(aan)gorden* • *insluiten*

girder [znw] *dwarsbalk*

girdle [znw] *gordel*

girl [znw] *meisje*

girlie [bnw] *met veel vrouwelijk naakt*

girlish [bnw] *meisjesachtig*

girth [znw] • *omvang* • *buikriem, gordel*

gist [znw] • *kern, hoofdzaak* • *strekking*

give I [ov ww] • *geven* • *opleveren*
• (~ **away**) *verklappen, weggeven,
verraden* • (~ **back**) *teruggeven*
• (~ **forth**) *afgeven, verspreiden*
• (~ **in**) *inleveren, erbij geven* • (~ **off**)
afgeven • (~ **out**) *aankondigen,
bekend maken, afgeven* • (~ **over**)
opgeven, laten varen • (~ **up**)
ophouden met II [on ww] • *geven*
• *toegeven, meegeven, 't begeven*
• (~ **in**) *toegeven, zwichten*
• (~ **on(to)**) *uitkomen op* • (~ **out**)
opraken • (~ **up**) *'t opgeven* III [znw] *'t
meegeven, elasticiteit*

given I [ww] *volt. deelw.* → **give**
II [znw] *gegeven* III [bnw] *bepaald*

glacial [bnw] • *m.b.t. ijs, m.b.t. gletsjers*
• *gekristalliseerd*

glacier [znw] *gletsjer*

glad [bnw] *blij*

gladiator [znw] *zwaardvechter,
gladiator*

glamorize [ov ww] *verheerlijken,
vergulden <fig.>*

glance I [on ww] (*vluchtig) kijken*
• (~ **aside/off**) *afschampen* • (~ **at**)
een blik werpen op, even aanroeren
• (~ **over/through**) *dóórkijken*
II [znw] (*vluchtige) blik*

glandular [bnw] *m.b.t. klier,
klierachtig*

glare I [on ww] • *wild/woest kijken*
• *zinderen, fel schijnen of stralen*
II [znw] • *schittering, fel licht* • *woeste
blik*

glass I [znw] • *glas(werk)* • *spiegel*
• *monocle* • *barometer* II [bnw] *glazen*

glassy [bnw] • glazen • spiegelglad

glaucoma [znw] groene staar

glaze I [ov ww] • van glas voorzien
• verglazen, glazuren, glaceren <v.
gebak>, vernissen • glazig maken
II [on ww] glazig worden III [znw]
• glans, vernis, glacé, glazuur • waas

gleam I [on ww] glimmen, glanzen,
schijnen II [znw] glans, schijnsel

glean [ov ww] lezen, bijeengaren

glee [znw] • vrolijkheid • meerstemmig
lied

gleeful [bnw] vrolijk

glen [znw] nauw dal

glib [bnw] rad v. tong, welbespraakt

glide I [on ww] glijden, sluipen II [znw]
glijvlucht

glider [znw] zweefvliegtuig

gliding [znw] het zweefvliegen,
zweefvliegsport

glimmer I [on ww] flikkeren, (zwak)
schijnen II [znw] zwak licht

glimpse I [ov + on ww] even vluchtig
zien/kijken II [znw] glimp, vluchtige
blik, kijkje

glint I [on ww] glinsteren, blinken
II [znw] schijnsel

glisten [on ww] glinsteren

glitter I [on ww] schitteren, flonkeren,
blinken II [znw] glans

gloat [on ww] • (~ on/over) met
leedvermaak bekijken

global [bnw] globaal, wereldomvattend

globe [znw] • aarde • globe • (aard)bol
• hemellichaam • rijksappel • viskom

globular [bnw] bolvormig

globule [znw] • bolletje
• bloedlichaampje

gloom [znw] • duisternis • somberheid

glorify [ov ww] verheerlijken

gloss I [ov ww] • glanzend maken
• commentariëren • (~ over) met de
mantel der liefde bedekken, verbloemen
II [znw] • glans • valse schijn
• kanttekening, glosse, tekstuitleg

glossary [znw] verklarende woordenlijst

glossy [bnw] glanzend

glove [znw] handschoen

glow I [on ww] gloeien, stralen II [znw]
gloed

glower [on ww] • (~ at) woedend kijken
naar

glowing [bnw] • gloeiend, vlammend
• geestdriftig, levendig

glue I [ov ww] lijmen II [znw] lijm

glum [bnw] somber, triest

glut [ov ww] verzadigen

glutinous [bnw] lijmachtig, kleverig

glutton [znw] gulzigaard, veelvraat

gluttonous [bnw] vraatzuchtig,
gulzig

gnash [ov + on ww] knarsen <v. tanden>

gnat [znw] mug

gnaw [ov + on ww] • knabbelen (aan),
knagen (aan) • (uit)bijten

gnome [znw] kabouter, aardmannetje

gnu [znw] gnoe, wildebeest

go I [on ww] • gaan • vertrekken • lopen
• eropuit gaan, reizen • in elkaar
zakken, eraan gaan • gelden
• (~ about) rondgaan, aanpakken
• (~ against) indruisen tegen
• (~ along) gaan, heengaan • (~ at)
aanvliegen, aanpakken • (~ back
from) terugkomen op, niet houden
• (~ beyond) overschrijden, verder
gaan dan, te boven gaan • (~ by)
voorbijgaan, afgaan op • (~ for) te lijf
gaan, kiezen • (~ in for) gaan doen
aan, z. ten doel stellen, doen in
• (~ into) ingaan (op) • (~ off)
bederven • (~ on) doorgaan (met),
volhouden, z. aanstellen • (~ on at)
tekeergaan tegen • (~ over) dóórlopen
<v. thema/huis>, nakijken
• (~ round) voldoende zijn (voor
allen) • (~ through) nagaan,
doorzoeken, doorstaan, beleven
• (~ through with) doorgaan (met),
volhouden • (~ to) gaan naar/tot
• (~ together) (bij elkaar) passen,
samengaan, met elkaar gaan

• (~ **under**) ten onder gaan, te gronde gaan • (~ **up**) opgaan, stijgen
• (~ **upon**) afgaan op • (~ **with**) passen bij, overeenkomen met, samengaan, het eens zijn met
• (~ **without**) het stellen zonder
II [kww] worden III [znw] • gang
• energie • poging • beurt • <sl.> zaak
goad I [ov ww] prikkelen II [znw] prikkel

goal [znw] • doel • doelpunt
• bestemming

goat [znw] geit, bok

gobble I [ov ww] naar binnen schrokken II [on ww] • schrokken
• klokken <v. kalkoen>

goblet [znw] • glas met hoge voet
• drinkbeker

goblin [znw] kabouter, plaaggeest

goggle [on ww] uitpuilen <v. ogen>

going I [znw] • het vooruitkomen • het gaan II [bnw] voorhanden

gold I [znw] goud II [bnw] gouden

golliwog [znw] pop met uiterlijk van neger

golly [tw] gossie!

gondola [znw] gondel

gone I [ww] volt. deelw. → go
II [bnw] • weg, dood • bedorven
• verloren, op

goo [znw] • slijmerig spul • slijm

good I [znw] • goed, welzijn • voordeel, nut • bestwil II [bnw] • goed • braaf, zoet • flink, best • vriendelijk, aardig

goodly [bnw] • knap, mooi • flink

goody [znw] bonbon

goody-goody [znw] sul

gooey [bnw] • klef, kleverig • mierzoet
• sentimenteel

goof [znw] sufferd, halve gare

goofy [bnw] niet goed wijs

goon [znw] • sul, sukkel • boeman

goose [znw] • gans • uilskuiken

gooseberry [znw] kruisbes

gore I [ov ww] doorboren, priemen
II [znw] (geronnen) bloed

gorge I [ov + on ww] (z.) volproppen, gulzig (op)eten II [znw] bergengte

gorgeous [bnw] prachtig, schitterend

gormless [bnw] onnozel, stom

gorse [znw] gaspeldoorn

gory [bnw] bloedig

gosh [tw] gossiemijne!, tjemig!

gosling [znw] jonge gans

gospel [znw] • evangelie • <AE> gospelmuziek

gossamer I [znw] • ragfijn weefsel
• herfstdraad/-draden II [bnw]
vluchtig, ragfijn, teder

gossip I [on ww] roddelen II [znw]
• kletskous, roddelaarster • geklets, geroddel

gossipy [bnw] roddelachtig, praatziek

got [ww] verl. tijd + volt. deelw. → get

Gothic I [znw] gotiek II [bnw] gotisch

gouge I [ov ww] gutsen, uithollen
II [znw] • groef • guts

gourd [znw] kalebas, pompoen

gout [znw] • jicht • kleine hoeveelheid, bloeddruppel/-spat

govern [ov ww] • leiden • bepalen
• regeren • beheersen

governess [znw] gouvernante

government [znw] • overheid, regering • ministerie

governor [znw] • gouverneur • patroon
• <inf.> ouwe heer

gown [znw] • japon • toga

grab I [ov ww] • grissen • inpikken
II [znw] greep

grace I [ov ww] (ver)sieren, opluisteren
• (~ **with**) vereren met II [znw]
• genade • gratie, elegantie
• gepastheid, fatsoen • gunst

graceful [bnw] elegant, sierlijk, gracieus

graceless [bnw] • onbeschaamd • lomp

gracious [bnw] • genadig
• goedgunstig • minzaam, hoffelijk

gradation [znw] • onmerkbare overgang, gradatie • nuance, trap, stadium

grade I [ov ww] beoordelen met cijfer

II [znw] • *graad* • *klasse* • *klas* • *cijfer*
<op school> • *centigraad* • *helling*
• *loonschaal*
gradient [znw] • *helling* • *gradiënt*
gradual [bnw] *geleidelijk*
graduate I [ov ww] *graad verlenen,*
diplomeren II [on ww] • *graad behalen*
• *geleidelijk opklimmen* III [znw]
afgestudeerde
graduation [znw] • *schaalverdeling*
• *promotie* • *progressie* • *buluitreiking,*
het afstuderen
graft I [ov ww] *enten* II [znw]
• *entspleet* • *transplantatie* • *entloot*
• *enting*
grain [znw] • *korrel* • *graan* • *greintje*
• *korrelstructuur, ruwe kant v. leer*
• *nerf, draad <v. hout>* • *aard, natuur*
grammar [znw] *grammatica*
grammatical [bnw] *grammaticaal*
gramophone [znw] *grammofoon*
grand [bnw] • *voornaam* • *groot(s),*
weids, imposant • *prachtig, prima*
grandeur [znw] *pracht*
grandiloquent [bnw] *bombastisch,*
hoogdravend
grandiose [bnw] *grandioos, groots*
granite [znw] *graniet*
granny [znw] *(groot)moedertje*
grant I [ov ww] • *vergunnen, toestaan,*
verlenen • *toegeven* • *schenken* II [znw]
subsidie, concessie, uitkering, toelage,
(studie)beurs
granular [bnw] *korrelig*
granule [znw] *korreltje*
grape [znw] *druif*
graph [znw] *grafiek*
graphic [bnw] *grafisch*
graphite [znw] *grafiet*
grapnel [znw] • *klein anker*
• *enterhaak* • *dreg*
grapple I [ov ww] *aanpakken,*
beetpakken II [znw] • *klein anker*
• *worsteling*
grasp I [ov ww] • *aangrijpen,*
vasthouden • *begrijpen, inzien* II [znw]

• *vat, houvast* • *bereik, volledig begrip*
• *bevattingsvermogen*
grasping [bnw] *hebberig, inhalig*
grass I [on ww] <sl.> *verklikken* II [znw]
• *gras* • <sl.> *marihuana, hasjiesj*
grassy [bnw] *grasachtig*
grate I [ov ww] • *raspen* • *knarsen*
II [on ww] *knarsen* III [znw] • *rooster*
• *open haard*
grateful [bnw] • *dankbaar* • *weldadig*
grater [znw] *rasp*
grating [znw] *tralies, traliewerk*
gratitude [znw] *dankbaarheid*
gratuitous [bnw] • *ongegrond*
• *nodeloos*
gratuity [znw] • *fooi* • *gratificatie*
grave I [znw] *graf* II [bnw] *ernstig,*
somber
gravel [znw] *grind, kiezel*
gravitate [on ww] • *(over)hellen, neigen*
• *(be)zinken* • *aangetrokken worden*
gravitation [znw] *zwaartekracht*
gravitational [bnw] *gravitatie-*
gravity [znw] • *gewicht(igheid)*
• *zwaartekracht*
gravy [znw] *jus*
gray [znw] → **grey**
graze I [ov + on ww] • *grazen* • *weiden*
• *schaven, schampen* II [znw]
schaafwond, schram, schampschot
grease I [ov ww] *insmeren, invetten*
II [znw] *vet*
greasy [bnw] *vettig*
great [bnw] • *groot* • *gewichtig,*
voornaam • *prachtig*
greatly [bijw] *zeer, grotelijks*
Grecian [znw] *Grieks*
greed [znw] *begerigheid, hebzucht*
greedy [bnw] *hebzuchtig*
Greek I [znw] *Griek* II [bnw] *Grieks*
green I [znw] *grasveld* II [bnw] • *groen*
• *onrijp* • *onervaren*
greenery [znw] *planten*
greenish [bnw] *groen*
greet [ov ww] *(be)groeten*
greeting [znw] *groet*

gregarious [bnw] • in kudden levend • (op) gezellig(heid gesteld)

grenade [znw] handgranaat

grew [ww] verl. tijd → grow

grey I [ov + on ww] grijs maken/worden II [znw] grijze schimmel III [bnw] • grijs • somber • vergrijsd, met ervaring

grid [znw] • rooster • net(werk) • accuplaat

griddle [znw] bakplaat

grief [znw] verdriet

grievance [znw] grief

grieve [on ww] bedroeven • (~ at/for) treuren om/over

grievous [bnw] • pijnlijk, smartelijk • ernstig, afschuwelijk

grill I [ov + on ww] grillen, roosteren II [ov ww] stevig aan de tand voelen III [znw] • rooster • grill • geroosterd vlees • traliewerk

grim [bnw] grimmig, akelig • streng, meedogenloos, onverbiddelijk

grime [znw] (vettig) vuil, goorheid

grimy [bnw] goor, vies

grin I [on ww] grijnzen II [znw] brede glimlach

grip I [ov + on ww] grijpen, pakken II [ov ww] vat hebben op, boeien III [znw] • greep • handvat • macht • beheersing

gripe [on ww] klagen, jammeren

grisly [bnw] griezelig

grist [znw] • koren • mout

gristle [znw] kraakbeen

grit I [ov + on ww] knarsen II [ov ww] met zand bestrooien III [znw] • zand(korreltje) • (steen)gruis • pit, durf

grizzle [ov + on ww] • grienen • (klagend) zeuren

grizzled [bnw] • grijs • 'peper en zout', grijzend

grizzly [znw] grijze beer

groan I [on ww] kreunen • (~ under) zuchten onder II [znw] gekreun

grocer [znw] kruidenier

grocery [znw] het kruideniersvak

groggy [bnw] • beneveld, dronken • niet vast op de benen

groin [znw] • lies • <archit.> graatrib

groom I [ov ww] verzorgen II [znw] • stalknecht • kamerheer • bruidegom

groove I [ov ww] een sleuf maken in II [znw] sleuf, sponning

groovy <sl.> [bnw] gaaf, in (de mode), tof, blits

grope [ov + on ww] • (~ after/for) (rond)tasten naar

gross I [ov ww] verdienen II [znw] gros III [bnw] • grof, lomp, walgelijk, monsterlijk • vet • bruto

grotesque I [znw] groteske II [bnw] potsierlijk

grotto [znw] grot

grotty [bnw] • akelig, beroerd • rot, gammel

grouch I [on ww] mopperen II [znw] mopperaar

grouchy [bnw] humeurig, met de bokkenpruik op

ground I [ov ww] • gronden, baseren • (grondig) onderleggen • aan/op de grond zetten • aarden <v. elektriciteit> II [on ww] aan de grond lopen III [znw] • terrein, park • grondkleur-/toon-/verf • ondergrond • reden • grond

grounding [znw] basis, vooropleiding, grondbeginselen

group I [ov + on ww] (z.) groeperen II [znw] groep

grouping [znw] groepering

grouse I [on ww] kankeren, mopperen II [znw] • korhoen(deren) • gemopper, gekanker

grove [znw] bosje

grovel [on ww] z. vernederen, kruipen <fig.>

grow I [ov ww] verbouwen, kweken II [on ww] • groeien • worden

grown [ww] volt. deelw. → grow

growth [znw] • groei • gewas • gezwel

grub I [ov ww] *uitgraven, opgraven*
II [on ww] *graven, wroeten* III [znw]
• *larve, made* • *eten*

grubby [bnw] *slonzig, smoezelig,*
smerig

grudge I [ov ww] *misgunnen* II [znw]
wrok

grudging [bnw] *onwillig,*
schoorvoetend, met tegenzin

gruel [znw] *watergruwel*

gruelling [bnw] *hard, meedogenloos*

gruesome [bnw] *ijzingwekkend, akelig*

gruff [bnw] *bars, nurks, nors*

grumble [on ww] *mopperen, grommen*
• *(~ about/at/over) zich beklagen*
over

grumpy [bnw] *knorrig, gemelijk*

grunt [on ww] • *knorren* • *grommen*

guarantee I [ov ww] *garanderen*
II [znw] *waarborg, garantie*

guard I [ov ww] *beschermen, bewaken,*
hoeden • *(~ against/from) behoeden*
voor, beschermen tegen II [on ww] *z.*
hoeden • *(~ against/from) z. hoeden*
voor III [znw] • *bescherming, wacht*
• *hoede, waakzaamheid* • *garde,*
beschermer, bewaker

guarded [bnw] *voorzichtig*

guardian [znw] • *beschermer* • *voogd*
• *curator*

guess I [ov + on ww] *raden* • *(~ at)*
raden naar II [znw] *gissing*

guest [znw] • *gast* • *introducé*

guffaw I [on ww] *schaterlachen*
II [znw] *schaterlach*

guidance [znw] • *(bege)leiding*
• *voorlichting*

guide I [ov ww] • *(bege)leiden*
• *besturen* II [znw] • *gids* • *(reis)leider*
• *leidraad*

guild [znw] *gilde*

guile [znw] *bedrog, list*

guileless [bnw] *argeloos*

guillotine I [ov ww] *onthoofden*
II [znw] *guillotine*

guilt [znw] *schuld*

guise [znw] *uiterlijk, gedaante*

guitar [znw] *gitaar*

gulch [znw] *ravijn*

gulf [znw] • *golf* • *afgrond, kloof*

gull [znw] *zeemeeuw*

gullet [znw] *slokdarm*

gull(e)y [znw] • *ravijn* • *geul, goot,*
afwatering

gullible [bnw] *goedgelovig, onnozel*

gulp I [ov + on ww] • *(in)slikken,*
(op)slokken • *(~ down) in één keer*
achteroverslaan/opslokken II [on ww]
bijna stikken III [znw] *slok*

gum I [ov ww] *met gom plakken*
II [znw] • *gom(boom)* • *kauwgom*
• *tandvlees*

gummy [bnw] • *gomachtig* • *kleverig*

gun I [ov ww] *schieten* • *(~ down)*
neerschieten II [znw] • *geweer*
• *revolver* • *kanon*

gunner [znw] • *artillerist*
• *boordschutter*

gurgle I [on ww] • *kirren* • *klokken*
• *rochelen* • *murmelen* II [znw] • *gekir*
• *geklok* • *gemurmel*

guru [znw] *goeroe*

gush I [on ww] • *gutsen, stromen*
• *dwepen, sentimenteel doen* II [znw]
• *stroom* • *opwelling* • *sentimentaliteit*

gust [znw] *(wind)vlaag*

gusto [znw] *smaak, genot, animo*

gut I [ov ww] • *uithalen, kaken <v. vis>*
• *leeghalen, uitbranden <v. huis>*
II [znw] • *darm* • *<pej.> pens*

gutless [bnw] *laf, zonder ruggengraat*
<fig.>

gutter I [on ww] *druipen <v. kaars>*
II [znw] *goot*

guttural [bnw] *keel-*

guy [znw] • *stormlijn <v. tent>* • *<AE>*
vent, kerel

gym [znw] • *gymzaal* • *gymnastiekles*

gymkhana [znw] *gymkana,*
ruiterwedstrijd/-show

gymnasium [znw] *gymnastiekzaal*

gynaecology [znw] *gynaecologie*

gypsy [znw] *zigeuner*
gyrate [on ww] *(rond)draaien, wentelen*
gyroscope [znw] *gyroscoop*

haberdasher [znw]
 • *fournituurenhandelaar* • ‹AE› *verkoper van herenmode(artikelen)*
haberdashery [znw]
 • *fournituuren(zaak/-afdeling)* • ‹AE› *herenmodezaak/-afdeling*
habit [znw] • *gewoonte* • *pij, habijt*
habitable [bnw] *bewoonbaar*
habitat [znw] *verspreidingsgebied* ‹v. dier/plant›, *woongebied*
habitation [znw] • *woning* • *bewoning*
habitual [bnw] *gewoon(lijk)*
hack I [ov + on ww] *(af-/fijn)hakken*
 II [on ww] • *computerkraken*
 • *(paard)rijden* III [znw] • *huurpaard, rijpaard* • *knol* • *broodschrijver* • ‹AE› *huurrijtuig, taxi*
had [ww] *verl. tijd + volt. deelw.*
 → have
haddock [znw] *schelvis*
hadn't [samentr.] /had not/ → have
haemoglobin [znw] *hemoglobine*
haemophilia [znw] *hemofilie, bloederziekte*
haemophiliac [znw] *hemofiliepatiënt*
haemorrhoids [znw] *aambeien*
hag [znw] *heks*
haggard [bnw] *verwilderd uitziend, wild*
haggle [on ww] *(af)pingelen*
hail I [on ww] *hagelen* II [znw] • *hagel*
 • *welkom, groet* III [tw] *heil!, hoezee!*
hair [znw] *haar, haren*
hairy [bnw] • *harig* • *hachelijk*
hale I [ov ww] *trekken, sleuren, slepen*
 II [bnw] *gezond, kras*
half I [znw] • *de helft* • *een halve*
 II [bnw] *half* III [bijw] *half*
halibut [znw] *heilbot*
hall [znw] • *zaal, eetzaal* • *hal, vestibule, gang* • *groot huis, gildehuis,*

stadhuis, kasteel

hallucinogenic [bnw] *hallucinogeen*

halo [znw] *stralenkrans, nimbus*

halt I [ov ww] *halt (laten/doen) houden*
II [znw] • *halt(e)* • *rust*

halter [znw] • *halster* • *bovenstukje <v. bikini>, topje*

halve [ov ww] *halveren*

ham [znw] • *dij, bil* • *ham* • *prulacteur* • *zendamateur*

hamlet [znw] *gehucht*

hammer I [ov ww] *hameren* • (~ **out**) *(met moeite) bereiken/tot stand doen komen* II [on ww] • *hameren* • *klop geven* • (~ (**away**) **at**) *erop los kloppen, zwoegen op* III [znw] *hamer*

hammock [znw] *hangmat*

hamper I [ov ww] • *belemmeren, verwarren* II [znw] *pakmand, sluitmand*

hand I [ov ww] *aanreiken* II [znw] • *hand* • *knecht*

handicap I [ov ww] • *nadelige invloed hebben op* • *belemmeren, hinderen* II [znw] *handicap*

handicraft [znw] *handarbeid, handwerk*

handiwork [znw] *schepping, werk, handwerk*

handkerchief [znw] *zakdoek*

handle I [ov ww] • *hanteren* • *onder handen nemen* • *bedienen* • *aanraken* II [znw] • *stuur* • *handgreep, handvat* • *kruk* • *knop* • *oor, heft*

handler [znw] • *africhter, trainer <v. honden>* • *afhandelaar <v. bagage>*

handsome [bnw] • *knap* • *royaal, overvloedig*

handy [bnw] • *handig* • *bij de hand*

hang I [ov ww] *hangen, ophangen, behangen* II [on ww] • *hangen* • *niet opschieten* • (~ **about**) *(doelloos) rondhangen* • (~ **back**) *dralen, niet mee willen komen* • (~ **behind**) *achterblijven* • (~ **on**) *met aandacht luisteren naar, volhouden*

• (~ **on/onto**) z. *vastklampen aan*
• (~ **together**) *samenhangen* • (~ **up**) *(telefoon) ophangen* • (~ **upon**) *afhangen van*

hank [znw] *streng <garen>*

hanker [on ww] *hunkeren*

hankering [znw] *hunkering, hang*

hanky-panky <inf.> [znw] *gescharrel*

haphazard [bnw] *willekeurig, op goed geluk*

happen [on ww] *gebeuren, voorvallen* • (~ (**up**)**on**) *toevallig aantreffen*

happening [znw] • *gebeurtenis* • *manifestatie*

happy [bnw] • *gelukkig* • *tevreden* • *blij*

harangue I [on ww] *een heftige toespraak houden* II [znw] *(heftige) rede, filippica*

harass [ov ww] *lastig vallen, teisteren, bestoken*

harbinger [znw] *voorbode*

harbour I [ov ww] • *herbergen* • *koesteren* II [znw] • *haven* • *(veilige) schuilplaats*

hard [bnw + bijw] • *hard* • *moeilijk* • *moeizaam* • *streng* • *onbuigzaam*

harden [on ww] *hard of vast worden, stollen*

hardly [bijw] • *met moeite* • *nauwelijks, zelden*

hardship [znw] *last, ongemak, ontbering*

hardy [bnw] • *stoutmoedig* • *sterk, gehard*

hare [znw] *haas*

hark [on ww] *luisteren* • (~ **back**) *(doen) herinneren*

harm I [ov ww] *kwaad doen, benadelen, letsel toebrengen* II [znw] *kwaad, letsel*

harmful [bnw] *schadelijk, nadelig*

harmless [bnw] *onschadelijk*

harmonic I [znw] *flageolettoon* II [bnw] *harmonisch*

harmonica [znw] *(mond)harmonica*

harmonize I [ov ww] *harmoniseren* II [on ww] *harmoniëren*

harmony [znw] • harmonie
• eensgezindheid
harness I [ov ww] • inspannen
• benutten II [znw] • paardentuig
• babytuigje
harp I [on ww] op harp spelen • (~ **on**
(**about**)) over iets doorzeuren II [znw]
harp
harpoon I [ov ww] harpoeneren
II [znw] harpoen
harpsichord [znw] klavecimbel
harrow [znw] eg
harrowing [bnw] aangrijpend,
schokkend
harry [ov ww] • lastig vallen • zeuren
om
harsh [bnw] • hard(vochtig) • ruw
harvest I [ov ww] oogsten II [znw] oogst
harvester [znw] • oogster
• oogstmachine
has [ww] → have
hash [znw] • hachee • hasj(iesj)
hashish [znw] hasj(iesj)
hasp [znw] knip, klamp, beugel <v.
hangslot>
haste I [on ww] z. haasten II [znw]
haast
hasten I [ov ww] verhaasten II [on ww]
z. haasten
hasty [bnw] • haastig • overhaast
hat [znw] hoed
hatch I [ov ww] (uit)broeden II [on ww]
uitkomen III [znw] • onderdeur
• luikgat • broedsel
hatchery [znw] kwekerij <vnl. vis>
hatchet [znw] bijl(tje)
hate I [ov ww] • een hekel hebben aan
• haten II [znw] haat
hateful [bnw] • erg vervelend, akelig
• hatelijk • haatdragend
hatred [znw] haat
hatter [znw] hoedenmaker/-maakster
haughty [bnw] uit de hoogte,
hooghartig
haul I [ov ww] • (op)halen, slepen
• vervoeren • (~ **up**) dagvaarden

II [znw] • haal, trek • illegale vangst,
buitenkansje
haunch [znw] lende(stuk), schoft, bil
haunt I [ov ww] • (veelvuldig) bezoeken
• rondspoken in/om • z. ophouden in
II [on ww] rondwaren III [znw] • veel
bezochte plaats • verblijf(plaats) • hol
have I [ov ww] • hebben • houden
• krijgen • beetnemen • (~ **on**)
beetnemen II [hww] hebben
haven [znw] haven, toevluchtsoord
haven't [samentr.] /have not/ → **have**
havoc [znw] plundering, verwoesting
haw I [znw] hagendoorn II [tw] ahum
hawk I [ov ww] leuren met, venten
II [on ww] met valken jagen III [znw]
havik, valk
hawker [znw] • valkenier • venter
hawser [znw] kabel
hawthorn [znw] hagendoorn
hay I [on ww] hooien II [znw] hooi
hazard I [ov ww] • riskeren, in de
waagschaal stellen • wagen II [znw]
• gevaar • risico
hazardous [bnw] • onzeker • gewaagd
haze I [ov ww] • benevelen, in nevel
hullen • <AE> treiteren II [znw] • nevel,
waas • zweem
hazel I [znw] • hazelaar • (stok v.)
hazelnotenhout II [bnw] lichtbruin
hazy [bnw] • vaag • aangeschoten
• heiig
he [pers vnw] hij
head I [ov ww] • de leiding
geven/nemen/hebben
• voor-/bovenaan staan • <sport>
koppen • (~ **off**) de pas afsnijden,
verhinderen II [on ww] gaan • (~ **for**)
aangaan op, onderweg zijn naar
III [znw] • hoofd, kop • top • chef,
directeur • rector • bovenstuk,
bovenkant • voorste stuk, voorkant
• voorgebergte • schuimkraag
• categorie, rubriek, post • stuk <vee>
header [znw] • duik met hoofd voorover
• kopbal

heading [znw] *opschrift, titel, kop, rubriek*

heady [bnw] • *onstuimig* • *koppig*

heal [ov + on ww] *genezen*

healer [znw] *genezer*

health [znw] *gezondheid*

healthy, healthful [bnw] *gezond*

heap I [ov ww] • *ophopen* • *laden, beladen, overladen* II [znw] *hoop*

hear I [ov + on ww] *horen* II [ov ww] • *horen, vernemen* • *luisteren naar* • (~ **of**) *horen over* • (~ **out**) *aanhoren tot het einde*

hearer [znw] *toehoorder*

hearing [znw] • *hoorzitting* • *publiek* • *gehoor*

hearsay [znw] *praatjes*

hearse [znw] *lijkkoets, lijkauto*

heart [znw] • *hart* • *gemoed* • *moed* • *kern*

hearten [ov ww] *bemoedigen*

hearth [znw] *haard*

heartily [bijw] • *hartgrondig* • *van harte* • *flink*

hearty [bnw] • *hartelijk* • *grondig* • *stevig* • *gezond*

heat I [ov + on ww] *heet/warm maken/worden, warmlopen* II [ov ww] • (~ **up**) *verwarmen* III [znw] • *bronst* • *onderdeel v. wedstrijdtoernooi, loop, manche* • *hitte, warmte* • *drift*

heated [bnw] *verhit, razend, woest*

heater [znw] • *verwarmer* • *kacheltje*

heath [znw] *heide*

heathen I [znw] *heiden* II [bnw] *heidens*

heather [znw] *heide(struik)*

heating [znw] *verwarming(sinstallatie)*

heave I [ov ww] • *(op)heffen, optillen* • *gooien* • *ophijsen* • *slaken* II [on ww] *op (en neer) gaan, deinen* • (~ **to**) ‹scheepv.› *stil gaan liggen, bijdraaien* III [znw] *hijs, ruk*

heaven [znw] *hemel*

heavenly [bnw] *hemels*

heavy [bnw + bijw] • *zwaar* • *moeilijk* • *somber, zwaarmoedig*

Hebrew I [znw] • *Hebreeër* • *Hebreeuws* ‹taal› II [bnw] *Hebreeuws*

heck [tw] *verdomme!*

heckle [ov ww] • *hekelen* • *(luidruchtig) interrumperen*

heckler [znw] *querulant*

hectic [bnw] • *tering-* • *hectisch, koortsachtig, opgewonden*

hector I [ov ww] • *overdonderen, intimideren* • *afblaffen* II [znw] • *bullebak* • *schreeuwer*

he'd [samentr.] /he had/ /he would/ → **have, will**

hedge I [ov ww] *omheinen* II [on ww] • *z. gedekt houden* • *z. dekken* III [znw] *heg, haag*

heed I [ov ww] *aandacht schenken aan* II [znw] *aandacht*

heedless [bnw] *achteloos*

heel [znw] • *hiel, hak* • ‹AE› *schlemiel*

hefty [bnw] • *stoer* • *log* • ‹AE› *zwaar*

hegemony [znw] *hegemonie*

heifer [znw] *vaars*

height [znw] *hoogte(punt)*

heighten [ov ww] *verhogen*

heirloom [znw] *erfstuk*

held [ww] *verl. tijd + volt. deelw.* → **hold**

helicopter [znw] *helikopter*

heliport [znw] *helihaven*

he'll [samentr.] /he will/ → **will**

hellish [bnw] *hels*

hello [tw] *hallo*

helm [znw] *roer*

helmet [znw] *helm*

help I [ov + on ww] • *helpen, bijstaan* • *(be)dienen* II [znw] *hulp*

helpful [bnw] • *behulpzaam* • *handig, nuttig*

helping [znw] *portie*

helpless [bnw] *hulpeloos*

helter-skelter [bijw] *holderdebolder*

hem I [ov + on ww] *omzomen* • (~ **in**) *insluiten, omsingelen* II [znw] *zoom*

hemisphere [znw] *halve bol*

hemlock [znw] *dolle kervel*

hen [znw] kip
hence [bijw] • van hier, vandaar • weg
henchman [znw] volgeling, trawant
henna I [ov ww] met henna verven
  II [znw] henna
hepatitis [znw] hepatitis, geelzucht
her [pers vnw] haar
heraldry [znw] heraldiek
herb [znw] kruid
herbaceous [bnw] kruidachtig, met
  kruiden
herbal I [znw] kruidenboek II [bnw]
  kruiden-
herbalist [znw] • kruidenkenner
  • kruidendokter
herbivorous [bnw] plantenetend
herd I [ov ww] hoeden, bijeendrijven <v.
  kudde> II [znw] • kudde • hoeder,
  herder
here [bijw] hier(heen)
hereditary, hereditable [bnw] erfelijk
heredity [znw] erfelijkheid, overerving
heresy [znw] ketterij
heretic [znw] ketter
heritage [znw] erfenis, erfgoed, erfdeel
hermaphrodite [znw] hermafrodiet
hermetic [bnw] hermetisch
hermit [znw] kluizenaar
hernia [znw] (ingewands)breuk
hero [znw] • held • halfgod
heroic [bnw] heldhaftig
heroin [znw] heroïne
heroine [znw] • halfgodin • heldin
heroism [znw] heldenmoed
heron [znw] reiger
herring [znw] haring
hers [bez vnw] • van haar • het/de hare
herself [wkd vnw] haar(zelf), zich(zelf)
he's [samentr.] /he is/ /he has/ → be,
  have
hesitancy [znw] aarzeling
hesitant [bnw] aarzelend
hesitate [on ww] • aarzelen • weifelen
hesitation [znw] aarzeling
heterosexual [bnw] heteroseksueel
hew [ov + on ww] • kappen, houwen
  • hakken

hexagon [znw] zeshoek
heyday [znw] bloei, fleur
hi [tw] • hé, hela • hallo
hiatus [znw] leemte, hiaat
hibernate [on ww] winterslaap doen
hide I [ov ww] • (~ from) verbergen
  voor II [on ww] (z.) verbergen III [znw]
  • huid • hachje • schuilplaats
hideous [bnw] afschuwelijk
hiding [znw] pak rammel
hierarchy [znw] hiërarchie
hieroglyph [znw] hiëroglief
higgledy-piggledy [bnw + bijw]
  schots en scheef, overhoop
high I [znw] record, hoogtepunt
  II [bnw + bijw] • hoog • verheven
  • opgewekt • dronken • bedwelmd
highly [bijw] • zeer, hoogst • met lof
hijack I [ov ww] kapen II [znw] kaping
hike I [on ww] rondtrekken II [znw]
  trektocht
hiker [znw] wandelaar, trekker
hilarious [bnw] vrolijk
hilarity [znw] hilariteit
hill [znw] heuvel
hillock [znw] heuveltje
hilly [bnw] heuvelachtig
hilt [znw] gevest
him [pers vnw] hem
himself [wkd vnw] • zich(zelf) • zelf
hind I [znw] hinde II [bnw] achter(ste)
hinder I [ov ww] (ver)hinderen, beletten
  II [bnw] achter(ste)
hindrance [znw] obstakel,
  belemmering
hindsight [znw] • vizier • beschouwing
  achteraf
Hindu I [znw] hindoe II [bnw]
  • hindoes • van het hindoeïsme
Hinduism [znw] hindoeïsme
hinge I [on ww] • rusten op • draaien
  II [znw] • scharnier • spil <fig.>
hint I [on ww] • (~ at) zinspelen op
  II [znw] • wenk, aanwijzing
  • zinspeling

hinterland [znw] *achterland*

hip I [znw] • **heup** • *rozenbottel* II [bnw]
• *hip*

hippo [znw] *nijlpaard*

hippopotamus [znw] *nijlpaard*

hire I [ov ww] *huren* • (**~ out**) *verhuren*
II [znw] • *huur* • *loon*

hireling [znw] *huurling*

his [bez vnw] *'t zijne, zijn, van hem*

hiss I [ov + on ww] *sissen* II [ov ww]
(uit)fluiten III [znw] *sissend geluid*

historian [znw] • *geschiedschrijver*
• *geschiedkundige*

hit I [ov + on ww] • *raken* • *slaan*
• (**~ (up)on**) *toevallig
aantreffen/stoten op* II [ov ww] *treffen*
• (**~ off**) *precies treffen* III [on ww] <AE>
(aan)komen (bij/op) IV [znw]
succes(nummer/-stuk)

hitch I [ov ww] *vastmaken, vastraken*
• (**~ up**) *optrekken* <met een rukje>
II [on ww] *liften* III [znw] *hapering,
kink in de kabel*

hither [bijw] *hierheen*

hoard I [ov + on ww] *hamsteren*
II [ov ww] *vergaren* III [znw]
• *voorraad* • *spaargeld* • *schat*

hoarding [znw] *aanplakbord*

hoarse [bnw] *schor, hees*

hoary [bnw] • *grijs* • *eerbiedwaardig*

hoax I [ov ww] *een poets bakken*
II [znw] *grap*

hob [znw] *haardplaat*

hobble I [ov ww] *kluisteren* II [on ww]
III [znw] • *strompelgang* • *kluister*

hobby [znw] *liefhebberij*

hock [znw] • *hielgewricht* <v. paard>
• *rijnwijn*

hod [znw] *kalkbak*

hoe I [ov + on ww] *schoffelen* II [znw]
schoffel

hog I [ov ww] *voor zich opeisen* II [znw]
• *(slacht)varken* • *zwijn* <fig.>

hoist I [ov ww] *(op)hijsen* II [znw]
hijstoestel

hoity-toity [bnw] *nuffig*

hold I [ov ww] • *(be)houden*
• *in-/tegen-/vasthouden* • *eropna
houden* • *(kunnen) bevatten* • *v.
mening zijn* • <AE> *gevangenhouden*
• (**~ against**) *kwalijk nemen,
verwijten* • (**~ back**) *aarzelen, z.
onthouden* • (**~ in**) (z.) *inhouden*
• (**~ off**) *uitstellen, op een afstand
houden* • (**~ on**) *niet loslaten* • (**~ up**)
*ophouden, omhooghouden,
aanhouden, overvallen* II [on ww] • *het
(uit)houden* • *v. kracht zijn*
• *aanhouden* • (**~ aloof**) z. *afzijdig
houden* • (**~ back**) *tegenhouden,
geheim houden* • (**~ by**) *blijven bij, z.
houden aan* • (**~ forth**) *betogen,
oreren* • (**~ off**) *wegblijven* • (**~ on**) z.
vasthouden, doorgaan, aanblijven
• (**~ on to**) *vasthouden aan* • (**~ out**)
het uithouden, toereikend zijn
• (**~ with**) *het houden bij/met,
goedkeuren* III [znw] • *houvast, vat,
greep* • <scheepv.> *ruim*

holder [znw] • *huurder, pachter*
• *houder*

holiness [znw] *heiligheid*

holler [ov + on ww] *schreeuwen*

hollow I [ov ww] *(uit)hollen, hol
maken* II [znw] • *holte* • *dal, laagte*
III [bnw + bijw] • *hol* • *voos, geveinsd,
leeg*

holly [znw] *hulst*

holy [bnw] *heilig*

homage [znw] *hulde*

home I [znw] • *t(e)huis* • *huis*
• *geboortegrond, vaderland* • *verblijf*
• *honk* II [bnw] • *huis(houd)elijk*
• *eigen* • *binnenlands* • *raak* III [bijw]
• *naar huis, thuis* • *naar/op z'n plaats,
raak*

homeward(s) [bijw] *huiswaarts*

homicidal [bnw] *moord-, moorddadig*

homicide [znw] • *doodslag* • *pleger v.
doodslag*

homing [znw] *het naar huis gaan*

homoeopath [znw] *homeopaat*

homogeneity [znw] *homogeniteit*

homosexual [znw] *homoseksueel*

hone [ov ww] *aanzetten, slijpen*

honest [bnw] • *rechtschapen • eerlijk • deugdelijk*

honesty [znw] • *eerlijkheid, oprechtheid* • ‹plantk.› *judaspenning*

honey [znw] • *honing • schat, liefje*

honeyed [bnw] *(honing)zoet*

honeymoon I [on ww] *de huwelijksreis/wittebroodsweken doorbrengen* II [znw] *huwelijksreis, wittebroodsweken*

honorary [bnw] *ere-*

honour I [ov ww] • *eren • honoreren* II [znw] *eer, eergevoel*

honourable [bnw] • *eervol • rechtschapen* • ≈ *edelachtbaar*

hood [znw] • *kap, capuchon • huif* • ‹AE› *motorkap*

hoodlum [znw] *vandaal, relschopper*

hoodwink [ov ww] *misleiden, zand in de ogen strooien*

hoof [znw] *hoef*

hook I [ov ww] • (z.) *vasthaken, aanhaken • aan de haak slaan* • (~ **up**) *aansluiten* II [on ww] *blijven haken* III [znw] • *haak, vishaak • sikkel, snoeimes, kram*

hooked [bnw] • *haakvormig • met haak • verslaafd*

hoop [znw] • *hoepel • basket* ‹bij basketbal›*, poortje* ‹bij croquet›

hoot I [ov ww] *uitjouwen* II [on ww] • *krassen* ‹v. uil› • *toeteren, claxonneren • jouwen • (hard) lachen* III [znw] • *gekras • getoeter*

hooter [znw] • *stoomfluit • sirene*

hooves [mv] → **hoof**

hop I [on ww] • *springen (op), hinken, huppelen* • (~ **off**) *ophoepelen, afspringen (van), afstijgen* II [znw] • *sprong(etje) • etappe* • ‹plantk.› *hop*

hope I [ov + on ww] *hopen* II [znw] *hoop*

hopeful [bnw] *hoopvol*

hopefully [bijw] *hopelijk*

hopper [znw] *(graan)schudder*

hormone [znw] *hormoon*

horn [znw] • *hoorn • voelhoorn • trompet, cornet • claxon*

horned [bnw] *met hoorns*

hornet [znw] *horzel*

horny [bnw] • *hoornachtig, vereelt* • ‹sl.› *heet, geil*

horoscope [znw] *horoscoop*

horrible, horrid [bnw] *afschuwelijk*

horror [znw] *afgrijzen, gruwel*

horse I [ov ww] *van paard(en) voorzien* II [on ww] (~ **around**) *ravotten* III [znw] • *paard* • ‹inf.› *heroïne*

hose I [ov ww] *(schoon)spuiten* • (~ **down**) *schoonspuiten* • (~ **out**) *uitspuiten* II [znw] *slang, tuinslang, brandslang*

hosiery [znw] *kousen en gebreide artikelen*

hospitable [bnw] *gastvrij*

hospital [znw] • *ziekenhuis • hospitaal*

hospitality [znw] *gastvrijheid*

hospitalize [ov ww] *in ziekenhuis opnemen*

host I [ov ww] *gastheer/-vrouw zijn* II [znw] • *gastheer* ‹ook biologisch› • *waard • hostie • menigte*

hostage [znw] • *gijzelaar • onderpand*

hostel [znw] *tehuis, jeugdherberg*

hostess [znw] • *gastvrouw • waardin • stewardess*

hostile [bnw] *vijandig, vijandelijk*

hot [bnw] • *heet, warm • driftig, heftig • pikant • kersvers, gloednieuw*

hotelier [znw] *hotelhouder*

hound I [ov ww] *vervolgen* • (~ **out**) *verjagen* II [znw] *(jacht)hond*

hour [znw] *uur*

hourly [bnw + bijw] • *per uur • van uur tot uur, voortdurend*

house I [ov ww] • *huisvesten • herbergen • stallen* II [znw] • *huis • schouwburg(zaal) • firma*

household I [znw] *gezin, huishouden* II [bnw] *huis-*

householder [znw] • hoofd v.h. gezin
• hoofdbewoner • bewoner v.e. eigen
huis

housing [znw] • behuizing
• bijgebouwen • huisvesting • <techn.>
(metalen) kast/ombouw

hove [ww] verl. tijd + volt. deelw.
→ heave

hovel [znw] hut, krot

hover [on ww] • rondhangen, zwerven,
zweven • bidden <v. roofvogel>

how [bijw] • hoe • wat

however [bijw] • echter • hoe ... ook

howl I [on ww] brullen, huilen, janken
II [znw] gehuil

howler [znw] • brulaap • enorme
blunder

howling I [znw] gebrul II [bnw] enorm

hub [znw] • naaf • middelpunt

hubbub [znw] kabaal, herrie

huckster [znw] venter

huddle I [on ww] in elkaar duiken
• (~ up) zich zo klein mogelijk maken
II [znw] dicht opeengepakte groep

hue [znw] tint, kleur

huff I [on ww] z. nijdig maken II [znw]
nijdige bui, lichtgeraaktheid

huffy [bnw] lichtgeraakt

hug I [ov ww] omhelzen II [znw]
omhelzing

huge [bnw] reusachtig

hulk [znw] • bonk (van een vent)
• (romp v.) afgetuigd schip • log
schip/gevaarte

hulking [bnw] log, lomp

hull I [ov ww] pellen II [znw]
(scheeps)romp

hum I [ov + on ww] neuriën II [on ww]
zoemen, brommen III [znw] gezoem,
gebrom

human [bnw] menselijk

humane [bnw] humaan, menslievend

humanitarian I [znw] filantroop
II [bnw] • filantropisch • humanitair

humanity [znw] • menselijkheid
• mensdom • het mens zijn

• menslievendheid

humanize [ov ww] • beschaven
• vermenselijken

humble I [ov ww] vernederen II [bnw]
• nederig, onderdanig • bescheiden

humbug [znw] • branieschopper
• zwendel • kouwe drukte • nonsens

humdinger [znw] • kei <fig.>,
geweldenaar • meesterstukje • knaller

humdrum [bnw] alledaags, saai

humid [bnw] vochtig

humidity [znw] vochtigheid

humiliate [ov ww] vernederen

humility [bnw] nederigheid

humour I [ov ww] • zijn zin geven
• toegeven (aan) II [znw] • humor
• stemming • humeur

hump I [on ww] • krommen • (met
moeite) dragen II [znw] bult

hunch I [ov ww] optrekken II [on ww]
buigen, krommen III [znw] • bult
• voorgevoel

hundred [telw] honderd, honderdtal

hundredth [telw] honderdste

hung [ww] verl. tijd + volt. deelw.
→ hang

Hungarian I [znw] • Hongaar(se) • het
Hongaars II [bnw] Hongaars

hunger I [on ww] hongeren II [znw]
• honger • verlangen

hungry [bnw] hongerig

hunk [znw] brok, homp

hunt I [ov ww] • jagen op • afzoeken
• (~ down) in 't nauw drijven,
achterna zitten • (~ out) opsporen,
achterhalen II [on ww] • jagen <met
honden/paard> • zoeken III [znw]
• jacht • zoektocht

hunter [znw] jager

hunting [znw] • jacht • zoektocht

huntsman [znw] jager

hurdle [znw] horde <om over te
springen>

hurl [ov ww] werpen, smijten

hurly-burly [znw] rumoer

hurricane [znw] orkaan

hurried [bnw] gehaast

hurry I [ov ww] • overhaasten • tot
haast aanzetten • (~ along/on)
voortjagen, opjagen • (~ away) in
haast wegbrengen II [on ww] • z.
haasten • haast maken met
• (~ along/on) voortijlen • (~ away)
wegsnellen • (~ up) haast maken,
voortmaken III [znw] haast

hurt I [ov + on ww] pijn doen II [znw]
pijn

hurtful [bnw] nadelig

hurtle [on ww] kletteren, snorren

husband I [ov ww] zuinig beheren
II [znw] man, echtgenoot

husbandry [znw] landbouw en veeteelt

hush I [ov ww] • sussen • tot zwijgen
brengen • (~ up) in de doofpot stoppen
II [on ww] zwijgen III [znw] stilte
IV [tw] sst!

husk I [ov ww] v. schil enz. ontdoen,
pellen II [znw] peul, dop, schil, kaf

husky [bnw] • schor • potig

hussy [znw] brutale meid, feeks

hustings [mv] verkiezingsactiviteiten

hustle I [ov ww] door elkaar schudden
II [on ww] • dringen • jachten III [znw]
gedrang

hustler [znw] oplichter

hut [znw] • hut • barak

hutch [znw] (konijnen)hok

hyacinth [znw] hyacint

hyaena [znw] hyena

hybrid I [znw] bastaard(vorm) II [bnw]
bastaard-, hybridisch

hydrant [znw] brandslang, standpijp

hydraulic [bnw] hydraulisch

hydrogen [znw] waterstof

hygiene [znw] hygiëne

hygienic [bnw] hygiënisch

hymen [znw] maagdenvlies

hymn [znw] lofzang, hymne

hymnal [znw] hymneboek,
gezangenboek

hyphen [znw] verbindingsstreepje

hypnosis [znw] hypnose

hypnotic [bnw] hypnotiserend

hypnotism [znw] hypnotisme

hypochondria [znw]
zwaarmoedigheid

hypocrisy [znw] huichelarij

hypocrite [znw] huichelaar

hypocritical [bnw] huichelachtig

hypodermic [bnw] onderhuids

hypotenuse [znw] hypotenusa,
schuine zijde

hypothesis [znw] hypothese,
veronderstelling

hysteria [znw] hysterie

hysterical [bnw] hysterisch

hysterics [mv] hysterische aanval

I

I [pers vnw] ik
ice I [ov ww] glaceren ‹v. gebak›
II [on ww] • (~ over/up) vastvriezen,
met ijs bedekt worden III [znw] (portie)
ijs
Icelander [znw] IJslander
Icelandic I [znw] IJslands II [bnw]
IJslands
icing [znw] suikerglazuur
icon [znw] ikoon
iconoclast [znw] beeldenstormer
icy [bnw] • ijsachtig, ijs- • met ijs
bedekt, vriezend, bevroren • kil,
afstandelijk
I'd [samentr.] /I had, I should, I
would/ → **have, will, shall**
idea [znw] • idee, plan • bedoeling
ideal I [znw] ideaal II [bnw] • ideaal
• ideëel
idealism [znw] idealisme
idealistic [bnw] idealistisch
idealize [ov ww] idealiseren
identic(al) [bnw] gelijkwaardig,
identiek
identification [znw] identificatie
identify I [ov ww] identificeren,
gelijkstellen II [on ww] • (~ with) zich
identificeren met
identity [znw] identiteit,
persoonlijkheid
ideological [bnw] ideologisch
ideology [znw] ideologie
idiocy [znw] zwakzinnigheid, idioterie
idiom [znw] idioom
idiomatic(al) [bnw] idiomatisch
idiot [znw] idioot
idiotic(al) [bnw] idioot
idle I [on ww] luieren II [bnw]
• nutteloos • ongegrond • braak ‹v.
land› • lui • niet aan 't werk zijnde
idler [znw] leegloper

idol [znw] • afgod(sbeeld) • idool
idolatrous [bnw] m.b.t. afgoderij
idolatry, idolization [znw] afgoderij
idolize [ov ww] verafgoden
idyl(l)ic [bnw] idyllisch
if [vw] • indien, als, ingeval • of
igloo [znw] iglo
ignite I [ov ww] in brand steken
II [on ww] ontbranden
ignition [znw] • ontsteking ‹v. motor›
• ontbranding
ignoble [bnw] • v. lage komaf • gemeen
ignominious [bnw] • schandelijk
• oneervol
ignominy [znw] schande, smaad
ignoramus [znw] domkop
ignorance [znw] • onervarenheid
• domheid
ignorant [bnw] • onkundig • onwetend
ignore [ov ww] negeren
ilk [bnw] soort, slag
ill I [znw] • kwaad • kwaal II [bnw]
• ziek, misselijk • slecht III [bijw]
slecht, kwalijk
I'll [samentr.] /I shall/ /I will/
→ **shall, will**
illegal [bnw] onwettig
illegible [bnw] onleesbaar
illegitimacy [znw] onwettigheid,
illegitimiteit
illegitimate [bnw] onwettig, onecht
illiberal [bnw] weinig vrijheid
toestaand
illicit [bnw] onwettig, ongeoorloofd
illiteracy [znw] ongeletterdheid
illiterate I [znw] analfabeet II [bnw]
niet kunnende lezen
illness [znw] ziekte
illogical [bnw] onlogisch
illuminate, illumine [ov ww]
• verlichten, licht werpen op
• verluchten ‹v. manuscript›
illusion [znw] • illusie • visioen
illustrate [ov ww] • illustreren
• verduidelijken
illustrator [znw] illustrator, tekenaar

illustrious [bnw] • doorluchtig
• beroemd

I'm [samentr.] /I am/ → be

image [znw] • gelijkenis, beeld,
voorstelling, beeltenis • idee • reputatie

imagery [znw] • beelden • beeldspraak

imaginable [bnw] denkbaar

imaginary [bnw] denkbeeldig

imagination [znw] verbeelding

imaginative [znw] • fantasierijk
• fantastisch

imagine [ov ww] z. voorstellen

imbalance [znw] onevenwichtigheid

imbecile [bnw] imbeciel

imitate [ov ww] nabootsen, navolgen

imitation [znw] imitatie, namaak

imitative [bnw] nabootsend

immaterial [bnw] • onstoffelijk
• onbelangrijk

immature [bnw] onrijp, niet volwassen

immeasurable [bnw] oneindig,
onmeetbaar

immediacy [znw] • nabijheid
• dringendheid

immediate [bnw] onmiddellijk

immediately I [bijw] • onmiddellijk
• rechtstreeks II [vw] meteen als/toen,
zodra

immense [bnw] onmetelijk

immerse [ov ww] onderdompelen,
indopen

immersion [znw] onderdompeling

immigrant I [znw] immigrant
II [bnw] immigrerend

immigration [znw] immigratie

imminent [bnw] dreigend, op handen
zijnde

immobile [bnw] onbeweeglijk

immobilize [ov ww] onbeweeglijk
maken

immoderate [bnw] buitensporig,
onmatig

immodest [bnw] • onbetamelijk
• onbescheiden

immoral [bnw] • immoreel • onzedelijk

immortal I [znw] onsterfelijke II [bnw]
• onsterfelijk • <inf.> onverslijtbaar

immortalize [ov ww] onsterfelijk
maken, vereeuwigen

immovable [bnw] onbeweeglijk

immune [bnw] immuun

immunize [ov ww] immuun maken

immutable [bnw] onveranderlijk

imp [znw] • kabouter • stout kind
• duiveltje

impact I [ov ww] indrijven II [znw]
• botsing • invloed • uitwerking • effekt
• slag • stoot

impair [ov ww] • verzwakken
• beschadigen

impale [ov ww] spietsen

impart [ov ww] mededelen

impartial [bnw] onpartijdig

impassable [bnw] • onbegaanbaar
• onoverkomelijk

impassioned [bnw] hartstochtelijk

impassive [bnw] • ongevoelig
• onverstoorbaar

impatience [znw] • ongeduld
• gretigheid • onverdraagzaamheid

impatient [bnw] verlangend,
ongeduldig, vurig

impeach [ov ww] in staat v.
beschuldiging stellen

impeachment [znw] aanklacht en
vervolging

impeccable [bnw] smetteloos, zonder
zonden

impecunious [bnw] • (altijd) arm
• zonder geld

impede [ov ww] verhinderen

impediment [znw] beletsel

impel [ov ww] • aanzetten • dringen

impenetrable [bnw]
ondoordringbaar, ondoorgrondelijk,
onbegrijpelijk

imperative I [znw] II [bnw]
• gebiedend • noodzakelijk

imperceptible [bnw] onmerkbaar

imperfect I [znw] onvoltooid verleden
tijd II [bnw] onvolkomen, onvolmaakt

imperfection [znw] • onvolmaaktheid

• zonde

imperial [bnw] • keizerlijk, keizer(s)-
• rijks-

imperialism [znw] imperialisme

imperil [ov ww] in gevaar brengen

imperishable [bnw] onvergankelijk

impermeable [bnw] ondoordringbaar

impersonate [ov ww]
• verpersoonlijken • vertolken • nadoen, imiteren

impertinence [znw] onbeschaamdheid

imperturbable [bnw] onverstoorbaar

impervious [bnw] ondoordringbaar

impetuous [bnw] onstuimig, heftig

impetus [znw] • bewegingsstuwkracht
• stoot

impiety [znw] • oneerbiedigheid
• goddeloosheid

impious [bnw] • goddeloos • profaan

impish [bnw] • ondeugend
• duivelachtig

implacable [bnw] onverzoenlijk

implant [ov ww] • planten • inprenten

implausible [bnw] onwaarschijnlijk

implement I [ov ww] nakomen
<contract> II [znw] werktuig

implicate [ov ww] insluiten, omvatten
• (~ in) betrekken bij

implication [znw] gevolgtrekking

implicit [bnw] • onvoorwaardelijk
• erin begrepen

implore [ov ww] (af)smeken

imply [ov ww] suggereren

impolite [bnw] onbeleefd

impolitic [bnw] onoordeelkundig

imponderable [bnw] • onweegbaar
• niet te schatten

import I [ov ww] • invoeren
• betekenen • v. belang zijn II [znw]
• betekenis • belang(rijkheid) • invoer

importance [znw] • belang
• gewicht(igheid)

important [bnw] • belangrijk
• gewichtig

importer [znw] importeur

importunate [bnw] lastig, (z.

op)dringend

importune [ov ww] lastig vallen

importunity [znw] opdringerigheid

impose [ov ww] • (~ on) imponeren, z.
opdringen, opleggen <v. plicht,
belasting>, misbruik maken van

imposing [bnw] • indrukwekkend
• veeleisend

impossible [bnw] onmogelijk

imposture [znw] bedrog

impotence [znw] • onmacht,
onvermogen • impotentie

impotent [bnw] • machteloos
• impotent

impound [ov ww] • insluiten • in
beslag nemen

impoverish [ov ww] verarmen

impracticable [bnw] • onbegaanbaar
• onuitvoerbaar

impractical [bnw] onpraktisch

impregnable [bnw] onneembaar

impress [ov ww] stempelen, inprenten,
indruk maken op

impression [znw] • oplage • indruk

impressionable [bnw] ontvankelijk

impressionist [znw] • impressionist
• imitator

impressionistic [bnw]
impressionistisch

impressive [bnw] indrukwekkend

imprint I [ov ww] • stempelen
• inprenten II [znw] stempel

imprison [ov ww] in de gevangenis
zetten

imprisonment [znw] gevangenschap

improbable [bnw] onwaarschijnlijk

improper [bnw] • onjuist • ongepast

impropriety [znw] ongepastheid

improve [ov + on ww] verhogen,
verbeteren

improvement [znw] • beterschap,
vooruitgang • hoger bod
• (bodem)verbetering

improvidence [znw] zorgeloosheid

improvise [ov ww] improviseren

imprudent [bnw] onvoorzichtig

impudent [bnw] *onbeschaamd, schaamteloos*

impugn [ov ww] *betwisten*

impulse [znw] • *stoot* • *prikkel* • *opwelling*

impulsive [bnw] • *aandrijvend, stuw-* • *impulsief*

impunity [znw] *straffeloosheid*

impure [bnw] • *onrein* • *onkuis* • *vervalst*

impurity [znw] *onreinheid*

impute [ov ww] • *ten laste leggen* • *toeschrijven, wijten (aan)*

inability [znw] *onbekwaamheid*

inaccessible [bnw] *ongenaakbaar, ontoegankelijk*

inaccuracy [znw] *onnauwkeurigheid, fout(je)*

inaccurate [bnw] *onnauwkeurig*

inaction [znw] • *traagheid* • *werkeloosheid*

inactive [bnw] • *werkeloos* • *traag*

inadequacy [znw] *onvolledigheid*

inadmissible [bnw] *ontoelaatbaar*

inadvertent [bnw] • *onoplettend* • *onbewust*

inalienable [bnw] *onvervreemdbaar*

inane [bnw] • *leeg* • *idioot* • *zinloos*

inapplicable [bnw] *niet toepasselijk*

inappropriate [bnw] • *ongepast* • *ongeschikt*

inapt [bnw] • *ongeschikt* • *ongepast*

inarticulate [bnw] *niet uit te spreken*

inattention [znw] *onachtzaamheid*

inattentive [bnw] *onoplettend*

inaudible [bnw] *onhoorbaar*

inaugural [bnw] *inaugureel*

inaugurate [ov ww] • *openen* • *installeren* • *inwijden*

inauspicious [bnw] *onheilspellend, ongunstig*

inborn, inbred [bnw] *aangeboren*

inbreeding [znw] *inteelt*

incalculable [bnw] *onberekenbaar*

incandescent [bnw] *gloeiend*

incantation [znw] *toverformule*

incapable [bnw] *onbekwaam*

incapacitate [ov ww] *ongeschikt maken*

incapacity [znw] *onbekwaamheid*

incarcerate [ov ww] *gevangenzetten*

incarnate I [ov ww] *belichamen* II [bnw] *vleselijk*

incarnation [znw] *verpersoonlijking*

incautious [bnw] *onvoorzichtig*

incendiary I [znw] *brandbom* II [bnw] *brandstichtend*

incense I [ov ww] • *woedend maken* • *bewieroken* II [znw] *wierook*

incentive [znw] • *prikkeling* • *motief* • *aansporing*

inception [znw] *aanvang*

incessant [bnw] *onophoudelijk*

inch I [on ww] z. *zeer langzaam voortbewegen* II [znw] *Engelse duim <2,54 cm>*

incidence [znw] *aantal gevallen*

incident [znw] *incident, voorval, episode*

incidental [bnw] *bijkomstig*

incinerate [ov ww] *verassen, verbranden*

incipient [bnw] *aanvangs-*

incise [ov ww] • *insnijden* • *graveren*

incisive [bnw] • *scherp* • *snij-*

incisor [znw] *snijtand*

incite [ov ww] • *aansporen* • *opruien*

inclement [bnw] *streng <v. weer>, guur*

inclination [znw] • *neiging* • *aanleg*

incline I [ov ww] • *geneigd maken* • *doen (over)hellen* II [on ww] • *(over)hellen* • *geneigd zijn* III [znw] • *hellend vlak* • *helling*

include [ov ww] *insluiten, omvatten*

inclusion [znw] • *insluitsel* • *insluiting*

inclusive [bnw] *insluitend, omvattend*

incoherent [bnw] • *verward* • *onsamenhangend*

income [znw] *inkomsten, inkomen*

incoming [bnw] • *binnenkomend* • *opkomend <v. getij>*

incommunicado [bnw] *(v.d. buitenwereld) afgeschermd, geïsoleerd*

incompatible [bnw] • onverenigbaar
• tegenstrijdig

incomplete [bnw] • onvolledig
• gebrekkig

incomprehensible [bnw]
onbegrijpelijk

inconceivable [bnw] onbegrijpelijk

inconclusive [bnw] niet beslissend,
niet overtuigend

incongruity [znw]
• ongelijksoortigheid • inconsequentie

incongruous [bnw] • ongelijksoortig
• inconsequent

inconsiderable [bnw] onbelangrijk

inconsiderate [bnw] onbedachtzaam,
onattent

inconsistent [bnw] • tegenstrijdig
• inconsequent

inconsolable [bnw] ontroostbaar

inconspicuous [bnw] onopvallend

incontrovertible [bnw] onbetwistbaar

inconvenience I [ov ww] in
ongelegenheid brengen II [znw]
ongemak, ongerief

inconvenient [bnw] • ongeriefelijk
• lastig

incorporate [ov ww] verenigen
• (~ in(to)/with) inlijven bij

incorrect [bnw] onjuist

incorrigible [bnw] onverbeterlijk

incorruptible [bnw] • onkreukbaar
• onvergankelijk

incredible [bnw] ongelofelijk

incredulity [znw] ongeloof

increment [znw] • loonsverhoging
• toename

incriminate [ov ww] • beschuldigen
‹v. misdaad› • betrekken in aanklacht

incubate [ov + on ww] (uit)broeden

incubator [znw] • broedmachine
• couveuse

inculcate [ov ww] inprenten

incumbent [bnw] verplicht

incur [ov ww] • oplopen • maken ‹v.
schulden›

incurable [bnw] ongeneeslijk

incursion [znw] vijandelijke inval,
onverwachte aanval

indebted [bnw] • (ver)schuldig(d)
• verplicht

indecency [znw] onfatsoenlijkheid

indecent [bnw] onzedelijk,
onfatsoenlijk

indecision [znw] besluiteloosheid

indecisive [bnw] besluiteloos

indeed [bijw] trouwens, dan ook, zelfs,
werkelijk, weliswaar, inderdaad

indefatigable [bnw] onvermoeid,
onvermoeibaar

indefensible [bnw] onverdedigbaar

indefinable [bnw] ondefinieerbaar,
niet te bepalen

indefinite [bnw] • onbepaald • vaag

indelible [bnw] onuitwisbaar

indemnity [znw] • schadeloosstelling
• vrijwaring • amnestie, kwijtschelding

indent [ov + on ww] • inspringen ‹v.
regel› • vorderen ‹v. goederen›

indentation [znw] inkeping, het
inspringen

independence [znw]
onafhankelijkheid

independent I [znw] iem. die niet
politiek gebonden is II [bnw]
onafhankelijk

indestructible [bnw] onverwoestbaar

Indian I [znw] • Indiër • indiaan
II [bnw] • indiaans • Indisch

indicate [ov ww] • aangeven ‹v.
richting› • tonen • aanwijzen • wijzen
op

indication [znw] aanwijzing

indicative I [znw] aantonende wijs
II [bnw] aantonend

indicator [znw] • spanningmeter
• richtingaanwijzer

indict [ov ww] beschuldigen, aanklagen

indictable [bnw] vervolgbaar

indifference [znw] onverschilligheid

indigenous [bnw] • inheems
• aangeboren

indigent [bnw] arm, behoeftig

indigestible [bnw] *onverteerbaar*

indigestion [znw] *indigestie*

indignant [bnw] *verontwaardigd*

indignation [znw] *verontwaardiging*

indignity [znw] *belediging*

indirect [bnw] • *bedrieglijk* • *indirect, zijdelings*

indiscernible [bnw] *niet te onderscheiden*

indiscreet [bnw] *onbezonnen*

indiscretion [znw] *onbezonnen daad/gedrag*

indiscriminate [bnw] • *geen verschil makend* • *in het wilde weg, zo maar*

indispensable [bnw] *onmisbaar*

indisposition [znw] *ongesteldheid*

indisputable [bnw] *onbetwistbaar*

indistinct [bnw] *onduidelijk*

individual I [znw] *individu, persoon* II [bnw] • *individueel, persoonlijk* • *eigenaardig*

individualism [znw] *individualisme*

individualist I [znw] *individualist* II [bnw] *individualistisch*

individuality [znw] *individualiteit*

individualize [ov ww] *individualiseren*

indoctrinate [ov ww] *indoctrineren*

indolent [bnw] *lui*

indomitable [bnw] *ontembaar, onoverwinnelijk*

Indonesian I [znw] *Indonesiër, Indonesische* II [bnw] *Indonesisch*

indoor [bnw] *binnenshuis, huis-*

indubitable [bnw] *zonder twijfel*

induce [ov ww] • *bewegen, ertoe krijgen* • *afleiden*

inducement [znw] • *beweegreden* • *lokmiddel*

induct [ov ww] *installeren, bevestigen* <v. predikant>

induction [znw] • *installatie* • *gevolgtrekking* • *inductie* • *kunstmatig ingeleide bevalling*

inductive [bnw] *aanleiding gevend, inductief*

indulge I [ov ww] • *verwennen*

• *toegeven (aan)* II [on ww] • (~ *in*) z. *overgeven aan*

indulgence [znw] *overdreven toegeeflijkheid*

indulgent [bnw] (al te) *toegeeflijk*

industrial [bnw] *industrieel, bedrijfs-, nijverheids-*

industrialist [znw] • *industrieel* • *fabriekseigenaar*

industrious [bnw] *hardwerkend, arbeidzaam*

industry [znw] • *industrie, bedrijf* • *ijver*

inebriate I [znw] *dronkaard* II [bnw] (altijd) *dronken*

inedible [bnw] *oneetbaar*

ineffable [bnw] *onuitsprekelijk*

ineffective [bnw] *ondoeltreffend*

ineffectual [bnw] • *vruchteloos* • *ontoereikend*

inefficient [bnw] • *onbekwaam* • *ondoelmatig*

inelegant [bnw] *onelegant, niet fraai*

ineligible [bnw] *niet te verkiezen*

inept [bnw] *onbekwaam*

ineptitude [znw] *onbekwaamheid*

inequality [znw] • *verschil* • *ongelijkheid*

inequitable [bnw] *onrechtvaardig, onbillijk*

inert [bnw] *traag, log*

inertia [znw] *traagheid*

inescapable [bnw] *onontkoombaar*

inessential [bnw] *niet essentieel, bijkomstig*

inestimable [bnw] *onschatbaar*

inevitable [bnw] *onvermijdelijk*

inexact [bnw] *onjuist*

inexcusable [bnw] *onvergeeflijk*

inexhaustible [bnw] *onuitputtelijk*

inexorable [bnw] *onverbiddelijk*

inexpensive [bnw] *goedkoop*

inexperience [znw] *onervarenheid*

inexperienced [bnw] *onervaren*

inexpert [bnw] *onbedreven, ondeskundig*

inexplicable [bnw] onverklaarbaar

inextricable [bnw] onontwarbaar

infallible [bnw] onfeilbaar

infamous [bnw] berucht

infamy [znw] • beruchtheid • schande

infancy [znw] • kindsheid
• minderjarigheid

infant I [znw] • zuigeling • kind
beneden 7 jaar • minderjarige II [bnw]
kinderlijk, kinder-

infanticide [znw] kindermoord

infantile [bnw] kinder-, kinderlijk,
kinderachtig

infantry [znw] infanterie

infatuation [znw] dwaze verliefdheid

infection [znw] besmetting

infectious [bnw] besmettelijk,
aanstekelijk

infer [ov ww] gevolg trekken

inference [znw] gevolgtrekking

inferior I [znw] ondergeschikte II [bnw]
• minder(waardig) • onder- • lager

infernal [bnw] hels, duivels

inferno [znw] hel, onderwereld

infertile [bnw] onvruchtbaar

infest [ov ww] teisteren

infidel I [znw] ongelovige II [bnw]
ongelovig

infidelity [znw] • ontrouw • ongeloof

infiltrate [ov + on ww] • dóórdringen
• infiltreren

infinitesimal [bnw] zeer klein

infinitive [znw] onbepaalde wijs

infinity [znw] oneindigheid

infirm [bnw] onvast, zwak

infirmary [znw] ziekenhuis, ziekenzaal

inflame [ov ww] opgewonden maken

inflammable [bnw] ontvlambaar

inflammation [znw] ontsteking

inflammatory [bnw] • ontstekings-
• opwindend

inflatable [bnw] opblaasbaar

inflate [ov ww] oppompen, opblazen

inflation [znw] inflatie

inflect [ov ww] <taalk.> verbuigen

inflection, inflexion [znw]

• verbuiging • stembuiging

inflexible [bnw] • standvastig
• onbuigzaam

inflict [ov ww] toedienen/opleggen <v.
straf>

inflow [znw] binnenstromende
hoeveelheid

influence I [ov ww] beïnvloeden
II [znw] invloed

influential [bnw] invloedrijk

influenza [znw] griep

influx [znw] • instroming • toevloed

inform [ov ww] mededelen

informal [bnw] informeel, niet officieel

information [znw] • mededeling
• inlichtingen

informative [bnw] informatief

informer [znw] • aanklager
• verklikker

infrastructure [znw] infrastructuur

infrequent [bnw] niet vaak

infringe [ov + on ww] overtreden

infuriate [ov ww] woedend maken

infuse I [ov ww] • laten trekken <v.
thee> • ingieten II [on ww] trekken <v.
thee>

infusion [znw] • infusie • aftreksel

ingenious [bnw] vernuftig

ingenuity [znw] vernuft

ingenuous [bnw] onschuldig

ingrained [bnw] diepgeworteld

ingratiate [ov ww] • (~ with) in de
gunst komen bij

ingratitude [znw] ondankbaarheid

ingredient [znw] bestanddeel

inhabit [ov ww] wonen in

inhabitant [znw] bewoner, inwoner

inhale [ov ww] inademen, inhaleren

inherit [ov ww] erven

inheritance [znw] erfenis, overerving

inhibit [ov ww] remmen, beletten

inhibited [bnw] verlegen, geremd

inhibition [znw] geremdheid

inhospitable [bnw] • ongastvrij
• onherbergzaam

inhuman [bnw] • onmenselijk

• monsterlijk

inhumane [bnw] wreed
inhumanity [znw] wreedheid
inimical [bnw] • vijandig • schadelijk
inimitable [bnw] onnavolgbaar, weergaloos
iniquitous [bnw] • zondig • onrechtvaardig
iniquity [znw] • onrechtvaardigheid • zonde
initial I [ov ww] paraferen II [znw] voorletter III [bnw] eerste, begin-, voor-
initiate I [ov ww] • beginnen • inwijden, inleiden II [znw] ingewijde III [bnw] ingewijd
initiative I [znw] initiatief II [bnw] aanvangs-
inject [ov ww] inspuiten
injection [znw] injectie
injudicious [bnw] onverstandig
injunction [znw] • dringend verzoek • verbod, bevel
injure [ov ww] • verwonden • krenken
injurious [bnw] • beledigend • schadelijk
injury [znw] • belediging • letsel, schade
injustice [znw] onrecht(vaardigheid)
ink I [ov ww] met inkt insmeren II [znw] inkt
inkling [znw] flauw vermoeden
inky [bnw] inktachtig
inlaid [bnw] ingelegd
inland I [znw] binnenland II [bnw + bijw] • binnenlands • in of naar 't binnenland
inlay I [ov ww] inleggen II [znw] • mozaïek • vulling <v. kies>
inlet [znw] inham
inn [znw] • herberg, taveerne • (dorps)hotel
innate [bnw] aangeboren, natuurlijk
inner [bnw] inwendig, innerlijk, binnen-
innocence [znw] onschuld
innocent I [znw] onschuldig iem. <vooral klein kind> II [bnw]

• onschuldig • onschadelijk

innocuous [bnw] onschadelijk, ongevaarlijk
innovator [znw] vernieuwer
innuendo [znw] • beledigende insinuatie • verdachtmaking
innumerable [bnw] ontelbaar
inoculate [ov ww] inenten
inoculation [znw] inenting
inoffensive [bnw] • geen aanstoot gevend • onschadelijk
inoperable [bnw] niet te opereren
inoperative [bnw] • niet werkend • ongeldig <v. wet>
inopportune [bnw] • ontijdig • ongelegen
inordinate [bnw] buitensporig
inorganic [bnw] anorganisch
input [znw] • invoer van gegevens • toevoer
inquest [znw] gerechtelijk onderzoek
inquire [ov + on ww] navragen • (~ **about/after**) informeren naar • (~ **into**) onderzoeken
inquisition [znw] • onderzoek • inquisitie
insalubrious [bnw] ongezond <v. omgeving>
insane [bnw] krankzinnig
insanity [znw] krankzinnigheid, dwaasheid
insatiable [bnw] onverzadigbaar
inscribe [ov ww] • graveren • opdragen <v. boek>
inscription [znw] inscriptie
inscrutable [bnw] ondoorgrondelijk
insect [znw] insect
insecure [bnw] onveilig, onbetrouwbaar
insensible [bnw] • bewusteloos • ongevoelig
insensitive [bnw] • ongevoelig • onattent
inseparable [bnw] onafscheidelijk, niet te scheiden
insert I [ov ww] • invoegen • insteken

II [znw] inlas
inshore [bnw] naar of dichtbij de kust
inside I [znw] binnenkant **II** [bnw] binnen-, binnenste **III** [bijw] van/naar binnen **IV** [vz] binnen, in
insider [znw] • lid v. vereniging • ingewijde
insidious [bnw] verraderlijk
insight [znw] inzicht
insignificant [bnw] onbeduidend
insincere [bnw] bedrieglijk, oneerlijk
insinuate [ov ww] insinueren
insipid [bnw] • saai, oninteressant • smakeloos
insist [ov + on ww] volhouden, met klem beweren
insistence [znw] aandrang
insistent [bnw] • aanhoudend • urgent
insole [znw] binnenzool
insolent [bnw] onbeschaamd
insoluble [bnw] onoplosbaar
insolvency [znw] insolventie
insolvent [bnw] • insolvent • <scherts> blut
insomnia [znw] slapeloosheid
inspect [ov ww] onderzoeken, inspecteren, bezichtigen
inspector [znw] • onderzoeker • inspecteur • opzichter
inspiration [znw] inspiratie, ingeving
inspire [ov ww] inspireren, bezielen
instability [znw] onstandvastigheid
installation [znw] • installatie • plaatsing
instalment [znw] • termijn <v. betaling> • aflevering • installatie
instead [bijw] in plaats hiervan/daarvan
instigate [ov ww] aansporen, aanzetten tot
instil(l) [ov ww] • doordringen van gevoelens/ideeën • indruppelen
instinct [znw] • instinct • intuïtie
instinctive [bnw] instinctmatig
institute I [ov ww] stichten **II** [znw] instelling, instituut

institution [znw] • instituut, instelling • gesticht • wet • <inf.> bekend of vast voorwerp of persoon
instruct [ov ww] • onderrichten • bevelen
instruction [znw] • aanwijzing, instructie • bevel
instructive [bnw] leerzaam
instructor [znw] • instructeur • docent <aan universiteit>
instrument [znw] instrument, werktuig
instrumental [bnw] instrumentaal
instrumentalist [znw] bespeler v. instrument
instrumentation [znw] instrumentatie
insubordinate [bnw] ongehoorzaam
insubstantial [bnw] onbelangrijk
insufferable [bnw] on(ver)draaglijk
insufficient [bnw] onvoldoende
insular [bnw] bekrompen <v. geest>
insulate [ov ww] • isoleren • afscheiden
insulation [znw] isolatie(materiaal)
insulator [znw] isolatie(middel)
insulin [znw] insuline
insult I [ov ww] beledigen **II** [znw] belediging
insuperable [bnw] onoverkomelijk
insupportable [bnw] ondraaglijk
insurance [znw] verzekering
insure [ov ww] verzekeren
insurer [znw] verzekeraar, assuradeur
insurgent I [znw] rebel **II** [bnw] oproerig
insurmountable [bnw] onoverkomelijk
insurrection [znw] opstand
intact [bnw] intact, heel, ongeschonden
intake [znw] • nieuwe instroom <v. personen> • opname • opgenomen hoeveelheid <v. energie, vermogen>
intangible [bnw] • ongrijpbaar • onstoffelijk
integer [znw] geheel getal
integral [bnw] essentieel deel

uitmakend
integrate [ov + on ww] integreren
integrity [znw] • eerlijkheid
• onkreukbaarheid
intelligence [znw] verstand, begrip
intelligentsia [znw] intellectuelen
intelligible [bnw] begrijpelijk
intemperate [bnw] overdreven, hevig
intend [ov ww] • v. plan zijn
• bestemmen
intended I [znw] verloofde II [bnw]
• aanstaande • met opzet
intense [bnw] intens, krachtig, vurig,
diep gevoeld
intent I [znw] bedoeling II [bnw]
• (in)gespannen • doelbewust
• (~ (up)on) vastbesloten
intention [znw] • voornemen • doel,
bedoeling
intentional [bnw] opzettelijk
inter I [ov ww] begraven II [bnw]
tussen, onder
interact [on ww] op elkaar inwerken
intercession [znw] tussenkomst
interchange I [ov ww] ruilen,
(uit)wisselen II [znw] • verandering
• ruil, uitwisseling • <AE> oprit naar
viaduct
interchangeable [bnw] verwisselbaar
intercontinental [bnw]
intercontinentaal
intercourse [znw] (geslachts)verkeer,
omgang
interdependent [bnw] onderling
afhankelijk
interest I [ov ww] • (~ in)
belangstelling wekken voor II [znw]
• belangstelling, (eigen)belang • rente
interested [bnw] geïnteresseerd
interesting [bnw] interessant,
belangwekkend
interfere [on ww] <techn.> interfereren
• (~ with) z. bemoeien met, verstoren
interference [znw] • bemoeiing,
tussenkomst • hinder • interferentie,
storing • <sport> blokkeren

interior I [znw] • 't inwendige,
interieur • binnenland • binnenste
II [bnw] • binnenlands • inwendig
• innerlijk
interject [ov ww] tussenwerpen
interjection [znw] • tussenwerpsel
• uitroep
interlock [on ww] in elkaar sluiten of
grijpen
interlocutor [znw] gesprekspartner
interloper [bnw] indringer
interlude [znw] • pauze • tussenspel,
intermezzo
intermarriage [znw] gemengd
huwelijk
intermarry [on ww] huwen tussen
verschillende stammen of volkeren
intermediary [znw] bemiddelaar
intermediate [bnw] tussenkomend
interment [znw] begrafenis
interminable [bnw] eindeloos
intermingle [ov + on ww] (ver)mengen
intermission [znw] • pauze
• onderbreking
internal I [znw] II [bnw] • inwendig,
innerlijk • binnenlands • inwonend
international I [znw] <sport>
(deelnemer aan) internationale
wedstrijd II [bnw] internationaal
internationalism [znw]
internationalisme
internecine [bnw] bitter <in gevecht>
internee [znw] geïnterneerde
internment [znw] internering
interplay [znw] wisselwerking
interpolate [ov ww] tussenvoegen,
inlassen
interpose I [ov ww] plaatsen tussen
II [on ww] • tussen beide komen • in de
rede vallen
interpret I [ov ww] • verklaren,
uitleggen • vertolken II [on ww] als
tolk fungeren
interpretation [znw] • vertolking
• uitleg, verklaring
interpreter [znw] tolk

interrelate [ov ww] *onderling verbinden*

interrogate [ov ww] *ondervragen*

interrupt [ov ww] *onderbreken, afbreken*

interruption [znw] *interruptie, onderbreking*

intersect I [ov ww] • *doorsnijden* • *verdelen* II [on ww] *elkaar snijden*

intersection [znw] *snijpunt, kruispunt*

intersperse [ov ww] *hier en daar ertussen zetten*

intertwine [ov ww] *in elkaar vlechten*

interval [znw] • *tussenruimte* • *pauze*

intervention [znw] *interventie*

interview I [ov ww] • *interviewen* • *ondervragen* II [znw] • *onderhoud* • *sollicitatiegesprek* • *vraaggesprek*

interviewer [znw] • *interviewer* • *ondervrager*

interweave I [ov ww] *vervlechten* II [on ww] *zich dooreen weven*

intimacy [znw] *intimiteit*

intimate I [ov ww] *min of meer laten blijken* II [bnw] *intiem, vertrouwelijk*

intimation [znw] • *wenk* • *teken*

intimidate [ov ww] *intimideren*

into [vz] *in, tot*

intolerable [bnw] *on(ver)draaglijk*

intolerant [bnw] *onverdraagzaam*

intonation [znw] *intonatie*

intone [ov ww] *aanheffen*

intoxicant I [znw] *bedwelmend middel, sterkedrank* II [bnw] *bedwelmend*

intractable [znw] *weerspanning*

intransigent [bnw] *onverzoenlijk*

intransitive [bnw] *onovergankelijk*

intravenous [bnw] • *intraveneus* • *in de ader(en)*

intricacy [znw] *ingewikkeldheid*

intricate [bnw] • *ingewikkeld* • *gedetailleerd*

intrigue I [ov + on ww] • *bevreemden* • *intrigeren* II [znw] *intrige*

intrinsic [bnw] • *innerlijk* • *inherent*

introduce [ov ww] • *voorstellen* ‹v. persoon› • *ter sprake brengen* • *invoeren, inleiden*

introduction [znw] *inleiding, voorwoord*

introductory [bnw] *inleidend*

introspection [znw] *zelfonderzoek*

introspective [bnw] *zelfbespiegelend*

intrude [ov + on ww] • *storen* • *binnen dringen*

intruder [znw] *indringer*

intrusion [znw] *inbreuk*

intrusive [bnw] *indringerig*

intuitive [bnw] *intuïtief*

inundate [ov ww] *onder water zetten, overstromen*

inure [ov ww] • **(~ to)** *gewennen aan*

invade [ov ww] *binnenvallen* ‹v. vijand›

invalid I [znw] • *zieke* • *invalide* II [bnw] • *ziek* • *invalide* • *ongeldig*

invalidate [ov ww] *ongeldig maken*

invaluable [bnw] *onschatbaar*

invasion [znw] *inval*

invective [znw] *scheldwoorden*

inveigh [on ww] • **(~ against)** *(heftig) uitvaren tegen, schelden op*

inveigle [ov ww] *(ver)lokken*

invent [ov ww] • *uitvinden* • *verzinnen*

invention [znw] *uitvinding*

inventive [bnw] *vindingrijk*

inventor [znw] *uitvinder*

inventory [znw] *inventaris*

inverse I [znw] *'t omgekeerde* II [bnw] *omgekeerd*

inversion [znw] • *omkering* • ‹taalk.› *inversie*

invert [ov ww] *omkeren*

invertebrate I [znw] *ongewerveld dier* II [bnw] *ongewerveld*

invest I [ov ww] • *beleggen* ‹v. geld› • *bekleden* • *installeren* II [on ww] *investeren*

investigate [ov ww] *onderzoeken*

investigator [znw] *onderzoeker*

investment [znw] *geldbelegging, investering*

investor [znw] investeerder, belegger
inveterate [bnw] verstokt, ingeworteld
invidious [bnw] • aanstootgevend
• gehaat, hatelijk • jaloers
invincible [bnw] onoverwinnelijk
inviolable [bnw] onschendbaar
invisible [bnw] onzichtbaar
invite I [ov ww] • aanlokken
• uitnodigen II [znw] <inf.> uitnodiging
invocation [znw] • inroeping <v. hulp>
• aanroeping <v. God> • oproeping <v.
geest>
invoice I [ov ww] factureren II [znw]
factuur
invoke [ov ww] inroepen
involuntary [bnw] onwillekeurig
involvement [znw] • verwikkeling
• (financiële) betrokkenheid • (seksuele)
verhouding
inward I [bnw] inwendig, innerlijk
II [bijw] naar binnen
iota [znw] • jota • schijntje
IOU [afk] • (I owe you) schuldbekentenis
Iranian I [znw] Iraniër II [bnw] Iraans
Iraqi [bnw] Irakees
irascible [bnw] opvliegend <v. aard>
irate [bnw] woedend
iridescent [bnw] • met de kleuren van
de regenboog, regenboogkleurig
• weerschijnend
iris [znw] • iris • <foto.> diafragma
Irish I [znw] het Iers II [bnw] Iers
irk [ov ww] • vervelen • vermoeien
irksome [bnw] vervelend
iron I [ov ww] strijken • (~ out)
gladstrijken, oplossing vinden voor
II [znw] • ijzer • beenbeugel
• strijkijzer III [bnw] • ijzeren • niet
wijkend • stevig • meedogenloos
ironing [znw] • het strijken • strijkgoed
irony [znw] ironie, spot
irrational [bnw] irrationeel
irredeemable [bnw] • onherstelbaar
• onaflosbaar • niet inwisselbaar <v.
geld>
irreducible [bnw] • onherleidbaar

• wat niet meer vereenvoudigd kan
worden
irrefutable [bnw] onweerlegbaar
irregular I [bnw] • ongeregeld
• onregelmatig
irrelevant [bnw] irrelevant, niet ter
zake doend
irremediable [bnw] onherstelbaar
irreparable [bnw] onherstelbaar
irreplaceable [bnw] onvervangbaar
irrepressible [bnw] niet te
onderdrukken
irreproachable [bnw] onberispelijk,
keurig
irresistible [bnw] onweerstaanbaar
irrespective [bnw]
irresponsible [bnw] • ongeacht
• onverantwoordelijk
irretrievable [bnw] reddeloos (verloren)
irreverent [bnw] oneerbiedig
irrevocable [bnw] onherroepelijk
irrigate [ov ww] bevloeien, irrigeren
irritable [bnw] prikkelbaar
irritant I [znw] prikkelend middel
II [bnw] prikkelend
irritate [ov ww] • irriteren • prikkelen
• ergeren
irritation [znw] • geprikkeldheid
• branderigheid
is [ww] → be
Islamic [bnw] islamitisch
island [znw] eiland
isle [znw] eiland
islet [znw] eilandje
isolate [ov ww] isoleren, afzonderen
isolation [znw] afzondering, isolement
issue I [ov ww] • in circulatie brengen,
uitgeven • verstrekken • uitvaardigen
• (~ with) voorzien van II [on ww]
• uitgaan, uitkomen • afstammen
• (~ forth) verschijnen • (~ from) 't
gevolg zijn van III [znw] • uitgang
• nakomelingen • geschilpunt,
probleem • kwestie • uitgave • oplage
• uitstroming
isthmus [znw] istmus, landengte

it [pers vnw] • het, hèt • het einde
Italian I [znw] Italiaan II [bnw]
  Italiaans
itch I [on ww] • jeuken • hunkeren
  II [znw] jeuk
item [znw] • agendapunt,
  programmaonderdeel • artikel • post
  <op rekening> • nieuwsbericht
itemize [ov ww] • artikelsgewijze
  noteren • specificeren
itinerant [bnw] rondreizend
itinerary I [znw] • route
  • reisbeschrijving • gids II [bnw] reis-
it'll [samentr.] /it will/ / it shall/
  → will, shall
it's [samentr.] /it is/ /it has/ → be,
  have
itself [wkd vnw] z.(zelf)
I've [samentr.] /I have/ → have
ivory I [znw] ivoor II [bnw] ivoren
ivy [znw] klimop

J

jab I [ov ww] porren, steken II [znw]
  steek
jabber I [on ww] snateren, wauwelen
  II [znw] het snateren, het wauwelen
jack I [ov + on ww] • (~ in) eraan geven,
  opgeven II [ov ww] • (~ off) <vulg.> z.
  aftrekken • (~ up) opvijzelen,
  opkrikken III [znw] • stekker • boer <in
  kaartspel> • dommekracht, krik
jackal [znw] jakhals
jacket I [ov ww] voorzien v.e.
  mantel/omslag II [znw] • buis
  • colbert, jasje • omslag <v. boek> • hoes
  <v. plaat> • schil <v. aardappel>
jagged [bnw] • hoekig, getand
  • gekarteld
jail I [ov ww] gevangen zetten II [znw]
  gevangenis, gevangenisstraf
jam I [ov ww] • samendrukken,
  vastzetten, versperren • <telecom.>
  storen II [on ww] • knellen • vastlopen
  <v. machine> • <muz.> improviseren
  III [znw] • jam • klemming, gedrang,
  (verkeers)opstopping
jamb [znw] deur-/raamstijl
jangle I [ov ww] doen rinkelen
  II [on ww] ratelen, rinkelen III [znw]
  gerinkel
janitor [znw] • portier • <AE> conciërge
January [znw] januari
jar I [ww] • onaangenaam aandoen • in
  strijd zijn met • knarsen, krassen
  II [znw] • geknars • schok • wanklank
  • onenigheid • pot, kruik, fles
jargon [znw] • bargoens • jargon
jaundice [znw] geelzucht
jaunt I [on ww] 'n uitstapje maken
  II [znw] uitstapje
jaunty [bnw] luchtig, vrolijk
javelin [znw] speer
jaw [znw] • kaak • <inf.> geklets

jay [znw] *Vlaamse gaai*

jazz I [on ww] • (~ up) <sl.> *levendiger maken, opvrolijken* II [znw] *jazz*

jazzy [bnw] *lawaaierig, bont, druk, grillig*

jealous [bnw] *jaloers, afgunstig*

jealousy [znw] *jaloezie, naijver, afgunst*

jeans [mv] *spijkerbroek*

jeer I [ww] *honen* II [znw] *hoon, spot*

jell [on ww] • *stollen* • <inf.> *vaste vorm aannemen*

jelly [znw] *gelei, pudding*

jemmy [znw] *breekijzer*

jeopard(ize) [ov ww] *in gevaar brengen*

jeopardy [znw] *gevaar*

jerk I [ov + on ww] *rukken, trekken, schokken* • (~ off) <sl.> *aftrekken* II [znw] • *ruk, trek, schok, spiertrekking* • <sl.> *stomme meid/vent*

jerkin [znw] *wambuis*

jerky [bnw] *met rukken, met horten en stoten*

jersey [znw] *gebreide wollen trui*

jest I [on ww] *schertsen* II [znw] *scherts*

jester [znw] *grappenmaker, nar*

Jesuit [znw] *jezuïet*

jet I [on ww] *per straalvliegtuig reizen* II [znw] • *(water)straal* • *git* • *straalvliegtuig* III [bnw] *gitzwart*

jettison [ov ww] *overboord gooien v. lading, afwerpen v. lading*

jewel [znw] *(edel)steen, juweel*

jeweller [znw] *juwelier*

jewellery, jewelry [znw] *juwelen*

Jewess [znw] *jodin*

Jewish [bnw] *joods*

jib [on ww] • *koppig zijn* • *onverwachts stilstaan* <v. paard> • *bezwaar maken*

jibe [znw] → **gibe**

jiff(y) [znw] *ogenblikje*

jig I [ov + on ww] *bepaalde Schotse dans uitvoeren, huppelen, met korte rukjes bewegen, hossen* II [znw] *soort Schotse dans*

jiggle [ov ww] *schudden, wiegelen, even rukken aan*

jilt [ov ww] *de bons geven*

jingle I [ov + on ww] *(doen) klingelen, (laten) rinkelen* II [znw] • *geklingel* • *deuntje* • *jingle*

jingoism [znw] *chauvinisme*

jinx I [ov ww] *beheksen* II [znw] *doem, vloek*

job [znw] • *werk, karwei* • *klus* • *baan(tje), betrekking, arbeidsplaats, functie, vak*

jodhpurs [mv] *rijbroek*

jog I [ov ww] • *(iem.) aanstoten* • *opfrissen* <v. geheugen> II [on ww] • *joggen, trimmen* • *op een sukkeldrafje lopen* • (~ along) *voortsukkelen* III [znw] • *duwtje* • *sukkeldraf*

jogger [znw] • *afstandsloper* • *trimmer*

joggle [ww] *schudden*

join I [ov + on ww] *dienst nemen* <in het leger>, *bij elkaar brengen, ontmoeten, (z.) aansluiten bij, meedoen aan/met, lid worden v.* • (~ in) *meedoen* • (~ up) *verbinden, in mil. dienst gaan* • (~ with) *z. aansluiten bij* II [znw] • *verbindingslijn/-punt/-las, enz.* • *naad*

joiner [znw] *meubelmaker*

joinery [znw] *vak/werk v. meubelmaker*

joint I [ov ww] • *verbinden* • *voegen* <muur> II [znw] • *verbinding(sstuk), voeg, naad, gewricht, stengelknoop, geleding* • *stuk vlees* • *tent, speelhol, dansgelegenheid* • <sl.> *stickie* III [bnw] *gezamenlijk*

joist [znw] *bint*

joke I [ov + on ww] *grappen maken* II [znw] *grap*

joker [znw] • *grappenmaker* • *joker* <in kaartspel>

jolliness, jollity [znw] • *festiviteit* • *jool*

jolly I [bnw] *vrolijk* II [bijw] <inf.> *heel, zeer*

jostle I [ov + on ww] *duwen, (ver)dringen* II [znw] *drukte, gewoel*

jot I [ov ww] • (~ **down**) vlug opschrijven II [znw] • jota <fig.> • kleine hoeveelheid

jotter [znw] aantekenboekje

journal [znw] • dagboek • tijdschrift, dagblad

journalism [znw] journalistiek

journey I [on ww] reizen II [znw] reis

joust [on ww] steekspel houden

jovial [bnw] gezelschaps-, opgewekt, joviaal

jowl [znw] kaak, wang

joy [znw] • succes • vreugde, genot

joyful, joyous [bnw] blij

joyless [bnw] treurig

jubilant [bnw] juichend

jubilation [znw] gejubel

jubilee [znw] jubileum

judder [on ww] hevig schudden

judge I [ov ww] • be-/veroordelen • beslissen II [on ww] • rechtspreken • als scheidsrechter optreden III [znw] • rechter • iem. die beoordeelt, kenner • jurylid

jug [znw] kan, kruik

juggernaut [znw] • moloch • grote vrachtwagen

juggle [ov + on ww] jongleren (met)

juggler [znw] jongleur

jugular I [znw] II [bnw] keel-, hals-

juice [znw] • benzine <in motor> • sap, vocht, afscheiding • fut • <sl.> elektriciteit

July [znw] juli

jumble I [on ww] door elkaar gooien/rollen, verwarren II [znw] rommel, warboel

jumbo [znw] • jumbojet • olifant

jump I [ov ww] • springen over • toespringen op • overslaan II [on ww] • omhoogschieten • springen III [znw] • sprong • plotselinge beweging • slag <bij damspel> • <sport> hindernis

jumper [znw] • gebreide (dames)trui • springer, springpaard • <AE> slipover

jumpy [bnw] zenuwachtig, opgewonden

junction [znw] knooppunt, kruispunt

juncture [znw] samenloop v. omstandigheden

June [znw] juni

jungle [znw] • rimboe • warwinkel

junior [znw] • junior • jongere, mindere • zoon

juniper [znw] jeneverbes(struik)

junk [znw] • jonk • afval, rommel, oud roest

junket [znw] snoepreisje

jurisdiction [znw] • jurisdictie • rechtspraak

jurisprudence [znw] jurisprudentie

juror [znw] • jurylid • gezworene

jury [znw] jury, gezworenen

just I [bnw] • gegrond • terecht II [bijw] • precies, net • gewoon(weg), alleen maar

justice [znw] rechtvaardigheid, recht

justifiable [bnw] gerechtvaardigd

justification [znw] rechtvaardiging, verantwoording

justify [ov ww] • rechtvaardigen • verdedigen • uitvullen <v. tekst>

jut [ov ww] • (~ **out**) uitsteken

juxtaposition [znw] het naast elkaar geplaatst zijn

K

kale [znw] (boeren)kool
kaleidoscope [znw] kaleidoscoop
kangaroo [znw] kangoeroe
kayak [znw] kajak
keel I [on ww] • (~ over) omslaan, kapseizen II [znw] kiel <v. schip>
keen [bnw] scherp(zinnig), doordringend, intens, levendig, vurig
keep I [ov ww] • in orde houden • bijhouden <v. boeken> • hebben <v. winkel/bedrijf> • erop na houden • iem. onderhouden • in voorraad hebben • vasthouden, gevangen houden • (z.) houden (aan) • bewaren • (~ away) uit de buurt houden • (~ back) terug-/achterhouden • (~ down) (onder)drukken • (~ from) verzwijgen voor, verhinderen te, weerhouden van • (~ in) inhouden, binnen houden, school laten blijven • (~ off) op afstand houden, afblijven van, afweren • (~ on) ophouden, blijven houden, aanhouden <bijv. v. huis> • (~ out) buiten houden • (~ under) onderhouden, onderdrukken, bedwingen • (~ up) de moed erin houden, in stand houden, aanhouden <vuur>, wakker houden, ophouden, onderhouden <contact> II [on ww] • goed houden, goed blijven <v. voedsel> • blijven doen, doorgaan met • (~ at) blijven werken aan • (~ away) wegblijven • (~ from) z. onthouden van • (~ in with) <inf.> contact houden met • (~ on) doorgaan, blijven praten • (~ on at) blijven praten tegen, vragen aan, vitten, treiteren • (~ up) bijhouden III [znw] • toren, versterking, fort • hoede, bewaring • onderhoud, kost

keeper [znw] • bewaker, bewaarder, houder • doelverdediger • hoeder, opzichter
keeping [znw] • overeenstemming • hoede
keg [znw] vaatje
kennel [znw] • kennel • hondenhok • meute
kept I [ww] verl.tijd + volt.deelw. → keep II [bnw] (goed) onderhouden
kerb [znw] trottoirband
kernel [znw] kern, pit
kerosene [znw] kerosine
key I [ov + on ww] spannen, stemmen • (~ down) 'n toontje lager (doen) zingen, afzwakken • (~ in) intoetsen • (~ up) verhogen, opdrijven II [znw] • sleutel • toets • grondtoon, toonaard • rif III [bnw] voornaamste, sleutel-
khaki [znw] kaki
kick I [ov + on ww] schoppen, achteruitslaan, trappen • (~ about) ruw behandelen • (~ off) uitgooien <v. schoenen> • (~ out) eruit trappen II [znw] • energie, fut • trap • kick
kidnap [ov ww] ontvoeren
kidney [znw] • nier • gesteldheid, aard
kill I [ov ww] • doden • slachten • overstelpen met • vernietigend oordeel uitspreken <over wetsontwerp> • stoppen <v. bal> • afzetten <v. motor> • (~ off) afmaken <doden> II [znw] (door jager) gedood dier
killer [znw] • slachter • moordenaar
killing I [znw] prooi II [bnw] dodelijk
kiln [znw] kalkoven, stookoven
kilt [znw] kilt, Schotse rok
kin [znw] familie, bloedverwantschap
kind I [znw] soort, aard II [bnw] vriendelijk, aardig
kindergarten [znw] kleuterschool
kindle [ov + on ww] ontsteken, aansteken, aanvuren, vlam vatten, gloeien
kindling [znw] aanmaakhout
kindly I [bnw] gemoedelijk, vriendelijk

II [bijw] wilt u zo vriendelijk zijn om, alstublieft

kindness [znw] • vriendelijkheid • iets aardigs

kindred I [znw] verwanten II [bnw] verwant

kinetic [bnw] bewegings-

king [znw] • koning, vorst • heer • magnaat

kingdom [znw] • (konink)rijk • terrein • gebied

kink [znw] slag, knik, hersenkronkel

kinky [bnw] • kroezend • vreemd, ongewoon • pervers • kronkelig

kinship [znw] verwantschap

kiosk [znw] • stalletje • kiosk • telefooncel

kip <inf.> I [on ww] maffen • (~ down) gaan maffen II [znw] bed, slaap

kipper [znw] gerookte haring

kiss I [ov ww] kussen II [znw] kus

kitchen [znw] keuken

kitchenette [znw] keukentje

kite [znw] • vlieger • wouw

kittenish [bnw] speels

kitty [znw] • poesje • pot <bij kaartspel> • (huishoud)potje • kas

klaxon [znw] claxon

kleptomania [znw] kleptomanie

kleptomaniac [znw] kleptomaan

knack [znw] handigheid, slag

knapsack [znw] ransel, rugzak

knave [znw] boer <in kaartspel>

knead [ov ww] • kneden • masseren

knee I [ov ww] een knietje geven II [znw] knie(stuk)

kneel [on ww] knielen • (~ to) knielen voor

knell [znw] • (geluid v.) doodsklok • aankondiging v. dood of onheil

knew [ww] verl. tijd → know

knickers [mv] onderbroek

knife I [ov ww] steken <met mes> II [znw] mes

knight I [ov ww] tot ridder slaan, ridderen II [znw] • ridder • paard <in schaakspel>

knighthood [znw] • ridderschap • titel v. ridder

knightly [bnw] ridderlijk

knit [ov + on ww] • knopen, breien • (z.) verenigen • fronsen <v. wenkbrauwen> • (~ up) stoppen <v. kousen>, verbinden, eindigen

knitting [znw] • 't breien • breiwerk

knives [mv] → knife

knob [znw] • knop, knobbel • kluitje, klont(je)

knobbly [bnw] • bultig • knobbelig

knock I [ov ww] • kloppen • slaan • (~ about/around) toetakelen, afranselen • (~ back) achteroverslaan <borrel> • (~ down) neerslaan, afbreken, verslaan • (~ off) afslaan, korting geven, naar de andere wereld helpen, stelen, aftrekken <v. kosten>, naaien <fig.> • (~ out) verslaan, uitkloppen <pijp>, k.o. slaan • (~ over) omslaan <een glas> • (~ together) haastig in elkaar zetten • (~ up) omhoog slaan, vlug in elkaar zetten <huis/plan>, afmatten, zwanger maken II [on ww] kloppen <ook v. motor> • (~ about/around) rondslenteren, ronddolen • (~ off) ophouden • (~ under) z. onderwerpen • (~ up) <sport> vooraf inslaan III [znw] klop, duw, slag

knocker [znw] • deurklopper • <sl.> borst

knoll [znw] heuveltje

knot I [ov ww] vast-/dichtknopen II [on ww] in de knoop raken III [znw] • knoest in hout • strik, knoop <in touw> • groep(je) • <scheepv.> knoop

knotty [bnw] vol knopen, ingewikkeld

know I [ov ww] (her)kennen, weten, merken, bekend zijn met II [on ww] weten

knowing [bnw] schrander, handig, geslepen

knowledge [znw] kennis, wetenschap

knowledgeable [bnw] *goed ingelicht*
known I [ww] *volt. deelw.* → **know**
II [bnw] *erkend, berucht, gereputeerd*
knuckle I [on ww] • (~ **down**) *hard*
aan 't werk gaan • (~ **down/under**)
z. gewonnen geven II [znw] *knokkel*
Korean I [znw] • *Koreaan* • *het*
Koreaans II [bnw] *Koreaans*

L

label I [ov ww] • *van etiket voorzien*
• *bestempelen (als), beschrijven (als)*
II [znw] *etiket*
laboratory [znw] *laboratorium*
laborious [bnw] • *hardwerkend*
• *moeizaam* • *geforceerd ‹v. stijl›*
labour [znw] • *arbeid, taak, werk,*
inspanning • *arbeidskrachten*
• *barensweeën*
labourer [znw] *arbeider*
laburnum [znw] *goudenregen*
labyrinth [znw] *labyrint, doolhof*
lace I [ov ww] • *scheutje sterkedrank*
toevoegen • *rijgen* • (~ **in**) *inrijgen*
• (~ **up**) *vastrijgen* II [znw] • *veter*
• *kant, vitrage* III [bnw] *kanten*
lacerate [ov ww] *(ver)scheuren*
laceration [znw] *scheur, rijtwond*
lachrymose [bnw] • *huilend* • *huilerig*
lackadaisical [bnw] *lusteloos, dromerig*
lackey [znw] *lakei*
laconic [bnw] *kortaf, laconiek*
lacquer I [ov ww] *vernissen, lakken*
II [znw] • *vernis* • *lakwerk*
lacy [bnw] • *kanten* • *kantachtig*
lad [znw] *knaap, jongeman, jongen*
laden [bnw] • *beladen* • *bezwaard*
• *bezwangerd*
ladle I [ov ww] • (~ **out**) *opscheppen,*
uitscheppen II [znw] • *soeplepel*
• *gietlepel*
lady [znw] • *dame* • *vrouwe*
lag I [ov ww] • *van bekleding voorzien*
‹v. stoomketel› • *isoleren*
• *achterblijven* II [on ww] III [znw]
• *achterstand* • *vertraging* • ‹sl.›
recidivist
lager [znw] *soort bier*
lagging [znw] *isolatiemateriaal*
lagoon [znw] *lagune*
laid [ww] *verl.tijd + volt.deelw.* → **lay**

lain [ww] volt. deelw. → lie

lair [znw] • leger <v. dier>, hol <inf.> kamer

laity [znw] • de leken • lekenpubliek

lake [znw] meer

lamb [znw] • lam(svlees) • lammetje <fig.>

lame I [ov ww] kreupel maken II [bnw] • kreupel • stotend <v. metrum> • slapjes, niet overtuigend <v. excuus>

lament I [ww] (be)treuren, lamenteren II [znw] klaaglied

lamentable [bnw] • jammerlijk • betreurenswaardig

lamentation [znw] weeklacht, klaaglied

lamp [znw] lamp, lantaarn

lampoon I [ov ww] aanvallen in een satire II [znw] satire

lance I [ov ww] • met lancet doorprikken • slingeren II [znw] lans, speer

land I [ov ww] • doen landen <v. vliegtuig> • toedienen <v. klap of slag> • ophalen <v. vis> • in de wacht slepen <v. prijs> • doen belanden • (~ with) opschepen met II [on ww] • aankomen, bereiken, terechtkomen • landen III [znw] land(streek), grond, landerij(en)

landau [znw] landauer

landed [bnw] • grond bezittend • ontscheept • in moeilijkheden • grond-, land-

landing [znw] • landingsplaats, losplaats • overloop <tussen twee trappen> • vangst • aanvoer • landing

lane [znw] • landweg, weggetje • rijstrook • steeg • route <v. schepen, vliegtuigen> • (kegel)baan

language [znw] taal, spraak

languid [bnw] traag, lusteloos

languish [on ww] • (weg)kwijnen, verzwakken • smachtend kijken

languor [znw] loomheid

languorous [bnw] • loom • zwoel

lank [bnw] • mager en lang • sluik <v. haar>

lanky [bnw] slungelachtig

lantern [znw] lantaarn

lanyard [znw] • koord om fluit/mes, enz. aan te bevestigen • draagriem <v. kijker>

lap I [ov + on ww] • likken • kabbelen • (~ up) gretig luisteren of aannemen II [znw] • schoot • ronde <bij wedstrijd>

lapel [znw] revers <v. jas>

lapse I [on ww] • (ver)vallen • glijden • verlopen II [znw] • verloop <v. tijd> • vergissing, misstap • afvalligheid • het vervallen <v. recht>

lapwing [znw] kievit

larch [znw] • lariks • larikshout

lard I [ov ww] • larderen • doorspekken II [znw] varkensvet

larder [znw] provisiekast, provisiekamer

large [bnw] groot, veelomvattend, omvangrijk, fors

lark I [on ww] • (~ about) keet trappen, tekeergaan II [znw] • leeuwerik • dolle grap, lolletje • vermakelijk voorval

larva [znw] larve

larynx [znw] strottenhoofd

lascivious [bnw] wellustig, wulps

lash I [ov + on ww] • slaan • zwiepen II [ov ww] • geselen • vastsjorren III [on ww] om z. heen slaan • (~ out) uitvaren tegen IV [znw] • (zweep)slag • zweepkoord • wimper

lashing [znw] • pak slaag • bindtouw • grote hoeveelheid

lassitude [znw] moeheid, traagheid

lasso I [ov ww] met een lasso vangen II [znw] lasso

last I [ov + on ww] • duren • 't uithouden • goed blijven <v. voedsel> • voldoende zijn II [znw] • leest • (de) laatste III [bnw] • laatste • verleden • vorig IV [bijw] het laatst

lasting [bnw] • voortdurend, blijvend • duurzaam

lastly [bijw] • laatst, ten slotte, uiteindelijk

latch I [ov ww] op de klink doen **II** [on ww] • (~ **on**) 't begrijpen • (~ **on to**) begrijpen, zich realiseren, niet loslaten, zich vastklampen aan **III** [znw] • klink • slot ‹in deur›

late [bnw + bijw] • van de laatste tijd • laat • te laat • wijlen, overleden, vorig, vroeger

lately [bijw] • onlangs, kort tevoren • de laatste tijd

lateral [bnw] • zijdelings • zij-

lath [znw] lat

lathe [znw] draaibank

lather I [ov ww] • inzepen • afranselen **II** [on ww] • schuimen • schuimend zweet afscheiden ‹v. paard› **III** [znw] • zeepsop • schuimend zweet ‹bij paard›

Latin I [znw] • Latijn • Romaan **II** [bnw] Latijns

latitude [znw] • ruime opvatting • omvang • vrijheid • ‹geo.› breedte

latter [bnw] laatstgenoemde ‹v.d. twee›

laud [ov ww] loven

laudable [bnw] prijzenswaardig, lofwaardig

laugh I [ov + on ww] lachen • (~ **at**) lachen om/tegen, uitlachen • (~ **off**) z. lachend ergens v. afmaken, door een lach verdrijven **II** [znw] (ge)lach

laughter [znw] gelach

launch I [ov ww] • werpen, slingeren • afschieten, lanceren • uitbrengen, op de markt brengen • te water laten • uitzetten ‹v. boten› • loslaten, laten gaan • op touw zetten • ontketenen • (~ **against/at**) naar het hoofd slingeren **II** [on ww] • (~ **forth**) beginnen • (~ **into**) zich storten in, zich begeven in • (~ **out**) met enthousiasme beginnen aan **III** [znw] • tewaterlating, lancering • sloep • boot • begin

launder [ov ww] wassen (en strijken)

launderette [znw] wasserette

laundry [znw] • wasserij • was(goed)

laurel [znw] • laurier • lauwerkrans

lavatory [znw] • wasvertrek • wc

lavender I [znw] lavendel **II** [bnw] zacht lila

lavish I [ov ww] kwistig geven **II** [bnw] verkwistend

law [znw] • wet • recht • justitie, politie

lawful [bnw] wettig, rechtmatig

lawless [bnw] • wetteloos • losbandig

lawn [znw] • gazon • grasperk • grasveld ‹om op te sporten› • batist

lawyer [znw] • advocaat • jurist • rechtsgeleerde

lax [bnw] • laks • slordig • vaag, slap

laxative I [znw] laxerend middel **II** [bnw] laxerend

lay I [ww] verl. tijd → **lie II** [ov ww] • dekken ‹de tafel› • aanleggen ‹vuur› • leggen, zetten, plaatsen • beleggen, bekleden, bedekken • bezweren ‹geest› • ‹sl.› pak slaag geven • (~ **aside/by**) opzij leggen, sparen • (~ **down**) neerleggen, voorschrijven • (~ **in**) voorraad inslaan • (~ **low**) verslaan, neerslaan • (~ **off**) afleggen, z. niet inlaten met, ontslaan • (~ **on**) opleggen, toedienen ‹klappen›, aanleggen • (~ **out**) klaarleggen/-zetten, afleggen ‹v. lijk›, aanleggen, ontwerpen, buiten gevecht stellen • (~ **on**) geld besteden aan • (~ **to**) wijten aan • (~ **up**) sparen, bewaren, uit de vaart nemen, 't bed doen houden **III** [on ww] leggen • (~ **about**) wild slaan • (~ **over**) een reis onderbreken • (~ **to**) ‹scheepv.› stilleggen **IV** [znw] • lied • leg ‹v. kip› • laag ‹v. metselwerk› • ‹geo.› ligging **V** [bnw] leken-, wereldlijk

layer I [ov ww] ‹plantk.› afleggen **II** [znw] • laag • legger • legkip • ‹plantk.› aflegger

laze [on ww] • luilakken • uitrusten

lazy [bnw] • lui • traag • loom

lead I [ov + on ww] • leiden, aanvoeren

• de eerste viool spelen, de toon aangeven • voorspelen <kaartspel> • (~ off) beginnen, openen • (~ off with) uitkomen met • (~ out) ten dans leiden, beginnen • (~ out of) in directe verbinding staan met • (~ up to) aansturen op **II** [ov ww] • leiden, overreden • in lood vatten, verloden, verzwaren met lood • (~ astray) misleiden, verleiden • (~ away) wegleiden • (~ on) verder leiden, aanmoedigen, uithoren • (~ on to) brengen op, aansturen op **III** [znw] • leiding, voorbeeld • 't uitkomen <kaartspel> • hondenriem • hoofdrol(vertolker) • hoofdartikel <v. krant> • toevoerleiding • lood, peillood **IV** [bnw] loden

leaden [bnw] • loden • drukkend • loodkleurig

leader [znw] • (ge)leider • gids • concertmeester • hoofdartikel • voorste paard in een span • <AE> dirigent • <plantk.> hoofdscheut

leadership [znw] • leiding • leiderschap

leaf I [ov ww] doorbladeren **II** [znw] • blad, gebladerte • deurvleugel • vizierklep

leaflet [znw] blaadje, circulaire

leafy [bnw] • bladachtig • bladerrijk

league I [ov ww] verbinden **II** [znw] • (ver)bond • 4800 m <op land> • 5500 m <op zee> • (voetbal)competitie

leak I [ov ww] • lekken • laten uitlekken **II** [on ww] lek zijn, lekken, uitlekken • (~ out) uitlekken **III** [znw] lek(kage)

leakage [znw] lek(kage)

leaky [bnw] lek

lean I [ov ww] laten steunen **II** [on ww] • leunen • schuin staan • (~ over) overhellen • (~ towards) begunstigen, meegaan met • (~ upon) steunen op **III** [znw] schuine stand **IV** [bnw] • schraal • mager

leaning [znw] neiging

leap I [on ww] springen **II** [znw] sprong

leapfrog I [on ww] • haasje-over spelen • zich aan een ander ophalen **II** [znw] haasje-over

learn [ov + on ww] • leren • vernemen, horen, erachter komen

learned I [ww] verl.tijd + volt.deelw. → **learn II** [bnw] geleerd

learner [znw] leerling, volontair

learning [znw] geleerdheid, wetenschap

lease I [ov ww] (ver)huren, (ver)pachten **II** [znw] huur(contract), (ver)pacht(ing)

leash I [ov ww] koppelen **II** [znw] riem, band

least [bnw] kleinst, geringst, minst

leather I [znw] • leer, leder, leertje • zeemlap • riem v. stijgbeugel **II** [bnw] leren

leathery [bnw] leerachtig, taai <v. vlees>

leave I [ov ww] • vertrekken • verlaten, nalaten, laten, overlaten, achterlaten • in de steek laten • (~ behind) achterlaten, achter zich laten • (~ off) ophouden (met) • (~ on) laten liggen (op), aan laten (staan) • (~ out) overslaan **II** [znw] verlof, vakantie

leaven I [ov ww] zuren <v. deeg> **II** [znw] zuurdeeg, zuurdesem

leavings [mv] afval, kliekjes, wat overblijft

Lebanese I [znw] Libanees **II** [bnw] Libanese

lecher [znw] geilaard

lecherous [bnw] wellustig, geil

lechery [znw] ontucht, wellust

lectern [znw] lezenaar, lessenaar

lecture I [ov ww] de les lezen **II** [on ww] college geven • (~ about/on) een lezing houden over **III** [znw] • lezing • college • berisping

lecturer [znw] • lector • spreker, conferencier

led [ww] verl. tijd + volt. deelw. → **lead**

ledge [znw] overstekende rand, lijst,

richel
ledger [znw] • *grootboek* • ‹AE› *register*
lee [znw] *lijzijde, luwte*
leech [znw] *bloedzuiger*
leek [znw] *look, prei*
leer I [on ww] • (~ *at*) *lonken naar*
II [znw] *wellustige, sluwe blik*
leeway [znw] *koersafwijking*
left I [ww] *verl.tijd* + *volt.deelw.*
→ **leave** II [znw] *linkerhand,*
linkerkant III [bnw] *links, linker*
IV [bijw] *links*
leftist ‹pol.› I [znw] *links iem.* II [bnw]
links
leg [znw] • *been, poot, schenkel*
• *broekspijp* • *etappe*
legacy [znw] • *erfenis, nalatenschap*
• *legaat*
legal [bnw] • *wets-* • *wettelijk, wettig*
• *rechtsgeldig* • *rechterlijk*
• *rechtskundig*
legality [znw] *wettigheid*
legalize [ov ww] • *legaliseren* • *wettigen*
legation [znw] *legatie, gezantschap*
legend [znw] • *legende* • *inscriptie*
• *legenda*
legendary [bnw] *legendarisch*
leggy [bnw] *met lange of mooie benen*
legible [bnw] *leesbaar*
legion [znw] • *legioen* • *enorm aantal,*
legio
legislate [on ww] *wetten maken*
legislation [znw] *wetgeving*
legislative [bnw] *wetgevend*
legislature [znw] *wetgevende macht*
legitimacy [znw] • *wettigheid*
• *geldigheid*
legitimate I [ov ww] • *wettigen* • *als*
echt erkennen II [bnw] *wettig,*
rechtmatig, gerechtvaardigd
leisure [znw] *vrije tijd*
leisurely [bnw + bijw] • *op zijn gemak*
• *bedaard, rustig*
lemonade [znw] *(citroen)limonade*
lend I [ov ww] *(uit)lenen, verlenen*
II [znw]

lenient [bnw] *toegevend, mild*
lent [ww] *verl. tijd* + *volt. deelw.*
→ **lend**
lentil [znw] *linze*
leopard [znw] *luipaard*
leotard [znw] *nauwsluitend tricot,*
gympak
leper [znw] *melaatse, lepralijder*
leprosy [znw] *melaatsheid, lepra*
lesbian I [znw] *lesbienne* II [bnw]
lesbisch
lesion [znw] ‹med.› *laesie*
less I [bnw + bijw] *kleiner, minder*
II [vz] *min*
lessen I [ov ww] *doen afnemen*
II [on ww] *kleiner worden,*
verminderen, afnemen
lesser [bnw] *kleiner, minder*
lesson [znw] • *les* • *schriftlezing*
let I [ov ww] • *laten, toestaan* • *verhuren*
• (~ *down*) *neerlaten, in de steek laten,*
teleurstellen, uitleggen ‹v. zoom›,
verraden • (~ *in*) *binnenlaten* • (~ *off*)
afvuren, laten ontsnappen, vrijlaten,
ontslaan van • (~ *out*) *uitlaten,*
verklappen, verhuren, uitleggen
‹kledingstuk› II [on ww] • (~ *on*)
‹inf.› *iets verklappen* • (~ *up*) *minder*
streng worden, ophouden III [znw]
verhindering
lethal [bnw] *dodelijk*
lethargic [bnw] *loom, slaperig*
lethargy [znw] • *loomheid* • *apathische*
toestand
letter [znw] • *letter* • *brief*
lettered [bnw] • *geleerd* • *voorzien v.*
letters
lettuce [znw] *(krop) sla*
level I [ov + on ww] • *waterpassen*
• *aanleggen* ‹geweer›
• (~ *at/against*) *richten tegen ‹v.*
kanon/beschuldiging› • (~ *off/out*)
vlakmaken, vlak worden, horizontaal
(gaan) vliegen II [ov ww]
• *gelijkmaken, op gelijke hoogte*
plaatsen • *nivelleren, met de grond*

gelijkmaken III [on ww] • (~ **with**)
<sl.> open/eerlijk spreken IV [znw]
• peil, stand, niveau • waterpas
• vlak(te) V [bnw + bijw] • horizontaal
• gelijk(elijk) • naast elkaar • uniform
• evenwichtig

lever I [ov ww] • met een hefboom
opheffen • opvijzelen II [znw]
• hefboom • versnellingspook

leverage [znw] • hefboomwerking,
hefboomkracht • invloed, macht

leveret [znw] jonge haas

leviathan I [znw] krachtpatser,
zeemonster, gevaarte II [bnw] reuzen-

levitate I [ov ww] doen opstijgen
II [on ww] opstijgen

levity [znw] • onstandvastigheid,
lichtzinnigheid • ongepaste vrolijkheid

levy I [ov ww] heffen II [znw] heffing <v.
gelden>

lewd [bnw] • wulps • obsceen

lexicography [znw] lexicografie

lexicon [znw] • woordenboek • lexicon

liability [znw] • betalingsverplichting
• blok aan het been • aansprakelijkheid

liable [bnw] aansprakelijk

liar [znw] leugenaar

libel I [ov ww] • valselijk beschuldigen
• belasteren II [znw] smaadschrift

libellous [bnw] lasterlijk

liberal I [znw] liberaal II [bnw] • mild,
overvloedig • van brede opvatting
• <pol.> liberaal

liberalism [znw] liberalisme

liberalize [ov + on ww] verruimen

liberate [ov ww] bevrijden, vrijmaken

liberator [znw] bevrijder

libertine I [znw] • vrijdenker • losbol
II [bnw] • vrijdenkend • losbandig

liberty [znw] vrijheid

librarian [znw] bibliothecaris

library [znw] bibliotheek

lice [mv] → **louse**

licence [znw] • verlof, vergunning <vnl.
om drank te verkopen> • vrijheid,
losbandigheid • licentie • diploma

• bewijs v. voorwaardelijke
invrijheidstelling

licentious [bnw] ongebreideld,
losbandig

lichen [znw] korstmos

lick I [ov ww] • likken • lekken <v.
vlammen> • zacht overspoelen <v.
golven> • <sl.> overwinnen • <sl.>
afranselen II [znw] • lik • veeg
• snelheid, vaart • zoutlik

licking <sl.> [znw] pak slaag, nederlaag

lid [znw] • deksel • ooglid

lido [znw] • badstrand, lido
• openluchtbad

lie I [on ww] • liegen • liggen
• gaan/blijven liggen • rusten
• (~ **about**) rondslingeren, lui zijn,
niets uitvoeren • (~ **back**) achterover
(gaan) liggen • (~ **by**) z. rustig houden,
ongebruikt liggen • (~ **down**) z. iets
laten welgevallen, liggen te rusten,
gaan liggen • (~ **in**) lang uitslapen
• (~ **up**) het bed houden • (~ **with**)
liggen bij, slapen met, zijn aan,
berusten bij II [znw] • leugen • ligging,
richting

lieu [znw] plaats

lieutenant [znw] • luitenant ter zee
• plaatsvervanger • <AE> inspecteur <v.
politie>

life [znw] • leven • energie,
levendigheid, bezieling • <AE sl.>
levenslang <gevangenisstraf>

lifeless [bnw] • levenloos • saai,
vervelend

lift I [ov ww] • verheffen • stelen
• opheffen, hijsen • opslaan <v. ogen>
II [on ww] • omhoog getild worden
• zich verheffen • wegtrekken,
optrekken <v. mist> • (~ **off**) opstijgen
<v. vliegtuig> III [znw] • hulp, steun
• lift • opwaartse druk, stijgkracht <v.
vliegtuigvleugel>

ligament [znw] gewrichtsband

light I [ov ww] • lichten, verlichten,
belichten • aansteken, opsteken

• (~ **up**) aansteken **II** [on ww] • vlam vatten • schitteren • (~ (**up**)on) toevallig aantreffen • (~ **up**) aangaan, vlam vatten, opvrolijken <v. gezicht> **III** [znw] • (dag)licht • vuurtje • verlichting, lamp **IV** [bnw + bijw] • licht, verlicht, helder • licht <v. gewicht> • v. lichte kleur • luchtig • lichtzinnig

lighten I [ov ww] • (ver)lichten • verhelderen **II** [on ww] • lichter worden • opklaren

lighter [znw] aansteker

lighting [znw] verlichting

lightning [znw] bliksem

like I [ov ww] • houden van • (graag) willen **II** [znw] • voorliefde • gelijke, weerga **III** [bnw] • gelijk(end) • dergelijk • geneigd **IV** [vz] (zo)als **V** [vw] zoals

likelihood [znw] waarschijnlijkheid

likely [bnw + bijw] • waarschijnlijk, vermoedelijk • veelbelovend • geschikt (lijkend) • aannemelijk

liken [ov ww] vergelijken

likeness [znw] • gelijkenis • portret • getrouwe kopie

likewise [bijw] eveneens, bovendien, ook

liking [znw] voorkeur, zin, smaak

lilac I [znw] sering **II** [bnw] lila

lilt I [ov + on ww] (melodieus en ritmisch) zingen **II** [znw] wijsje

lily I [znw] lelie **II** [bnw] wit, lelieblank, bleek

limb [znw] • lid(maat) • tak • arm <v. kruis>

limber I [ov + on ww] • (~ **up**) <sport> opwarmen **II** [bnw] lenig, buigzaam

limbo I [znw] • limbo <dans> • gevangenis <fig.> • toestand v. vergetelheid

lime [znw] • kalk • limoen

limit I [ov ww] begrenzen **II** [znw] grens, limiet

limitation [znw] begrenzing, grens

limited [bnw] begrensd, beperkt

limitless [bnw] grenzeloos, onbeperkt

limousine, limo [znw] limousine, grote auto, slee

limp I [on ww] kreupel/mank lopen, hinken **II** [znw] kreupele gang **III** [bnw] • buigzaam • lusteloos

limpet [znw] soort zeeslak

limpid [bnw] helder, doorschijnend

linden [znw] linde(boom)

line I [ov ww] • strepen • opgesteld staan langs, opstellen • (v. binnen) bekleden, voeren, als voering dienen • vullen <maag>, spekken <v. beurs> • liniëren **II** [on ww] • (~ **up**) z. opstellen, aantreden **III** [znw] • (stuk) touw, lijn, koord, snoer • linie • grens(lijn) • rimpel <in gezicht> • streep • omtrek, contour • regel, versregel • briefje • lijndienst • afkomst, familie • gedragslijn • gedachtegang • vak, branche • rij

lineage [znw] • geslacht • voorouders

lineal [bnw] afstammend in rechte lijn

lineament [znw] (gelaats)trek

linear [bnw] • lineair • lang, smal en v. gelijke breedte • lengte-, lijn-

linen [znw] • linnen • linnengoed

liner [znw] lijnboot-/vliegtuig

linger [on ww] • talmen, dralen, blijven zitten • blijven hangen

linguist [znw] • talenkenner • taalkundige

linguistic [bnw] taal-, taalkundig

liniment [znw] smeersel

lining [znw] • voering • omlijning

link I [ov ww] • schakelen, verbinden • ineenslaan <v. handen> • steken door <v. armen> **II** [on ww] zich verbinden, zich aansluiten **III** [znw] • schakel, verbinding, verband • manchetknoop

lint [znw] pluis, pluksel

lion [znw] • leeuw • beroemdheid

lioness [znw] • leeuwin • vrouwelijke beroemdheid

lip I [znw] • lip • rand • <sl.> brutale praat, onbeschaamdheid **II** [bnw] *lip(pen)-*

liquefy [ov + on ww] *smelten, vloeibaar maken <v. gas>*

liquid I [znw] *vloeistof* II [bnw]
• *waterig, vloeibaar* • *harmonieus of vloeiend <v. klanken>* • *onvast, vlottend <v. kapitaal>*

liquidate [ov ww] • *liquideren* • *vereffenen <v. schuld>* • *uit de weg ruimen*

liquidity [znw] • *onvastheid* • *vloeibaarheid* • *<econ.> liquiditeit*

liquidizer [znw] *mengbeker*

liquor [znw] *(sterke)drank*

lisp I [on ww] *lispelen* II [znw] *gelispel*

list I [ov ww] *lijst opmaken van, catalogiseren* • *noteren* II [on ww]
• *overhellen* • *slagzij maken* III [znw]
• *lijst, catalogus* • *het overhellen <bijv. v. muur>* • *slagzij*

listen [on ww] *luisteren* • *(~ in (to)) afluisteren, luisteren naar radiostation*

listener [znw] *luisteraar*

listless [bnw] *lusteloos*

lit I [ww] *verl.tijd + volt.deelw.*
→ **light** II [bnw] *verlicht*

litany [znw] *litanie*

literacy [znw] *geletterdheid*

literal [bnw] • *prozaïsch, nuchter* • *letterlijk* • *letter-*

literary [bnw] • *letterkundig* • *geletterd*

literate [bnw] • *kunnende lezen en schrijven* • *geletterd*

literature [znw] • *literatuur, letterkunde* • *de publicaties over een bep. onderwerp* • *<inf.> propaganda-/voorlichtingsmateriaal*

lithe(some) [bnw] *lenig, buigzaam*

lithography [znw] *lithografie, steendrukkunst*

Lithuanian I [znw] *Litouwer* II [bnw] *Litouws*

litigant [znw] *partij voor de rechtbank*

litigation [znw] *proces(voering)*

litigious [bnw] • *pleitziek, twistziek* • *betwistbaar* • *proces-*

litre [znw] *liter*

litter I [ov ww] *jongen werpen*
• *(~ about/around/over) bezaaien, door elkaar gooien* II [znw]
• *draagstoel, draagbaar*
• *strobedekking* • *rommelboeltje* • *afval*
• *worp <v. dieren>*

little [bnw + bijw] • *klein* • *weinig*
• *beetje* • *kleinzielig* • *onbelangrijk*

liturgy [znw] *liturgie*

live I [ov ww] • *leven* • *doorléven* • *in praktijk brengen* • *(~ down) te boven komen* • *(~ out) zijn leven slijten*
II [on ww] • *leven, bestaan* • *leven van, aan de kost komen* • *blijven leven*
• *wonen* • *(~ by) leven van* • *(~ in) inwonend zijn* • *(~ off) leven (op kosten) van* • *(~ on) blijven leven*
• *(~ out) uitwonend zijn*
• *(~ through) doormaken* • *(~ up to) naleven, nakomen, waarmaken*
III [bnw] • *levend, in leven* • *gloeiend <v. kolen>, onder stroom <v. elektriciteitsdraad>* • *<scherts> echt*
• *<telecom.> rechtstreeks uitgezonden*

livelihood [znw] *levensonderhoud*

lively [bnw] • *levendig, krachtig*
• *vrolijk, opgewekt* • *bedrijvig* • *helder, fris <v. kleur>*

liver [znw] • *lever* • *leverkleur* • *iem. die leeft, levende* • *bewoner*

liverish [bnw] *misselijk*

livery [znw] *livrei*

lives [mv] → **life**

livid [bnw] • *loodkleurig, donkerpaars*
• *<inf.> razend, boos*

living I [znw] • *levensonderhoud* • *leven*
II [bnw] *levend*

lizard [znw] *hagedis*

llama [znw] *lama(wol)*

load I [ov ww] • *inladen, beladen, verzwaren, belasten, laden* • *vervalsen door zwaarder/sterker te maken <vnl. v. dobbelstenen>* • *(~ up) (be)laden*
II [znw] • *last, vracht, lading*
• *hoeveelheid* • *druk* • *belasting*

loaded [bnw] • ingeladen • beladen • rijk

loaf I [ov + on ww] rondslenteren, lummelen II [znw] brood

loafer [znw] • leegloper • (comfortabele) schoen

loam [znw] • leem • potgrond • bloemistenaarde

loathe [ov ww] verafschuwen, walgen van

loathing [znw] afschuw, walging

loathsome [bnw] walgelijk

loaves [mv] → loaf

lobby I [ov + on ww] lobbyen • druk uitoefenen op (politieke) besluitvorming II [znw] • foyer • portaal, vestibule • pressiegroep • (wandel)gang • <AE> conversatiezaal <in hotel>

lobe [znw] • (oor)lel • lob • kwab

lobster [znw] zeekreeft

local I [znw] • plaatselijke bewoner • <inf.> (dorps)café II [bnw] plaatselijk, gewestelijk, plaats-

locale [znw] plaats van handeling, toneel

locality [znw] • ligging • plaats, streek

localize [ov ww] • lokaliseren • een plaatselijk karakter geven • decentraliseren • (~ upon) (aandacht) concentreren op

locate [ov ww] • in 'n plaats vestigen • de plaats bepalen van

location [znw] • plaats(bepaling) • ligging

loch <Schots> [znw] meer

lock I [ov + on ww] insluiten, omsluiten, sluiten II [ov ww] • op slot doen • vastzetten <v. kapitaal> • (~ away) wegsluiten • (~ in) insluiten, opsluiten, omsluiten • (~ out) buitensluiten, uitsluiten • (~ up) wegsluiten, opsluiten <v. patiënt>, op (nacht)slot doen, vastzetten <v. geld>, sluiten III [on ww] • vastlopen <v. wiel> • klemmen • op slot kunnen • (~ on)

doel zoeken en automatisch volgen <v. raket, radar> IV [znw] • slot • (haar)lok • dol <v. roeiboot> • sluis

locker [znw] • bagagekluis • doosje of kastje met slot

locket [znw] medaillon

locomotion [znw] (voort)beweging, verkeer, vervoer

locomotive I [znw] locomotief II [bnw] z. (voort)bewegend, bewegings-, beweeg-

locust [znw] sprinkhaan

locution [znw] spreekwijze, manier v. (z.) uitdrukken

lodger [znw] kamerbewoner

lodging [znw] logies, verblijf

loft I [ov ww] hoog slaan <v. bal bij golf> II [znw] • vliering, zolder • tribune, galerij • duiventil

lofty [bnw] • hoog, verheven • hooghartig

log I [ov ww] optekenen in 't logboek II [znw] • logaritme • blok hout • logboek

logarithm [znw] logaritme

logical [bnw] logisch

loin [znw] lende(stuk)

loiter [ov + on ww] dralen, talmen, rondhangen • (~ about/away) rondslenteren

lollipop(s) [znw] (ijs)lolly

lollop <inf.> [on ww] • lui liggen/hangen • slenteren • zwalken

lolly [znw] lolly

lone [bnw] eenzaam, verlaten

long I [on ww] • (~ for) verlangen naar II [bnw] • lang(gerekt) • ver reikend

longevity [znw] lang leven

longing [znw] verlangen

longitude [znw] geografische lengte

longitudinal [bnw] lengte-

loo [znw] <inf.> wc

look I [on ww] • (~ over) doorkijken, onderzoeken • (~ up) opzoeken <v. woord/persoon> II [on ww] kijken, zien • (~ about) rondkijken

• (~ **after**) zorgen voor, waarnemen ‹v. dokterspraktijk› • (~ **ahead**) vooruitzien • (~ **at**) kijken naar, bezien, beoordelen, bekijken, overwegen • (~ **back**) achterom kijken, z. herinneren • (~ **down**) de ogen neerslaan • (~ **for**) zoeken naar, verwachten, vragen om ‹moeilijkheden› • (~ **forward to**) (verlangend) uitzien naar • (~ **in**) aanlopen • (~ **on**) toekijken • (~ **out**) uitkijken • (~ **out** (**up**)**on**) uitzicht geven op/over • (~ **out for**) uitzien naar • (~ **over**) uitzien op/over • (~ **round**) omkijken, om z. heen zien • (~ **round for**) uitkijken naar • (~ **through**) kijken door, doorkijken, doorzien • (~ **to**) zorgen voor, denken om, vertrouwen • (~ **towards**) uitzien op, overhellen naar • (~ **up**) opkijken • (~ **upon as**) beschouwen als **III** [kww] lijken, uitzien, eruitzien • (~ **like**) eruitzien als, lijken op **IV** [znw] • blik, gezicht • uiterlijk • uitzicht

loom I [on ww] opdoemen **II** [znw] weefgetouw

loop I [ov ww] een lus maken in **II** [znw] • lus, strop • bocht

loose I [ov ww] losmaken, loslaten **II** [bnw] • los • losbandig • slap

loosen I [ov ww] los(ser) maken o doen verslappen **II** [on ww] • los(ser) worden • losraken • verslappen • (~ **up**) vrijuit praten, opdokken, opwarmen ‹voor het sporten›

loot I [ov ww] plunderen, (be)roven **II** [znw] • buit, plundering • ‹sl.› luitenant, luit

lop [ww] • (~ **away/off**) snoeien • (~ **off**) afhakken

lope I [on ww] • z. met grote sprongen voortbewegen ‹v. dier› • draven **II** [znw] sprong, dravende gang

loquacious [bnw] babbelziek

lordly [bnw] • hooghartig • groots

• vorstelijk • als v.e. heer

lore [znw] • traditionele kennis ‹v. bep. onderwerp›

lorry [znw] • lorrie ‹op spoorweg› • vrachtwagen

lose [ov + on ww] • verknoeien ‹v. tijd› • missen ‹v. kans, trein› • (doen) verliezen, verspelen, verlies lijden • (~ **out** (**with**)) het afleggen (tegen)

loser [znw] verliezer

loss [znw] • verlies • schade

lost [ww] verl.tijd + volt.deelw. → **lose**

lot [znw] • heel wat, een boel • aandeel • partij • stuk grond, perceel • lot

lottery [znw] loterij

lotus [znw] • lotusplant • bep. waterlelie

loud [bnw] • lawaaierig, luid • opvallend, schreeuwend ‹v. kleuren›, opzichtig

lounge I [on ww] • slenteren • lui (gaan) liggen, luieren **II** [znw] • zitkamer • sofa • grote hal ‹in huis/hotel›

louse I [ov ww] ontluizen • (~ **up**) verknoeien, in de soep laten lopen **II** [znw] • luis • ploert

lousy [bnw] • beroerd, laag, gemeen • armzalig

lout [znw] lummel, boerenpummel

lovable [bnw] lief, beminnelijk

love I [ov ww] • houden van, beminnen • dol zijn op, dolgraag doen • liefkozen **II** [znw] • liefde • geliefde • lief(je), schat(je) • nul ‹bij tennis› • groet(en)

lover [znw] • minnaar • bewonderaar

loving [bnw] liefhebbend, teder

low I [ov + on ww] loeien ‹v. koe› **II** [znw] • geloei • lagedrukgebied • laag peil **III** [bnw + bijw] • laag • diep ‹v. buiging› • eenvoudig • (laag)uitgesneden ‹v. japon› • gemeen, ruw, plat • minnetjes • bijna leeg ‹v. batterij› • neerslachtig • zacht ‹v. stem›

lower I [ov ww] • strijken ‹v. vlag, zeil›

• verlagen <v. prijs> • vernederen
• neerlaten II [on ww] • afhellen,
afdalen • dreigend eruit zien <v.
hemel> III [bnw] onder-, onderste-,
beneden-
lowly [bnw] • nederig, bescheiden • laag
loyal [bnw] (ge)trouw, loyaal
loyalist [znw] regeringsgetrouwe
loyalty [znw] loyaliteit, trouw
lozenge [znw] • ruitvormig facet <bijv.
v. diamant> • (hoest)tablet
lubricant [znw] • smeermiddel
• <med.> glijmiddel
lucid [bnw] helder, klaar, stralend
luck [znw] geluk, toeval, succes
luckily [bijw] • toevallig • gelukkig
luckless [bnw] onfortuinlijk
lucky [bnw] • gelukkig, fortuinlijk
• geluk brengend
lucrative [bnw] winstgevend
ludicrous [bnw] koddig, belachelijk
lug I [ov ww] sleuren, slepen
• (~ along) meeslepen • (~ in) met de
haren erbij slepen II [on ww] • (~ at)
rukken aan
luggage [znw] bagage
lugubrious [bnw] luguber,
naargeestig, somber, treurig
lukewarm [bnw] • lauw • onverschillig
lull I [ov ww] in slaap wiegen/sussen
II [on ww] • gaan liggen <v. wind>
• kalm worden III [znw] • tijdelijke
stilte • slapte in bedrijf
lumbago [znw] lendepijn, spit
lumber I [ov ww] • volstoppen met
rommel • opzadelen met II [on ww]
met logge tred gaan, botsen III [znw]
• rommel • ruw timmerhout
luminary [znw] uitblinker
luminous [bnw] lichtgevend, stralend
lump I [ov ww] bij elkaar op een hoop
gooien II [znw] brok, klontje
lumpy [bnw] • klonterig • met bulten
lunar [bnw] v.d. maan, maanvormig,
sikkelvormig
lunatic I [znw] krankzinnige II [bnw]

• krankzinnig • dwaas
lunch I [on ww] lunchen, koffiedrinken
II [znw] • lunch • lichte maaltijd
lung [znw] long
lunge I [ov ww] longeren <v. paard>
II [on ww] vooruitschieten • (~ at)
slaan of stoten naar • (~ for) grijpen
naar • (~ into) binnenvallen III [znw]
• longe <paardensport> • plotselinge
voorwaartse beweging • stoot • uitval
lurch I [on ww] slingeren, wankelen
II [znw] plotselinge slingerbeweging,
plotselinge zijwaartse beweging, ruk
lure I [ov ww] (ver)lokken II [znw]
lokaas, lokstem
lurid [bnw] • fel gekleurd • shockerend
lurk [on ww] • z. schuil houden
• verscholen zijn
luscious [bnw] • heerlijk • zinnelijk
lush [bnw] • weelderig • mals <v. gras>
lust I [on ww] • (~ after/for) haken
naar, begeren, hevig verlangen naar
II [znw] (wel)lust
lustre [znw] schittering, glans
lustrous [bnw] glanzend, schitterend
lusty [bnw] krachtig, flink, vitaal
lute [znw] luit
luxuriance [znw] • luxe • rijkdom
luxuriant [bnw] weelderig, welig
luxuriate [on ww] • zijn gemak er van
nemen • welig tieren • (~ in) genieten
van, zwelgen in
luxurious [bnw] • weelderig • v. alle
gemakken voorzien
luxury I [znw] • luxe, weelde
• luxeartikel • genot(middel) II [bnw]
luxe-
lying I [ww] tegenw. deelw. → lie
II [bnw] leugenachtig, vals
lyre [znw] lier
lyric I [znw] lyrisch gedicht II [bnw]
lyrisch
lyrical [bnw] lyrisch

M

macaroon [znw] bitterkoekje

mace [znw] • foelie • scepter

machine I [ov ww] machinaal vervaardigen II [znw] • machine, toestel • automaat

machinery [znw] • machinerie • mechanisme

machinist [znw] • monteur • machineconstructeur • machinebediener

mackerel [znw] makreel

mackintosh [znw] regenjas

macrocosm [znw] macrokosmos, heelal

mad I [on ww] II [bnw] gek, dwaas, krankzinnig • (~ about/at) woest over • (~ on) dol op, verliefd op • (~ with) nijdig op

madam [znw] mevrouw, juffrouw

madden [ov ww] dol/gek maken

maddening [bnw] gek makend

made [ww] verl.tijd + volt.deelw. → make

maelstrom [znw] maalstroom

mag [znw] → magazine

magazine [znw] • actualiteitenrubriek op radio/tv • kruitmagazijn • tijdschrift

maggot [znw] made

Magi [mv] de drie wijzen uit het oosten

magic I [znw] toverkunst II [bnw] toverachtig, betoverend, tover-

magician [znw] • tovenaar • goochelaar

magisterial [bnw] • gezaghebbend, autoritair • magistraats-

magnanimity [znw] grootmoedigheid

magnanimous [bnw] grootmoedig

magnate [znw] magnaat

magnetic [bnw] magnetisch, onweerstaanbaar

magnetism [znw] magnetisme

magnetize [ov ww] • magnetiseren • biologeren

magnification [znw] vergroting

magnificence [znw] • grootsheid • pracht, praal

magnify [ov ww] • vergroten • overdrijven

magnitude [znw] • grootte • belangrijkheid

magnum [znw] wijnfles van tweemaal de normale grootte

magpie [znw] ekster

mahogany [znw] • mahoniehout • mahonieboom

maid [znw] • meid • ongetrouwd meisje

maiden I [znw] • meisje • maagd II [bnw] • nieuw • eerst(e) • ongetrouwd

mail I [ov ww] per post verzenden, op de post doen II [znw] (brieven)post

maim [ov ww] verminken

main I [znw] hoofdleiding II [bnw] hoofd-, voornaamste

maintain [ov ww] • volhouden, beweren, handhaven • steunen, onderhouden, voeren

maintenance [znw] onderhoud, alimentatie, handhaving

maize [znw] maïs

major I [on ww] • (~ in) <AE> als (hoofd)vak kiezen, als hoofdvak(ken) hebben II [znw] • majoor • sergeant-majoor • meerderjarige • hoofdvak • <muz.> majeur III [bnw] • groter, grootste, hoofd- • meerderjarig • de oudere <v. twee> • <muz.> majeur

majority [znw] • meerderheid • meerderjarigheid

make I [ov ww] • benoemen tot • dwingen, laten, zorgen dat • maken, fabriceren, bereiden, zetten <v. thee, koffie>, aanleggen <v. vuur>, houden <v. toespraak> • opmaken <v. bed> • aankomen te, bereiken, halen <v. trein, bus> • verdienen, vorderen • schatten op • (~ out) opmaken, uitschrijven, begrijpen, beweren • (~ over) overdragen, vermaken

• (~ **up**) *vergoeden, opmaken, bereiden, verzinnen, z. grimeren, bijleggen* **II** [on ww] • (~ **away/off**) *ervandoor gaan* • (~ **for**) *bijdragen tot, gaan naar, aansturen op* • (~ **out**) *'t redden, 't klaar spelen* **III** [znw] • *gesteldheid, aard, soort* • (*lichaams*)*bouw* • *maaksel, merk, fabricaat*

maker [znw] *maker, fabrikant, schepper*

making [znw] *fabricage, het maken*

maladjusted [bnw] • *onaangepast* • *onevenwichtig*

maladroit [bnw] *onhandig*

Malay **I** [znw] • *Maleis* • *Maleier* **II** [bnw] *Maleis*

Malaysian **I** [znw] *Maleier, Maleisiër* **II** [bnw] *Maleis*

malcontent **I** [znw] *ontevredene* **II** [bnw] *ontevreden*

male **I** [znw] • *mannelijk persoon* • *mannetje* **II** [bnw] *mannen-, mannelijk*

malformation [znw] *misvorming*

malice [znw] *kwaadwilligheid*

malign **I** [ov ww] *belasteren* **II** [bnw] *kwaadwillig*

malignancy [znw] *kwaadaardigheid* ‹ook v. ziekte›, *kwaadwilligheid*

malignant [bnw] *kwaadaardig* ‹ook v. ziekte›

malinger [on ww] *ziekte voorwenden, simuleren*

malingerer [znw] *simulant*

malleable [bnw] • *pletbaar, smeedbaar* • *gedwee*

mallet [znw] *houten hamer*

malnutrition [znw] *ondervoeding*

malodorous [bnw] *stinkend*

malpractice [znw] *kwade praktijk*

malt **I** [ov + on ww] *mouten* **II** [znw] *mout*

Maltese **I** [znw] *Maltees, Maltezer* **II** [bnw] *Maltees*

maltreat [ov ww] *slecht behandelen, mishandelen*

mammal [znw] *zoogdier*

mammary [bnw] *m.b.t./van de borst, borst-*

mammoth [znw] *mammoet*

man **I** [ov ww] *v. bemanning voorzien, bemannen* **II** [znw] • *man* • *mens, persoon* • *iem., men* • *bediende, knecht, werkman*

manacle **I** [ov ww] *boeien* **II** [znw] (*hand*)*boei*

manage [ov + on ww] • *het redden* • *leiden, beheren* • *onder controle houden*

manageable [bnw] *te hanteren, handelbaar*

management [znw] • (*bedrijfs*)*leiding, beheer* • *bestuur, directie*

manager [znw] • *directeur, bedrijfsleider, bestuurder* • *impresario*

manageress [znw] *bestuurder, cheffin*

managerial [bnw] *directeurs-, bestuur-*

mandarin [znw] • *mandarijntje* ‹vrucht› • *mandarijn* • Mandarijns • *bureaucraat*

mandate [znw] *mandaat, bevel, opdracht*

mandatory [bnw] • *verplicht* • *bevel-*

mandible [znw] (*onder*)*kaak*

mane [znw] *manen*

manganese [znw] *mangaan*

manger [znw] *kribbe, voerbak*

mangy [bnw] • *schurftig* • *sjofel*

manhood [znw] • *mannelijkheid* • *mannelijke leeftijd* • *mannelijke bevolking*

mania [znw] • *manie, rage* • ‹med.› *waanzin*

maniac **I** [znw] • *maniak* • *waanzinnige* **II** [bnw] *maniakaal*

maniacal [bnw] *dollemans-, waanzinnig*

manicurist [znw] *manicure, manicuurster*

manifest **I** [ov ww] • *openbaar maken* • *aan de dag leggen* **II** [bnw] *in 't oog vallend, klaarblijkelijk, zichtbaar, duidelijk*

manifestation [znw] *manifestatie*
manifesto [znw] *manifest*
manifold [bnw] *menigvuldig*
manipulate [ov ww] • *hanteren*
• *behandelen, manipuleren* • *knoeien met ‹cijfers, tekst›*
manly [bnw] • *mannelijk, manhaftig*
• *manachtig ‹v. vrouw›*
mannequin [znw] • *mannequin*
• *etalagepop*
manner [znw] *manier, wijze*
mannered I [bnw] *geaffecteerd*
II [in samenst.] *met...manieren*
mannerism [znw] *hebbelijkheid, aanwensel*
mannish [bnw] *manachtig ‹v. vrouw›*
manoeuvre I [ov ww] • *manoeuvreren*
• *klaarspelen* II [on ww] *manoeuvreren*
III [znw] • *kunstgreep* • *manoeuvre*
manor [znw] • ≈ *riddergoed* • ‹sl.› *politiedistrict*
manpower [znw] • *mankracht*
• *arbeidskracht(en), personeel*
mansion I [znw] *groot herenhuis*
manual I [znw] *handboek, handleiding*
II [bnw] *hand-, handmatig*
manufacture I [ov ww] *fabriceren*
II [znw] • *fabricage* • *fabrikaat*
manufacturer [znw] *fabrikant*
manure [znw] *mest*
Manx I [znw] • *bewoners v.h. eiland Man* • *taal v.h. eiland Man* II [bnw] *Manx-*
many I [onb vnw] *vele(n)* II [telw] *veel, menige*
map I [ov ww] *in kaart brengen*
• (~ **out**) *voorbereiden, arrangeren, indelen* II [znw] *(land)kaart*
maple [znw] *esdoorn*
mar [ov ww] *ontsieren, bederven*
marble I [znw] • *marmer* • *knikker*
II [bnw] *marmeren, als marmer*
march I [ov ww] • (~ **away**) *wegvoeren*
• (~ **off**) *laten afmarcheren* • (~ **up**) *laten aanrukken* II [on ww] *marcheren*
• (~ **off**) *afmarcheren* • (~ **on**)

voortmarcheren • (~ **past**) *defileren*
• (~ **up**) *aanrukken* III [znw] • *mars*
• *loop, vooruitgang*
March [znw] *Maart*
marchioness [znw] *markiezin*
mare [znw] *merrie*
margin [znw] • *rand, kant, marge, grens* • *overschot, saldo, winst* • *speling*
marginal [bnw] • *rand-, kant-* • *in grensgebied gelegen, aangrenzend*
• *bijkomstig, ondergeschikt* • *weinig productief*
marigold [znw] *goudsbloem*
marina [znw] *jachthaven*
mariner [znw] *matroos, zeeman*
marionette [znw] *marionet*
marital [bnw] • *v.d. echtgeno(o)t(e)*
• *huwelijks-*
maritime [bnw] *zee(vaart)-, kust-, maritiem*
marjoram [znw] *marjolein*
mark I [ov ww] • *onderscheiden, (ken)merken* • *noteren, nakijken, cijfer/punt toekennen* • *bestemmen*
• *opmerken, letten op* • (~ **down**) *opschrijven, afprijzen, bestemmen*
• (~ **off**) *onderscheiden, afscheiden*
• (~ **out**) *bestemmen, afbakenen, onderscheiden* • (~ **up**) *de prijs hoger maken* II [on ww] *markeren ‹bij jacht›*
III [znw] • *onderscheiding* • *mark ‹munt›* • *aanwijzing, teken, blijk*
• *zegel* • *stempel, merk, litteken, vlek*
• *cijfer, punt* • *kruisje ‹i.p.v. handtekening›*
marked [bnw] • *opvallend* • *getekend ‹dier›, gemerkt*
marker [znw] • *iem. die optekent*
• *merkstift* • *boekenlegger*
market I [ov ww] *verkopen, verhandelen* II [znw] • *markt*
• *marktprijs, handel*
marketable [bnw] • *verkoopbaar*
• *markt-*
marketing [znw] *marketing, commercieel beleid*

marmalade [znw] *marmelade*

maroon I [ov ww] • *aan zijn lot overlaten, op onbewoonde kust aan land zetten en achterlaten* • *isoleren* II [bnw] *paarsrood*

marquee [znw] *grote tent*

marriage [znw] *huwelijk*

married [bnw] • *huwelijks-* • *gehuwd*

marrow [znw] • *merg* • *kern* • *(eetbare) pompoen, (soort) courgette*

marry I [ov ww] • *huwen (met), trouwen* • *uithuwelijken* • *nauw verbinden* • *(~ up) samenbrengen* II [on ww] • *trouwen* • z. *nauw verbinden*

marsh [znw] *moeras*

marshal I [ov ww] • *rangschikken, opstellen* • *aanvoeren, leiden* II [znw] • *maarschalk* • *ceremoniemeester* • *≈ griffier* • ‹AE› *hoofd v.d. politie*

marshy [bnw] *moerassig*

marsupial I [znw] *buideldier* II [bnw] *buidelvormig, buideldragend*

mart [znw] • *verkooplokaal* • *handelscentrum* • ‹form.› *markt*

marten [znw] *marter*

martial [bnw] *krijgs-, krijgshaftig, krijgslustig*

Martian I [znw] *Marsbewoner* II [bnw] *v. Mars, Mars-*

martyr I [ov ww] • *de marteldood doen sterven* • *martelen* II [znw] *martelaar*

martyrdom [znw] • *martelaarschap* • *marteldood* • *marteling*

marvel I [on ww] z. *afvragen* • *(~ at)* z. *verwonderen over* II [znw] *wonder*

marvellous [bnw] *fantastisch*

Marxist I [znw] *marxist* II [bnw] *marxistisch*

marzipan [znw] *marsepein*

mascot [znw] *mascotte, talisman*

masculine [bnw] • *mannelijk* ‹ook v. rijm› • *manachtig* ‹v. vrouw› • *krachtig*

mash I [ov ww] *fijnstampen* II [znw] • *warm voer* • *aardappelpuree*

mask I [ov ww] *maskeren, verbergen* II [znw] *masker*

masochism [znw] *masochisme*

masonry [znw] *metselwerk*

masquerade I [on ww] z. *vermommen* • *(~ as) vermomd zijn als* II [znw] • *maskerade* • *valse schijn*

massacre I [ov ww] *een slachting aanrichten onder* II [znw] *bloedbad, slachting*

massage I [ov ww] *masseren* II [znw] *massage*

massive [bnw] • *massief* • *zwaar, stevig* • *indrukwekkend, gigantisch*

master I [ov ww] *beheersen, overmeesteren, de baas worden, te boven komen, besturen* II [znw] • *patroon* • *leermeester* • *directeur, hoofd* ‹v. college› • *gezagvoerder* • *baas, werkgever* • *heer des huizes* • *jongeheer* • *mijnheer* • *moederblad, origineel* III [bnw] *voornaamste, hoofd-*

masterful [bnw] • *meesterlijk* • *bazig*

masterly [bnw + bijw] *meesterlijk*

mastery [znw] *meesterschap*

masticate [ov + on ww] *kauwen*

masturbate [on ww] *masturberen*

mat I [znw] *mat, kleedje* II [bnw] *dof, mat*

match I [ov ww] • *opgewassen zijn tegen, een partij zijn voor, de gelijke zijn van* • *in overeenstemming brengen met, iets bijpassends vinden* II [on ww] *bij elkaar passen* • *(~ up to) opgewassen zijn tegen* III [znw] • *gelijke, tegenhanger, evenknie* • *paar* • *wedstrijd* • *lucifer*

matchless [bnw] *weergaloos, niet te evenaren, onvergelijkelijk*

mate I [ov ww] • *doen paren* • *mat zetten* II [on ww] *paren* III [znw] • *levensgezel(lin)* • *mannetje, wijfje* • *stuurman* • *schaakmat* • *kameraad*

material I [znw] • *stof* • *materiaal, bestanddeel* II [bnw] • *stoffelijk, materieel, lichamelijk* • *wezenlijk,*

essentieel, belangrijk
materialism [znw] *materialisme*
materialize [on ww] *verstoffelijken, verschijnen, materialiseren*
maternal [bnw] *moederlijk, moeder-, v. moederszijde*
maternity [znw] *moederschap*
mathematical [bnw] *wiskundig, wiskunde-*
mathematics, maths [mv] *wiskunde*
matrices [mv] → **matrix**
matriculate [on ww] *als student toegelaten worden, z. als student inschrijven*
matrix [znw] • *voedingsbodem* • *gietvorm, matrijs* • *matrix*
matron [znw] • *matrone, getrouwde dame* • *directrice, hoofd, moeder* <v. instituut>
matronly [bnw] *aan de dikke kant* <v. vrouw>
matt [bnw] *dof, mat*
matter I [on ww] *v. belang zijn, betekenen* II [znw] • *materie, stof* • *zaak, aangelegenheid, kwestie* • *kopij*
matting [znw] *matwerk*
mattock [znw] *houweel*
mattress [znw] *matras*
mature I [ov ww] *rijpen* II [on ww] • *volwassen worden, tot ontwikkeling komen, rijpen* • *vervallen* <v. wissel> III [bnw] • *volwassen, volledig ontwikkeld, rijp* • *weloverwogen* • *vervallen* <v. wissel>
maturity [znw] • *rijpheid* • *vervaltijd* <v. wissel>
maudlin [bnw] *overdreven sentimenteel*
maul [ov ww] • *afkraken* <door recensent> • *bont en blauw slaan, toetakelen*
mauve [bnw] *mauve, zachtpaars*
maverick [znw] *politiek dissident, non-conformist*
maw [znw] *bek, muil*
mawkish [bnw] *overdreven sentimenteel*

maxim [znw] *stelregel, spreuk, principe*
maximize [ov ww] *maximaliseren, tot het uiterste vergroten*
may [hww] • *mogen* • *kunnen* <mogelijkheid>
May [znw] *mei*
maybe [bijw] *misschien*
mayhem [znw] *chaos, wanorde*
mayonnaise [znw] *mayonaise*
mayor [znw] *burgemeester*
mayoress [znw] *vrouw v.d. burgemeester*
me [pers vnw] • *mij* • <inf.> *ik*
meadow [znw] *weide, hooiland, grasland*
meagre [bnw] *mager, schraal*
meal [znw] • *meel* • *maal(tijd)*
mealy [bnw] *melig, meelachtig*
mean I [ov ww] • *betekenen* • *bedoelen, (serieus) menen* • *willen* • *v. plan zijn* • (~ **for**) *bestemmen voor* II [on ww] *bedoelen* III [znw] *middelste term* IV [bnw] • *gemiddeld, middelmatig* • *middelste, middel-, tussen-* • *gemeen, laag* • *gering* • *bekrompen, gierig* • *slechtgehumeurd* • <AE> *onbehaaglijk* • <inf.> *beschaamd*
meander I [on ww] • *z. slingeren* • *dolen* II [znw] *bocht* <in rivier>
meaning [znw] • *bedoeling* • *betekenis*
meaningful [bnw] *veelbetekenend, belangrijk*
meaningless [bnw] • *nietszeggend* • *zinloos*
meant [ww] *verl. tijd + volt. deelw.* → **mean**
meantime [znw] *tussentijd*
measles [mv] *mazelen*
measly [bnw] <inf.> *armzalig, min, waardeloos*
measurable [bnw] • *meetbaar* • *gematigd*
measure I [ov ww] • *meten, de maat nemen, bep. lengte hebben* • *beoordelen* • (~ **out**) *uitdelen* II [on ww] *meten* • (~ **up to**) *voldoen aan* III [znw]

• grootte, afmeting • bedrag, hoeveelheid • maatstaf • maatregel • <muz.> maat
measured [bnw] • gelijkmatig • weloverwogen
measurement [znw] (af)meting
meat [znw] vlees
meaty [bnw] vlezig, vlesachtig, vlees-
mechanic [znw] • werktuigkundige, mecanicien • monteur
mechanical [bnw] • machinaal, werktuiglijk • werktuigkundig
mechanism [znw] • mechaniek • mechanisme
mechanize [ov ww] mechaniseren
medal [znw] medaille
medallist [znw] medaillewinnaar
meddler [znw] bemoeial
meddlesome, meddling [bnw] bemoeiziek
media I [znw] → **medium** II [mv] • media, kranten, radio en tv
mediaeval [bnw] → **medieval**
mediate [ov + on ww] als bemiddelaar optreden
medical I [znw] medisch onderzoek II [bnw] geneeskundig
medicament [znw] geneesmiddel
medication [znw] • geneeskundige behandeling • geneesmiddel
medicinal [bnw] genezend, geneeskrachtig
medicine [znw] • geneeskunde • geneesmiddelen
medieval [bnw] m.b.t. de Middeleeuwen
mediocre [bnw] middelmatig
mediocrity [znw] middelmatigheid
meditative [bnw] nadenkend, bespiegelend
Mediterranean I [znw] Middellandse Zee, Middellandse-Zeegebied II [bnw] mediterraan
medium I [znw] • tussenpersoon • medium • voertaal • oplosmiddel II [bnw] gemiddeld

medley [znw] mengelmoes, potpourri
meek [bnw] • zachtmoedig • gedwee • deemoedig
meet I [ov ww] • ontmoeten, (aan)treffen, kennis maken met • afhalen • voldoen aan, voorzien in • bestrijden <v. onkosten> II [on ww] • elkaar ontmoeten • samenkomen • (~ up with) ontmoeten • (~ with) ervaren, ondervinden, tegenkomen
meeting [znw] • wedstrijd, ontmoeting • bijeenkomst, vergadering
megalomania [znw] megalomanie
megalomaniac [znw] megalomaan
megaphone [znw] megafoon
melancholic I [znw] melancholicus II [bnw] melancholiek, melancholisch
melancholy I [znw] melancholie, zwaarmoedigheid, droefgeestigheid II [bnw] zwaarmoedig, droefgeestig
mellifluous [bnw] honingzoet, zoetvloeiend
mellow I [ov + on ww] • rijpen, zacht maken/worden • benevelen II [bnw] • zacht, sappig, rijp • vol, zuiver <v. klank, kleur> • vriendelijk, hartelijk, joviaal • lichtelijk aangeschoten
melodic [bnw] melodisch, melodieus
melodious [bnw] melodieus, welluidend
melodramatic [bnw] melodramatisch
melody [znw] melodie
melon [znw] meloen
melt I [ov ww] doen smelten • (~ down) versmelten II [on ww] smelten, z. oplossen • (~ away) wegsmelten, verdwijnen • (~ into) langzaam overgaan in
member [znw] • lid • lichaamsdeel, (mannelijk) lid • afgevaardigde
membership [znw] • lidmaatschap • ledental
memento [znw] herinnering, aandenken
memo [znw] <inf.> korte notitie, briefje
memoir [znw] gedenkschrift,

(auto)biografie
memorable [bnw] *gedenkwaardig*
memorandum [znw] • *memorandum* • *diplomatieke nota*
memorial I [znw] *gedenkteken, aandenken* II [bnw] *gedenk-, herinnerings-*
memorize [ov ww] *v. buiten leren*
memory [znw] • *geheugen* • *herinnering* • *gedachtenis*
men [mv] → **man**
menace I [ov + on ww] *(be)dreigen* II [znw] • *bedreiging* • *vervelend iem., lastig iets*
mend I [ov ww] • *verbeteren* • *herstellen, repareren, stoppen <v. kousen>* II [on ww] • *z. (ver)beteren* • *herstellen*
mendacious [bnw] *leugenachtig*
mendacity [znw] *leugen(achtigheid)*
mending [znw] *verstelwerk*
menial I [znw] <pej.> *bediende, knecht* II [bnw] • *dienstbaar, dienst- • slaafs, ondergeschikt, laag*
meningitis [znw] *hersenvliesontsteking*
menopause [znw] *menopauze*
menstrual [bnw] *menstruatie-*
mental [bnw] • *geestelijk, geest(es)-, verstandelijk • <inf.> zwakzinnig*
mentality [znw] *mentaliteit, denkwijze*
mention I [ov ww] *(ver)melden, zeggen, noemen* II [znw] *(ver)melding*
mercantile [bnw] *handels-, koopmans-*
mercenary I [znw] *huurling* II [bnw] *geldbelust*
merchant I [znw] *groothandelaar, koopman* II [bnw] *koopmans-, koopvaardij, handels-*
merciless [bnw] *genadeloos, meedogenloos*
mercurial [bnw] • *levendig* • *veranderlijk*
mercury [znw] *kwikzilver*
mercy [znw] • *zegen(ing)* • *genade, barmhartigheid*

mere [bnw] *louter, alleen maar, niets anders dan, (nog) maar*
meretricious [bnw] *bedrieglijk*
meridian [znw] *meridiaan*
merit I [ov ww] *verdienen* II [znw] *verdienste*
meritocracy [znw] *meritocratie, prestatiemaatschappij*
mermaid [znw] *(zee)meermin*
merriment [znw] *vreugde, vrolijkheid*
merry [bnw] • *vrolijk • aangeschoten*
mesh I [on ww] *in elkaar grijpen* II [znw] • *maas • net(werk)*
mesmerize [ov ww] *magnetiseren, hypnotiseren, biologeren*
mess I [ov ww] • *(~ up) in de war sturen, verknoeien, vuil maken* II [on ww] • *(~ about) (rond)scharrelen • (~ with) z. bemoeien met* III [znw] • *kantine, gemeenschappelijke tafel • knoeiboel • (vuile) rommel*
message [znw] *bericht, boodschap*
messenger [znw] *bode, boodschapper*
messy [bnw] *vuil, rommelig, verward*
met [ww] *verl. tijd + volt. deelw.* → **meet**
metabolic [bnw] *stofwisselings-*
metabolism [znw] *metabolisme, stofwisseling*
metal [znw] *metaal*
metallic [bnw] *metaal-, metalen, metaalachtig*
metallurgy [znw] *metallurgie, metaalkunde*
metamorphosis [znw] *metamorfose*
metaphor [znw] *beeldspraak*
metaphoric(al) [bnw] *figuurlijk*
metaphysical [bnw] *metafysisch, bovennatuurlijk*
metaphysics [znw] *metafysica*
meteor [znw] *meteoor*
meteoric [bnw] • *meteoor- • als een komeet, bliksemsnel*
meteorite [znw] *meteoorsteen, meteoriet*

meteorology [znw] *meteorologie, weerkunde*

meter I [ov ww] *meten* II [znw] *meetinstrument*

methane [znw] *methaan(gas)*

method [znw] • *methode* • *regelmaat*

meticulous [bnw] • *angstvallig nauwkeurig, pietluttig* • *nauwgezet*

metre [znw] • *metrum* • *meter*

metronome [znw] *metronoom*

metropolis [znw] *wereldstad, hoofdstad*

metropolitan I [znw] *bewoner v. hoofd-/wereldstad* II [bnw] • *tot het moederland behorend* • *tot hoofd-/wereldstad behorend*

mettle [znw] • *aard* • *vuur, moed*

mew [on ww] *miauwen*

Mexican I [znw] *Mexicaan(se)* II [bnw] *Mexicaans*

miaow I [on ww] *miauwen* II [znw] *miauw*

microwave [znw] *magnetron*

midday [znw] *12 uur 's middags*

middle I [znw] • *midden* • *middel* II [bnw] *midden(-), middel-, middelst*

middling I [bnw] *middelmatig, vrij goed* II [bijw] *tamelijk*

midge [znw] *mug*

midget I [znw] • *klein voorwerp* • *dwerg* II [bnw] *miniatuur*

midriff [znw] *middenrif*

midst <form.> [znw] *midden*

midwife [znw] *vroedvrouw*

might I [hww] *verl. tijd → may* II [znw] *kracht, macht*

mightily [bijw] *erg, geweldig, zeer*

mighty I [bnw] *machtig, geweldig* II [bijw] <inf.> *zeer, verbazend*

migrant I [znw] • *trekvogel* • *migrant, zwerver* II [bnw] *migrerend, zwervend, trek-*

migrate [on ww] • *migreren, verhuizen* • *trekken* <v. vogels>

migratory [bnw] *migrerend, trekkend,*

zwervend, trek-

mike [znw] *microfoon*

mild [bnw] • *mild, zacht* • *kalm en warm* <v. weer> • *licht* <v. bier, tabak> • *gematigd* • *onschuldig* <v. ziekte>

mildew [znw] *meeldauw, schimmel*

mile [znw] *mijl* <1609 m.>

militant I [znw] *militant persoon* II [bnw] *strijdend, strijdlustig, strijdbaar*

militarism [znw] *militarisme*

military I [znw] *soldaten, leger* II [bnw] *militair*

militate [on ww] *strijden* • (~ **against**) *bestrijden*

militia [znw] • *militie, burgerwacht* • *landweer*

milk I [ov ww] *(uit)melken* II [znw] *melk*

milky [bnw] • *melkachtig* • *vol melk*

mill I [ov ww] *malen* II [znw] • (~ **about/around**) *krioelen, (ordeloos) rondlopen* III [znw] • *molen* • *fabriek* • *(maal)machine*

miller [znw] *molenaar*

millet [znw] *gierst*

milliner [znw] *modiste*

millinery [znw] *dameshoeden*

million [znw] *miljoen*

millipede [znw] *duizendpoot*

mime I [ov ww] • *door gebaren voorstellen* • *nabootsen* II [znw] • *gebarenspel* • *mimespeler*

mimic I [ov ww] *nabootsen, naäpen* II [znw] • *mimespeler* • *nabootser, naäper*

mimicry [znw] • *mimiek* • *nabootsing, naäperij*

mince I [ov ww] *fijnhakken* II [on ww] *gemaakt lopen/spreken* III [znw] *gehakt* <vlees>

mincer [znw] *vleesmolen*

mind I [ov ww] • *denken om, in acht nemen* • *zorgen voor, bedienen* <machine> II [on ww] *bezwaren hebben* • (~ **out (for)**) *oppassen (voor)*

III [znw] • *geest, verstand* • *zin*
minded **I** [bnw] *geneigd, van zins*
II [in samenst.] *aangelegd, -bewust, -gezind, georiënteerd*
mindful [bnw] • *indachtig*
• *voorzichtig*
mine **I** [ov + on ww] • *graven <v. onderaardse gang>* • *mijnen leggen*
• *in mijn werken* **II** [ov ww] *ondermijnen, winnen, ontginnen*
III [znw] • *mijn* • *bron <fig.>*
IV [bez vnw] • *de/het mijne, van mij*
• *de mijnen*
mineral **I** [znw] *mineraal, delfstof*
II [bnw] *mineraal*
mineralogy [znw] *mineralogie*
mingle [ov + on ww] (z.) *(ver)mengen*
• *(~ with)* z. *begeven onder, meedoen met*
mini **I** [znw] • *minirok* • *mini <auto>*
II [in samenst.] *kort, miniatuur-, klein*
miniature **I** [znw] *miniatuurportret*
II [bnw] *klein, op kleine schaal*
minim [znw] *halve noot*
minimal [bnw] *minimaal*
minimize [ov ww] • *onderwaarderen*
• *verkleinen*
mining [znw] *mijnbouw*
minion [znw] *onbelangrijke medewerker*
minister **I** [on ww] • *(~ to) hulp verlenen, bedienen* **II** [znw] • *minister*
• *gezant <beneden rang v. ambassadeur>* • *predikant*
ministerial [bnw] *ministerieel*
ministry [znw] • *geestelijkheid*
• *ministerschap* • *ministerie, kabinet*
mink [znw] • *nerts* • *nerts-/bontmantel*
minnow [znw] *witvis, voorn*
minstrel [znw] *minstreel*
mint **I** [ov ww] • *munten* • *uitvinden, fabriceren* **II** [znw] • *munt <gebouw/instelling>* • *<plantk.> munt*
minus **I** [znw] *minteken* **II** [bnw]
• *min(us), negatief* • *<scherts> zonder*
minuscule [bnw] *piepklein*

minute **I** [ov ww] *notuleren* **II** [znw]
• *minuut* • *ogenblik* **III** [bnw] • *zeer nauwkeurig, minutieus* • *zeer klein, nietig*
miracle [znw] *wonder*
miraculous [bnw] *miraculeus, wonderbaarlijk*
mire [znw] • *modder, slijk*
• *moeilijkheden*
mirror **I** [ov ww] *afspiegelen, weerkaatsen* **II** [znw] • *spiegel*
• *afspiegeling*
mirth [znw] *vrolijkheid*
mirthless [bnw] *vreugdeloos, triest, somber*
misadventure [znw] *tegenspoed, ongeluk*
misanthrope [znw] *misantroop, mensenhater*
misanthropic [bnw] *misantropisch*
misapply [ov ww] *verkeerd gebruiken*
misapprehend [ov ww] *verkeerd begrijpen*
misapprehension [znw] *misverstand*
misappropriate [ov ww] z. *wederrechtelijk toe-eigenen, verduisteren*
misbehaviour [znw] *wangedrag*
miscarriage [znw] • *miskraam*
• *mislukking*
miscarry [on ww] • *mislukken, niet slagen* • *een miskraam krijgen*
miscast [ov ww] *een niet-passende rol geven <bij film/theater>*
miscellaneous [bnw] • *gemengd*
• *veelzijdig*
miscellany [znw] *mengeling*
mischance [znw] *ongeluk*
mischief [znw] • *streken* • *plaaggeest, rakker, onheilsstoker* • *ondeugendheid*
• *onheil, kwaad*
misconception [znw] *verkeerd begrip, dwaling*
misconduct [znw] *wangedrag*
misconstruction [znw] *verkeerde interpretatie*

misdeed [znw] *wandaad, misdaad*
misdemeanour [znw] • *misdrijf*
• *wangedrag*
misdirect [ov ww] • *verkeerd
leiden/richten* • *verkeerde inlichtingen
geven*
miser [znw] *gierigaard, vrek*
miserable [bnw] *ellendig, miserabel,
armzalig*
miserly [bnw + bijw] *gierig, vrekkig*
misery [znw] • *ellende* • *zeurpiet*
misfire [on ww] *mislukken ‹v. plan›*
misfit [znw] *buitenbeentje,
mislukkeling in de maatschappij*
misfortune [znw] *ongeluk, tegenslag*
misgiving [znw] *twijfel, angstig
voorgevoel, wantrouwen*
misguided [bnw] • *misplaatst*
• *misleid*
mishap [znw] *ongeluk(je)*
misinform [ov ww] *verkeerd inlichten*
misinterpret [ov ww] *verkeerd
interpreteren, verkeerd uitleggen*
misjudge [ov + on ww] • *verkeerd
(be)oordelen* • *z. vergissen (in)*
mislay [ov ww] *op verkeerde plaats
leggen, zoek maken*
mislead [ov ww] *misleiden*
misleading [bnw] • *misleidend*
• *bedrieglijk*
mismanage [ov ww] *verkeerd besturen,
verkeerd beheren, verkeerd aanpakken*
mismanagement [znw] *wanbestuur,
wanbeheer*
misnomer [znw] *verkeerde benaming*
misogynist [znw] *vrouwenhater*
misprint [znw] *drukfout*
mispronounce [ov ww] *verkeerd
uitspreken*
misquote [ov + on ww] *onjuist
aanhalen*
misread [ov ww] • *verkeerd lezen*
• *verkeerd interpreteren*
misrepresent [ov ww] *een verkeerde
voorstelling geven van*
miss I [ov ww] *missen* • *(~ out)*

overslaan II [on ww] • *(~ out (on))*
mislopen III [znw] • *misstoot, misslag*
• *(me)juffrouw*
misshapen [bnw] *mismaakt, misvormd*
missile I [znw] • *raket* • *projectiel*
II [bnw] *werp-*
missing [bnw] *ontbrekend*
mission [znw] • *missie* • *gezantschap*
• *roeping*
missionary I [znw] *missionaris,
zendeling* II [bnw] *zend(el)ings-*
mist I [ov ww] *benevelen* II [on ww]
• *beneveld worden* • *misten* III [znw]
• *mist, nevel* • *waas*
mistake I [ov ww] *verkeerd begrijpen, z.
vergissen* II [znw] *fout, vergissing,
dwaling*
mistaken [bnw] • *verkeerd, onjuist*
• *misplaatst*
mister [znw] *mijnheer*
mistime [ov ww] *op het verkeerde
ogenblik doen/zeggen*
mistletoe [znw] *maretak, vogellijm*
mistress [znw] • *meesteres* • *mevrouw*
• *vrouw des huizes* • *baas, hoofd*
• *geliefde, maîtresse* • *lerares,
onderwijzeres*
mistrust I [ov ww] *wantrouwen*
II [znw] *wantrouwen*
mistrustful [bnw] *wantrouwend*
misty [bnw] • *vol tranen* • *vaag*
• *beslagen, wazig* • *mistig*
misunderstand [ov ww] *verkeerd
begrijpen*
misuse I [ov ww] • *misbruiken*
• *verkeerd gebruiken* II [znw]
• *misbruik* • *verkeerd gebruik*
mite [znw] • *beetje, zier* • *dreumes* • *mijt*
miter, mitre [znw] *mijter*
mitigate [ov ww] • *verlichten,
verzachten* • *matigen ‹v. straf›*
mitt(en) [znw] • *want*
• *vuisthandschoen ‹als bij honkbal›*
mix I [ov ww] • *(ver)mengen* • *kruisen
‹v. dieren›* • *(~ in) (goed) vermengen*
• *(~ up) verwarren, door elkaar gooien*

II [on ww] z. (ver)mengen • (~ **with**) z. aansluiten bij, omgaan met **III** [znw] mengeling, mengsel

mixed [bnw] gemengd, vermengd

mixture [znw] mengsel, mengeling

mnemonic [znw] geheugensteuntje, ezelsbruggetje

moan I [ov ww] betreuren **II** [on ww] kreunen, jammeren **III** [znw] gekreun

moat [znw] slotgracht

mob I [ov ww] in een grote groep omringen **II** [znw] • (wanordelijke) menigte • <inf.> kring, kliek

mobile I [znw] mobile **II** [bnw] • beweeglijk, mobiel • vlottend <v. kapitaal>

mobilize [ov ww] mobiel maken, mobiliseren

mobster <AE> [znw] bendelid, gangster

mock I [ov ww] de spot drijven met **II** [on ww] • (~ **at**) spotten met **III** [bnw] zogenaamd, schijn-, onecht, vals

mockery [znw] • bespotting • schijnvertoning

modal [bnw] modaal

mode [znw] • manier • gebruik

model I [ov ww] modelleren, vormen, boetseren • (~ **after/upon**) vormen naar **II** [on ww] als mannequin fungeren **III** [znw] • type • maquette, model • mannequin **IV** [bnw] • model- • voorbeeldig

moderate I [ov ww] matigen **II** [on ww] • bedaren, z. matigen • bemiddelen **III** [znw] gematigde **IV** [bnw] gematigd, matig

modernism [znw] • modernisme • neologisme

modernist [znw] nieuwlichter

modernize I [ov ww] moderniseren **II** [on ww] z. aan de moderne tijd aanpassen

modest [bnw] • bescheiden • ingetogen, zedig

modicum [znw] een beetje, een weinig

modification [znw] • wijziging • aanpassing

modify [ov ww] • matigen • wijzigen

modish [bnw] modieus

modulate [ov ww] regelen, moduleren • (~ **to**) in overeenstemming brengen met

module [znw] • maatstaf, standaardmaat • onderdeel v. ruimtevaartuig • modulus

Mohammedan I [znw] mohammedaan **II** [bnw] mohammedaans

moist [bnw] vochtig, klam

moisten [ov ww] bevochtigen

molasses [znw] melasse, stroop

mole [znw] • moedervlek • haven(dam), pier • mol • <inf.> spion

molecular [bnw] moleculair

molest [ov ww] • lastig vallen • aanranden

mollify [ov ww] vertederen, bedaren, matigen

molten I [ww] volt. deelw. → **melt** **II** [bnw] gesmolten

moment [znw] • ogenblik • belang

momentary [bnw] • gedurende een ogenblik • vluchtig

momentous [bnw] belangrijk, gedenkwaardig, gewichtig

momentum [znw] • stuwkracht • <techn.> moment

monarchy [znw] monarchie

monastic [bnw] klooster-

Monday [znw] maandag

monetary [bnw] monetair, financieel-, munt-

money [znw] geld

moneyed [bnw] vermogend

mongrel [znw] bastaard(hond)

monitor I [ov ww] controleren **II** [znw] • iem. die radiouitzendingen afluistert • monitor

monk [znw] monnik

monkey I [on ww] • (~ **about**) donderjagen, klooien

• (~ **about/around**) streken uithalen
II [znw] • aap • deugniet

monochrome [bnw] zwart-wit,
monochroom

monogamous [bnw] monogaam

monogamy [znw] monogamie

monograph [znw] monografie

monolith [znw] monoliet

monolithic [bnw] monolitisch

monopolize [ov ww] • monopoliseren
• totaal in beslag nemen

monopoly [znw] monopolie

monotone I [znw] eentonige stem of
geluid II [bnw] monotoon, eentonig

monotonous [bnw] eentonig

monotony [znw] eentonigheid

monsoon [znw] moesson

monstrosity [znw]
monster(achtigheid)

monstrous [bnw] kolossaal,
monsterlijk

month [znw] maand

monthly I [znw] maandelijks
tijdschrift II [bnw + bijw] maandelijks

monumental [bnw] • gedenk-,
monumentaal • kolossaal, enorm

moo I [on ww] loeien II [znw] geloei

mooch I [ov ww] klaplopen, schooien
II [on ww] slenteren • (~ **about**)
rondhangen, lummelen

mood [znw] stemming • <taalk.> wijs

moody [bnw] humeurig, somber
gestemd, zwaarmoedig

moon I [on ww] rondhangen
• (~ **about**) rondhangen,
rondslenteren • (~ **over**) dagdromen
over, nalopen II [znw] maan

moor I [ov + on ww] aan-/afmeren
II [znw] • heide • veen, veengrond

moose [znw] Amerikaanse eland

mop I [ov ww] zwabberen, dweilen,
betten • (~ **up**) opvegen II [znw]
• zwabber • vaatkwast

mope [on ww] kniezen

moped [znw] bromfiets

moral I [znw] moraal II [bnw]

zedelijkheids-, moreel, zedelijk

morale [znw] moreel

morality [znw] • zedenleer • zedelijk
gedrag, moraliteit

moralize [on ww] moraliseren

morass [znw] moeras

moratorium [znw] • moratorium,
algemeen uitstel van betaling
• (tijdelijk) verbod/uitstel

mordant [bnw] scherp, bijtend

more I [onb vnw] meer II [bijw] meer,
verder

moreover [bijw] bovendien

morgue [znw] lijkenhuis

moribund [bnw] stervend, zieltogend

morning [znw] morgen, voormiddag

moron [znw] • zwakzinnige • <pej.>
imbeciel, rund

morose [bnw] • gemelijk, knorrig
• somber

morsel [znw] hapje, stukje

mortal I [znw] sterveling II [bnw]
• sterfelijk • dodelijk • <inf.>
verschrikkelijk, vreselijk vervelend

mortality [znw] • sterfelijkheid
• sterfte(cijfer)

mortar [znw] • vijzel • mortier
• metselkalk

mortgage I [ov ww] • verhypothekeren
• verpanden <fig.> II [znw] hypotheek

mortician <AE> [znw]
begrafenisondernemer

mortify [ov ww] in hevige verlegenheid
brengen

mortise, mortice [znw] tapgat

mortuary [znw] lijkenhuisje

mosaic [znw] mozaïek

Moslem I [znw] mohammedaan,
moslim II [bnw] mohammedaans

mosque [znw] moskee

moss [znw] mos

mossy [bnw] • met mos bedekt
• mosachtig

most I [onb vnw] meest, grootst,
meeste(n) II [bijw] meest, hoogst, zeer

mostly [bijw] meestal, voornamelijk

moth [znw] • mot • nachtvlinder

mother I [ov ww] als een moeder zorgen voor II [znw] moeder

motherlike, motherly [bnw] moederlijk

motif [znw] motief, thema

motion I [ov + on ww] • wenken • door gebaar te kennen geven II [znw] • beweging • gebaar • voorstel, motie

motivate [ov ww] motiveren, ingeven, aanzetten

motive I [znw] motief, beweegreden II [bnw] beweging veroorzakend

motley I [znw] bonte mengeling II [bnw] bont

motor I [ov + on ww] in auto rijden/vervoeren II [znw] motor III [bnw] beweging-, motorisch

motoring [znw] (rond)toeren met de auto, het autorijden

motorist [znw] automobilist

mottled [bnw] gevlekt, gespikkeld

motto [znw] devies, spreuk

mould I [ov ww] gieten, kneden • (~ on) vormen naar II [on ww] beschimmelen III [znw] • losse teelaarde • (giet)vorm, mal, bekisting • gesteldheid, aard • schimmel

moulder [on ww] • rotten, vermolmen • vervallen

moulding [znw] • (kroon)lijst, fries • afdruk

mouldy [bnw] beschimmeld

moult I [on ww] verharen, vervellen, ruien II [znw] het ruien

mound [znw] • aardverhoging, (graf)heuveltje, terp • wal • werpheuvel <honkbal>

mount I [ov ww] • opstellen, plaatsen • zetten <v. juwelen> • bestijgen • monteren <v. toneelstuk> • opplakken II [on ww] stijgen, opstijgen • (~ up) oplopen III [znw] • berg • rijpaard

mountain [znw] berg

mountaineer [znw] bergbeklimmer

mountaineering [znw] bergsport

mountainous [bnw] bergachtig

mourn I [ov ww] betreuren II [on ww] rouw dragen, rouwen

mourner [znw] treurende, rouwdrager

mournful [bnw] treurig, droevig

mourning [znw] • het treuren • weeklacht • rouw(kleding)

mouse [znw] muis

mouth I [ov ww] • in de mond nemen • iets zeggen waarin men zelf niet gelooft II [znw] • monding • mond, bek, muil • opening

mouthful [bnw] • mond(je)vol • <inf.> hele mond vol, moeilijk uit te spreken woord

move I [ov ww] • bewegen • verhuizen, verzetten, vervoeren • opwekken <v. gevoelens>, ontroeren, aanzetten tot • (~ down) in rang terugzetten, naar een lagere klas terugzetten II [on ww] • in beweging komen, z. bewegen • optreden, stappen nemen • opschieten • verhuizen • (~ about) heen en weer trekken • (~ down) naar een lagere klas teruggezet worden, in rang teruggezet worden • (~ out) verhuizen, vertrekken III [znw] • zet, beurt • beweging • maatregel • verhuizing

movement [znw] • mechaniek • beweging

mover [znw] • iem. die iets voorstelt • drijfveer • verhuizer

movie [znw] film

moving [bnw] • bewegend, beweeg- • ontroerend, aandoenlijk

mow [ov ww] maaien • (~ down) neerschieten, neermaaien

mower [znw] maaier

Mr [afk] • (Mister) dhr., meneer

Mrs [afk] • (Mistress) mevrouw

Ms [afk] • (Miss/Mrs) mejuffrouw/mevrouw

much I [onb vnw] zeer, ten zeerste, veel II [bijw] veel, zeer

muck I [ov ww] • (~ out) uitmesten

• (~ **up**) bederven, verknoeien
II [on ww] • (~ **about/around**)
rondhangen • (~ **in**) <inf.> meehelpen
• (~ **in** (**with**)) een handje helpen
III [znw] • mest • vuile boel • iets v.
slechte kwaliteit
mucky [bnw] vuil, smerig
mucus [znw] slijm
mud [znw] • leem • modder
muddle I [ov ww] • benevelen • door
elkaar gooien II [on ww] • (~ **along**)
aanmodderen • (~ **through**) z.
erdoorheen scharrelen III [znw]
warboel, wanorde
muddy I [ov ww] • troebel maken
• bemodderen II [bnw] • modderig
• wazig, troebel
muff I [ov ww] verknoeien II [znw] mof
muffin [znw] soort gebakje, met boter
gegeten
muffle [ov ww] • omfloersen, dempen
<v. geluid> • inpakken <in kleren>
muffler [znw] • das • (geluid)demper
mug I [ov ww] gewelddadig beroven
• (~ **up**) blokken II [znw] • kroes
• smoel • sul
mugger [znw] straatrover
muggy [bnw] benauwd, drukkend <v.
weer>
mulberry [znw] moerbei
mule [znw] • muildier • muiltje
mulish [bnw] • weerspannig • (als) v.e.
muildier
mull I [ov ww] • (~ **over**) overdenken
II [on ww] piekeren
multifarious [bnw] veelsoortig,
verscheiden
multiple I [znw] veelvoud II [bnw]
• veelvoudig • veelsoortig
multiplication [znw]
vermenigvuldiging
multiplicity [znw] • veelheid, menigte
• verscheidenheid
multiply I [ov ww] vergroten • (~ **by**)
vermenigvuldigen met II [on ww] z.
voortplanten, z. vermenigvuldigen

multitude [znw] • menigte • groot
aantal
mum I [znw] • stilte, stilzwijgen • <inf.>
mamma, mammie II [bnw] stil
mumble I [ov + on ww] mompelen,
prevelen, mummelen II [znw]
gemompel
mummify [ov ww] mummificeren
mummy [znw] • mummie • mammie,
moedertje
mumps [mv] de bof <ziekte>
munch [ov + on ww] (hoorbaar)
kauwen (op), knabbelen (aan)
mundane [bnw] alledaags
municipal [bnw] gemeentelijk,
gemeente-, stads-
municipality [znw] • gemeentebestuur
• gemeente
munificent [bnw] gul, mild(dadig)
mural I [znw] muurschildering II [bnw]
muur-, wand-
murder I [ov ww] (ver)moorden
II [znw] • moord • hels karwei, een hel,
gruwel
murderer [znw] moordenaar
murderess [znw] moordenares
murderous [bnw] moorddadig
muscle I [on ww] • (~ **in**) z. indringen
II [znw] • spier • (spier)kracht
muscular [bnw] • spier- • gespierd
muse I [on ww] peinzen • (~ (**up**)**on**)
peinzen over, peinzend kijken naar
II [znw] muze
mush [znw] • pulp • sentimentaliteit
• <AE> maïsmeelpap
mushroom I [on ww] z. snel
verspreiden, als paddestoelen verrijzen
II [znw] • champignon, (eetbare)
paddestoel • atoomwolk
mushy [bnw] • papperig • slap,
sentimenteel
music [znw] • muziek • bladmuziek
musical I [znw] musical II [bnw]
• muzikaal • muziek- • melodieus
musician [znw] musicus, muzikant
musk [znw] muskus

musky [bnw] muskusachtig
Muslim I [znw] mohammedaan,
moslim II [bnw] mohammedaans
muslin [znw] • mousseline • <AE> katoen
mussel [znw] mossel
must I [hww] moet(en) II [znw] <inf.>
noodzaak, must
mustard I [znw] • mosterd
• mosterdplant II [bnw] mosterdgeel
muster I [ov ww] bijeenbrengen <voor
inspectie> II [on ww] aantreden <voor
inspectie>, z. verzamelen III [znw]
inspectie
musty [bnw] • schimmelig • muf
mutation [znw] • mutatie
• verandering
mute I [ov ww] • tot zwijgen brengen
• <muz.> dempen II [znw]
• (doof)stomme • <muz.> demper
III [bnw] • zwijgend, stom • sprakeloos
mutilate [ov ww] verminken
mutineer [znw] muiter
mutinous [bnw] muitend, oproerig,
opstandig
mutiny I [on ww] muiten, in opstand
komen II [znw] muiterij, opstand
mutt [znw] • dwaas, sukkel • mormel
mutter I [ov + on ww] mompelen
II [znw] • gemompel • gemopper
mutual [bnw] wederzijds, wederkerig
muzzle I [ov ww] muilkorven II [znw]
• bek, snuit • mond <v. vuurwapen>
• muilkorf
muzzy [bnw] • beneveld <door drank>
• wazig
my [bez vnw] mijn
myopic [bnw] bijziend
myriad I [znw] • tienduizend(tal)
• groot aantal II [bnw] ontelbaar
myself [wkg vnw] • mijzelf • (ik)zelf
mysterious [bnw] mysterieus,
geheimzinnig
mystery [znw] • geheim
• geheimzinnigheid • detectiveroman
mystic I [znw] mysticus II [bnw]
→ **mystical**

mystical [bnw] verborgen, mystiek
mysticism [znw] • mystiek
• mysticisme
mystify [ov ww] • voor een raadsel
stellen • bedotten
mystique [znw] wereldbeschouwing,
mystiek
myth [znw] mythe
mythology [znw] mythologie

N

nab [ov ww] <sl.> betrappen
nadir [znw] • laagste punt • voetpunt, dieptepunt
nag I [ov + on ww] klagen (tegen) • (~ at) vitten op II [znw] • gevit • <inf.> paard
nail I [ov ww] • (vast)spijkeren • grijpen, betrappen • (~ down) \ vastspijkeren, dichtspijkeren, vastleggen, houden aan <belofte> • (~ up) vastspijkeren, dichtspijkeren II [znw] • nagel • spijker
naked [bnw] • naakt, bloot • weerloos • kaal, onopgesmukt • niet geïsoleerd <v. stroomdraad>
name I [ov ww] (be)noemen II [znw] naam, benaming
namely [bijw] namelijk, dat wil zeggen
nanny [znw] kinderjuffrouw
nap I [on ww] dutten, soezen II [znw] dutje
nape [znw] (achterkant v.d.) nek
napkin [znw] servet
nappy [znw] luier
narcissus [znw] narcis
narcotic I [znw] verdovend middel II [bnw] verdovend
narrate [ov + on ww] vertellen
narrative [znw] verhaal
narrator [znw] verteller
narrow I [ov + on ww] • vernauwen • minderen <bij breien> II [ov ww] z. vernauwen III [bnw] • nauw, smal • bekrompen
nasal [bnw] nasaal, neus-
nascent [bnw] wordend, ontluikend
nasturtium [znw] Oost-Indische kers
nasty [bnw] • beroerd <v. o.a. weer> • hatelijk • lastig • onsmakelijk • lelijk, gemeen • ernstig
nation [znw] natie, volk

national [bnw] nationaal, volks-, staats-
nationalism [znw] • streven naar nationale onafhankelijkheid • vaderlandsliefde
nationalist I [znw] nationalist II [bnw] nationalistisch
nationality [znw] • nationaliteit • ethnische groep
nationalize [ov ww] onteigenen <door de staat>
native I [znw] • iem. uit het land of de plaats zelf • inboorling, inlander • inheems(e) dier of plant II [bnw] • inheems • geboorte- • natuurlijk, aangeboren
natty [bnw] • keurig • handig
natural I [znw] getalenteerd iem. II [bnw] • aangeboren, natuurlijk • gewoon, normaal • eenvoudig, ongekunsteld • onwettig <v. kind> • natuur-
naturalism [znw] naturalisme
naturalist [znw] • naturalist • bioloog
naturalistic [bnw] naturalistisch, realistisch
naturalize [ov ww] naturaliseren
naturally [bijw] • van nature • op natuurlijke wijze • vanzelfsprekend
nature [znw] • (de) natuur • aard, soort
naturism [znw] naturisme, nudisme
naught [znw] • nul • niets
naughty [bnw] ondeugend, stout
nausea [znw] • (gevoel v.) misselijkheid • walging
nauseate [ov ww] misselijk maken
nauseous [bnw] walgelijk
naval [bnw] • zee- • scheeps- • vloot- • marine-
nave [znw] • naaf <v. wiel> • schip <v. kerk>
navel [znw] navel
navigable [bnw] bevaarbaar <v. rivier>
navigate I [ov ww] • bevaren • besturen II [on ww] • navigeren • sturen <v. schip, vliegtuig>

navigation [znw] *navigatie*
navigator [znw] • *zeevaarder*
• *navigator <v. vliegtuig>*
navvy [znw] *polderjongen, grondwerker*
navy I [znw] • *vloot, zeemacht* • *marine*
II [bnw] *marineblauw*
nay I [znw] *neen, weigering* II [bijw] *ja
zelfs*
near I [bnw] • *nauw (verwant)* • *intiem*
• *dichtbijzijnd* • *krenterig* • *<AE>
grenzend aan* II [bijw] • *dichtbij*
• *nabij* • *bijna*
nearly [bijw] *bijna, haast*
neat [bnw] • *handig, knap* • *keurig*
• *onvermengd <v. drank>*
nebulous [bnw] *nevelachtig, vaag*
necessarily [bijw] *noodzakelijk(erwijs),
onvermijdelijk*
necessary [bnw] *noodzakelijk*
necessitate [ov ww] *noodzaken*
necessity [znw] *noodzaak,
noodzakelijkheid*
neck [znw] *nek, hals*
necklace [znw] *halssnoer*
née [bnw] * *Mrs Smith, née Jones
mevr. Smith, geboren Jones*
need I [ov ww] • *nodig hebben, vereisen*
• *moeten* II [hww] *hoeven* III [znw]
• *nood(zaak)* • *armoede, tekort*
needle I [ov ww] *ergeren, prikkelen,
lastig maken* II [znw] *naald <ook v.
naaldboom of magneet>*
needless [bnw] *nodeloos*
needy [bnw] *behoeftig, armoedig*
negate [ov ww] • *tenietdoen*
• *ontkennen*
negation [znw] • *ontkenning*
• *weigering*
negative I [znw] • *ontkenning*
• *negatieve grootheid <in algebra>*
• *vetorecht* • *<techn.> negatieve pool*
• *<foto.> negatief* II [bnw] • *ontkennend*
• *verbods-* • *weigerend* • *negatief*
neglect I [ov ww] • *veronachtzamen,
verwaarlozen* • *over 't hoofd zien*
II [znw] • *verzuim* • *verwaarlozing*

neglectful [bnw] • *nalatig*
• *verwaarloosd*
negligence [znw] • *nalatigheid*
• *ongedwongenheid, achteloosheid*
negligent [bnw] *nalatig, achteloos*
negotiable [bnw] • *verhandelbaar <v.
effecten>* • *oplosbaar* • *bespreekbaar*
• *begaanbaar*
negotiate I [ov ww] • *nemen <v.
hindernis>* • *onderhandelen over*
II [on ww] *onderhandelen*
negotiation [znw] *onderhandeling*
negotiator [znw] *onderhandelaar*
neigh I [on ww] *hinniken* II [znw]
gehinnik
neighbour, neighbor I [ov ww]
grenzen aan II [on ww] *grenzen,
benaderen* • *(~ on) grenzen aan*
III [znw] • *buurman, buurvrouw*
• *<rel.> naaste* IV [bnw] *naburig*
neighbourhood, neighborhood
[znw] • *buurt* • *omtrek*
neighbouring, neighboring [bnw]
naburig
neighbourly, neighborly [bnw]
• *een goede buur betamend, als buren*
• *gezellig* • *vriendelijk*
neither [bnw + bijw] • *noch, en ... ook
niet* • *evenmin* • *geen v. beide* • *<rel.>
zelfs niet*
neolithic [bnw] *neolithisch*
nephew [znw] *neef <zoon v. broer of
zuster>, oom-/tantezegger*
nepotism [znw] *nepotisme*
nerve I [ov ww] *kracht of moed geven*
II [znw] • *zenuw* • *moed, zelfbeheersing*
• *<inf.> brutaliteit*
nerveless [bnw] • *krachteloos,
lusteloos, zwak* • *zonder zenuwen*
nervous [bnw] • *zenuwachtig* • *zenuw-
bang*
nervy [bnw] *zenuwachtig*
nest I [on ww] *nesten* II [znw] *nest*
nestle I [ov ww] *vlijen* II [on ww] • *z.
(neer)vlijen* • *half verborgen liggen*
nestling [znw] *nestvogel*

net I [ov ww] • (als) met een net bedekken/omgeven/vangen/afvissen, voorzien v. netwerk • in de wacht slepen II [znw] • net • valstrik • spinnenweb • vitrage, netwerk • netto bedrag/prijs III [bnw] netto

nettle I [ov ww] ergeren, prikkelen II [znw] brandnetel

network [znw] • netwerk • radio-/tv-station

neural [bnw] zenuw-, ruggenmergs-

neuralgia [znw] zenuwpijn

neurology [znw] neurologie

neurosis [znw] neurose

neurotic I [znw] zenuwlijder II [bnw] neurotisch, zenuwziek

neuter [bnw] onzijdig

neutral [bnw] • neutraal • onbepaald, vaag • v.e. grijze kleur

neutralize [ov ww] opheffen, neutraliseren

never [bijw] • nooit • helemaal niet, toch niet

nevertheless [bijw] • niettegenstaande dit/dat • toch

new [bnw] • nieuw, onbekend • vers <v. brood>

news [znw] • nieuws • opzienbarend iets/iem.

newspaper [znw] • krant • krantenpapier

newsy [bnw] <inf.> vol nieuws

newt [znw] watersalamander

next I [bnw] • naast • (eerst)volgende, aanstaande II [bijw] • naast • daarna, de volgende keer, vervolgens III [vz] naast

nexus [znw] band, schakel, verbinding

nib [znw] • punt <v. ganzenpen, gereedschap> • pen

nibble I [on ww] knabbelen II [znw] geknabbel

nice [bnw] • genuanceerd, subtiel • nauwgezet, nauwkeurig, aandachtig • kies • aardig, prettig, leuk • lekker • fatsoenlijk

nicety [znw] • nauwgezetheid, nauwkeurigheid • finesse

niche [znw] • leuke baan • nis • passend plaatsje

nick I [ov ww] • inkepen, kerven • <sl.> arresteren, snappen • <sl.> gappen II [znw] • inkeping, kerf • <sl.> bajes, nor

nickel I [znw] • nikkel • Amerikaans vijfcentstuk II [bnw] nikkelen

niece [znw] nicht <oom-/tantezegger>

Nigerian I [znw] Nigeriaan II [bnw] Nigeriaans

niggardly [bnw + bijw] gierig, karig

niggle [on ww] beuzelen, vitten

night [znw] avond, nacht

nightingale [znw] nachtegaal

nightly I [bnw] nachtelijk, avond- II [bijw] • iedere nacht/avond • 's avonds/nachts

nihilism [znw] nihilisme

nil [znw] niets, nul

nimble [bnw] vlug, handig

nimbus [znw] stralenkrans

nincompoop [znw] lomperd, domoor, stommeling

nine [telw] negen

nineteen [telw] negentien

ninetieth [bnw] negentigste

ninety [telw] negentig

ninny [znw] onnozele hals, sukkel

ninth [bnw] negende

nip I [ov ww] • bijten • knijpen II [on ww] <inf.> snellen, rennen • (~ in) binnenwippen • (~ out) vlug ervandoor gaan III [znw] • kneep • beet • borreltje, hartversterking

nipper [znw] • (klein) ventje • straatjongen

nipple [znw] • tepel • speen • <techn.> nippel

nippy [bnw] frisjes <v. weer>

nit [znw] • neet, luizenei • stommeling, leeghoofd

nitrate [znw] • nitraat, salpeterzuurzout • nitraatmeststof

nitty-gritty [znw] *detail, bijzonderheid*
nitwit [znw] *leeghoofd*
no [bijw] • *geen* • *niet* • *neen*
nobility [znw] *adel, adelstand*
noble I [znw] *edelman* II [bnw]
• *adellijk* • *edel, grootmoedig* • *statig,*
indrukwekkend
nobody [onb vnw] *niemand*
nocturnal [bnw] *nacht-, nachtelijk*
nod I [on ww] *knikken, knikkebollen,*
slaperig zijn • (~ **off**) *in slaap vallen*
II [znw] *knik*
node [znw] • *knooppunt* • *knoest,*
knobbel
nodule [znw] • *knoestje* • *knobbeltje,*
klein gezwel • *knolletje*
noise [znw] *lawaai, ruis*
noiseless [bnw] • *zonder lawaai*
• *geruisloos*
noisy [bnw] • *schreeuwend* <v. kleuren>
• *luidruchtig, druk*
nomad [znw] *nomade*
nomadic [bnw] *nomadisch, nomaden-,*
zwervend
nomenclature [znw] *terminologie*
nominal [bnw] • *naamwoordelijk*
• *nominaal, in naam*
nomination [znw] • *benoeming*
• *voordracht, kandidaatstelling*
nominee [znw] • *benoemde*
• *kandidaat*
nondescript [bnw] • *onbepaald* • *saai,*
oninteressant
none [bnw + bijw] *niemand, niet een,*
totaal niet, niets
nonentity [znw] • *niet-bestaan(d iets)*
• *onbeduidend iem. of iets*
nonsense [znw] *onzin*
nonsensical [bnw] *onzinnig*
noodle [znw] *soort mie, soort vermicelli*
nook, nookery [znw] (gezellig) *hoekje*
noon [znw] *12 uur 's middags*
noose [znw] *lus, schuifknoop, strop*
nope <AE inf.> [bijw] *nee*
nor [bijw] • *noch, (en) ook niet*
• *evenmin*

Nordic I [znw] *Noord-Europeaan*
II [bnw] *Noord-Europees*
norm [znw] *standaard, norm, patroon*
normal [bnw] *normaal*
normalize [ov ww] *normaliseren*
Norman I [znw] *Normandiër* II [bnw]
Normandisch
north I [znw] *noorden* II [bnw + bijw]
noordwaarts, noordelijk, noord(en)-,
noorder-
Norwegian I [znw] *Noor* II [bnw]
Noors
nose I [ov ww] • *ruiken (aan),*
(be)*snuffelen* • *met de neus wrijven*
tegen • (~ **out**) <inf.> *ontdekken,*
erachter komen II [on ww] *zijn weg*
zoeken <v. voertuig> • (~ **about**)
rondneuzen, rondsnuffelen III [znw]
• *reuk, geur* • *neus, neusstuk* <v.
instrument>
nosh <sl.> I [ov + on ww] *eten* II [znw]
eten, voedsel, hapje
nostalgia [znw] *nostalgie, heimwee*
nostalgic [bnw] • *heimwee-*
• *nostalgisch, vol verlangen*
not [bijw] *niet*
notable I [znw] *vooraanstaand*
persoon, notabele II [bnw]
• *merkwaardig, opvallend* • *merkbaar*
<v. o.a. hoeveelheid>
notation [znw] *schrijfwijze*
note I [ov ww] • *notitie nemen van,*
opmerken • *aantekenen* • *annoteren*
II [znw] • *aantekening* • (order)*briefje*
• *nota* • *bankbiljet* • *aandacht*
• *reputatie, aanzien* • *toon* • *toets* <v.
piano> • *noot* • *geluid, gezang* <v.
vogels> • *teken, kenmerk*
noted [bnw] *beroemd*
nothing [bnw + bijw] *niets, nul, niet*
bestaan(d iets)
nothingness [znw] • 't *niets (zijn)*
• *nietigheid*
notice I [ov ww] *opmerken* II [znw]
• *recensie* <v. boek> • *aankondiging,*
waarschuwing • *aandacht*

• bekendmaking, mededeling
• opzegging <v. contract> • convocatie
noticeable [bnw] • merkbaar
• opmerkelijk
notifiable [bnw] die/dat aangegeven
moet worden, met aangifteplicht <v.
ziekten>
notification [znw] • bekendmaking
• aankondiging
notify [ov ww] aankondigen,
verwittigen, aangeven <v. ziekte>,
bekendmaken
notion [znw] • notie • idee, begrip
• neiging
notional [bnw] denkbeeldig, begrips-
notoriety [znw] • bekendheid
• beruchtheid • bekende persoonlijkheid
notorious [bnw] • berucht • bekend
notwithstanding I [bijw] ondanks
dat II [vz] niettegenstaande
nougat [znw] noga
nought [znw] niets, nul
noun [znw] zelfstandig naamwoord
nourish [ov ww] • koesteren <v. o.a.
hoop> • voeden
nourishment [znw] onderhoud,
voedsel, voeding
novel I [znw] roman II [bnw] nieuw,
ongebruikelijk
novelette [znw] novelle
novelist [znw] romanschrijver
novice [znw] • novice • nieuweling
now I [znw] heden II [bijw] op 't
ogenblik, nu
nowaday(s) I [znw] 't heden
II [bnw + bijw] tegenwoordig
nowhere [bijw] nergens
noxious [bnw] • schadelijk • ongezond
nozzle [znw] • pijp, tuit <techn.>
mondstuk
nuance [znw] nuance, schakering
nub [znw] • knobbel • kernpunt
nubile [bnw] huwbaar
nuclear [bnw] nucleair, atoom-, kern-
nucleus [znw] kern
nude I [znw] naakt(model) II [bnw]

naakt, bloot
nudge I [ov ww] even aanstoten met
elleboog II [znw] duwtje
nudism [znw] nudisme
nudity [znw] naaktheid
nugget [znw] • juweel(tje) <fig.>
• goudklomp
nuisance [znw] overlast,
onaangenaam iets, lastpost
null [bnw] niet bindend, ongeldig,
nietig
nullify [ov ww] opheffen, annuleren,
nietig verklaren
numb I [ov ww] • verdoven, verzachten
<v. pijn> • doen verstijven • verlammen
<fig.> • verstommen II [bnw]
verkleumd, verdoofd, verstijfd
number I [ov ww] • tellen, nummeren
• bedragen • (~ among) rekenen onder
II [znw] • nummer • aantal
numeral I [znw] • getalteken
• nummer II [bnw] getal-
numerate [bnw] • bekend met wis- en
natuurkundige grondbegrippen
• kunnende tellen en rekenen
numerous [bnw] talrijk
nun [znw] non
nunnery [znw] nonnenklooster
nuptial I [znw] II [bnw] bruilofts-,
huwelijks-
nurse I [ov ww] • de borst geven
• koesteren • voorzichtig vasthouden
• verplegen II [on ww] de borst krijgen
III [znw] verpleegster
nursery [znw] • pootvijver
• kinderkamer • (kinder)bewaarplaats,
crèche • kwekerij • verpleging • periode
v. borstvoeding
nurture I [ov ww] • verzorgen,
koesteren • grootbrengen II [znw] 't
grootbrengen, verzorging
nut [znw] • (hazel)noot • gek, ezel
• moer <v. schroef> • <sl.> hoofd,
kop
nutrient [znw] voedingsstof/-middel
nutriment [znw] voedsel

nutrition [znw] *voedsel,*
voeding(swaarde)
nutty [bnw] • *nootachtig* • *vol noten*
• <sl.> *niet goed bij 't hoofd*
nuzzle [on ww] *met de neus wrijven*
tegen, besnuffelen
nymph [znw] • *nimf* • *onvolwassen*
vorm v. lager insect

O

oaf [znw] *pummel*
oak I [znw] *eik(enhout)* II [bnw]
eikenhouten
oar [znw] *roeiriem*
oasis [znw] *oase*
oath [znw] • *eed* • *vloek*
obduracy [znw] • *onverbeterlijkheid*
• *onverzettelijkheid*
obdurate [bnw] *verstokt, verhard*
obedience [znw] *gehoorzaamheid*
obedient [bnw] *gehoorzaam*
obeisance [znw] • *diepe buiging*
• *eerbetoon*
obese [bnw] *corpulent*
obey [ov + on ww] *gehoorzamen (aan)*
object I [on ww] *bezwaar maken*
II [znw] • *object* • *doel* • *voorwerp*
objection [znw] *bezwaar*
objectionable [bnw] • *laakbaar*
• *onaangenaam*
objective I [znw] *doel* II [bnw]
• *objectief* • *voorwerps-*
obligation [znw] • *contract*
• *verbintenis* • *(zware) verplichting*
obligatory [bnw] • *bindend* • *verplicht*
oblige I [ov + on ww] *iem. een plezier*
doen II [ov ww] *(ver)binden, (aan zich)*
verplichten
obliging [bnw] *voorkomend, gedienstig*
oblique I [znw] *schuine streep* II [bnw]
schuin, scheef, indirect
obliterate [ov ww] • *vernietigen*
• *uitwissen*
oblivion [znw] *vergetelheid,*
veronachtzaming
oblong I [znw] *rechthoek* II [bnw]
langwerpig
obnoxious [bnw] • *gehaat,*
onaangenaam • *aanstotelijk*
oboe [znw] *hobo*
oboist [znw] *hoboïst*

obscene [bnw] vuil, onzedelijk

obscenity [znw] iets obsceens

obscure I [ov ww] verduisteren, verdoezelen, verbergen, in de schaduw stellen II [bnw] • donker, duister • obscuur, onbekend, onduidelijk

obscurity [znw] • onbekendheid • vaagheid • duisternis

observable [bnw] waarneembaar

observance [znw] • inachtneming • viering

observant [bnw] opmerkzaam

observation [znw] • aandacht, waarneming • opmerking

observer [znw] waarnemer

obsess [ov ww] vervolgen <v. idee>, kwellen, obsederen

obsession [znw] • obsessie • nachtmerrie <fig.>

obsessive [bnw] • obsederend • bezeten

obsolescent [bnw] in onbruik gerakend

obsolete [bnw] verouderd, overbodig, in onbruik geraakt

obstacle [znw] hindernis, beletsel

obstinacy [znw] koppigheid

obstinate [bnw] koppig, hardnekkig

obstreperous [bnw] lawaaierig, weerspannig

obstruct [ov ww] belemmeren, versperren

obstruction [znw] • beletsel • obstructie

obstructive [bnw] • hinderlijk • obstructievoerend

obtain I [ov ww] verkrijgen, verwerven II [on ww] heersen, algemeen in gebruik zijn

obtainable [bnw] verkrijgbaar

obtrusive [bnw] • opdringerig • opvallend

obtuse [bnw] • stomp, bot • traag v. begrip

obviate [ov ww] verhelpen, uit de weg ruimen

obvious [bnw] klaarblijkelijk, vanzelfsprekend, duidelijk, opvallend

occasion I [ov ww] aanleiding geven tot, veroorzaken II [znw] • plechtige gelegenheid • gelegenheid • grond, aanleiding, reden

occasional [bnw] • toevallig • af en toe plaatsvindend

occult I [znw] het occulte II [bnw] • occult • geheim, verborgen

occupancy [znw] • bezit • bewoning • bezitneming

occupant [znw] bewoner, inzittende

occupation [znw] • beroep, bezigheid • bezetting <ook mil.> • bewoning

occupational [bnw] beroeps-

occupier [znw] bewoner

occupy [ov ww] • bezetten • bewonen • innemen, in beslag nemen <v. tijd>, bezighouden

occur [on ww] gebeuren • (~ to) in gedachte komen bij, opkomen bij

ocean [znw] oceaan

oceanic [bnw] • oceaan- • onmetelijk

oceanography [znw] oceanografie

o'clock [bijw] ★ five ~ vijf uur

octagon [znw] achthoek

octane [znw] octaan

octave [znw] octaaf, achttal

October [znw] oktober

octogenarian [znw] tachtigjarige

oculist [znw] oogarts

odd [bnw] • oneven <getal> • ongeregeld • vreemd, eigenaardig

oddity [znw] eigenaardig iem./iets

odour [znw] • geur • stank

of [vz] van

off I [bnw] ver(der), verst II [bijw] • weg, (er)af • af, uit III [vz] • van(af) • naast, op de hoogte van

offal [znw] slachtafval

offence, offense [znw] • belediging • <jur.> overtreding, vergrijp

offend [ov + on ww] • beledigen • overtreden <v. wet>

offender [znw] dader, schuldige

offensive I [znw] offensief II [bnw] • aanvals-, aanvallend • beledigend

• weerzinwekkend, kwalijk riekend

offer I [ov ww] (aan)bieden II [znw] • aanbod, offerte • bod

offering [znw] • offerande, aanbieding • gift

office [znw] • ambt, taak • dienst • kerkdienst, mis, officie • kantoor • ministerie • <AE> spreekkamer

officer [znw] • ambtenaar, beambte • politieagent • deurwaarder • officier

official I [znw] ambtenaar, beambte II [bnw] • ambtelijk, officieel • officieel erkend

officialdom [znw] • de ambtenarij • 't ambtenarenkorps

officiate [on ww] een ceremonie leiden

officious [bnw] • overgedienstig • opdringerig • officieus <in diplomatie>

offing [znw] * in the ~ in het verschiet

offset [ov ww] opwegen tegen, neutraliseren, compenseren

often [bijw] vaak, dikwijls

oh [tw] o!, och!, ach!

oil I [ov ww] smeren, oliën II [znw] • olieverf • olie • petroleum

oily [bnw] • olieachtig, olie- • vleiend, glad v. tong

ointment [znw] smeersel, zalf

old [bnw] • oud, versleten, ouderwets • vroeger

oligarchy [znw] oligarchie

olive I [znw] • olijf • olijfgroen, olijftak II [bnw] olijfkleurig

Olympic [bnw] olympisch

omen [znw] voorteken

ominous [bnw] onheilspellend, dreigend

omission [znw] weglating, 't weglaten, verzuim

omit [ov ww] • weglaten • verzuimen

omniscient [bnw] alwetend

omnivorous [bnw] • verslindend <vnl. v. boeken> • <bio.> allesetend

on I [bijw] • (er)op • aan II [vz] • over, aangaande • op • aan

once I [bijw] eens, een keer II [vw] zodra

one I [znw] een II [onb vnw] • iem. • men III [telw] • één, enige • een, dezelfde

oneself [wkd vnw] (zich)zelf

onion [znw] ui

onlooker [znw] toeschouwer

only I [bnw] enig II [bijw] • (alleen) maar • pas, eerst III [vw] maar, alleen

onrush [znw] toeloop, toestroom, stormloop

onset [znw] • aanval • begin, eerste symptomen

onshore I [bnw] aanlandig II [bijw] • land(in)waarts • aan land

onslaught [znw] woeste aanval

onus [znw] • (bewijs)last, plicht • schuld

onward [bnw] voorwaarts

oodles [mv] massa's

ooze I [ov + on ww] • sijpelen • druipen van <ook fig.> II [znw] slib, slijk

opacity [znw] duisternis

opal [znw] opaal

opaque [bnw] • mat • ondoorschijnend, duister • onduidelijk

open I [ov + on ww] openen II [bnw] open

opening I [znw] • opening, begin • kans • vacante betrekking II [bnw] openend, inleidend

openly [bijw] • openlijk • openbaar • openhartig

operate I [ov ww] • bewerken, teweegbrengen • <AE> exploiteren, leiden II [on ww] • opereren • werken, uitwerking hebben

operation [znw] • operatie • financiële transactie • exploitatie • werking, handeling

operative I [znw] • werkman, fabrieksarbeider • <AE> spion II [bnw] • in werking • van kracht • praktisch, doeltreffend

operator [znw] • (be)werker • operateur • iem. die machine bedient • telegrafist(e), telefonist(e) • eigenaar *v. bedrijf*

operetta [znw] *operette*

ophthalmic [bnw] *oogheelkundig*

opiate [znw] *geneesmiddel dat opium bevat*

opinionated [bnw] • *dogmatisch* • *eigenzinnig*

opponent I [znw] *tegenpartij/-stander* II [bnw] *tegengesteld, strijdig*

opportune [bnw] *gelegen, geschikt*

opportunism [znw] *opportunisme*

opportunity [znw] *(gunstige) gelegenheid, kans*

oppose [ov ww] z. *verzetten (tegen)* • (~ **to**) *stellen tegenover*

opposed [bnw] *tegengesteld*

opposite I [znw] *tegen(over)gestelde, tegenpool* II [bnw] *tegenovergelegen, overstaand ‹v. blad of hoek›, ander(e), tegen-, over-* III [vz] • *tegenover* • *aan de overkant*

opposition [znw] • *verzet, oppositie ‹ook politiek›* • *tegenstelling, plaatsing tegenover*

oppress [ov ww] • *onderdrukken, verdrukken* • *bezwaren, drukken op*

oppression [znw] *verdrukking, onderdrukking*

oppressive [bnw] *verdrukkend, onderdrukkend*

oppressor [znw] *onderdrukker, tiran*

opt [on ww] *opteren, keuze doen* • (~ **out**) *niet meer (willen) meedoen, z. terugtrekken*

optic [bnw] *gezichts-*

optical [bnw] *gezichts-, optisch*

optician [znw] *opticien*

optimism [znw] *optimisme*

optimum [znw] *optimum, beste, meest begunstigde*

option [znw] • *keus* • *optie*

optional [bnw] *naar keuze, facultatief*

opulent [bnw] *rijk, weelderig, overvloedig*

oracle [znw] *orakel*

oracular [bnw] • *als een orakel*

• *dubbelzinnig*

oral I [znw] ‹inf.› *mondeling examen* II [bnw] *mondeling, mond-*

orange I [znw] *sinaasappel* II [bnw] *oranje*

oration [znw] *redevoering*

orator [znw] *redenaar*

oratoric(al) [bnw] *oratorisch*

oratory [znw] • *(huis)kapel ‹r.-k. kerk›* • *welsprekendheid*

orb [znw] • *bol* • *hemellichaam* • *rijksappel* • ‹form.› *oog(bal)*

orbit I [ov + on ww] *draaien in een baan om* II [znw] • *(gebogen) baan v. hemellichaam* • *invloedssfeer*

orbital [znw] *verkeersweg om voorsteden heen*

orchard [znw] • *boomgaard* • *fruittuin*

orchestra [znw] • *orkest* • ‹AE› *stalles*

orchid, orchis [znw] *orchidee*

ordain [on ww] • *(tot priester) wijden* • *beschikken, voorschrijven*

ordeal [znw] • *godsgericht* • *beproeving*

order I [ov ww] • *bestellen* • *ordenen, regelen* • *verordenen, bevelen* • (~ **out**) *wegsturen, laten uitrukken* II [znw] • *rang* • *klasse, stand* • *volgorde* • *order, bevel* • *soort* • *bestelling*

orderly I [znw] *ziekenoppasser* II [bnw] *ordelijk, geregeld*

ordinance [znw] *verordening*

ordinary [bnw] *alledaags, normaal, gewoon*

ordination [znw] *wijding ‹tot geestelijke›*

ordnance [znw] *tak v. openbare dienst voor mil. voorraden en materieel*

ordure [znw] • *mest, gier* • *uitwerpselen, drek*

ore [znw] *erts*

organ [znw] • *orgaan* • *orgel*

organic [bnw] • *organisch* • *structureel*

organism [znw] *organisme*

organization [znw] *organisatie*

organize [ov ww] *organiseren*

organizer [znw] *organisator*

orgasm [znw] *orgasme*

orgy [znw] *orgie, drinkgelag, uitspatting*

oriental I [znw] *oosterling* II [bnw] *oosters*

orientate [ov ww] • *z. oriënteren* • *z. naar een bepaald punt richten* • *z. naar de omstandigheden richten*

orientation [znw] • *richtingsgevoel* • *oriëntering*

orifice [znw] *opening, mond(ing)*

origin [znw] *afkomst, oorsprong, begin*

original I [znw] *origineel* II [bnw] *aanvankelijk, oorspronkelijk, origineel, eerste*

originate [ov + on ww] • *voortbrengen* • *ontstaan (in)* • (~ *from*) *voortkomen uit* • (~ *with*) *opkomen bij*

ornament I [ov ww] *versieren, tooien* II [znw] *ornament, sieraad, versiersel*

ornamental [bnw] *decoratief, ornamenteel, sier-*

ornate [bnw] • *sierlijk, bloemrijk <v. taal>* • *ornaat*

orphan [znw] *wees*

orphanage [znw] *weeshuis*

orthodox [bnw] • *orthodox* • *algemeen geaccepteerd, conventioneel* • *ouderwets, v.d. oude stempel*

orthodoxy [znw] *orthodoxie*

orthography [znw] *spellingsleer, orthografie*

orthopaedic [bnw] *orthopedisch*

oscillate [on ww] • *schommelen, slingeren* • *oscilleren <v. radio>* • *aarzelen*

osier [znw] • *soort wilg* • *rijs*

ossify I [ov ww] *(doen) verstenen* II [on ww] • *in been veranderen* • *verharden <fig.>*

ostensible [bnw] *ogenschijnlijk, zogenaamd*

ostentation [znw] *uiterlijk vertoon*

ostentatious [bnw] *opzichtig, in 't oog lopend*

osteopath [znw] *(onbevoegd)*

orthopedist, osteopaat

ostrich [znw] *struisvogel*

other I [znw] *de/het andere* II [bnw] *anders, verschillend*

otherwise [bijw] • *anders* • *(of) anders* • *verder*

ouch [tw] *au!*

ounce [znw] • *283 gram* • *greintje*

our [bez vnw] *ons, onze*

ours [bez vnw] *het onze, de onze(n)*

ourselves [wkd vnw] *ons(zelf), wij(zelf), zelf*

out I [bnw] • *in staking* • *in bloei* • *uit (op)* • *over* • *fout* II [bijw] • *weg, (er)uit, (er)buiten* • *uit de mode* • *voorbij, afgelopen, om* • *verschenen, publiek* • *zonder betrekking, af <in spel>* III [vz] *langs, uit*

out- [voorv] *meer, groter, beter, harder*

out-and-out [bnw] *volledig, voortreffelijk*

outback [znw] *binnenland <v. Australië>*

outbreak [znw] • *het uitbreken* • *oproer*

outbuilding [znw] *bijgebouw*

outburst [znw] *uitbarsting*

outcast [znw] *verschoppeling*

outclass [on ww] *de meerdere zijn van*

outcry [znw] • *verontwaardiging* • *geschreeuw*

outdo [ov ww] *overtreffen*

outdoor [bnw] *openlucht-, buiten(shuis)*

outer [bnw] *buiten-, uitwendig*

outfit [znw] • *kleding* • *uitrusting* • *<inf.> gezelschap, troep, stel* • *<mensen>, ploeg <werklui>, bataljon*

outgoing [bnw] • *extrovert* • *vertrekkend, aftredend*

outing [znw] *uitstapje*

outlandish [bnw] *vreemd, afgelegen*

outlast [ov ww] *langer duren dan*

outlaw I [ov ww] *vogelvrij verklaren* II [znw] *vogelvrij verklaarde*

outlay I [ov ww] *besteden, uitgeven* II [znw] *uitgave(n)*

outlet [znw] • uitgang/-weg
• afvoerbuis • afzetgebied • afnemer
• verkooppunt • ‹AE› stopcontact

outline I [ov ww] schetsen, in grote
lijnen aangeven • (~ **against**)
aftekenen tegen II [znw] (om)trek,
schets

outlook [znw] uitkijk/-zicht, kijk

outnumber [ov ww] overtreffen in
aantal

output [znw] • output ‹v. computer›
• productie, prestatie, vermogen ‹v.
elektriciteit› • opbrengst, uitkomst
• uitvoer

outrage I [ov ww] • geweld aandoen,
verkrachten • grof beledigen II [znw]
• grove belediging • verontwaardiging
• gewelddaad

outrageous [bnw] • beledigend,
ergerlijk • schandelijk, verschrikkelijk
• extravagant, buitensporig

outré [bnw] onbehoorlijk, buitenissig

outright I [bnw] totaal II [bijw]
• ineens • helemaal • ronduit

outside I [znw] • buiten(kant), uiterlijk
• uiterste prijs ★ at the ~ op z'n hoogst
II [bnw] buitenste III [bijw] naar/van
buiten IV [vz] • buiten • ‹AE› behalve

outsider [znw] • buitenstaander
• niet-lid • ‹sport› mededinger met
weinig kans om te winnen ‹vnl. paard›

outspoken [bnw] openhartig, ronduit

outstanding [bnw] • uitstekend,
voortreffelijk • onbeslist • overduidelijk

outward(s) [bnw] buitenwaarts,
uiterlijk, uitwendig

oval [bnw] ovaal

ovary [znw] • eierstok • vruchtbeginsel

ovation [znw] ovatie

oven [znw] oven, fornuis

over I [bnw] • al te groot/veel, enz.
• klaar, beëindigd • over, opper-
II [bijw] • voorbij • om, over • ‹AE›
z.o.z. III [vz] • over, boven • bij,
aangaande • over... heen

over- [voorv] over-, te

overall I [znw] • overall
• huishoudschort II [bnw] geheel,
totaal, globaal

overboard [bijw] overboord

overcharge [ov ww] • te sterk laden ‹v.
batterij› • overdrijven • overvragen, te
veel in rekening brengen

overcoat [znw] overjas

overcome [ov ww] te boven komen

overdo [ov ww] • overdrijven • te gaar
koken/worden • uitputten

overflow I [on ww] overstromen
II [znw] • overloop(pijp)
• overstroming • overvloed

overhead I [bnw] boven 't hoofd,
bovengronds ‹geleiding› II [bijw]
boven 't hoofd

overheads [mv] vaste bedrijfsuitgaven

overhear [ov ww] • toevallig horen
• afluisteren

overjoyed [bnw] opgetogen, dolblij

overlap I [ov ww] gedeeltelijk bedekken,
overlappen II [on ww] gedeeltelijk
samenvallen (met) III [znw] overlap

overlook [ov ww] • uitzien op • over
het hoofd zien • door de vingers zien

overly [bijw] al te, te zeer

overnight I [bijw] v.d. avond/nacht
II [bijw] • gedurende de nacht • in 'n
wip • zo maar, ineens

overpower [ov ww]
overmannen/-weldigen

override [ov ww] • belangrijker zijn
dan • tenietdoen

overrule [ov ww] • verwerpen
• overstemmen • overreden

overrun [ov ww] • overstromen • geheel
begroeien

overseas [bnw + bijw] overzee(s)

overshoot [ov ww]
voorbijschieten/-streven

oversight [znw] onoplettendheid,
vergissing

overt [bnw] publiek, open(lijk)

overtake [ov ww] • inhalen ‹i.h.
verkeer› • overvallen

overtime [znw] overuren/-werk

overtone [znw] • bijbetekenis, ondertoon <fig.> • <muz.> boventoon

overture [znw] • (eerste) voorstel • inleiding • <muz.> ouverture

overweight [bnw] te zwaar <in lichaamsgewicht>

overwhelm [ov ww] overstelpen

overwhelming [bnw] overweldigend, verpletterend

overwrought [bnw] op v.d. zenuwen

ovum [znw] ei(cel)

owe [ov ww] • schuldig/verschuldigd zijn • te danken hebben

owl [znw] uil

owlish [bnw] uilachtig

own I [ov ww] • bezitten, (in eigendom) hebben • toegeven, erkennen • (~ **up**) <inf.> opbiechten II [bnw] eigen

owner [znw] eigenaar

ownership [znw] eigendom(srecht)

ox [znw] os

oxide [znw] oxide

oxidize [ov + on ww] oxideren

oxygen [znw] zuurstof

oyster [znw] oester

ozone [znw] • ozon • <inf.> frisse lucht

P

pace I [ov + on ww] • stappen • ijsberen • in telgang lopen • (~ **out**) afpassen, afmeten II [znw] • stap, pas • gang, tempo • telgang

pacifier [znw] • vredestichter • <AE> fopspeen

pacifism [znw] pacifisme

pacify [ov ww] tot bedaren/rust/vrede brengen

pack I [ov ww] • inpakken, verpakken • omwikkelen • beladen • partijdig samenstellen <vnl. v. jury> • <AE> dragen • (~ **up**) (in)pakken II [on ww] zijn biezen pakken • (~ **up**) <sl.> tot stilstand komen <v. machine>, (moeten) stoppen, ophouden III [znw] • bende • veld drijfijs • bepakking • stel, partij • pak(je) • last • zekere hoeveelheid <v. goederen> • meute <v. jachthonden>

package I [ov ww] 'n pak maken van II [znw] • emballage • verpakking • pak

packer [znw] emballeur

packet [znw] • pakje <vnl. v. sigaretten> • pakketboot • <sl.> grote som geld

packing [znw] (ver)pakking

pad I [ov ww] • bekleden • opvullen II [on ww] lopen <vnl. v. dier> III [znw] • (stoot)kussen • vulsel • kladblok, blocnote • poot <v. vos of haas>

paddock [znw] omheind veld <bij paardenstoeterij of renbaan>

paddy [znw] rijstveld

padlock I [ov ww] v. hangslot voorzien II [znw] hangslot

padre <sl.> [znw] aalmoezenier

pagan I [znw] heiden II [bnw] heidens

page I [ov ww] • pagineren • oproepen II [znw] • page • piccolo, bruidsjonkertje • bladzijde

pageant [znw] • *(historische) optocht/vertoning* • *opzienbarend schouwspel*

pageantry [znw] *praal*

pagination [znw] *paginering*

pagoda [znw] *pagode*

paid [ww] verl.tijd + volt.deelw.
→ **pay**

pail [znw] • *emmer* • ‹AE› *eetketeltje*

pain I [ov + on ww] *pijnigen* II [znw] • *pijn, lijden* • *lastpost*

painful [bnw] • *pijnlijk* • *moeizaam*

painless [bnw] *pijnloos*

painstaking [bnw] *nauwkeurig, zorgvuldig*

paint I [ov ww] *(be)schilderen, (z.) verven* • *(~ over) overschilderen* II [znw] *verf*

painter [znw] • *vanglijn* • *schilder*

painting [znw] • *schildering, schilderij* • *schilderkunst*

pair I [ov + on ww] • *(~ off) in paren heengaan, koppelen* • *(~ off (with)) ‹inf.› trouwen (met)* II [znw] • *paar* • *tweetal van paar*

Pakistani I [znw] *Pakistaan, Pakistani* II [bnw] *Pakistaans*

pal ‹sl.› I [on ww] • *(~ up (to/with)) vrienden zijn/worden (met)* II [znw] *(goeie) vriend*

palatable [bnw] • *smakelijk* • *aangenaam*

palate [znw] • *verhemelte* • *smaak*

palatial [bnw] *paleisachtig*

palaver [znw] *over-en-weergepraat*

pale I [on ww] *verbleken (naast)* II [znw] *omsloten ruimte* III [bnw] *bleek, mat, dof, licht*

palette [znw] *palet*

pall I [on ww] *vervelend worden* II [znw] • *pallium* • *sluier* • *lijkkleed*

pallet [znw] • *strozak, stromatras* • *pallet*

pallid [bnw] *bleek*

pally ‹inf.› [bnw] *bevriend*

palm I [ov ww] *verbergen ‹in de hand›*

II [znw] • *palm(tak)* • *handpalm*

palmistry [znw] *handlijnkunde*

palpable [bnw] *tastbaar*

palpitation [znw] *hartklopping*

palsy [znw] *verlamming*

paltry [bnw] *verachtelijk, armetierig, armzalig, nietig*

pamper [ov ww] *te veel geven, verwennen*

pamphlet [znw] *vlugschrift, brochure*

pan I [ov ww] • *afkammen, vitten op* II [on ww] • *panoramisch filmen* • *(goud)erts wassen* III [znw] • *duinpan, koekenpan, kruitpan* • *ketel, schaal, toiletpot* • ‹AE› *gezicht*

panacea [znw] *panacee, wondermiddel*

pancake [znw] *pannenkoek*

pancreas [znw] *alvleesklier*

pane [znw] *(glas)ruit*

panel I [ov ww] *lambrisering aanbrengen* II [znw] • *paneel* • *tussenzetsel ‹in jurk›* • *schakelbord* • *panel*

panelling [znw] *paneelwerk, lambrisering*

pang [znw] *pijnscheut*

panic I [on ww] *in paniek raken* II [znw] *paniek* III [bnw] *panisch*

pannier [znw] *(draag)mand*

panoply [znw] • *volle wapenrusting* • *praal*

pant [on ww] *hijgen* • *(~ after/for) snakken naar*

pantheism [znw] *pantheïsme*

panther [znw] *panter*

pantry [znw] *provisiekamer, provisiekast*

pants [mv] *(onder)broek*

papacy [znw] • *pausschap* • *pausdom*

papal [bnw] *pauselijk*

paper I [ov ww] *behangen* II [znw] • *papiergeld* • *wissels* • *examenopgave* • *krant, blad* • *document* • *opstel* • *scriptie* • *voordracht* • *papillot* • *papier* III [bnw] • *op papier* • *van papier*

papery [bnw] papierachtig

papyrus [znw] • papyrus • papyrus(rol) • papyrus(plant)

par [znw] • gelijkheid • pari • gemiddelde

parabola [znw] parabool

parabolic [bnw] van/zoals een parabool

parachute I [ov ww] met parachute neerlaten II [on ww] met parachute afdalen III [znw] valscherm, parachute

parade I [ov + on ww] • paraderen • doortrekken, laten marcheren • optocht houden • pronken (met) II [znw] • parade • promenade, boulevard • vertoon • optocht

paradigm [znw] paradigma

paradise [znw] paradijs

paradoxical [bnw] paradoxaal, tegenstrijdig

paraffin [znw] kerosine

paragon [znw] toonbeeld <v. volmaaktheid>

paragraph [znw] alinea

parakeet [znw] parkiet

parallel I [ov ww] • evenaren • evenwijdig zijn met II [znw] gelijke III [bnw] • evenwijdig • analoog, gelijk

parallelogram [znw] parallellogram

paralysis [znw] verlamming

paramilitary [bnw] paramilitair

paramount [bnw] opper-, hoogst, overwegend, opperst

paranoia [znw] paranoia, vervolgingswaanzin

parapet [znw] • borstwering • muurtje, stenen leuning

paraphernalia [mv] spullen, uitrusting, rompslomp

paraphrase I [ov ww] in andere woorden weergeven II [znw] parafrase

parapsychology [znw] parapsychologie

parasite [znw] • parasiet • klaploper

paratrooper [znw] para(chutist), paratroeper

paratroops [mv] valschermtroepen

parboil [ov ww] blancheren, even aan de kook brengen

parcel I [ov ww] • (~ out) verdelen, uitdelen, kavelen • (~ up) inpakken II [znw] • partij <v. goederen> • pak(je) • perceel, kaveling

parch [ov + on ww] opdrogen, verdorren

parchment [znw] perkament

pardon I [ov ww] vergiffenis schenken, vergeven II [znw] vergiffenis, vergeving, gratie, pardon

pardonable [bnw] vergeeflijk

pare [ov ww] • besnoeien, beknibbelen • schillen • afknippen, afsnijden • (~ away/off) afsnijden

parent [znw] • ouder • vader, moeder • bron

parentage [znw] afkomst

parental [bnw] ouderlijk

parenthesis [znw] • inlassing • haakje

parenthood [znw] ouderschap

pariah [znw] paria, uitgestotene

parish [znw] parochie, kerspel, kerkelijke gemeente

parishioner [znw] • parochiaan • gemeentelid

parity [znw] • gelijkheid, overeenkomst • pariteit

park I [ov + on ww] parkeren II [ov ww] deponeren III [znw] • (artillerie)park • parkeerterrein

parking [znw] het parkeren, parkeergelegenheid

parky [bnw] kil

parlance [znw] wijze v. zeggen, taal

parley I [on ww] onderhandelen II [znw] onderhandeling

parliament [znw] parlement

parliamentarian [znw] parlementariër

parliamentary [bnw] • parlements- • parlementair

parlour [znw] • zitkamer • <AE> salon

parody I [ov ww] parodiëren II [znw] parodie

parole I [ov ww] op erewoord vrijlaten II [znw] • parool, erewoord • <AE>

voorwaardelijke invrijheidstelling

paroxysm [znw] *hevige aanval*

parquet [znw] *parketvloer*

parricide [znw] *vadermoord(enaar)*

parrot I [ov ww] *nadoen, napraten*
II [znw] *papegaai*

parry I [ov ww] • *pareren, afweren ‹v. slag›* • *ontwijken ‹v. vraag›* II [znw] *afweringsmanoeuvre*

parse [ov ww] *taal-/redekundig ontleden*

parsimonious [bnw] • *spaarzaam* • *gierig*

parsimony [znw] *spaarzaamheid, gierigheid*

parsley [znw] *peterselie*

parsnip [znw] *pastinaak*

parson [znw] *dominee*

parsonage [znw] *pastorie*

part I [ov ww] *van elkaar scheiden, scheiding maken ‹in haar›* II [on ww] • *z. verdelen* • *uit elkaar gaan* ‹sl.› • *betalen* • (~ **from/with**) *afscheid nemen van, scheiden van* • (~ **with**) *opgeven, v.d. hand doen, afgeven* ‹vnl. v. hitte› III [znw] • *gedeelte, deel* • *toneelrol* • *zijde* • *partij* • *(aan)deel* ‹muz.› *stem*

partake [on ww] *deel hebben aan*

partial [bnw] • *partijdig* • *gedeeltelijk*

participant I [znw] *deelgenoot, deelnemer* II [bnw] *deelhebbend, deelnemend*

participate [on ww] *delen (in), deelnemen aan, deel hebben in*

participle [znw] *deelwoord*

particle [znw] • *partikel* • *deeltje*

particular I [znw] *bijzonderheid* II [bnw] • *veeleisend* • *afzonderlijk, speciaal* • *nauwkeurig, precies*

particularize [ov ww] • *specificeren* • *in details treden*

parting [znw] • *afscheid* • *scheiding ‹v. haar›*

partisan, partizan [znw] • *aanhanger, voorstander* • *guerrilla*

partition I [ov ww] *(ver)delen* • (~ **off**) *afscheiden* II [znw] • *(ver)deling* • *tussenschot*

partly [bijw] *gedeeltelijk*

partner I [ov ww] *partner zijn van* II [znw] • *deelgenoot, (levens)gezel(lin)* • *partner* • *vennoot, compagnon*

partnership [znw] *vennootschap, deelgenootschap*

party [znw] • *partij* • *fuif, feestje* • *gezelschap*

pass I [ov ww] • *gaan (door)* • *inhalen, voorbij gaan* • *aangeven, doorgeven* II [on ww] • *gaan* • *verstrijken* • (~ **away**) *sterven* • (~ **out**) *flauwvallen* III [znw] *pas*

passable [bnw] • *tamelijk, vrij behoorlijk* • *toelaatbaar* • *doorwaadbaar, begaanbaar*

passage [znw] • *gang, passage, overgang, doorgang* • *recht v. doorgang* • *overtocht* • *stoelgang* • *'t aannemen* ‹v.e. wet› • *passage ‹in boek›*

passenger [znw] *passagier*

passer-by [znw] *voorbijganger*

passing I [znw] • *'t voorbijgaan* • *overlijden* II [bnw] *voorbijgaand*

passion [znw] *hartstocht, passie*

passionate [bnw] *hartstochtelijk*

Passover [znw] *joods paasfeest*

passport [znw] • *paspoort* • *toegang ‹fig.›*

past I [znw] *verleden (tijd)* II [bnw] • *voorbij(gegaan)* • *verleden* • *vroeger* • *gewezen* III [bijw] *voorbij* IV [vz] • *langs, voorbij* • *over, na*

paste I [ov ww] *(be)plakken* II [znw] • *deeg ‹v. gebak›* • *(amandel)spijs* • *(stijfsel)pap, plaksel* • *simili, namaakdiamanten*

pastel [znw] • *pastel(tekening)* • *pastelkleur*

pasteurize [ov ww] *pasteuriseren*

pastime [znw] *tijdverdrijf*

pasting ‹inf.› [znw] *flink pak slaag*

pastor [znw] • *geestelijke leider*
• *zielenherder* • <AE> *pastoor*
pastoral I [znw] *pastorale* II [bnw]
• *herderlijk, herders-* • *landelijk*
pastry [znw] *gebak(jes), (korst)deeg*
pasture I [on ww] *(af)grazen* II [znw]
• *gras* • *weide*
pasty I [znw] *vleespastei* II [bnw]
deegachtig
pat I [ov ww] • *zachtjes slaan/kloppen
op* • *aaien* • *strelen* II [znw] • *tikje*
• *klompje, kluitje* <vnl. v. boter>
III [bnw + bijw] • *klaar* • *precies v. pas,
toepasselijk*
patch I [ov ww] • *(op)lappen* • *(~ up)
oplappen, bijleggen* <v. geschil>
II [znw] • *plek* • *stukje grond* • *lap,
pleister*
patchy [bnw] • *onregelmatig* • *met
vlekken*
patent I [ov ww] • *patenteren* • *patent
nemen op* II [znw] • *patent* • *octrooi*
III [bnw] • *gepatenteerd*
• *voortreffelijk, patent* • *open, zichtbaar*
paternal [bnw] • *vaderlijk, vader-*
• *van vaderszijde*
paternalism [znw] *overdreven
vaderlijke zorg*
paternity [znw] • *vaderschap* • *bron*
<fig.>
path [znw] *pad, weg, baan*
pathetic [bnw] • *aandoenlijk* • *zielig*
• *bedroevend*
pathological [bnw] *pathologisch,
ziekelijk*
pathologist [znw] *patholoog*
pathology [znw] *pathologie*
pathos [znw] • *pathos*
• *aandoenlijkheid*
patience [znw] • *patience* <kaartspel>
• *geduld, lijdzaamheid, volharding*
patient I [znw] *patiënt, zieke* II [bnw]
geduldig, lijdzaam, volhardend
patina [znw] • *schijn, waas* • *glans* <op
meubels> • *kopergroen*
patio [znw] *patio, binnenhof*

patriarch [znw] • *nestor* • *patriarch,
aartsvader*
patrician I [znw] *patriciër* II [bnw]
patricisch
patricide [znw] → **parricide**
patrimony [znw] *vaderlijk erfdeel,
erfgoed*
patriot I [znw] *patriot* II [bnw]
patriottisch
patriotic [bnw] *vaderlandslievend*
patriotism [znw] *patriottisme,
vaderlandsliefde*
patrol I [ov + on ww] *patrouilleren, de
ronde doen* II [znw] *patrouille, ronde*
patron [znw] • *beschermheilige*
• *beschermheer* • *klant, begunstiger*
patronage [znw] • *beschermheerschap*
• *recht v. voordracht tot ambt*
• *klandizie, steun* • *neerbuigendheid*
patronize [ov ww] • *beschermen,
begunstigen* • *neerbuigend behandelen*
patronizing [bnw] *neerbuigend*
patter I [on ww] • *trippelen, ritselen*
• *babbelen, praten* • *kletteren* II [znw]
• *(verkoop)praatje* • *getrippel, geritsel*
• *gekletter*
pattern I [ov ww] *schakeren*
• *(~ after/upon) vormen naar*
II [znw] *tekening, patroon* III [bnw]
model-
patty [znw] *pasteitje*
paunch [znw] • *buik* • *pens*
pauper [znw] *armlastige, minder
bedeelde*
pause I [on ww] • *even ophouden,
pauzeren* • *nadenken* II [znw] *pauze,
onderbreking, rust*
pavement [znw] *stoep, trottoir*
pavilion [znw] • *tent* • *paviljoen*
• *clubhuis*
paving [znw] *bestrating, plaveisel,
bevloering*
paw I [ov + on ww] • *aanraken* <met
poot> • *krabben* <met hoef> II [ov ww]
<inf.> *betasten* III [znw] • *poot* <met
klauw> • <inf.> *'poot', hand*

pawn I [ov ww] belenen, verpanden
II [znw] • onderpand • pion <fig.>,
gemanipuleerd persoon • pion <in
schaakspel>

pay I [ov ww] • (uit)betalen • vergelden
• vergoeden • schenken <v. aandacht>
• (~ away) uitgeven <v. geld>
• (~ away/out) <scheepv.> vieren <v.
kabel> • (~ back) betaald zetten,
terugbetalen • (~ into) storten <v.
geld> • (~ off) (af)betalen, afrekenen
• (~ out) (uit)betalen • (~ towards)
bijdragen voor • (~ up) betalen,
volstorten <v. aandelen> II [on ww]
• betalen, boeten • renderen <v. zaak>
III [znw] betaling, loon, soldij

payable [bnw] • te betalen • betaalbaar

payer [znw] betaler

payment [znw] • betaling • beloning

pea [znw] erwt

peace [znw] • vrede • rust

peaceable [bnw] • vreedzaam • vredig

peaceful [bnw] vredig

peach [znw] • perzik • <inf.> schat <v.e.
meisje>, snoes

peak I [on ww] hoogtepunt bereiken
II [znw] • piek, spits • hoogtepunt
• klep <v. pet> III [bnw] hoogste

peaked [bnw] puntig, scherp

peaky <inf.> [bnw] mager <v. gezicht>,
pips

peal I [on ww] klinken, weergalmen
II [znw] • gelui <v. klokken>
• (donder)slag • geschater

peanut [znw] pinda

pear [znw] peer

pearl [znw] • parel • juweel <fig.>

pearly [bnw] • parelachtig • vol parels

peat [znw] • veen • turf

peaty [bnw] turfachtig, veenachtig

peccadillo [znw] pekelzonde, kleine
zonde

peck I [ov + on ww] • hakken
• knabbelen • pikken • (~ at) pikken
naar/in, in kleine hapjes veroberen,
vitten op II [ov ww] oppervlakkig een

kus geven • (~ up) oppikken III [znw]
• pik <met snavel> • vluchtige kus

pecker [znw] • <inf.> moed • <sl.> penis

peculiar [bnw] eigenaardig

peculiarity [znw] eigenaardigheid

pedagogy [znw] pedagogie

pedal I [ov + on ww] fietsen II [znw]
pedaal

pedant [znw] muggenzifter

pedantic [bnw] pedant

peddle [ov + on ww] • venten, verkopen
<vnl. drugs> • opdringen <v.
denkbeelden>

pedestrian I [znw] voetganger II [bnw]
• voet- • wandel- • prozaïsch, laag bij
de grond

pedigree [znw] • stamboom • afkomst

pedlar [znw] marskramer

pee <sl.> I [on ww] plassen II [znw] plasje

peek [on ww] gluren, kijken

peel I [ov ww] • (af)schillen • villen,
(af)stropen II [on ww] • vervellen • <sl.>
bladderen <v. verf>, z. uitkleden
III [znw] schil

peeler [znw] schilmesje

peep I [ov ww] • z. vertonen • heimelijk
'n blik werpen op • (~ at) gluren naar
II [znw] • gepiep • kijkje

peer I [on ww] • (~ at/in(to)) turen
naar II [znw] • weerga, gelijke
• edelman

peerage [znw] • adel(stand) • boek v.
edelen en hun stamboom

peeress [znw] • vrouw v.e. edelman
• vrouw met adellijke titel

peevish [bnw] knorrig, gemelijk

peg I [ov ww] met pennen/knijpers
vastmaken/steunen • (~ down (to))
binden (aan) • (~ out) afpalen,
afbakenen, wasgoed ophangen
II [on ww] • (~ away) ploeteren op
• (~ out) het hoekje omgaan,
doodgaan III [znw] • kapstok • knijper
• schroef <v. snaarinstrument>
• houten nagel, pen • haring <v. tent>
• <inf.> houten been

pejorative [bnw] • *ongunstig*
• *kleinerend*
pelican [znw] *pelikaan*
pellet [znw] • *hagelkorrel* • *balletje,*
propje • *kogeltje*
pellucid [bnw] *helder, doorschijnend*
pelt I [ov ww] *beschieten* II [on ww]
• *kletteren* • *rennen* III [znw] • *vacht,*
huid • *slag(regen)*
pelvis [znw] *bekken*
pen I [ov ww] • *opsluiten*
• *(op)schrijven, neerpennen* II [znw]
• *schaapskooi, hok* • *pen*
penal [bnw] *straf(baar), straf-*
penalize [ov ww] • *strafbaar stellen*
• *benadelen*
penalty [znw] *straf, boete*
penance [znw] *boetedoening*
pence [mv] → **penny**
penchant [znw] *neiging*
pencil I [ov ww] *met potlood*
merken/(op)schrijven II [znw]
• *potlood* • *stiftje*
pendant I [znw] *(oor)hanger, pendant*
II [bnw] *(over)hangend, hangende,*
onbeslist
pending I [bnw] *hangende, onbeslist*
II [vz] • *hangende, gedurende* • *in*
afwachting v., tot
pendulous [bnw] • *hangend*
• *schommelend*
pendulum [znw] *slinger*
penetrate [ov + on ww] • *doordringen*
• *doorgronden*
penetrating [bnw] • *doordringend*
• *scherpzinnig*
penguin [znw] *pinguïn*
penicillin [znw] *penicilline*
peninsula [znw] *schiereiland*
penitence [znw] *berouw*
penitent I [znw] • *boetvaardige*
zondaar • *biechteling* • *boeteling*
II [bnw] *boetvaardig*
penitential [bnw] *boete-, boetvaardig*
penitentiary I [znw]
• *verbeteringsgesticht* • *penitentiarie*

II [bnw] *straf-, boete-*
pennant [znw] *wimpel*
penniless [bnw] *arm, zonder geld*
penny I [znw] *stuiver* II [bnw]
goedkoop, prul-
pension I [ov ww] • *(~ off) met*
pensioen laten gaan II [znw] • *pensioen*
• *jaargeld* • *pension*
pensionable [bnw]
• *pensioengerechtigd* • *recht gevend op*
pensioen
pensioner [znw] *pensioentrekker*
pensive [bnw] • *peinzend*
• *zwaarmoedig*
pentathlon [znw] *vijfkamp*
Pentecost [znw] • *joods Pinksteren*
• *pinksterzondag*
penthouse [znw] <AE> *hoogste*
verdieping van wolkenkrabber
penultimate [bnw] *voorlaatste*
penurious [bnw] *behoeftig*
penury [znw] *armoede*
peony [znw] *pioen(roos)*
people I [ov ww] *bevolken* II [znw]
• *mensen* • *men* • *volk*
pepper I [ov ww] • *beschieten,*
bombarderen II [znw] *peper*
peppery [bnw] • *peperachtig, gepeperd*
• *driftig*
perambulator [znw] *kinderwagen*
perceive [ov ww] *(be)merken,*
waarnemen
perception [znw] *gewaarwording*
perceptive [bnw] *opmerkzaam*
perch I [ov ww] *gaan zitten of plaatsen*
op iets hoogs II [on ww] *neerstrijken*
III [znw] • *roest <v. vogel>* • *hoge plaats*
• *baars*
percolate [ov + on ww] • *filtreren*
• *sijpelen, dóórdringen, doordringen*
percolator [znw] *koffiezetapparaat*
percussion [znw] <muz.> *slagwerk*
perdition [znw] *verderf, verdoemenis*
peremptory [bnw] *gebiedend,*
dictatoriaal
perennial I [znw] *overblijvende plant*

II [bnw] • eeuwigdurend • <plantk.> overblijvend

perfect I [ov ww] verbeteren, perfectioneren II [znw] voltooid tegenwoordige tijd III [bnw] • volmaakt, volledig, perfect • volslagen • voortreffelijk

perfection [znw] perfectie, toppunt

perfidious [bnw] trouweloos, verraderlijk

perforate [ov ww] doorboren, perforeren

perforation [znw] • doorboring, perforatie • gaatje

performance [znw] • (toneel)voorstelling, optreden • prestatie

performer [znw] zanger, iem. die iets doet of presteert, toneelspeler

perfume I [ov ww] parfumeren II [znw] geur, parfum

perfunctory [bnw] oppervlakkig, nonchalant

perhaps [bijw] misschien

peril [znw] gevaar

perilous [bnw] hachelijk, gevaarlijk

perimeter [znw] omtrek

period I [znw] • punt <na zin> • menstruatie • periode • duur • lesuur II [bnw] behorend tot 'n bepaalde tijd/stijl

periodic [bnw] periodiek

periodical I [znw] periodiek, tijdschrift II [bnw] periodiek

peripatetic I [znw] iem. die rondtrekt II [bnw] rondtrekkend

peripheral [bnw] • perifeer • de buitenkant rakend

periphery [znw] • omtrek • oppervlak, buitenkant

periscope [znw] periscoop

perish [on ww] omkomen of vergaan

perishable [bnw] • vergankelijk • aan bederf onderhevig

perishing [bnw + bijw] <sl.> beestachtig <vnl. v. kou>

perjury [znw] meineed

perk [on ww] • (~ up) z. oprichten, opfleuren

perky [bnw] • verwaand, zelfbewust, brutaal • zwierig

perm [znw] permanent <in haar>

permanent [bnw] blijvend, duurzaam, permanent

permeable [bnw] doordringbaar

permeate [ov + on ww] doordringen

permissible [bnw] toelaatbaar, geoorloofd

permission [znw] verlof, vergunning

permissive [bnw] (al te) toegeeflijk

permit I [ov + on ww] toestaan II [znw] vergunning, verlof

pernicious [bnw] • verderfelijk • kwaadaardig

peroration [znw] • slotwoord • oratie

peroxide [znw] peroxide

perpendicular I [znw] loodlijn II [bnw] loodrecht, steil, recht(op)

perpetrate [ov ww] • bedrijven, begaan <inf.> z. bezondigen aan

perpetrator [znw] dader

perpetual [bnw] • eeuwig • <inf.> geregeld, herhaaldelijk

perpetuate [ov ww] • bestendigen • vereeuwigen

perpetuity [znw] eeuwigheid

perplex [ov ww] verwarren, verlegen maken

perplexity [znw] verwarring

perquisite [znw] fooi, neveninkomst(en)

persecute [ov ww] • vervolgen • lastigvallen

persecution [znw] vervolging

persevere [on ww] volharden, volhouden

Persian I [znw] • 't Perzisch • Pers II [bnw] Perzisch

persist [on ww] • blijven volhouden • voortduren • (~ in) doorgaan met

persistent [bnw] • hardnekkig • blijvend

person [znw] • persoon • iemand

personable [bnw] • knap <v. uiterlijk>
• innemend

personage [znw] • personage • persoon

personal I [znw] II [bnw] persoonlijk

personality [znw] persoonlijkheid

personalize [ov ww] verpersoonlijken

personally [bijw] wat mij betreft,
persoonlijk

personify [ov ww] verpersoonlijken

personnel [znw] • personeel
• manschappen

perspective [znw] • perspectief
• vooruitzicht

perspiration [znw] zweet, transpiratie

persuade [ov ww] overreden, overtuigen

persuasion [znw] • overreding(skracht)
• geloof • overtuiging • <scherts> ras,
soort, geslacht

persuasive [bnw] overredend,
overredings-

pert [bnw] vrijpostig, brutaal

pertinacious [bnw] hardnekkig,
volhardend

pertinent [bnw] ter zake, adrem,
toepasselijk

perusal [znw] 't doorlezen

peruse [ov ww] onderzoeken,
aandachtig bekijken, even doorlezen

Peruvian I [znw] Peruviaan II [bnw]
Peruviaans

pervade [ov ww] doordringen

perverse [bnw] • pervers, verdorven,
verkeerd • onhandelbaar

perversion [znw] • verdraaiing <vnl. v.
woorden> • perversie

pervert I [ov ww] • verdraaien <vnl. v.
woorden> • pervers maken II [znw]
pervers iem.

pessary [znw] pessarium

pessimism [znw] pessimisme

pest [znw] • plaag • lastig mens
• schadelijk dier • pest

pester [ov ww] plagen • (~ for) lastig
vallen om

pesticide [znw] pesticide,
verdelgingsmiddel

pestilence [znw] dodelijke epidemie

pet I [ov ww] liefkozen, vertroetelen
II [znw] • lieveling(sdier) • boze bui
III [bnw] lievelings-

petal [znw] bloemblad

petite [bnw] klein en tenger

petition I [ov + on ww] een verzoek
richten tot • (~ for) smeken om
II [znw] smeekschrift, adres,
verzoek(schrift)

petitioner [znw] verzoeker, adressant,
eiser

petrify I [ov ww] • doen verstenen
• versteend doen staan II [on ww]
verstenen

petrochemical I [znw] petrochemische
stof II [bnw] petrochemisch

petrol [znw] benzine

petticoat [znw] (onder)rok

pettifogging [bnw] kleinzielig

pettish [bnw] • humeurig • lichtgeraakt

petty [bnw] • onbeduidend, nietig
• kleinzielig • klein

pew [znw] • kerkbank • <inf.> zitplaats

pewter [znw] tinlegering

phalanx [znw] • slagorde • dicht
aaneengesloten menigte
• teen-/vingerkootje

phallic [bnw] fallisch

phallus [znw] fallus, penis

phantasmagoria [znw] schimmenspel

phantom I [znw] spook,
geestverschijning II [bnw] • schijnbaar
• onbekend • geheim • spook-

pharmaceutical [bnw] farmaceutisch

pharmacist [znw] farmaceut,
apotheker

pharmacology [znw] farmacologie

pharmacy [znw] apotheek, farmacie

phase I [ov ww] • (~ in) gelijdelijk
invoeren II [znw] • schijngestalte <v.d.
maan> • stadium, fase

pheasant [znw] fazant

phenomenal [bnw] enorm,
buitengewoon

phenomenon [znw] • verschijnsel

• fenomeen • wonderbaarlijk iem./iets
phew [tw] foei!, hè!
philanderer [znw] flirter
philatelist [znw] filatelist
philately [znw] filatelie
philology [znw] filologie
philosopher [znw] wijsgeer
philosophize [on ww] filosoferen
philosophy [znw] • wijsbegeerte
• levensbeschouwing
phobia [znw] fobie
phoenix [znw] feniks
phone [znw] <inf.> telefoon
phonograph [znw] • fonograaf • <AE>
grammofoon
phonology [znw] klankleer
phosphate [znw] fosfaat
phosphorescent [bnw] fosforescerend
phosphorus [znw] fosforus
photo [znw] foto
photogenic [bnw] fotogeniek
photograph I [ov + on ww]
fotograferen II [znw] foto, portret
photographer [znw] fotograaf
photographic [bnw] • fotografisch
• fotografie-
phrase I [ov ww] onder woorden
brengen II [znw] • uitdrukking,
gezegde • bewoording, woorden • frase
phrasing [znw] • bewoording,
uitdrukking • <muz.> frasering
phut [bijw] ★ go phut kapotgaan; niet
meer functioneren
physical I [znw] <AE> lichamelijk
onderzoek II [bnw] • natuurkundig
• materieel, natuur- • lichamelijk
physician [znw] geneesheer, dokter
physicist [znw] natuurkundige
physiognomy [znw] • gelaat,
voorkomen • aanblik v. iets
physique [znw] lichaamsbouw, gestel
piano I [znw] piano II [bnw + bijw]
<muz.> piano
picaresque [bnw] schurken-,
schurkachtig
pick I [ov + on ww] • plukken

• (op)pikken • (uit)kiezen • bekritiseren
• (~ at/on) <AE> vitten/afgeven op
• (~ on) uitkiezen • (~ out) uitkiezen
• (~ up) ontvangen/krijgen <v.
inlichtingen>, oprapen, opnemen,
(aan)leren, opknappen, beter worden,
terugvinden <v. spoor>, aanwakkeren
<v. wind>, aanslaan <v. motor>
II [ov ww] • uiteenrafelen, pluizen
• peuteren • (~ off) afplukken,
uitpikken, de een na de ander
neerschieten III [znw] • houweel
• keuze • 't beste • pluk
picker [znw] plukker
picket I [ov ww] • posten <v. stakers>
II [znw] • paal, staak • post <v. stakers>
pickle I [ov ww] • pekelen • inmaken
II [znw] • pekel • azijn
picnic I [on ww] picknicken II [znw]
picknick
picnicker [znw] picknicker
pictorial [bnw] • beeld- • geïllustreerd
picture I [ov ww] afbeelden, schilderen
II [znw] portret, beeld, voorstelling,
plaat, toonbeeld, schilderij
picturesque [bnw] • schilderachtig
• beeldend, levendig
piddle I [on ww] <inf.> een plasje doen
II [znw] <inf.> plasje
piddling <inf.> [bnw] onbenullig
pidgin I [znw] pidgin(taal) II [bnw]
pidgin-
pie [znw] • pastei(tje) • taart, gebak
piebald [bnw] bont, zwart-wit gevlekt
<v. paard>
piece I [ov ww] • (~ together)
uitvogelen, in elkaar zetten (van
stukjes) II [znw] • stuk(je)
• schaakstuk, damschijf • muziekstuk
pier [znw] • steiger • havenhoofd, pier
pierce [ov + on ww] doordringen,
doorboren
piercing [bnw] doordringend
piety [znw] piëteit, vroomheid
piffle <inf.> [znw] onzin
pig I [wkd ww] schrokken, veel eten

II [znw] • varken(*svlees*) • (wild) zwijn • lammeling • schrokop • smeerlap

pigeon [znw] duif

piglet [znw] big

pigment [znw] kleurstof, verfstof

pike [znw] • piek, spies • snoek

pilchard [znw] soort kleine haring

pile I [ov ww] opstapelen • (~ **up**) opstapelen, doen toenemen II [on ww] • (~ **up**) zich opstapelen, toenemen III [znw] • hoop, stapel • pool <op stof> • aambei • (hei)paal • <inf.> fortuin, geld

pilfer [ov ww] gappen

pill [znw] pil

pillage I [ov ww] plunderen, roven II [znw] plundering

pillar [znw] (steun)pilaar, zuil

pillow I [ov ww] op een kussen (laten) rusten II [znw] hoofdkussen

pilot I [ov ww] besturen, loodsen II [znw] • leidsman, gids • piloot • controlelampje • loods III [bnw] test-

pimp [znw] souteneur

pimple [znw] puistje

pimpled, pimply [bnw] puistig

pin I [ov ww] • (op)prikken • vastspelden • (~ **up**) opprikken <v. insecten>, opspelden II [znw] • speld • pen

pinch I [ov ww] • knijpen • bekrimpen • <sl.> jatten II [on ww] • gierig zijn • (te) strak zitten III [znw] • kneep • kritieke toestand • heel klein beetje, snuifje

pine I [on ww] • (~ **after/for**) smachten naar • (~ **away**) wegkwijnen II [znw] grenenhout, vurenhout

pineapple [znw] ananas

pinion [ov ww] vastbinden <v.d. armen>

pink I [on ww] • roze worden • kloppen <v. motor> II [znw] • anjelier • perfectie, puikje III [bnw] • roze • <pol.> met 'rood' sympathiserend

pinkish [bnw] rozeachtig

pinnacle [znw] • torentje • top • hoogtepunt

pint [znw] • pint <6 dl> • glas bier

pioneer I [ov ww] • de weg bereiden • leiden II [znw] pionier, baanbreker

pip I [ov ww] verslaan II [znw] • pit • pip

pipe I [ov ww] door buizen laten lopen II [on ww] met lage stem spreken • (~ **down**) <sl.> rustig worden III [znw] • pijp • buis

piper [znw] doedelzakspeler, fluitspeler

pipette [znw] pipet

piping I [znw] • pijpen, buizen • biesversiering II [bnw + bijw] • sissend, kokend • fluitend

piquant [bnw] pikant, prikkelend

pique I [ov ww] kwetsen II [znw] wrok

piracy [znw] • zeeroverij • plagiaat

pirate I [ov ww] ongeoorloofd boeken e.d. nadrukken II [znw] • zeerover • plagiaris

piss <sl.> I [ov + on ww] pissen • (~ **off**) wegwezen II [znw] pis

pissed [bnw] dronken

pistol [znw] pistool

piston [znw] zuiger

pit I [ov ww] • (~ **against**) stellen tegenover, opzetten tegen II [znw] • kuil, groeve, schacht • putje, kuiltje • diepte • pit <tijdens autorace> • parterre <in schouwburg>

pitch I [ov ww] • gooien, werpen • opslaan <v. tent> II [on ww] • voorovervallen, z. storten • stampen <v. schip> • (~ **in**) <inf.> een handje helpen • (~ **into**) <inf.> te lijf gaan III [znw] • toonhoogte • pek • worp • standplaats <sport> veld

pitcher [znw] • kan, kruik • werper <bij honkbal>

pitfall [znw] • valkuil • valstrik <fig.>

pith [znw] essentie, kern

pithy [bnw] pittig, krachtig

pitiable [bnw] meelijwekkend

pitiful [bnw] • medelijdend • armzalig

• verachtelijk
pitiless [bnw] *meedogenloos*
pity I [ov ww] *medelijden hebben met, beklagen* II [znw] *medelijden*
pitying [bnw] *vol medelijden, medelijdend*
pivot I [on ww] *draaien om spil* II [znw] *spil* <ook fig.>
pivotal [bnw] *hoofd-, centraal*
pixie [znw] *fee*
placard [znw] ≈ *spandoek*
placate [ov ww] *tevredenstellen, verzoenen*
place I [ov ww] • *plaatsen* • *herinneren, thuisbrengen* <fig.> II [znw] • *plaats, woonplaats* • *zitplaats* • *huis, gebouw, buitengoed* • *pleintje, hofje* • *plek* • *ruimte* • *betrekking, positie*
placid [bnw] *vredig, rustig, kalm*
plagiarism [znw] *plagiaat*
plagiarist [znw] *plagiaris*
plagiarize [ov ww] *plagiaat plegen*
plague I [ov ww] • *bezoeken* <fig.> • <inf.> *pesten, treiteren* II [znw] • *pest* • *plaag* • *vervelend/lastig iem./iets*
plaice [znw] *schol*
plaid [znw] • (geruite) *reisdeken* • *Schotse omslagdoek* • (geruite) *wollen stof* • *plaid*
plain I [znw] *vlakte* II [bnw] • *duidelijk* • *eenvoudig* • *onversierd, openhartig* • *alledaags, gewoon* • *lelijk* <v. meisje> • *vlak, glad* <v. ring> III [bijw] *gewoon*
plainly [bijw] *ronduit, zonder meer*
plaintive [bnw] *klagend*
plait I [ov ww] *vlechten* II [znw] *vlecht*
plan I [ov ww] • *een plan maken* • *regelen* II [on ww] • (~ **on**) *rekenen op* III [znw] • *plan* • *schema, ontwerp* • *schets, tekening* • *plattegrond*
plane I [ov ww] *schaven* II [znw] • *plataan* • *schaaf* • *vlak* • *niveau, peil, plan* • <inf.> *vliegtuig*
planet [znw] *planeet*
plank [znw] • *programmapunt* • *plank*
planking [znw] • *bevloering* • *planken*

planner [znw] *ontwerper*
planning [znw] *planning, regeling, opzet, 't ontwerpen*
plant I [ov ww] • *planten* • *plaatsen, posteren* • *toebrengen* <v. slag> • <sl.> *verbergen* • (~ **out**) *vanuit pot in de open grond zetten, uitpoten* II [znw] • *plant* • *installatie, materieel* • <AE> *fabriek*
plantain [znw] *weegbree*
plantation [znw] *plantage*
planter [znw] • *planter* • *plantage-eigenaar*
plaque [znw] • (gedenk)*plaat* • *tandplak*
plastic I [znw] *plastic* II [bnw] • *van plastic* • *kneedbaar*
plate I [ov ww] *pantseren* II [znw] • *naamplaat, pantserplaat, fotografische plaat* • *nummerbord* • *gravure* • *bord* • *tafelzilver, metalen vaatwerk* • *collecteschaal*
plateau [znw] • *plateau* • *stilstand* <in groei>
plateful [znw] *bordvol*
platform [znw] • *podium, spreekgestoelte* • *verhoging* • *perron* • *balkon* <v. tram> • <AE> *program v. politieke partij*
plating [znw] • *verguldsel* • *pantsering*
platinum [znw] *platina*
platitude [znw] *gemeenplaats*
platoon [znw] *peloton*
platter [znw] • *plat bord of schaal* • *plateau*
plausible [bnw] *aannemelijk, geloofwaardig*
play I [ov ww] • *spelen, bespelen* • *uithalen* <v. grap> • *spelen, uitspelen* <v. kaart> • (~ **back**) *terugspelen van geluidsband* • (~ **down**) *bagatelliseren, kleineren* • (~ **out**) *uitspelen* II [on ww] *spelen* • (~ (**up**)**on**) *bespelen, beïnvloeden, misbruik maken van* • (~ **up**) *beginnen te haperen, last bezorgen* • (~ **up to**)

vleien, helpen, steunen III [znw] • *spel*
• *toneelstuk* • *speling,*
bewegingsvrijheid

player [znw] *(beroeps)speler*

playful [bnw] *schertsend, speels*

plaza [znw] *plein*

plea [znw] • *pleidooi, betoog*
• *verontschuldiging*

plead I [ov ww] • *bepleiten, verdedigen*
• *als verontschuldiging aanvoeren*
II [on ww] *pleiten, z. verdedigen*

pleading [bnw] *smekend*

pleasant [bnw] *aangenaam, prettig*

please I [ov + on ww] • *bevallen,*
behagen • *believen* II [bijw] *alstublieft*

pleat I [ov ww] *plooien* II [znw] *plooi*

plebeian I [znw] *plebejer* II [bnw]
plebejisch

pledge I [ov ww] *plechtig beloven*
II [znw] *belofte, gelofte*

plenary [bnw] • *geheel* • *volledig,*
voltallig

plenty I [znw] *overvloed* II [bnw] ‹AE›
overvloedig III [bijw] ‹inf.› *ruimschoots*

pleurisy [znw] *pleuris*

pliable [bnw] *plooibaar, volgzaam*

pliers [mv] *buigtang*

plight [znw] • *conditie, (hopeloze)*
toestand • *(onaangename) situatie*

plinth [znw] *plint*

plod I [on ww] *sjokken* • *(~ along/on)*
voortsukkelen II [znw] *gezwoeg*

plodder [znw] *zwoeger, ploeteraar*

plonk I [ov ww] *met 'n smak neergooien*
II [znw] • *plof, smak* • *goedkope wijn*

plop I [ov + on ww] *neerploffen* II [znw]
plons, plof

plot I [ov ww] • *intrigeren, plannen*
smeden/beramen • *in kaart brengen*
II [znw] • *stukje grond* • *plot, intrige*
• *samenzwering*

plotter [znw] *samenzweerder*

plough I [ov ww] *(door)ploegen*
• *(~ in) onderploegen* • *(~ up)*
omwoelen II [znw] *ploeg*

plover [znw] *pluvier*

plow → **plough**

ploy ‹inf.› [znw] *tactische zet*

pluck I [ov ww] *plukken* ‹ook v.
gevogelte›, *trekken (aan)* II [znw]
moed, durf

plucky [bnw] *moedig*

plug I [ov ww] • *dichtstoppen, vullen* ‹v.
tand› • *ophemelen* • ‹sl.› *neerschieten*
• *(~ in) contact maken, de stekker
insteken* II [on ww] • *(~ away)*
doorploeteren, doorzwoegen III [znw]
• *stop, plug, stekker, vulling* • *propje* ‹v.
tabak› • *bougie*

plum I [znw] *pruim* II [bnw] *paars,
dieprood*

plumage [znw] *gevederte*

plumb I [ov ww] *peilen* II [bnw]
• *volkomen, volslagen* • *precies*

plumber [znw] *loodgieter*

plumbing [znw] *loodgieterswerk,
sanitair*

plume [znw] *pluim, vederbos*

plummy [bnw] • *bekakt* • *dieprood*

plump I [ov ww] *opschudden* • *(~ for)
als één man stemmen op, z. verklaren
voor* II [on ww] *neerploffen*
• *(~ down) neerploffen* III [znw] *plof*
IV [bnw] *mollig, vol, vlezig, dik*

plunder I [ov ww] *plunderen, (be)roven*
II [znw] • *plundering* • *buit, roof*

plunge I [ov ww] • *onderdompelen*
• *storten* II [on ww] • *kelderen* ‹v.
prijzen› • *(z.) storten* III [znw] • *duik*
• *kritiek ogenblik*

plunger [znw] *ontstopper*

plunk I [ov + on ww] *neerploffen*
II [znw] *dof geluid*

plural [bnw] *meervoudig, meervoud(s)-*

pluralism [znw] *pluralisme*

plurality [znw] • *meervoudigheid*
• *meerderheid v. stemmen*

plus I [znw] • *plusteken* • *voordeel*
II [bnw] • *extra* • ‹wisk.› *positief*
III [vz] *plus*

plush I [znw] *pluche* II [bnw] *piekfijn*

plushy [bnw] ‹inf.› *chic, luxueus*

plutocracy [znw] plutocratie

ply I [ov + on ww] • (krachtig) hanteren <v. wapen> • lastig vallen met, overstelpen met II [on ww] pendelen <v. boot> III [znw] • laag • multiplex

pneumatic [bnw] • pneumatisch, lucht(druk)- • geestelijk

poach [ov ww] • pocheren • stropen • op oneerlijke manier verkrijgen

poacher [znw] stroper

pock [znw] pok

pocket I [ov ww] • in de zak steken • potten <bij poolbiljart> II [znw] • zak • pocketboek • <mil.> geïsoleerd gebied III [bnw] in zakformaat, miniatuur

pocketful [znw] heel veel

pod [znw] dop, peul

podgy [bnw] dik, rond

poem [znw] gedicht

poetry [znw] dichtkunst, poëzie

poignancy [znw] • scherpheid • pijnlijkheid

poignant [bnw] scherp, pijnlijk, schrijnend

point I [ov ww] richten • (~ at) richten op • (~ out) wijzen op • (~ up) benadrukken II [on ww] gericht zijn • (~ at) wijzen op • (~ to) wijzen op, aangeven III [znw] • het voornaamste, kern • zin, nut • punt, decimaalteken, stip • (kompas)streek • spits, naald • (doel)punt

pointed [bnw] • puntig • nadrukkelijk

pointer [znw] • wijzer • aanwijsstok • staande hond • <inf.> aanwijzing, wenk

pointless [bnw] • doelloos • zinloos, nodeloos

poise [znw] • zelfbeheersing • houding • evenwicht

poison I [ov ww] • vergiftigen • verpesten, bederven II [znw] vergif

poisonous [bnw] • vergiftig • verderfelijk

poke I [ov ww] • oppoken • stoten, duwen II [znw] stoot, duw, por

poker [znw] • pook • poker

poky [bnw] klein en lelijk <v. onderkomen>

polar [bnw] polair, pool-

polarity [znw] polariteit

polarize [ov + on ww] polariseren

pole [znw] • paal, stok, staak, mast • pool

polemic [znw] polemiek

police I [ov ww] • onder politietoezicht stellen • toezicht houden op II [znw] politie

policy [znw] • (staats)beleid • polis

polish I [ov ww] politjsten, poetsen • (~ off) <inf.> afmaken, verorberen • (~ up) verfraaien, oppoetsen II [znw] • glans, politoer, poets • elegantie

polite [bnw] • beleefd • beschaafd

politic [bnw] politiek, handig

political [bnw] staatkundig, politiek

politician [znw] politicus

polity [znw] • staatsinrichting • staat

poll I [ov ww] • stemmen behalen • ondervragen II [znw] opiniepeiling

pollen [znw] stuifmeel

pollinate [ov ww] bestuiven

polls [mv] verkiezingen

pollute [ov ww] verontreinigen <vnl. v. milieu>

pollution [znw] verontreiniging, vervuiling

polygamy [znw] polygamie

polyglot [znw] polyglot, iem. die veel talen beheerst

polytechnic [znw] ≈ hoger beroepsonderwijs

polythene [znw] polytheen, polyethyleen

pom, pommy <pej.> [znw] Engelsman

pomegranate [znw] granaatappel- (boom)

pomp [znw] pracht, luister

pomposity [znw] gewichtigheid

pompous [bnw] • hoogdravend • gewichtig

ponce [znw] • pooier • <sl.> verwijfd type

pond [znw] *vijver*
ponder I [ov ww] *overpeinzen*
II [on ww] • (~ **on**) *peinzen over*
ponderous [bnw] • *zwaar, log* • *saai, vervelend* <v. stijl> • *zwaarwichtig*
pong I [on ww] *stinken* II [znw] *stank*
pontifical [bnw] *pontificaal, pauselijk*
pontificate I [on ww] *gewichtig doen, orakelen* II [znw] *pontificaat*
pontoon I [ov ww] *in pontons oversteken* II [znw] • *ponton* • *caisson* • *eenentwintigen*
poodle [znw] *poedel*
pooh [tw] *bah!*
pool I [ov ww] • *samenbundelen* <fig.> • *verenigen* • *poolen* II [znw] • *poel, plas* • *zwembad* • *reservoir* • *pot* <bij spel> • *gemeenschappelijk fonds*
poop [znw] • *achtersteven* • *achterdek*
poor I [znw] *de armen* II [bnw] *belabberd, arm, schraal, armetierig*
pop I [ov ww] • *laten knallen* • *laten verschijnen* • *even neerzetten/-leggen* • <AE> *poffen* <v. maïs> • (~ **on**) *haastig aantrekken, aanschieten* <v. kleren> II [on ww] • *knallen* • *snel of plotseling gaan of komen* • *glippen* • *wippen* • (~ **down**) *even naar beneden gaan* • (~ **in** (**on**)) *even binnenlopen (bij)* • (~ **off**) *wegglippen, de pijp uit gaan* • (~ **over/round**) *even aanwippen, even binnenlopen* • (~ **up**) *weer boven water komen, opduiken* III [znw] • *knal, plof, klap* • *gemberbier* • *popmuziek* • <AE inf.> *papa*
popish [bnw] *paaps*
poplar [znw] *populier*
poppet <inf.> [znw] *popje, lieverd*
poppy [znw] *papaver, klaproos*
populace [znw] *gewone volk*
popular [bnw] *populair, volks-*
popularize [ov ww] *populariseren*
population [znw] *bevolking*
populous [bnw] *dichtbevolkt, volkrijk*
porcelain I [znw] *porselein* II [bnw] *porseleinen*

porch [znw] • *portiek* • <AE> *veranda*
porcupine [znw] *stekelvarken*
pore I [on ww] • (~ **over**) z. *verdiepen in* <vnl. boek> II [znw] *porie*
pork [znw] *varkensvlees*
porn(o) [znw] *porno*
pornography [znw] *pornografie*
porous [bnw] *poreus*
porridge [znw] *pap*
port [znw] • *bakboord* • *port* • *haven(plaats)*
portable [bnw] *draagbaar*
portal [znw] *ingang, poort*
portend [ov ww] *voorspellen*
portent [znw] *voorteken*
portentous [bnw] • *onheilspellend* • *plechtig* • *veelbetekenend*
porter [znw] • *portier* • *kruier, drager, besteller*
portico [znw] *zuilengang, portiek*
portion I [ov ww] • (~ **out**) *uitdelen, verdelen* II [znw] • *lot* • *(aan)deel, portie*
portly [bnw] *gezet* <v. persoon>
portrait [znw] • *portret* • *beeld* • *levendige beschrijving*
portray [ov ww] *portretteren*
pose I [ov ww] • *plaatsen, opstellen* • *stellen* <v. vraag of stelling> II [on ww] • z. *aanstellen, 'n houding aannemen* • z. *uitgeven voor* • *poseren* III [znw] *pose, houding, aanstellerij*
poser [znw] • *moeilijke vraag, moeilijk probleem* • *poseur*
posh <sl.> [bnw] *chic*
position I [ov ww] *plaatsen* II [znw] • *stelling, bewering* • *houding, plaats(ing)* • *stand, rang* • *toestand* • *post, betrekking*
positive [bnw] • *positief* • <inf.> *echt, volslagen*
posse [znw] • *groep gewapende mannen* • *troep*
possess [ov ww] *hebben, beheersen, bezitten*
possession [znw] *bezit, bezitting*

possessive I [znw] • tweede naamval • bezittelijk voornaamwoord II [bnw] • bezit-, bezittelijk • aanmatigend
possessor [znw] bezitter
possibility [znw] mogelijkheid
possible I [znw] mogelijkheid II [bnw] mogelijk
possibly [bijw] mogelijkerwijs
post I [ov ww] • (aan)plakken, bekend maken • op de post doen • posten II [znw] • post(kantoor) • post, (stand)plaats • betrekking, post • post, staak, paal III [voorv] na, post-
postage [znw] porto
postal [bnw] post-
poster [znw] affiche, aanplakbiljet
posterior I [znw] zitvlak II [bnw] • later • volgend op
posterity [znw] nakomelingschap, nageslacht
posthumous [bnw] na de dood, postuum
postpone [ov ww] uitstellen
posture I [on ww] poseren II [znw] houding
pot I [ov ww] • potten <v. plant> • stoppen <bij biljart> • neerschieten II [on ww] • schieten op III [znw] • kan, beker, pot • <sl.> cannabis, hasj, marihuana
potassium [znw] kalium
potato [znw] aardappel
potence, potency [znw] • macht, invloed • potentie • kracht
potent [bnw] • potent • machtig • sterk <v. medicijn>
potentate [znw] vorst
potential I [znw] • potentieel • mogelijkheid II [bnw] eventueel, latent, potentieel, mogelijk
potentiality [znw] mogelijkheid
potion [znw] drankje <v. medicijn of vergif>
potted [bnw] • ingemaakt • verkort
potter I [on ww] • (~ about) rondscharrelen II [znw] pottenbakker

pottery [znw] • aardewerk • pottenbakkerij
potty I [znw] po II [bnw] gek
pouch [znw] • zak • wangzak • krop, buikje • buidel <v. buideldier> • wal <onder ogen>
poultry [znw] pluimvee
pounce I [on ww] • (~ on) zich werpen op II [znw] plotselinge beweging/sprong
pound I [ov ww] fijnstampen, beuken II [on ww] bonzen <v. hart> • (~ away) at/on) losbeuken op • (~ along) voortsjokken III [znw] • bons, slag, klap • pond < 454 gram of 373 gram> • pond sterling • omsloten ruimte <om vee, goederen te bewaren>
pour [ov + on ww] • gieten, schenken, storten • stortregenen • (~ forth/out) uitstromen, uitstorten <v. hart> • (~ in) binnenstromen
pout I [ov + on ww] pruilen II [znw] gepruil
poverty [znw] • schraalheid • armoede
powder I [ov ww] • poederen • besprenkelen • tot poeder maken II [znw] poeder
power I [ov ww] drijfkracht verschaffen <aan motor> II [znw] • macht • kracht • volmacht • gezag • invloed • mogendheid • vermogen • energie • stroom • net(spanning)
powerful [bnw] • krachtig, machtig, invloedrijk • indrukwekkend
pox [znw] • pokken <vulg.> syfilis
practicable [bnw] • uitvoerbaar, doenlijk • begaanbaar • doorwaadbaar • geschikt (voor)
practical [bnw] praktisch, werkelijk
practicality [znw] praktische zaak
practice [znw] • praktijk • gewoonte • toepassing • (uit)oefening
practise I [ov ww] • studeren <op muziekinstrument> • uitoefenen <v. beroep> • (~ in) zich oefenen op II [on ww] • (~ (up)on) misbruik

maken

pragmatic [bnw] *pragmatisch, feitelijk, zakelijk*

pragmatism [znw] *zakelijkheid, praktische zin*

praise I [ov ww] *prijzen, loven* II [znw] *lof(spraak)*

praiseworthy [bnw] *lofwaardig*

pram [znw] *kinderwagen*

prance [on ww] • *steigeren* • *trots stappen* • *z. arrogant gedragen*

prank [znw] *(dolle) streek, poets*

prattle I [ov + on ww] *babbelen* II [znw] *gebabbel*

prawn [znw] *steurgarnaal*

pray [ov + on ww] • *(~ for) bidden om, smeken om*

prayer [znw] • *gebed* • *verzoek*

preach [ov + on ww] *preken* • *(~ at) een preek houden tegen*

preacher [znw] *prediker, predikant*

preamble [znw] *inleiding*

precarious [bnw] *precair, wisselvallig, onzeker*

precaution [znw] *voorzorgsmaatregel*

precautionary [bnw] *voorzorgs-*

precede [ov ww] *(laten) voorafgaan, voorgaan*

precedence [znw] *prioriteit, (recht v.) voorrang*

precedent I [znw] • *precedent* • *traditie* II [bnw] *voorafgaand*

precept [znw] • *voorschrift, bevel* • *lering*

precinct [znw] • *ingesloten ruimte <vooral om kerk>* • *gebied* • *autovrij gebied* • <AE> *politiedistrict, kiesdistrict*

precious I [bnw] • *kostbaar, edel <v. steen of metaal>* • *dierbaar* • *gekunsteld* <inf.> *geweldig* • <iron.> *mooi* • <inf.> *totaal* II [bijw] • *verduiveld* • <inf.> *buitengewoon*

precipice [znw] *steile rotswand* • *afgrond* <fig.>

precipitate I [ov ww] • *aanzetten, (ver)haasten* • <chem.> *neerslaan*

II [znw] <chem.> *neerslag* III [bnw] • *onbezonnen* • *overhaast*

precipitation [znw] • *onbezonnenheid* • *neerslag*

precipitous [bnw] *steil*

précis [znw] *beknopte samenvatting*

precise [bijw] • *juist <v. tijdstip>, nauwkeurig* • *(al te) precies*

precision [znw] *nauwkeurigheid*

preclude [ov ww] • *uitsluiten* • *beletten, voorkómen, verhinderen*

precocious [bnw] *vroegrijp, voorlijk*

preconceived [bnw] *vooraf gevormd*

preconception [znw] *vooroordeel, vooropgezette mening*

precursor [znw] *voorloper*

predator [znw] • *roofdier* • *plunderaar*

predecessor [znw] • *voorganger* • *voorvader*

predestination [znw] • *bestemming* • *voorbeschikking*

predicament [znw] *netelige of moeilijke positie of kwestie*

predicate I [ov ww] *beweren* II [znw] <taalk.> *gezegde*

predict [ov ww] *voorspellen*

predictable [bnw] *voorspelbaar*

prediction [znw] *voorspelling*

predilection [znw] *voorliefde, voorkeur*

predispose [ov ww] • *aanleg hebben* <vnl. voor ziekte> • *neigen tot*

predisposed [bnw] *vatbaar (voor)*

predisposition [znw] *aanleg, neiging*

predominance [znw] *heerschappij, overheersing, overhand*

predominant [bnw] *overheersend*

predominate [ov ww] *overheersen, de overhand hebben*

pre-eminent [bnw] *uitblinkend, uitstekend boven*

pre-empt [ov ww] • *zich toe-eigenen* • *overbodig maken*

pre-emptive [bnw] *voorkomend, preventief*

preen [ov ww] *gladstrijken* <v. veren>

prefab [znw] *montagewoning*

preface I [ov ww] *v.e.* inleiding
voorzien, inleiden II [znw] inleiding
prefer [ov ww] prefereren • (~ **to**)
verkiezen boven
preferable [bnw] te verkiezen
preference [znw] voorkeur
prefix [znw] voorvoegsel
pregnancy [znw] zwangerschap
pregnant [bnw] • zwanger • geladen
<fig.>
prehistoric [bnw] voorhistorisch
prejudice I [ov ww] schaden, nadeel
berokkenen • (~ **against**) innemen
tegen II [znw] • vooroordeel • nadeel,
schade
prejudicial [bnw] schadelijk
prelate [znw] prelaat
preliminary I [znw] inleiding II [bnw]
• inleidend • voorlopig
premature [bnw] • vroegtijdig
• ontijdig • voorbarig
premeditation [znw] opzet
premier I [znw] • premier • eerste
minister II [bnw] <sl.> voornaamste,
eerste
premise I [ov ww] vooropstellen, vooraf
laten gaan II [znw] premisse
premium I [znw] premie II [bnw]
super-
premonition [znw] • waarschuwing
• voorgevoel
preoccupation [znw] iets waar
voortdurend aan gedacht wordt
preoccupy [ov ww] geheel in beslag
nemen
preparation [znw] • huiswerk
• preparaat • voorbereiding
preparatory [bnw] voorbereidend
prepare [ov + on ww] • bereiden <v.
voedsel> • prepareren
• voorbereidingen treffen • instuderen
• (~ **for**) (z.) voorbereiden op/voor
preponderant [bnw] overwegend
preposterous [bnw] dwaas, belachelijk
prerequisite I [znw] eerste vereiste
II [bnw] allereerst vereist

prerogative [znw] (voor)recht
presage [ov ww] voorspellen
presbytery [znw] pastorie <v. r.-k.
pastoor>
prescience [znw] vooruitziende blik
prescribe [ov + on ww] voorschrijven
prescription [znw] recept <v. dokter>
presence [znw] aanwezigheid
present I [ov + on ww] presenteren
II [znw] • cadeau • het heden III [bnw]
• aanwezig • huidig
presentable [bnw] geschikt om
voorgedragen of voorgesteld te worden,
geschikt als geschenk
presentation [znw] • 't voorstellen
• aanbieding • presentatie
• voorstelling
presentiment [znw] (angstig)
voorgevoel
presently [bijw] • dadelijk, aanstonds
• weldra, kort daarop • nu,
tegenwoordig
preservative I [znw] conserverend
middel II [bnw] conserverend
preserve I [ov ww] • beschermen,
redden, bewaren • goed houden,
conserveren, inmaken • (~ **from**)
behoeden voor II [znw] • wildpark,
eigen viswater • eigen gebied
preside [on ww] voorzitten, de leiding
hebben
president [znw] • hoofd v. bep. colleges
• president • <AE> directeur <v. bank of
bedrijf>
presidential [bnw] presidents-,
voorzitters-
press I [ov + on ww] • uitpersen,
oppersen • pressen, aandringen (op)
• bestoken <v. vijand> • dringen <z.
verdringen • drukken, de hand drukken
II [znw] pers
pressing [bnw] (aan)dringend
pressure I [ov ww] onder druk zetten
II [znw] • druk • dwang, pressie
prestigious [bnw] gezaghebbend
presume I [ov ww] • aannemen,

vermoeden, geloven • 't wagen
II [on ww] • (~ (**up**)on) misbruik
maken van, z. laten voorstaan op
presumption [znw] • aanmatiging
• vermoeden • veronderstelling
presumptive [bnw] vermoedelijk
presumptuous [bnw] aanmatigend
presuppose [ov ww] vooronderstellen,
insluiten
presupposition [znw]
vooronderstelling
pretend [ov + on ww] • voorwenden,
doen alsof • (valselijk) beweren
pretender [znw] pretendent
pretension [znw] aanmatiging
pretentious [bnw] aanmatigend
pretext [znw] • voorwendsel • excuus
pretty I [bnw] aardig, mooi **II** [bijw]
nogal, tamelijk
pretzel [znw] zoute krakeling
prevail [on ww] • de overhand krijgen
of hebben • (over)heersen • zegevieren
• overreden, overhalen
prevailing [bnw] heersend, gangbaar
prevaricate [on ww] liegen, eromheen
draaien
prevent [ov ww] (ver)hinderen
preventative, preventive [bnw]
preventief
prevention [znw] 't voorkómen
preview [znw] beoordeling vooraf <v.
film of boek>
previous [bnw] voorafgaand
prey I [on ww] • (~ upon) azen op,
aantasten **II** [znw] prooi
price I [ov ww] • prijzen <v. goederen>
• schatten **II** [znw] • prijs • koers
priceless [bnw] • onschatbaar • <sl.>
vermakelijk, kostelijk
prick I [ov ww] (door)prikken **II** [znw]
• prik • stekel • <vulg.> pik, lul
prickle I [ov + on ww] prikk(el)en
II [znw] • doorntje • stekel
prickly [bnw] • stekelig • kriebelig
pride I [wkd ww] • (~ on) trots zijn op
II [znw] • trots, hoogmoed • troep <v.

leeuwen>
priest [znw] • geestelijke • priester
priestess [znw] priesteres
priestlike, priestly [bnw] als 'n
priester
prig [znw] pedant iem.
priggish [bnw] pedant
prim [bnw] vormelijk, stijf
primacy [znw] • primaatschap
• voorrang
primal [bnw] • oorspronkelijk
• voornaamst
primarily [bijw] allereerst
primary I [znw] <AE> voorverkiezing
voor presidentschap **II** [bnw] • eerst
• voornaamste • oorspronkelijk
primate [znw] • primaat
• aartsbisschop • mens(aap)
prime I [ov ww] • voorbereiden,
inlichten • in de grondverf zetten
• laden <v. vuurwapen> **II** [znw]
• hoogste volmaaktheid • 't beste
• bloeitijd • priemgetal **III** [bnw]
• hoofd- • prima • grond-
primer [znw] • boek voor beginners,
inleiding • grondverf
primitive [bnw] • primitief, grond-
• oer- • vroeg, eerste, primair
• eenvoudig, ruw
primordial [bnw] oer-, oorspronkelijk
primrose [znw] sleutelbloem
prince [znw] prins
princely [bnw] prinselijk
princess [znw] prinses
principal I [znw] • kapitaal • rector
II [bnw] voornaamste, hoofd-
principle [znw] principe, grondbeginsel
print I [ov ww] • in druk uitgeven
• bedrukken • (laten) drukken • (~ out)
afdrukken **II** [znw] • afdruk, stempel,
teken, merk • bedrukte stof • drukwerk,
gedrukt werk, druk • reproductie,
gravure, plaat, prent
printing I [ww] tegenw. deelw.
→ print **II** [znw] (boek)drukkunst
prior I [znw] prior **II** [bnw + bijw]

vroeger

priority [znw] *voorrang*

priory [znw] *priorij*

prise [ov ww] *openbreken*

prism [znw] • *prisma* • *spectrum*

prison [znw] *gevangenis*

prisoner [znw] *gevangene*

pristine [bnw] *ongerept, zuiver*

privacy [znw] *afzondering*

private I [znw] *gewoon soldaat* II [bnw]
• *geheim* • *privé, persoonlijk,
vertrouwelijk* • *afgelegen, afgezonderd*
• *particulier*

privation [znw] *ontbering, gebrek*

privet [znw] *liguster*

privy I [znw] *privaat, toilet* II [bnw] *op
de hoogte van*

prize I [ov ww] *waarderen* II [znw]
• *prijs, beloning* • *buit* III [bnw]
bekroond <op tentoonstelling>

pro I [znw] <inf.> → **professional**
II [bnw] *pro, vóór*

probability [znw] *waarschijnlijkheid*

probable I [znw] *vermoedelijke
winnaar of kandidaat* II [bnw]
waarschijnlijk

probation [znw] • *proef(tijd),
onderzoek* • *voorwaardelijke
veroordeling* • *reclassering*

probationary [bnw] *proef-*

probationer [znw]
• *leerling-verpleegster* • *voorwaardelijk
veroordeelde*

probe I [ov ww] • *sonderen*
• *doordringen in, onderzoeken* II [znw]
• *sonde* • *onderzoek*

probity [znw] *oprechtheid, eerlijkheid*

problem [znw] *probleem, vraagstuk*

proboscis [znw] • *slurf* • *zuigmond* <v.
insect>

procedural [bnw] *betreffende een
procedure*

procedure [znw] *methode, procedure*

proceed [on ww] *verder (voort)gaan,
vorderen, vervolgen* <v. rede>
• (~ **against**) *gerechtelijk vervolgen*

• (~ **from**) *uitgegeven worden door,
komen uit* • (~ **to**) *behalen* <v. graad>
• (~ **upon**) *tewerkgaan volgens*
• (~ **with**) *verder gaan*

process I [ov ww] • *behandelen* <vnl. v.
stof> • *conserveren* <v. voedsel>
• *verwerken* II [znw] • *proces* • *(ver)loop*
• *verrichting, methode, werkwijze*

procession [znw] • *processie, defilé,
stoet* • *opeenvolging, reeks*

proclaim [ov + on ww] *verkondigen*

proclamation [znw] • *proclamatie*
• *verkondiging*

proclivity [znw] *neiging*

procreate [ov ww] *voortplanten*

procure [ov ww] *verkrijgen, bezorgen*

procuress [znw] *bordeelhoudster,
koppelaarster*

prod I [ov + on ww] • *prikken, porren*
• *(aan)sporen* II [znw] • *por* • *(vlees)pen*

prodigal I [znw] *verkwister* II [bnw]
verkwistend

prodigious [bnw] *wonderbaarlijk,
enorm, abnormaal*

prodigy [znw] *wonder(kind)*

produce I [ov ww] • *opleveren* • *te
voorschijn halen* • *opbrengen*
• *aanvoeren* <v. bewijs> • *opvoeren* <v.
toneelstuk> • *produceren* • *ontwerpen*
<v. kleding> • *veroorzaken* II [znw]
• *opbrengst* • *producten* <v.d. bodem>
• *resultaat*

producer [znw] • *producent*
• *productieleider* <v. film, toneel>
• *ontwerper* • *regisseur*

product [znw] • *product* • *resultaat*

production [znw] • *productie* • *product*

productive [bnw] • *producerend*
• *productief*

productivity [znw] *productiviteit*

profess [ov ww] • *betuigen* <v.
gevoelens> • *openlijk verklaren*
• *beweren* • *belijden* <v. rel.>

professed [bnw] *zogenaamd*

profession [znw] • *beroep* • *verklaring,
betuiging*

professional I [znw] • beroepsspeler • vakman II [bnw] • beroeps-, vak- • tot de gestudeerde stand behorend

professionalism [znw] professionalisme, vakbekwaamheid

professor [znw] • professor • belijder • <AE> docent

professorial [bnw] professoraal

professorship [znw] professoraat

proffer [ov ww] aanbieden

proficient [bnw] bekwaam

profile [znw] • profiel • korte levensbeschrijving, karakterschets <in de journalistiek>

profit I [on ww] profiteren II [znw] • voordeel, nut • winst

profitable [bnw] • winstgevend • nuttig

profiteer [znw] <pej.> iem. die woekerwinst maakt

profligacy [znw] losbandigheid

profligate I [znw] losbol II [bnw] losbandig

profound [bnw] diep(gaand), grondig

profundity [znw] diepte

profuse [bnw] overvloedig

profusion [znw] overvloed

progenitor [znw] • voorvader • geestelijke vader, voorganger

progeny [znw] nageslacht

prognosis [znw] prognose

program(me) I [ov ww] programmeren II [znw] • program(ma) • <AE> agenda

progress I [on ww] vooruitgaan, vorderen II [znw] voortgang, vordering(en)

progression [znw] • vooruitgang, vordering • progressie • reeks

progressive I [znw] voorstander v. progressieve politiek II [bnw] • vooruitgaand • vooruitstrevend • progressief

prohibitive [bnw] • belemmerend • enorm hoog <vnl. v. prijs>

project I [ov ww] • projecteren

slingeren II [on ww] vooruitsteken III [znw] • project, plan, schema • (school)taak

projectile [znw] projectiel

projection [znw] • uitsteeksel • projectie <in meetkunde> • 't projecteren

projectionist [znw] filmoperateur

projector [znw] projectietoestel

proletarian I [znw] proletariër II [bnw] proletarisch

proliferate [on ww] zich snel vermenigvuldigen, z. verspreiden

prolific [bnw] overvloedig

prolix [bnw] • uitvoerig • langdradig

prologue [znw] proloog, inleiding

prolong [ov ww] aanhouden <v. noot>, verlengen

promenade I [on ww] wandelen II [znw] • wandeling • wandelpad

prominence [znw] • uitsteeksel, verhevenheid • onderscheiding

prominent [bnw] • vooraanstaand • vooruitstekend • opvallend

promiscuity [znw] vrije liefde

promiscuous [bnw] • veel relaties hebbend • gemengd, zonder onderscheid

promise I [ov + on ww] beloven, toezeggen II [znw] belofte

promising [bnw] veelbelovend

promontory [znw] • voorgebergte • kaap

promote [ov ww] • bevorderen, vooruithelpen • aanmoedigen

promoter [znw] • bevorderaar, begunstiger • oprichter van maatschappij

promotion [znw] • bevordering • reclameactie

prompt I [ov ww] • aanzetten, aanmoedigen • souffleren, voorzeggen II [znw] <comp.> prompt III [bnw] onmiddellijk, vlug, vlot, prompt IV [bijw] precies

prompter [znw] • iem. die aanmoedigt • souffleur

promulgate [ov ww] *bekend maken*

prone [bnw] • *vatbaar (voor)*
• *voorover(liggend), plat*

prong [znw] *tand <v. vork>*

pronoun [znw] *voornaamwoord*

pronounce [ww] • *uitspreken, uiten*
• *uitspraak doen*

pronouncement [znw] *verklaring*

pronunciation [znw] *uitspraak*

proof I [znw] • *bewijs* • *drukproef*
II [bnw] *bestand*

prop I [ov ww] • *steunen* • *schragen*
• *(~ against) zetten tegen* • *(~ up)*
ondersteunen, overeind houden II [znw]
• *decorstuk* • *stut, steunpilaar*

propagate I [ov ww] • *propageren*
• *voortplanten* • *verbreiden,*
verspreiden II [on ww] • *z. verspreiden*
• *z. voortplanten*

propel [ov ww] *(voort)drijven*

propeller [znw] *propeller, schroef*

propensity [znw] *geneigdheid, neiging*

proper [bnw] • *eigen(lijk)* • *juist, goed*
• *gepast, netjes, fatsoenlijk*
• *onvervalst, echt*

propertied [bnw] *(land) bezittend*

property [znw] • *bezit(ting),*
land(goed) • *eigendom(srecht)*
• *eigenschap*

prophecy [znw] *profetie, voorspelling*

prophesy [ov + on ww] *profeteren,*
voorspellen

prophet [znw] • *profeet* • *voorstander*

prophetess [znw] *profetes*

propitiate [ov ww] *gunstig stemmen*

propitious [bnw] *genadig, gunstig*

proportion [znw] • *evenredigheid*
• *deel* • *verhouding*

proportional [bnw] *evenredig*

proportionate [bnw] *evenredig*

proposal [znw] • *voorstel*
• *huwelijksaanzoek*

propose I [ov ww] *voorstellen, van plan*
zijn II [on ww] *huwelijksaanzoek doen*

proposition [znw] • *bewering*
• *stelling* • *voorstel*

propound [ov ww] *voorstellen*

proprietary [bnw] • *eigendoms-,*
particulier • *bezittend <v. klasse>*
• *gepatenteerd*

proprietor [znw] *eigenaar*

proprietress [znw] *eigenares*

propriety [znw] • *juistheid* • *fatsoen,*
welvoeglijkheid

propulsion [znw] • *voortstuwing*
• *stuwkracht*

prosaic [bnw] *prozaïsch*

proscribe [ov ww] • *vogelvrij*
verklaren, verbannen • *verwerpen <v.*
bep. praktijk>

proscription [znw] • *verbod*
• *verbanning*

prose [znw] *proza*

prosecute [ov ww] • *vervolgen* • *klacht*
indienen tegen

prosecution [znw] • *vervolging* • *eiser*

prosecutor [znw] *aanklager*

prosper [on ww] *voorspoed genieten,*
gedijen

prosperity [znw] *voorspoed, bloei*

prostitute I [ov ww] • *prostitueren*
• *vergooien, verlagen, misbruiken*
II [znw] *prostituee*

prostitution [znw] • *prostitutie*
• *misbruik*

prostrate I [ov ww] • *ter aarde werpen*
• *(lichamelijk) uitputten* II [bnw]
• *vooroverliggend, uitgestrekt*
• *verslagen, gebroken <v. smart>*
• *(lichamelijk) uitgeput*

prosy [bnw] *vervelend, saai, langdradig*

protagonist [znw] • *hoofdpersoon*
• *kampioen, voorvechter*

protect [ov ww] *beveiligen*
• *(~ against) beschermen tegen*
• *(~ from) beschutten tegen,*
beschermen tegen

protection [znw] *bescherming*

protective [bnw] *beschermend*

protector [znw] *beschermer*

protectorate [znw] *protectoraat*

protein [znw] *proteïne, eiwit*

protest I [on ww] • *protesteren*
• *betuigen* II [znw] • *protest* • *betuiging*

protestation [znw] • *protest*
• *betuiging*

protester [znw] *iem. die protesteert of betuigt*

protrude [on ww] • *(voor)uitsteken*
• *uitpuilen*

protrusion [znw] *uitsteeksel*

proud [bnw] • *fier* • *trots*

prove I [ov ww] *bewijzen* II [on ww] *blijken (te zijn)*

provenance [znw] *(plaats v.) herkomst*

proverb [znw] • *spreekwoord* • *gezegde*

proverbial [bnw] *spreekwoordelijk*

provide [ov ww] • *(~ for) zorgen voor*
• *(~ with) voorzien van*

providence [znw] *voorzienigheid*

providential [bnw] • *v.d. voorzienigheid* • *geschikt, te juister tijd, gelukkig*

provider [znw] • *kostwinner*
• *leverancier*

provincialism [znw] *provincialisme*

provision I [ov ww] *provianderen*
II [znw] • *voorziening*
• *(mond)voorraad* • *wetsbepaling*

provisional [bnw] *voorlopig*

proviso [znw] • *bepaling* • *voorbehoud*

Provo [znw] *lid van extremistische vleugel v.d. IRA*

provocation [znw] *provocatie*

provocative [bnw] • *provocerend*
• *prikkelend*

provoke [ov ww] • *(op)wekken*
• *uitlokken, tarten, verlokken*
• *veroorzaken*

provost [znw] • *hoofd v. sommige colleges* • <Schots> *burgemeester*

prow [znw] *boeg, voorsteven*

prowl [ov + on ww] *rondzwerven, rondsluipen*

prowler [znw] *sluiper*

proxy [znw] *(ge)volmacht(igde), procuratie(houder)*

prude [znw] *preuts iem.*

prudence [znw] *voorzichtigheid, omzichtigheid*

prudery, prudishness [znw] *preutsheid*

prudish [bnw] *preuts*

prune I [ov ww] *snoeien* II [znw] *pruimedant*

pry I [ov ww] *openbreken* II [on ww] *gluren* • *(~ into) zijn neus steken in*

psyche [znw] • *ziel* • *geest*

psychiatric [bnw] *psychiatrisch*

psychiatrist [znw] *psychiater*

psychiatry [znw] *psychiatrie*

psychological [bnw] *psychologisch*

psychopath [znw] *psychopaat*

psychotherapy [znw] *psychotherapie*

psychotic [bnw] *psychotisch*

pub <inf.> [znw] *café, kroeg*

puberty [znw] *puberteit*

pubic [bnw] *schaam-*

public I [znw] *publiek* II [bnw] *publiek, openbaar, algemeen staats-*

publican [znw] *kroegbaas*

publication [znw] • *afkondiging*
• *publicatie, uitgave*

publicist [znw] • *journalist* • *publicist*

publicity [znw] • *openbaarheid, bekendheid* • *reclame*

publish [ov ww] • *publiceren, uitgeven*
• *bekend maken*

publisher [znw] *uitgever*

pucker [ov + on ww] • *rimpelen, (z.) plooien* • *samentrekken*

puddle [znw] *poel, plas*

puerile [bnw] *kinderachtig*

puff I [on ww] • *puffen, snuiven, blazen, hijgen* • *opbollen, opzwellen* II [znw]
• *rookwolkje* • *poederdonsje* • *luchtig gebak* • *windstoot, ademstoot* • *trekje, pufje*

puffy [bnw] *dik, opgeblazen, pafferig*

pug [znw] *mopshond*

pugnacious [bnw] *strijdlustig, twistziek*

puke <inf.> I [ov + on ww] *(uit)braken*
II [znw] *braaksel*

pull I [ov ww] • trekken (aan), rukken • verrekken • (~ **back**) (doen) terugtrekken • (~ **down**) neerhalen, afbreken, klein krijgen • (~ **in**) inrekenen • (~ **off**) uittrekken, klaarspelen • (~ **on**) aantrekken • (~ **out**) uithalen, uittrekken • (~ **up**) optrekken, inhouden, tot nadenken/staan brengen, onder handen nemen II [on ww] trekken, rukken • (~ **at**) trekken aan, een flinke teug nemen • (~ **back**) terugkrabbelen, (zich) terugtrekken • (~ **in**) binnenlopen <v. trein> • (~ **out**) vertrekken <v. trein>, wegrijden, z. uit iets terugtrekken • (~ **over**) (naar de kant rijden en) stoppen, opzij gaan • (~ **round/through**) 't halen, erdoorheen komen • (~ **together**) één lijn trekken, samenwerken • (~ **up**) stilhouden III [znw] • teug • aantrekkingskracht • trekkracht • trek, ruk
pullet [znw] jonge kip
pulley [znw] katrol
pulmonary [bnw] long-
pulp I [ov ww] tot pulp maken II [znw] • vruchtvlees • merg • houtpap, pulp
pulpit [znw] kansel, preekstoel
pulsate [on ww] kloppen, slaan, trillen
pulse I [on ww] kloppen, slaan, trillen, tikken II [znw] • pols(slag), slag • peulvrucht
pulverize [ov ww] • fijnwrijven, doen verstuiven, tot poeder/stof maken • volkomen vernietigen
puma [znw] poema
pummel [ov ww] afrossen, toetakelen
pump I [ov + on ww] pompen II [ov ww] • uithoren • krachtig schudden <v. hand> • (~ **out**) in grote hoeveelheden produceren III [znw] • pomp • pomp
pumpkin [znw] pompoen
pun I [on ww] woordspelingen maken II [znw] woordspeling

punch I [ov ww] • stompen • ponsen <v. kaartjes> • (~ **in/out**) intoetsen II [znw] • punch • pons • slag, stomp • <sl.> fut, flink optreden
punctual [bnw] punctueel, precies op tijd
punctuate [ov ww] • interpungeren • onderbreken <v. redevoering>
punctuation [znw] interpunctie
puncture I [ov ww] (door)prikken II [znw] gaatje, lek <in fietsband>
pundit [znw] <scherts> geleerde
pungent [bnw] • scherp • bijtend • prikkelend
punish [ov ww] straffen
punishable [bnw] strafbaar
punishing [bnw] verpletterend
punishment [znw] straf, bestraffing
punitive [bnw] • straffend • straf-
punk I [znw] punker II [bnw] punk-
punnet [znw] spanen mandje
punt I [ov + on ww] bomen II [znw] boot met platte bodem
punter [znw] • bomer • beroepswedder
puny [bnw] klein, zwak, nietig
pup [znw] jonge hond
pupil [znw] • leerling, scholier • pupil
puppet [znw] marionet
puppy [znw] jonge hond
purchase I [ov ww] (aan)kopen II [znw] inkoop, aankoop
purchaser [znw] koper
pure [bnw] • zuiver • louter
purely [bijw] uitsluitend
purgative [znw] purgeermiddel
purgatory [znw] • vagevuur • hel <fig.>
purge I [ov ww] • zuiveren • purgeren II [znw] zuivering
purify [ov ww] • reinigen, zuiveren, louteren • klaren <v. vloeistof>
purist [znw] taalzuiveraar
purl I [ov ww] averechts breien II [znw] averechtse steek
purple [bnw] paars
purplish [bnw] paarsachtig
purport I [ov ww] beweren,

voorwenden **II** [znw] *strekking,
betekenis*

purpose I [ov ww] *van plan zijn*
II [znw] • *doel, plan, opzet*
• *vastberadenheid*

purposeful [bnw] *doelbewust*

purposeless [bnw] *doelloos*

purposely [bijw] *met opzet*

purr I [on ww] *spinnen* <v. kat> **II** [znw]
gespin

purse I [ov ww] *samentrekken* <v.
lippen> **II** [znw] • *geldprijs* • *fondsen,
gelden* • *zak(je), portemonnee, beurs*
• <AE> *damestas*

purser [znw] *administrateur* <vooral
op schip>

pursuance [znw] *uitvoering*

pursue [ov ww] • *najagen* <v. genot>
• *vervolgen, achtervolgen* • *voortzetten*
<vnl. v. gedragslijn> • *volgen* <v. plan>
• *uitoefenen, beoefenen*

pursuit [znw] *vervolging*

purvey [ov + on ww] • *leveren* <v.
voedsel> • *verschaffen*

purveyor [znw] • *verschaffer*
• *leverancier* <v. levensmiddelen>

push I [ov + on ww] • *handelen in
heroïne* • *duwen, stoten* • *schuiven*
• *aanzetten* • z. *inspannen, doorzetten*
• *pousseren* <v. handelsartikel>
• (~ **on**) <inf.> *verder gaan, zijn weg
vervolgen* • (~ **through**) *doorzetten,
zich een weg banen* **II** [on ww] • (~ **in**)
voordringen **III** [znw] • *duw* • *stoot,
zetje* • *energie*

pushy [bnw] *opdringerig*

pussy [znw] • *poes* • <vulg.> *kut*

put I [ov ww] • *brengen, doen, plaatsen,
leggen, zetten* • *stellen* • *zeggen, onder
woorden brengen* • (~ **about**)
rondstrooien <praatjes> • (~ **across**)
iets duidelijk maken • (~ **aside**) *opzij
leggen/zetten, uitschakelen* • (~ **at**) *de
prijs stellen op, schatten op* • (~ **away**)
*wegleggen, opzijleggen, sparen,
verorberen, gevangen zetten* • (~ **back**)

vertragen, achteruitzetten • (~ **by**)
opzijleggen • (~ **down**) *neerzetten,
neerleggen, onderdrukken* <v. opstand>,
op zijn plaats zetten <fig.> • (~ **forth**)
verkondigen • (~ **forward**) *naar voren
brengen, komen met, verkondigen*
• (~ **in**) *installeren* • (~ **into**) *erin
zetten* • (~ **off**) *uitstellen, afzeggen,
misselijk maken, v.d. wijs brengen*
• (~ **on**) *voorwenden, aannemen* <een
houding>, *opvoeren* <v. toneelstuk>,
aantrekken, opzetten, opleggen
• (~ **out**) *ontwrichten, irriteren,
uitblazen, uitdoen, inspannen,
uitvaardigen, uitzetten, uitsteken* <v.
hand>, *blussen* • (~ **over**) *bedriegen*
• (~ **through**) *doorverbinden*
• (~ **together**) *samenstellen,
samenvoegen, in elkaar zetten, punten
maken* <cricket> • (~ **up**) *aanplakken,
aanbieden, opdienen, opjagen* <v.
wild>, *opvoeren* <v. toneelstuk>, *als
jockey laten rijden, opstellen, opslaan,
ophangen, verhogen* <v. prijs>,
beschikbaar stellen, voordragen <als
lid>, *te koop aanbieden, samenstellen,
bouwen, opsteken, logies verlenen,
stallen* <v. paard>, *in de schede doen,
opbergen* **II** [on ww] • (~ **about**)
draaien, de steven wenden • (~ **forth**)
uitbotten, uitschieten • (~ **in**)
binnenlopen <v. schip> • (~ **off**) *de zee
kiezen* • (~ **out**) *vertrekken* • (~ **up**)
logeren • (~ **up with**) *tolereren,
verdragen* **III** [znw] → **putt**

putative [bnw] *vermeend*

putrefaction [znw] *(ver)rotting, bederf*

putrefy [on ww] *rotten*

putrid [bnw] • *vuil, (ver)rot* • <sl.>
waardeloos

putsch [znw] *staatsgreep*

putt I [on ww] *(zachtjes) met golfstok
tegen bal slaan* **II** [znw] *zachte slag
met golfstok*

putter I [on ww] *liefhebberen* **II** [znw]
golfstick

puzzle I [ov ww] *verbijsteren, in de war
brengen* II [on ww] *piekeren* III [znw]
• *moeilijkheid, probleem • raadsel,
puzzle*

puzzlement [znw] *verwarring,
verlegenheid*

pygmy I [znw] *pygmee, dwerg* II [bnw]
dwergachtig

pyramid [znw] *piramide*

pyre [znw] *brandstapel*

Q

quack I [ww] *kwaken* II [znw]
kwakzalver

quad [znw] → quadrangle

quadrangle [znw] • *vierhoek
• (vierkant) binnenplein*

quadrilateral I [znw] *vierhoek*
II [bnw] *vierzijdig*

quadruped [znw] *viervoetig dier*

quadruple I [ov + on ww] (z.)
verviervoudigen II [znw] *viervoud*
III [bnw] *viervoudig*

quail I [on ww] • *de moed verliezen
• wijken* II [znw] *kwartel*

quaint [bnw] • *vreemd, eigenaardig,
typisch • ouderwets*

quake I [on ww] *beven* II [znw]
(aard)beving, trilling

qualification [znw] • *matiging
• geschiktheid • voorwaarde, vereiste
• kwalificatie*

qualified [bnw] • *bevoegd, bekwaam
• getemperd* <v. optimisme>

qualifier [znw] • *beperking • bepalend
woord*

qualify I [ov ww] • *bevoegd maken
• verzachten • kwalificeren,
kenschetsen, bepalen* II [on ww] *zich
kwalificeren*

qualitative [bnw] *kwalitatief*

quality [znw] • *eigenschap, kwaliteit
• deugd • bekwaamheid*

qualm [znw] • *gevoel v. misselijkheid
• angstig voorgevoel • wroeging*

quantum [znw] • *kwantum,
hoeveelheid • klein beetje*

quarantine I [ov ww] *afzonderen in
quarantaine* II [znw] *quarantaine*

quarrel I [on ww] • *kritiek hebben
• ruzie hebben, ruzie maken* II [znw]
• *ruzie, twist • pijl voor kruisboog*

quarrelsome [bnw] *twistziek*

quarry I [ov ww] (uit)graven II [znw]
• prooi, slachtoffer • achtervolgd wild
• (steen)groeve

quart [znw] 1/4 gallon (ruim 1 l)

quarter I [ov ww] • in vieren delen
• inkwartieren II [znw] • kwart, vierde
deel • kwartier <v. maan> • 1/4 cwt < 12
1/2 kg> • 1/4 dollar • kwartaal
• (wind)streek • wijk <v. stad>

quartz [znw] kwarts

quash [ov ww] • een einde maken aan,
verijdelen, onderdrukken • <jur.>
vernietigen

quatrain [znw] vierregelig vers

quaver I [on ww] trillen, beven <v.
stem> II [znw] • trilling <v. stem> • 1/8
noot

quay [znw] kade

queasy [bnw] misselijk

queen [znw] • koningin • vrouw <in
kaartspel> • <sl.> homo, flikker

queenlike, queenly [bnw] als een
koningin

queer I [znw] homoseksueel II [bnw]
• vreemd, eigenaardig • homoseksueel

quell [ov ww] • onderdrukken • met
kracht een einde maken aan

quench [ov ww] • lessen <v. dorst>
• blussen

querulous [bnw] klagend

query I [ww] • een vraag stellen
• betwijfelen II [znw] • vraag
• vraagteken • twijfel • bezwaar

quest I [ov + on ww] • speuren (naar)
• zoeken II [znw] het zoeken, speurtocht

questionable [bnw] twijfelachtig

questioning [bnw] vragend

questionnaire [znw] vragenlijst

queue I [on ww] een rij vormen II [znw]
rij, queue

quibble I [on ww] chicaneren II [znw]
onbetekenende ruzie

quick I [znw] levend vlees II [bnw]
• vluchtig • levendig • vlug III [bijw]
vlug, snel

quicken [ov + on ww] versnellen

quickie [znw] • iets dat zeer snel of in
korte tijd gebeurt • vluggertje

quid [znw] <sl.> pond sterling

quiet I [ov + on ww] • tot rust brengen,
kalmeren • rustig worden II [znw]
• rust • vrede III [bnw] • rustig, kalm
• stil • stemmig <v. kleding>

quieten I [ov ww] kalmeren, tot
bedaren brengen II [on ww] rustig
worden, bedaren

quill [znw] • slagpen • ganzenpen
• stekel <v. stekelvarken>

quilt I [ov ww] watteren, doorstikken
II [znw] • gewatteerde deken • sprei

quince [znw] kwee(peer)

quinine [znw] kinine

quintessence [znw] • het zuiverste
• het wezenlijke • het voornaamste

quip I [on ww] geestige of spitsvondige
opmerking maken II [znw] geestigheid,
spitsvondigheid

quirk [znw] • eigenaardigheid • toeval

quit [ov ww] • ontslag nemen
• ophouden • opgeven • weggaan

quite [bijw] • geheel, volkomen • zeer
• absoluut

quitter [znw] iem. die bij
moeilijkheden ervandoor gaat

quiver I [on ww] trillen, beven II [znw]
• trilling • pijlkoker

quizzical [bnw] • vragend • spottend

quotation [znw] • aanhaling <v.
passage> • notering <v. prijs>,
prijsopgave

quote I [ov ww] • citeren • noteren <v.
prijs> II [znw] citaat

quotient [znw] quotiënt

R

rabbit I [on ww] • (~ **on**) wauwelen II [znw] konijn

rabble [znw] • gepeupel • tuig, gespuis

rabid [bnw] • verbeten • hondsdol

rabies [znw] hondsdolheid

raccoon [znw] wasbeer

race I [ov ww] • laten snellen • om 't hardst laten rijden/lopen enz. II [on ww] • snellen, jagen • om 't hardst rijden/lopen enz. III [znw] • wedloop • ras

racer [znw] snelle fiets/auto

racial [bnw] ras(sen)-

racing [znw] • het wedrennen • de rensport

racism [znw] racisme, rassenhaat

rack I [ov ww] folteren, pijnigen, afbeulen II [znw] • rek • (bagage)net • pijnbank

racket I [on ww] lawaai maken II [znw] • (tennis)racket • herrie, lawaai, drukte • zwendel

racketeer [znw] zwarthandelaar, bandiet, geldafperser

racketeering [znw] gangsterpraktijken <afpersing, chantage, omkoperij>

racquet [znw] (tennis)racket

racy [bnw] pittig, pikant

radial [bnw] • straal- • stervormig • spaakbeen- • radium-

radiance [znw] straling, schittering

radiant [bnw] stralend

radiate I [ov ww] • uitstralen • draadloos uitzenden II [on ww] • stralen • straalsgewijs uitlopen

radiation [znw] straling

radiator [znw] • koeler • radiator

radical I [znw] radicaal II [bnw] • fundamenteel, grond-, grondig, wezenlijk • wortel- • radicaal

radicalism [znw] radicalisme

radii [mv] → **radius**

radio I [ov + on ww] uitzenden II [znw] • radio • radiotelegrafie

radioactive [bnw] radioactief

radish [znw] radijs

radius [znw] • straal • spaak(been)

raft [znw] • (hout)vlot • luchtbed

rafter [znw] • dakspar, balk • vlotter

rag I [ov ww] plagen, treiteren, ontgroenen II [znw] • vod, lomp(en) • doek, lap <pej.> krant

rage I [on ww] woeden, razen • (~ **at**) tekeergaan tegen II [znw] • woede • rage, manie

ragged [bnw] • haveloos, gerafeld, onverzorgd • ruig, ruw • ongelijk

raid I [ov ww] teisteren, afstropen II [on ww] een inval doen III [znw] • inval, overval • razzia • rooftocht • (lucht)aanval

raider [znw] stroper, kaper

rail I [ov ww] omheinen II [on ww] schelden • (~ **at**) tekeergaan tegen III [znw] • dwarsbalk, stang, staaf, lat • hek(werk), leuning, reling • rail

railing [znw] hek, leuning, reling

railroad [znw] <AE> spoorweg

railway [znw] spoorweg

rain I [ov + on ww] regenen, (doen) neerstromen • (~ **down**) (doen) neerkomen/-dalen II [onp ww] regenen III [znw] regen

rainbow [znw] regenboog

rainy [bnw] regenachtig

raise I [ov ww] • rechtop zetten • doen opstaan/rijzen • verhogen, aan-/op-/verheffen • doen ontstaan • oprichten, stichten • lichten • grootbrengen • fokken, planten, kweken • wekken II [znw] verhoging, opslag

raisin [znw] rozijn

rake I [ov ww] • aanharken, bijeenharken • (door)snuffelen, doorzoeken • (~ **in**) (met hopen)

binnenhalen • (~ **up**) oprakelen, optrommelen, opscharrelen II [znw]
• hark • losbol, boemelaar • helling

rakish [bnw] • liederlijk, lichtzinnig
• chic

rally I [ov + on ww] • (zich) groeperen
• (zich) verzamelen • zich herstellen
II [znw] • bijeenkomst • (signaal tot) verzamelen • slagenwisseling <bij tennis> • sterrit, rally

ram I [ov ww] • rammen, heien
• aan-/vaststampen • stoten II [znw]
• ram • stormram

ramble I [on ww] • zwerven, rondtrekken, ronddolen • tieren, welig groeien • (~ **on**) raaskallen II [znw] zwerftochtje

rambler [znw] zwerver

rambling [bnw] • onregelmatig gebouwd • systeemloos, onsamenhangend

ramification [znw] vertakking

ramp [znw] • glooiing, talud
• oneffenheid, drempel • oprit
• loopplank • vliegtuigtrap

rampage [on ww] razen, rondrennen

rampant [bnw] • alom heersend
• onbeheerst, wild, dolzinnig

ramrod [znw] laadstok

ramshackle [bnw] bouwvallig, gammel

ran [ww] verl. tijd → **run**

rancorous [bnw] haatdragend, rancuneus

rancour [znw] wrok, rancune

random I [znw] II [bnw] willekeurig

randy [bnw] geil

rang [ww] verl. tijd → **ring**

range I [ov ww] • opstellen, rangschikken, plaatsen • laten gaan langs/over • (~ **among/with**) indelen bij II [on ww] • zich opstellen • zich uitstrekken, reiken, bestrijken
• (~ **among/with**) behoren tot
• (~ **between**) z. bewegen tussen, gevonden worden III [znw] • bereik, gebied, draagwijdte, omvang • sfeer

• (schoots)afstand, schootsveld
• schietbaan • rij, serie • assortiment, reeks • (berg)keten
• verspreiding(sgebied), sector
• weide-/jachtgebied • (kook)fornuis

ranger [znw] boswachter

rank I [ov ww] • opstellen, in gelid plaatsen • een plaats geven
• (~ **among**) rekenen tot II [on ww]
• een plaats hebben • voorkeurspositie innemen • (~ **among**) behoren tot
III [znw] • rang • stand • gelid • rij
• taxistandplaats IV [bnw] • grof
• overwoekerd • ranzig, sterk

rankle [on ww] knagen, (blijven) pijn doen

rant [on ww] • fulmineren
• bombastische taal uitslaan
• (~ **against**) uitvaren tegen

rap I [ov + on ww] kloppen • (~ **out**) blaffen <fig.> II [znw] • tik, klop(teken)
• strenge terechtwijzing

rapacious [bnw] roofzuchtig

rapacity [znw] roofzucht

rape I [ov ww] onteren, verkrachten
II [znw] • verkrachting • koolzaad

rapid I [znw] stroomversnelling
II [bnw] snel

rapidity [znw] snelheid

rapist [znw] verkrachter

rapport [znw] • relatie
• verstandhouding

rapt [bnw] • verzonken • in vervoering, in hoger sferen

rapture [znw] vervoering, extase

rare [bnw] • zeldzaam • dun, ijl
• voortreffelijk • niet gaar

rascal [znw] • schelm • kwajongen

rascally [bnw] schelmachtig

rash I [znw] huiduitslag II [bnw]
• overhaast • onbezonnen

rasher [znw] plakje spek of ham

rasp I [ov ww] raspen II [on ww] krassen, schrapen, raspen III [znw] rasp

raspberry [znw] framboos

rat I [on ww] • (~ **on**) verraden, in de

steek laten II [znw] • *rat*
• *onderkruiper, overloper*
rate I [ov ww] • *achten, schatten,*
aanslaan • *rekenen tot, waarderen, een*
waarde toekennen • (~ **among/with**)
rekenen tot II [on ww] *gerekend worden*
• (~ **among/with**) *behoren tot*
III [znw] • *tarief, prijs* • *snelheid*
rather [bijw] • *liever* • *nogal*
ratify [ov ww] *bekrachtigen,*
ratificeren
rating [znw] • *taxering* • *klasse,*
classificatie • *aanslag* • *matroos*
ratio [znw] • *verhouding* • *rede*
ration I [ov ww] *rantsoeneren* II [znw]
rantsoen
rational [bnw] • *redelijk, verstandelijk*
• *rationeel* • *rationalistisch*
rationale [znw] • *basis, grond(reden)*
• *redenering* • *argument*
rationalism [znw] *rationalisme*
rationalize [ov + on ww]
• *verstandelijk verklaren*
• *rationaliseren* • *rationalistisch*
beschouwen
rattle I [ov ww] • *doen rammelen,*
rammelen (met) • *nerveus maken,*
opjagen, op stang jagen • (~ **off**)
afraffelen II [on ww] • *rammelen*
• *kletteren* • (~ **away/on**) *erop los*
kletsen, maar door ratelen III [znw]
• *gerammel* • *ratel*
rattling [bnw + bijw] *denderend*
ratty [bnw] *prikkelbaar, nijdig*
raucous [bnw] *rauw, schor*
raunchy [bnw] *geil*
ravage I [ov ww] • *verwoesten* • *teisteren*
• *plunderen* II [znw] *ravage*
rave I [on ww] • *razen, ijlen, dazen*
• *dwepen met* II [znw] *rage* III [bnw]
hip
raven I [znw] *raaf* II [bnw] *ravenzwart*
ravenous [bnw] *uitgehongerd*
ravine [znw] *ravijn*
raving [bnw] *stapel(gek)*
ravish [ov ww] • *meeslepen <fig.>*

• *verkrachten*
raw [bnw] • *rauw* • *ruw, onbewerkt,*
puur • *onervaren, ongeoefend* • *pijnlijk,*
gevoelig
ray [znw] • *straal* • *rog <vis>*
rayon [znw] *rayon, kunstzijde*
raze [ov ww] *met de grond gelijk maken*
razor [znw] *scheermes*
re I [znw] <muz.> *re* II [vz] *betreffende*
reach I [ov ww] • *aanreiken* • *pakken*
• *bereiken, komen bij* II [on ww] *reiken*
• (~ **for**) *grijpen naar* • (~ **forward**)
voorover reiken/leunen • (~ **out**) *de*
hand uitstrekken III [znw] • *bereik*
• *rak <v.e. rivier>*
reaction [znw] *reactie*
read I [ov ww] • *lezen, oplezen,*
voorlezen, aflezen • *(kunnen) verstaan,*
horen • *ontvangen <v. radio>* • (~ **into**)
(een betekenis) willen leggen in
• (~ **out**) *voorlezen* • (~ **to**) *voorlezen*
• (~ **up**) *(grondig) bestuderen*
II [on ww] • *geschreven staan* • *lezen*
• *studeren*
readable [bnw] • *lezenswaard*
• *leesbaar*
reader [znw] • *(voor)lezer* • *lector*
• *leesboek*
readership [znw] • *lectoraat* • *de lezers*
readily [bijw] *gaarne*
readiness [znw] *gevatheid*
reading [znw] • *(meter)stand* • *lezing*
• *lectuur*
readjust [ov + on ww] *(z.) weer*
aanpassen
ready [bnw] • *klaar* • *bereid(willig)*
• *handig, vlug*
real [bnw + bijw] • *echt, werkelijk, reëel*
• *onroerend*
reality [znw] *werkelijkheid, realiteit*
realizable [bnw] *realiseerbaar, te*
verwezenlijken
realize [ov ww] • *verwezenlijken*
• *beseffen, inzien, z. realiseren* • *(te*
gelde) maken • *opbrengen*
really I [bijw] *werkelijk* II [tw]

inderdaad, heus

ream [znw] • riem <papier> • grote
hoeveelheid <informeel>

reap [ov + on ww] oogsten, maaien

reaper [znw] • oogster • oogstmachine

reappear [on ww] weer verschijnen

reappearance [znw] herverschijning

reappraisal [znw] herwaardering

rear I [ov ww] • bouwen, oprichten
• verheffen, opheffen • kweken, fokken,
grootbrengen II [on ww] steigeren
III [znw] • achterkant, achterste
gedeelte • achterhoede IV [bnw]
achter-, achterste

rearmost [bnw] achterste

rearrange [ov ww] herschikken

reason I [ov ww] beredeneren
II [on ww] redeneren • (~ **from**)
uitgaan van III [znw] • reden
• verstand, rede • redelijkheid,
billijkheid

reasonable [bnw] • redelijk • billijk

reasonably [bijw] • redelijkerwijs
• vrij, tamelijk

reassurance [znw] geruststelling

reassure [ov ww] geruststellen

rebel I [on ww] in opstand komen
II [znw] opstandeling, oproerling

rebellion [znw] opstand, oproer

rebellious [bnw] opstandig

rebirth [znw] wedergeboorte

reborn [bnw] herboren

rebound [on ww] terugspringen
• (~ (**up**)**on**) (weer) neerkomen op

rebuff I [ov ww] afwijzen II [znw]
afwijzing

rebuild [ov ww] herbouwen

rebuke I [ov ww] berispen II [znw]
berisping

rebut [ov ww] weerleggen

rebuttal [znw] weerlegging

recalcitrant [bnw] recalcitrant,
weerspannig

recall I [ov ww] • terugroepen • weer in
't geheugen roepen, weer voor de geest
roepen • herinneren aan • herroepen,

intrekken, terugnemen II [znw]
• herinnering • <AE> dwang om af te
treden

recant [ov ww] (openlijk) herroepen

recapture I [ov + on ww] heroveren,
terugnemen II [znw] terugname,
herovering

recast I [ov ww] • omwerken • rol
toewijzen aan andere acteur II [znw]
• hervorming • veranderde rolverdeling

recede [on ww] achteruitgaan,
(terug)wijken • (~ **from**) terugkomen
van, z. terugtrekken uit

receipt [znw] • ontvangst • kwitantie,
reçu

receive I [ov + on ww] verwelkomen
II [ov ww] • ontvangen, krijgen
• opnemen

receiver [znw] • curator
• ontvangtoestel, telefoonhoorn

recent [bnw] • kortgeleden • van
onlangs • nieuw

reception [znw] • ontvangst • receptie
• erkenning

receptive [bnw] ontvankelijk, vatbaar

recess [znw] • nis, alkoof • schuilhoek
• reces, vakantie

recession [znw] achteruitgang, recessie

recipe [znw] recept

recipient I [znw] ontvanger,
belanghebbende II [bnw] ontvankelijk

reciprocal [bnw] wederzijds,
wederkerig, als tegenprestatie

reciprocate [ov ww] • uitwisselen
• wederdienst bewijzen, wederkerig van
dienst zijn

reciprocity [znw] • gelijke behandeling
v. weerskanten • wisselwerking

recital [znw] • concert, recital • verhaal
• voordracht

recitation [znw] • voordracht • verhaal

reckless [bnw] roekeloos

reckon I [ov ww] houden voor,
beschouwen • (~ **in**) meetellen
• (~ **with**) rekening houden met
II [on ww] menen

reckoning [znw] • berekening
• vergelding, verrekening

reclaim [ov ww] • terugwinnen • weer
op 't goede pad brengen, beschaven
• cultiveren • droogmaken <v. land>
• hergebruiken

recline [on ww] • leunen • liggen
• steunen

recluse [znw] kluizenaar

recognition [znw] • herkenning
• erkenning

recognizable [bnw] herkenbaar

recognize [ov ww] • herkennen
• erkennen

recoil I [on ww] • terugdeinzen
• terugstoten <v. vuurwapen>
• (~ from) terugdeinzen voor • (~ on)
z. wreken op II [znw] • terugslag
• reactie

recollect [ov + on ww] zich (weten te)
herinneren

recollection [znw] herinnering

recommend [ov ww] aanbevelen,
adviseren

recommendation [znw] aanbeveling

recompense I [ov ww] • vergoeden,
vergelden • belonen II [znw] vergoeding

reconcile [ov ww] • verzoenen,
overeenbrengen • bijleggen
• (~ to/with) verzoenen met

recondite [bnw] obscuur, diep(zinnig)

recondition [ov ww] opkalefateren,
opknappen

reconnaissance [znw] • verkenning
• verkenningspatrouille

reconsider [ov + on ww] heroverwegen

reconstruct [ov ww] • opnieuw
opbouwen • reconstrueren

reconstruction [znw] • reconstructie
• wederopbouw

record I [ov + on ww] • aantekenen,
registreren, te boek stellen, optekenen
• vastleggen <op geluidsdrager>
• vermelden II [znw] • record
• afschrift, document • verslag, verhaal
• reputatie, antecedenten • opname,

grammofoonplaat

recorder [znw] • griffier • archivaris
• (band)recorder • blokfluit

recording [znw] opname

recount I [ov ww] uitvoerig vertellen
II [znw] nieuwe telling

recoup [ov ww] terugwinnen

recourse [znw] toevlucht

recover I [ov ww] terugwinnen,
terugkrijgen, terugvinden II [on ww]
genezen, herstellen, bijkomen, er weer
bovenop komen

recoverable [bnw] • terug te krijgen
• <jur.> verhaalbaar

recovery [znw] herstel

recreate [ov ww] • opnieuw creëren
• terugroepen

recreation [znw] • speelkwartier
• ontspanning, recreatie • vermaak

recreational [bnw] recreatie-, recreatief

recrimination [znw] tegenverwijt

recruit I [ov ww] aanwerven, rekruteren
II [on ww] • rekruten (aan)werven
• <vero.> herstellen, herstel zoeken
III [znw] rekruut

rectangle [znw] rechthoek

rectangular [bnw] rechthoekig

rectitude [znw] • rechtschapenheid
• correctheid

rector [znw] • rector • predikant <v.
angl. kerk>

rectory [znw] • predikantsplaats
• pastorie

recumbent [bnw] (achterover)liggend

recuperate I [ov ww] doen herstellen, er
weer bovenop brengen II [on ww]
herstellen, er weer bovenop komen

recur [on ww] terugkeren, terugkomen,
z. herhalen

recurrence [znw] • herhaling
• toevlucht

recurrent [bnw] telkens terugkerend

recycle [ov ww] opnieuw in omloop
brengen, verwerken tot nieuw product

red [bnw] rood

redden [ov + on ww] rood

maken/worden

reddish [bnw] roodachtig, rossig

redeem [ov ww] • terugkopen, afkopen, vrijkopen, aflossen, inlossen • loskopen, verlossen • goedmaken

redeemable [bnw] • aflosbaar • inwisselbaar

redemption [znw] • aflossing • verlossing

redouble [ov + on ww] (z.) verdubbelen

redoubtable [bnw] geducht

redress I [ov ww] weer goedmaken, herstellen, vergoeden II [znw] herstel, vergoeding

reduce [ov ww] • verlagen, verminderen, verzwakken • (terug)brengen, herleiden

reduction [znw] vermindering

redundancy [znw] overtolligheid

redundant [bnw] overtollig

reedy [bnw] schel

reef [znw] rif

reefer [znw] • korte jas • <sl.> stickie

reek I [on ww] • stinken, rieken <ook fig.> • dampen, roken II [znw] • stank • damp, rook

reel I [ov ww] • (~ off) afrollen, afraffelen II [on ww] • duizelen • wankelen, waggelen III [znw] • film(strook) • Schotse dans • klos(je), haspel, spoel

re-entry [znw] herintreding

refectory [znw] refter

refer I [ov ww] verwijzen II [on ww] • (~ to) raadplegen, betrekking hebben op, zich wenden tot, zinspelen op

referee [znw] scheidsrechter

referendum [znw] volksstemming

refill I [ov ww] opnieuw vullen II [znw] vulling

refine [ov ww] verfijnen, raffineren, veredelen, zuiveren

refined [bnw] verfijnd, elegant, geraffineerd

refinement [znw] raffinement

refinery [znw] raffinaderij

refit [ov ww] herstellen

reflect [ov ww] • weerspiegelen, weergeven, terugkaatsen • bedenken, (over)peinzen

reflection [znw] • weerschijn, (spiegel)beeld • overdenking, 't nadenken, gedachte

reflective [bnw] nadenkend, peinzend

reflex [znw] reflex(beweging)

reflexive [bnw] wederkerend

reform I [ov ww] hervormen, verbeteren, bekeren, tot inkeer brengen II [on ww] zich bekeren III [znw] beterschap, herziening

reformer [znw] hervormer

refract [ov ww] breken <v. licht>

refractory [bnw] onhandelbaar

refrain I [on ww] z. onthouden • (~ from) afzien van II [znw] refrein

refresh [ov + on ww] (z.) opfrissen, (z.) verfrissen

refreshing [bnw] • verfrissend • aangenaam, verrassend

refreshment [znw] • verversing • verfrissing

refrigerate [ov + on ww] (af)koelen

refuel [ov + on ww] tanken

refuge [znw] • toevlucht(soord) • redmiddel

refugee [znw] vluchteling

refusal [znw] weigering

refute [ov ww] weerleggen

regain [ov ww] herkrijgen, terugwinnen

regal [bnw] koninklijk

regale [ov ww] onthalen • (~ with) vergasten op

regard I [ov ww] beschouwen II [znw] achting

regardless I [bnw] onattent, onachtzaam II [bijw] niettemin, desondanks

regatta [znw] roeiwedstrijd, zeilwedstrijd

regency [znw] regentschap

regicide [znw] koningsmoord(enaar)

regimental [bnw] regiments-

region [znw] *streek, gebied*
regional [bnw] *gewestelijk*
register I [ov + on ww] *registreren*
II [ov ww] • (*laten*) *inschrijven,
aangeven* • *uitdrukken, tonen* • (*laten*)
aantekenen ‹v. brief› III [on ww] • *z.
(laten) inschrijven* • *in zich opnemen*
IV [znw] *register, lijst*
registrar [znw] • *griffier* • *ambtenaar
v.d. burgerlijke stand* • *bewaarder der
registers*
registry [znw] • *registratie* • *archief*
regress [on ww] *achteruitgaan*
regret I [ov ww] *betreuren* II [znw]
spijt, berouw
regretful [bnw] *spijtig, treurig*
regrettable [bnw] *betreurenswaardig*
regroup [ov + on ww] (*z.*) *hergroeperen*
regular I [znw] *vaste afnemer, vaste
klant, stamgast* II [bnw] • *regelmatig,
geregeld, vast* ‹klant› • *correct, zoals
het hoort* • ‹inf.› *echt, doortrapt* • ‹AE›
gewoon, normaal
regularity [znw] *regelmatigheid*
regularize [ov ww] *regulariseren*
regulate [ov ww] *reguleren,
reglementeren, regelen*
regulation [znw] • *voorschrift*
• *voorgeschreven*
regulator [znw] *regulateur*
regurgitate [ov ww] • *uitbraken*
• *na-apen*
rehabilitate [ov ww] • *rehabiliteren*
• *revalideren* • *renoveren*
rehash I [ov ww] *weer uit de kast halen,
opnieuw brengen* II [znw]
herbewerking, oude kost ‹fig.›
rehearse [ov ww] • *herhalen, weer
opzeggen* • *repeteren* ‹toneel›
rehouse [ov ww] *een nieuw onderdak
geven*
reign I [on ww] *regeren, heersen*
II [znw] *regering*
reimburse [ov ww] *terugbetalen,
vergoeden*
reindeer [znw] *rendier*

reinforce [ov ww] *versterken*
reinforcement [znw] *versterking*
reinstate [ov ww] *herstellen*
reissue [ov ww] *opnieuw uitgeven*
reiterate [ov ww] *herhalen*
reject [ov ww] *verwerpen, afwijzen*
rejoice [on ww] *zich verheugen*
rejoinder [znw] (*bits*) *antwoord*
rejuvenate [ov + on ww] *weer jong
maken/worden*
relapse I [on ww] (*weer*) *instorten,
(weer) terugvallen* II [znw] *instorting,
terugval*
relate I [ov ww] • *vertellen* • (*onderling*)
verband leggen • (*~ to/with*) *in
verband brengen met* II [on ww] *in
verband staan*
relation [znw] • *betrekking,
verhouding* • (*bloed*)*verwantschap*
• *familielid*
relationship [znw] • *verhouding*
• *verwantschap*
relative I [znw] *familielid* II [bnw]
• *betrekkelijk* • *in betrekking staand*
relativity [znw] • *betrekkelijkheid*
• *relativiteit*
relax [ov + on ww] (*z.*) *ontspannen*
relaxation [znw] *ontspanning*
relay I [ov ww] • *aflossen* • *relayeren*
II [znw] • *aflossing* ‹v. wacht,
paarden› • *relais*
release I [ov ww] • *loslaten, bevrijden,
vrijlaten* • *vrijgeven* • *voor 't eerst
vertonen* ‹film›, *op de markt brengen*
• (*~ from*) *ontheffen van* II [znw]
• *bevrijding, vrijgeving* • *nieuwe
film/lp* • *perscommuniqué*
relegate [ov ww] *degraderen,
overplaatsen*
relent [ov ww] *medelijden tonen, z.
laten vermurwen*
relentless [bnw] *meedogenloos*
relevance [znw] *relevantie*
relevant [bnw] *relevant, toepasselijk*
reliable [bnw] *betrouwbaar*
reliance [znw] *afhankelijkheid*

reliant [bnw] *afhankelijk*

relic [znw] • *reliek, relikwie* • *overblijfsel*

relief [znw] • *verlichting, opluchting, welkome afwisseling* • *steun, hulp* • *ontheffing* • *aflossing* • *reliëf, plastiek*

religion [znw] *godsdienst*

religious [bnw] *religieus*

relinquish [ov ww] *opgeven, afstand doen v.*

relish I [ov ww] *genoegen scheppen in* II [znw] *kruiderij*

relive [ov ww] *opnieuw beleven*

reluctance [znw] *tegenzin*

reluctant [bnw] *onwillig*

remain [on ww] *(over)blijven, nog over zijn*

remand [znw] • *voorarrest* • *preventief gedetineerde*

remark I [ov ww] *opmerken* II [on ww] *opmerkingen maken* III [znw] *opmerking*

remarkable [bnw] *merkwaardig*

remarry [on ww] *hertrouwen*

remedial [bnw] *verbeterend*

remedy I [ov ww] *verhelpen, genezen* II [znw] • *(genees)middel* • *herstel*

remember I [ov + on ww] (z.) *herinneren, nog weten, niet vergeten, onthouden* II [ov ww] • *denken aan* • *bedenken* <met fooi, legaat>

remembrance [znw] • *geheugen* • *aandenken*

reminder [znw] • *waarschuwing* • *aanmaning*

reminisce [on ww] *herinneringen ophalen, mijmeren*

reminiscence [znw] *herinnering*

reminiscent [bnw] *met plezier terugdenkend*

remiss [bnw] *nonchalant, lui*

remission [znw] • *vermindering* • *vergeving*

remit I [ov ww] • *overmaken* • *toezenden* II [znw] *gebied* <fig.>

remittance [znw] *geldzending, remise*

remnant [znw] • *rest, restant* • *coupon*

remodel [ov ww] *opnieuw modelleren*

remonstrate I [ov ww] *tegenwerpen* II [on ww] *protesteren*

remorse [znw] *berouw*

remorseful [bnw] *berouwvol*

remorseless [bnw] *meedogenloos*

remote [bnw] • *ver weg* • *afgelegen*

removal [znw] *verplaatsing, verwijdering*

remove [ov ww] • *verwijderen, afnemen, wegnemen, eraf doen* • *opruimen, uit de weg ruimen*

remover [znw] *vlekkenwater, afbijtmiddel, remover* <v. nagellak>

remunerative [bnw] *lonend*

rename [ov ww] *hernoemen*

rend [ov ww] • *stukscheuren, verscheuren* • *klieven*

render [ov ww] • *teruggeven* • *weergeven* • *betuigen, betonen* • *verlenen*

rendering [znw] *weergave*

rendition [znw] *uitvoering, weergave, vertaling*

renegade [znw] *afvallige, overloper*

renew [ov ww] • *vernieuwen, hernieuwen* • *doen herleven* • *hervatten* • *vervangen, verversen* • *prolongeren, verlengen*

renewable [bnw] • *vernieuwbaar* • *verlengbaar*

renewal [znw] • *vernieuwing* • *verlenging*

rennet [znw] *stremsel*

renounce [ov ww] • *afstand doen v., afzien v.* • *verwerpen, verloochenen*

renovate [ov ww] *renoveren*

renowned [bnw] *vermaard*

rent I [ww] *verl.tijd + volt.deelw.* → **rend** II [ov ww] *(ver)huren, (ver)pachten, in huur of pacht hebben* III [znw] • *kloof, scheur* • *huur, pacht*

rental [znw] *huursom, pachtsom*

renunciation [znw] *het afstand doen*

reopen [ov ww] *heropenen*

reorganize [ov + on ww] *reorganiseren*

rep [afk] • (representative)
vertegenwoordiger • (repertory)
reprisetheater

repair I [ov ww] • repareren
• vergoeden, weer goedmaken
II [on ww] • (~ to) z. begeven naar
III [znw] onderhoud

reparation [znw] • schadeloosstelling,
herstelbetaling • reparatie

repartee [znw] gevat antwoord

repatriate [ov + on ww] naar 't
vaderland terugkeren/-zenden

repay [ov ww] • terugbetalen
• vergelden, vergoeden

repayable [bnw] aflosbaar

repayment [znw] → repay

repeal I [ov ww] herroepen II [znw]
herroeping

repeat I [ov ww] • herhalen • opzeggen,
navertellen II [on ww] repeteren
III [znw] • herhaling • bis • <muz.>
herhalingsteken, reprise

repeater [znw] repeteergeweer

repel [ov ww] • terugdrijven • afstoten

repellent I [znw] afweermiddel
II [bnw] weerzinwekkend, onprettig

repent [ov + on ww] berouw hebben

repentance [znw] berouw

repentant [bnw] berouwvol

repercussion [znw] • reactie
• weerklank

repetition [znw] herhaling

repetitious, repetitive [bnw] (zich)
herhalend

replace [ov ww] • terugzetten
• vervangen

replaceable [bnw] vervangbaar

replacement [znw] vervanging

replay I [ov + on ww] opnieuw laten
zien/horen, herhalen II [znw]
• overgespeelde wedstrijd • herhaling
<v. beeldscène/geluidsfragment>

replenish [ov ww] bijvullen, aanvullen

replete [bnw] vol, verzadigd

replica [znw] duplicaat

reply I [ov + on ww] antwoorden

• (~ to) beantwoorden II [znw]
antwoord

report I [ov ww] • verslag doen v.,
rapport uitbrengen v. • melden
II [on ww] verslag doen/uitbrengen,
rapporteren • (~ to) zich melden bij
III [znw] • verslag • gerucht • knal,
schot

reportedly [bijw] naar verluidt

reporter [znw] • verslaggever
• rapporteur

repose I [on ww] rusten II [znw] rust

reprehensible [bnw] laakbaar

represent [ov ww] • voorstellen
• vertegenwoordigen

representation [znw] • voorstelling
• vertegenwoordiging, inspraak

representative I [znw]
(volks)vertegenwoordiger II [bnw]
• vertegenwoordigend • representatief
• kenmerkend, typisch

repress [ov ww] onderdrukken,
bedwingen

repression [znw] • verdringing
• onderdrukking

repressive [bnw] onderdrukkend

reprieve I [ov ww] gratie verlenen
II [znw] gratie

reprimand I [ov ww] berispen II [znw]
officiële berisping

reprint I [ov ww] herdrukken II [znw]
herdruk

reprisal [znw] vergelding, represaille

reproach I [ov ww] • verwijten
• berispen II [znw] verwijt

reproachful [bnw] verwijtend

reprobate [znw] verworpene

reproduce I [ov ww] • weergeven,
reproduceren, kopiëren • (opnieuw)
voortbrengen II [on ww] zich
voortplanten

reproduction [znw] reproductie

reproductive [bnw] • reproducerend
• voortplantings-

reproof [znw] • verwijt • berisping
• afkeuring

reptile [znw] reptiel

republic [znw] republiek

repugnance [znw] afkeer, weerzin

repugnant [bnw] weerzinwekkend

repulse [ov ww] • afslaan, terugslaan
• afwijzen

repulsion [znw] • tegenzin • afstoting

repulsive [bnw] weerzinwekkend

reputable [bnw] fatsoenlijk, goed
bekend staand

reputation [znw] reputatie, (goede)
naam

repute [znw] vermaardheid, (goede)
naam, roep

reputed [bnw] • befaamd • vermeend

request I [ov ww] verzoeken II [znw]
verzoek

requiem [znw] requiem, uitvaartdienst

require [ov ww] • eisen • nodig hebben,
vereisen

requirement [znw] eis, vereiste

requisite I [znw] vereiste II [bnw]
vereist

requisition I [ov ww] vorderen
II [znw] (op)vordering

requite [ov ww] beantwoorden

rescind [ov ww] opheffen, nietig
verklaren

rescue I [ov ww] redden, bevrijden
II [znw] redding

rescuer [znw] redder

research [znw] (wetenschappelijk)
onderzoek

researcher [znw] onderzoeker,
wetenschapper

resemblance [znw] gelijkenis

resemble [ov ww] lijken op

resent [ov ww] kwaad zijn over,
kwalijk nemen

resentful [bnw] • kwaad, boos
• lichtgeraakt

resentment [znw] rancune, wrevel

reservation [znw] • voorbehoud
• (indianen)reservaat • reservering
• reservatie

reserve I [ov ww] reserveren II [znw]

• voorbehoud • gereserveerdheid

reserved [bnw] gesloten, gereserveerd,
zwijgzaam

reservoir [znw] • reservoir
• reservevoorraad

reset [ov ww] <comp.> • zetten <v. bot>
• <comp.> opnieuw opstarten

resettle [ov ww] opnieuw vestigen

reshuffle I [ov ww] herschikken,
opnieuw schudden <kaartspel> II [znw]
herverdeling

reside [on ww] wonen, zijn standplaats
hebben • (~ in) berusten bij

residence [znw] • woning
• woonplaats, standplaats • residentie

resident I [znw] inwoner, vaste
bewoner II [bnw] (in)wonend

residential [bnw] woon-

residual [bnw] resterend

residue [znw] rest, overschot

resign I [ov ww] • afstand doen v.,
overgeven • opgeven II [on ww] ontslag
nemen, aftreden

resignation [znw] • ontslag • berusting

resigned [bnw] gelaten

resilience [znw] veerkracht

resilient [bnw] veerkrachtig

resin [znw] hars

resinous [bnw] harsig

resist I [ov ww] • bestand zijn tegen,
weren • z. verzetten tegen II [on ww]
weerstand bieden, z. verzetten

resistance [znw] • verzet • <techn.>
weerstand

resistant [bnw] weerstand biedend,
immuun, bestand

resolute [bnw] vastberaden

resolution [znw] • besluit • resolutie
• ontknoping • vastberadenheid

resolve I [ov ww] • oplossen
• ontbinden, herleiden II [on ww]
besluiten, beslissen III [znw] besluit

resound [ov + on ww] (doen)
weerklinken, galmen

resounding [bnw] • luid klinkend,
galmend • eclatant, daverend

resource [znw] • hulpbron • middel, toevlucht, uitweg • vindingrijkheid

respect I [ov ww] eerbiedigen II [znw] • eerbied, achting, respect • opzicht

respectable [bnw] • fatsoenlijk • behoorlijk

respectful [bnw] eerbiedig

respective [bnw] onderscheidenlijk, respectief

respiration [znw] ademhaling

respirator [znw] • ademhalings-/zuurstofmasker • gasmasker

respiratory [bnw] ademhalings-

resplendent [bnw] schitterend

respond [on ww] antwoorden • (~ to) reageren op

response [znw] • antwoord • reactie, weerklank • tegenzang, responsorium

responsibility [znw] verantwoordelijkheid

responsible [bnw] • verantwoordelijk • aansprakelijk

responsive [bnw] • antwoordend • reagerend • sympathiek

rest I [ov ww] • laten rusten, rust geven • steunen, liggen II [on ww] • uitrusten, berusten • blijven III [znw] • steun, houder, statief • rust

restate [ov ww] herformuleren

restful [bnw] • rustig • kalmerend

restitution [znw] schadeloosstelling

restive [bnw] koppig, prikkelbaar, onhandelbaar

restless [bnw] • ongedurig • rusteloos

restoration [znw] restauratie

restorative I [znw] herstellend middel II [bnw] herstellend

restore [ov ww] • herstellen, restaureren • teruggeven • weer op zijn plaats zetten

restorer [znw] restaurateur <v. kunstwerken>

restrain [ov ww] • weerhouden, bedwingen • beperken

restrained [bnw] beheerst, rustig, kalm

restraint [znw] • beperking • terughoudendheid

restrict [ov ww] beperken

restriction [znw] beperking

restrictive [bnw] beperkend

result I [on ww] • (~ from) volgen uit • (~ in) uitlopen op II [znw] • gevolg, resultaat • afloop, uitkomst

resume [ov + on ww] hervatten

résumé [znw] resumé, samenvatting

resumption [znw] hervatting

resurgent [bnw] terugkerend, herlevend

resurrect [ov ww] doen herleven

resuscitate I [ov ww] weer opwekken, bijbrengen, reanimeren II [on ww] weer opleven, bijkomen

retail I [ov ww] • verkopen • uitvoerig vertellen II [znw] kleinhandel

retailer [znw] kleinhandelaar

retain [ov ww] • nemen <v. advocaat> • behouden, onthouden • tegenhouden, vasthouden

retainer [znw] • vooruitbetaald honorarium • vazal

retake [ov ww] opnieuw nemen

retaliate [on ww] wraak nemen

retaliative, retaliatory [bnw] vergeldings-

retard [ov ww] vertragen

retch [on ww] kokhalzen

retentive [bnw] vasthoudend

rethink [ov + on ww] heroverwegen, nog eens bekijken

reticence [znw] • zwijgzaamheid • terughoudendheid

reticent [bnw] zwijgzaam, gesloten

retinue [znw] gevolg

retire I [ov ww] • terugtrekken, intrekken • ontslaan II [on ww] • met pensioen gaan, ontslag nemen • zich terugtrekken, naar bed gaan

retired [bnw] • eenzaam • gepensioneerd

retirement [znw] • pensionering • eenzaamheid

retiring [bnw] • pensioen- • bescheiden

retouch [ov ww] *bijwerken, retoucheren*
retrace [ov ww] *volgen, (weer) nagaan*
retract I [ov ww] *intrekken, terugtrekken* II [on ww] *ingetrokken (kunnen) worden*
retractable [bnw] *intrekbaar*
retraction [znw] *intrekking, herroeping*
retread [znw] *gecoverde autoband*
retreat I [on ww] *terugwijken, (zich) terugtrekken* II [znw] • *wijkplaats* • *terugtocht* • *afzondering* • *retraite(huis)*
retribution [znw] *vergelding, genoegdoening*
retributive [bnw] *vergeldend*
retrieval [znw] *het terughalen*
retrieve [ov ww] • *terugkrijgen, terugvinden* • *apporteren*
retroactive [bnw] *met terugwerkende kracht*
retrograde [bnw] • *achteruitgaand* • *omgekeerd*
retrogressive [bnw] *achteruitgaand*
retrospect, retrospection [znw] *terugblik*
return I [ov ww] • *teruggeven, terugzetten* • *beantwoorden* II [on ww] *terugkomen, teruggaan, terugkeren* III [znw] • *omzet, opbrengst* • *terugkomst* • *retour(biljet)* • *opgave*
returnable [bnw] *retour-*
reunion [znw] • *hereniging* • *reünie*
reunite [ov ww] *herenigen*
rev [ov + on ww] • *(~ up) plankgas geven, sneller draaien* <v. motor>
revalue [ov ww] *revalueren, herwaarderen*
reveal [ov ww] *openbaren, bekendmaken*
revealing [bnw] *onthullend, veelzeggend*
revel I [on ww] *fuiven, boemelen, feesten* • *(~ in) genieten van* II [znw] *pret, feest*
revelation [znw] *onthulling, openbaring*

reveller [znw] *pretmaker*
revelry [znw] *pretmakerij*
revenue [znw] • *(staats)inkomen, inkomsten, baten*
reverberate [ov + on ww] *terugkaatsen, weerkaatsen*
revere [ov ww] *(ver)eren, met eerbied opzien tegen*
reverence [znw] *eerbied, verering*
reverend I [znw] *geestelijke* II [bnw] *eerwaard(ig)*
reverent, reverential [bnw] *eerbiedig*
reverie [znw] *mijmering*
reversal [znw] *het wisselen, ommekeer*
reverse I [ov ww] • *omkeren, omschakelen* • *achteruitrijden* • *herroepen, intrekken* II [on ww] *achteruitrijden* III [znw] • *tegenovergestelde, omgekeerde* • *tegenslag* • *achteruit* <v. auto> IV [bnw] *tegenovergesteld, omgekeerd*
reversion [znw] *terugkeer*
revert [on ww] • *terugkeren, terugkomen* • *terugvallen* <v.e. erfgoed aan oorspr. schenker of diens erfgenamen>
review I [ov ww] • *nog eens onder de loep nemen, opnieuw bekijken* • *inspecteren, recenseren* • *herzien* II [znw] • *recensie* • *inspectie, parade* • *tijdschrift* • *overzicht* • *herziening*
reviewer [znw] *recensent*
revile [ov ww] *uitschelden, tekeergaan tegen*
revise I [ov + on ww] *blokken* II [ov ww] *nazien, herzien, reviseren*
revision [znw] • *herziening* • *herziene uitgave*
revival [znw] • *opleving* • *reprise* <toneel>
revive [ov + on ww] *(doen) herleven, (doen) bijkomen*
revocation [znw] *herroeping*
revoke [ov ww] *herroepen*
revolt I [ov ww] *doen walgen* II [on ww] • *in opstand komen*

• walgen III [znw] opstand
revolting [bnw] • opstandig
• weerzinwekkend
revolutionary I [znw] revolutionair
II [bnw] revolutionair
revolutionize [ov ww] 'n ommekeer
teweegbrengen in
revolve [ov ww] omwentelen,
(om)draaien
revulsion [znw] walging
reward I [ov ww] belonen II [znw]
beloning
rewarding [bnw] lonend, de moeite
waard
rewind [ov ww] opnieuw opwinden,
terugspoelen
rewrite [ov ww] omwerken
rhapsody [znw] rapsodie
rhetoric [znw] retorica • retoriek
rhetorical [bnw] retorisch
rheumatic I [znw] reumalijder
II [bnw] reumatisch
rhino [znw] neushoorn
rhubarb [znw] rabarber
rhyme I [on ww] rijmen II [znw]
rijm(pje), poëzie
rhythm [znw] ritme
rib I [ov ww] <inf.> plagen II [znw] • rib
• nerf • richel • balein
ribald [bnw] onbehoorlijk, schunnig
ribbon [znw] lint, strook
rice [znw] rijst
rich [bnw] • kostbaar • machtig <v.
spijzen> • vol, warm <v. kleur, klank>
• rijk • vruchtbaar
richly [bijw] rijkelijk
rick I [ov ww] verrekken II [znw] hoop
hooi, hooimijt
rickets [znw] Engelse ziekte
rickety [bnw] wankel, gammel
ricochet I [on ww] afketsen <v. kogel>
II [znw] verdwaalde kogel
rid [ov ww] bevrijden • (~ of) ontdoen
van
ridden [ww] volt. deelw. → ride
riddle I [ov ww] doorzeven II [znw]

raadsel
ride I [ov + on ww] • rijden • drijven,
varen II [znw] rit, reis, tocht
rider [znw] • ruiter, (be)rijder
• toegevoegde clausule, toevoeging
ridge [znw] • heuvelrug, bergkam
• richel • nok
ridicule I [ov ww] belachelijk maken
II [znw] spot
ridiculous [bnw] belachelijk
rife [bnw] algemeen heersend
rifle I [ov ww] • plunderen
• (~ through) doorzoeken II [znw]
geweer
rift [znw] spleet, scheur
rig I [ov ww] • slinks bewerken,
manipuleren • uitrusten • (~ out)
uitdossen • (~ up) in elkaar flansen
II [znw] • boortoren, booreiland
• aankleding, kledij
rigging [znw] tuigage
right I [ov ww] (iets) rechtzetten
II [znw] • recht • rechts III [bnw]
• recht • juist • goed • passend
IV [bijw] • rechts • meteen
rightful [bnw] • rechtmatig
• rechtvaardig
rightist I [znw] rechtse II [bnw] rechts
(georiënteerd)
rigid [bnw] • stijf • onbuigzaam, streng
rigmarole [znw] rompslomp
rigorous [bnw] streng, hard
rigour [znw] strengheid, hardheid
rile [ov ww] kwaad maken
rim [znw] • rand • (bril)montuur
rimless [bnw] zonder rand
rind [znw] • (kaas)korst, schil
• (spek)zwoerd
ring I [ov ww] • bellen, laten klinken,
luiden • opbellen • ringen, ring
aandoen • omringen • (~ in) inluiden
• (~ out) uitluiden • (~ up) opbellen
II [on ww] • klinken • bellen • gaan <v.
bel>, overgaan <v. telefoon> • (~ for)
bellen (om) • (~ off) neerleggen <v.
telefoon> • (~ with) weerklinken van

III [znw] • ring • kring • kliek, combinatie • circus, (ren)baan • klank • gelui, gebel
ringer [znw] klokkenluider
ringlet [znw] haarkrulletje
rink [znw] • ijs(hockey)baan • rolschaatsbaan
rinse I [ov ww] (om)spoelen II [znw] spoeling
riot I [on ww] oproer maken II [znw] • oproer, rel • vrolijke bende
riotous [bnw] oproerig
rip I [ov + on ww] scheuren • (~ off) bedriegen, stelen • (~ up) verscheuren II [znw] scheur, torn
ripe [bnw] rijp, belegen
ripple I [ov + on ww] rimpelen, golven II [znw] rimpeling, golfje(s)
rise I [on ww] • groter/hoger worden, opkomen, (ver)rijzen, stijgen • (zich) verheffen • uiteengaan ‹v. vergadering› • opstaan • opgaan, omhooggaan • (~ from) ontspringen uit, voortkomen uit • (~ up) in opstand komen II [znw] • helling, verhoging • opslag
riser [znw] * early ~ vroege vogel
rising I [znw] opstand II [bnw] opkomend
risk I [ov ww] wagen, riskeren II [znw] risico, gevaar
risky [bnw] gewaagd
ritual I [znw] ritueel II [bnw] ritueel
rival I [ov ww] wedijveren met, trachten te evenaren II [znw] mededinger, medeminnaar III [bnw] mededingend, concurrerend
rivalry [znw] rivaliteit, wedijver
river [znw] rivier
rivet I [ov ww] • (vast)klinken • boeien ‹ook fig.›, vestigen ‹de ogen›, concentreren ‹de aandacht› II [znw] klinknagel
rivulet [znw] riviertje, beekje
roach [znw] voorn
road [znw] (straat)weg

roam I [ov + on ww] zwerven (door) II [znw] zwerftocht ‹te voet›
roar I [ov + on ww] brullen, bulderen II [znw] gebulder
roaring [bnw] • denderend • bulderend
roast I [ov + on ww] • braden, roosteren • branden II [ov ww] in de maling nemen III [znw] gebraad IV [bnw] geroosterd
rob [ov + on ww] (be)stelen, (be)roven
robber [znw] dief, rover
robbery [znw] roof, diefstal
robe I [ov ww] zich kleden II [znw] • kamerjas • toga, ambtsgewaad • robe, gewaad
robin [znw] roodborstje
robust [bnw] • robuust • inspannend
rock I [ov + on ww] • schommelen, wieg(el)en • (doen) wankelen II [znw] • rots(blok), steen • kandij, suikerstok • rock(muziek)
rocker [znw] • schommelstoel • nozem • gebogen hout onder wieg
rocket I [on ww] omhoog schieten II [znw] • raket • uitbrander • vuurpijl
rocky [bnw] • rotsachtig • gammel, wankel
rod [znw] • staf, staaf, stang • hengel
rode [ww] verl. tijd → **ride**
rodent [znw] knaagdier
roe [znw] ree
roguish [bnw] schurkachtig
role [znw] rol
roll I [ov ww] (op)rollen • (~ up) oprollen II [on ww] • rollen, rijden • woelen III [znw] • rol • broodje
roller [znw] • roller • wals
rolling [bnw] golvend, deinend
roly-poly [bnw] mollig
Roman I [znw] • rooms-katholiek • Romein II [bnw] • Romeins • rooms(-katholiek)
romantic I [znw] romanticus II [bnw] romantisch
romanticism [znw] romantiek
romanticize [ov ww] romantisch

maken
romp I [on ww] stoeien, ravotten
II [znw] stoeipartij
roof I [ov ww] onder dak brengen,
overdekken II [znw] dak
roofing [znw] • dakbedekking
• dekmateriaal
rook I [ov ww] afzetten II [znw] • roek
• toren <schaakspel>
rookie [znw] rekruut
room I [on ww] <AE> op (een) kamer(s)
wonen II [znw] • kamer, zaal • ruimte,
plaats • gelegenheid, aanleiding
roomy [bnw] ruim, breed
roost I [on ww] op stok gaan II [znw]
roest, (kippen)stok, nachthok
rooster [znw] haan
root I [ov ww] omwroeten • (~ out) te
voorschijn brengen, opscharrelen,
opsnorren • (~ up) uittrekken <v.
plant> II [on ww] inwortelen,
wortelschieten • (~ for) zich inzetten
voor III [znw] • wortel • kern, bron,
grondslag
rope I [ov ww] • vastbinden • vangen
<m. lasso> II [znw] touw
rosary [znw] rozenkrans
rose I [znw] roos II [bnw] rozerood,
bruinroze
rosemary [znw] rozemarijn
rosette [znw] rozet
roster [znw] dienstrooster
rostrum [znw] spreekgestoelte,
podium, publieke tribune
rosy [bnw] • roze • rooskleurig
rot I [ov ww] doen rotten, bederven
II [on ww] rotten, verrotten, bederven
III [znw] • rotheid, rotte plek • onzin
rota [znw] (dienst)rooster
rotary [bnw] roterend
rotate [ov + on ww] • draaien, wentelen
• rouleren
rotation [znw] • rotatie, roulering
• vruchtwisseling
rote [znw] domme routine
rotor [znw] (draai)wiek v.e. helikopter

rotten [bnw] • (ver)rot • corrupt
• waardeloos, beroerd, slecht
rotter [znw] mispunt, vent/vrouw van
niks
rotund [bnw] mollig, gezet
rough I [znw] ruwe klant II [bnw]
• ruw, ruig • guur, stormachtig
• onbeschaafd • hard, drastisch
• globaal
roughage [znw] • ruwvoer • vezelrijk
voedsel
roughen [ov + on ww] ruw
maken/worden
round I [ov ww] • (~ off) afronden
II [znw] • ronde, reeks • sport <v.
ladder> • canon • toer <breien>
III [bnw] • rond • afgerond IV [bijw]
• rond, om • in 't rond, rondom V [vz]
rondom
roundabout I [znw] • draaimolen
• verkeersrotonde II [bnw] omslachtig,
wijdlopig
roundly [bijw] botweg, rondweg,
ronduit
rouse I [ov ww] • prikkelen • wakker
maken, (op)wekken, opschrikken
II [on ww] wakker worden
rove [ov + on ww] rondzwerven (door),
ronddolen (door), dwalen (door)
row I [ov + on ww] roeien (tegen)
II [znw] • rij • huizenrij, straat • herrie,
drukte • ruzie
rowdy I [znw] herrieschopper II [bnw]
lawaaierig
rower [znw] roeier
royal I [znw] lid v. koninklijk huis
II [bnw] • konings-, koninklijk
• schitterend, heerlijk
royalty [znw] • koningschap,
koninklijke waardigheid • vorstelijke
personen • royalty
rub I [ov ww] • poetsen, boenen
• inwrijven, afwrijven • (~ down)
afwrijven, stevig afdrogen • (~ in)
inwrijven, erin stampen <v. les>
• (~ off) eraf wrijven • (~ out)

uitgummen • (~ **together**) tegen elkaar wrijven II [znw] • moeilijkheid, hindernis • poetsbeurt • robber

rubber I [znw] • wrijfkussen • rubber, gummi, elastiek • robber II [bnw] rubberen

rubbish [znw] • rommel • onzin

rubble [znw] puin

rubicund [bnw] blozend

rubric [znw] rubriek

ruby I [znw] robijn II [bnw] robijnrood

ruck I [on ww] verkreukelen II [znw] • kreukel • (de) massa

rucksack [znw] rugzak, ransel

rudder [znw] roer

ruddy [bnw] • verdomd(e) • rood, blozend • rossig

rude [bnw] • ruw • lomp • primitief, onbeschaafd

rudimentary [bnw] • rudimentair • in een beginstadium

rue [ov ww] berouw hebben over/van, treuren om

rueful [bnw] verdrietig, treurig

ruff [znw] • Spaanse plooikraag • verenkraag

ruffian [znw] bullebak, schurk, woesteling

ruffle [ov ww] • verfrommelen • rimpelen • uit zijn humeur brengen

rug [znw] • (haard)kleedje • (reis)deken

rugged [bnw] • ruw, hobbelig • hoekig • hard, nors • krachtig

ruin I [ov ww] te gronde richten, vernielen, ruïneren II [znw] • ondergang • wrak <fig.>

rule I [ov ww] heersen • (~ **out**) uitsluiten II [on ww] heersen, regeren III [znw] • regel • liniaal • heerschappij, bestuur

ruler [znw] • regeerder, heerser • liniaal

rum I [znw] rum II [bnw] vreemd, raar

rumble I [ov ww] doorhebben II [on ww] rommelen III [znw] • storend signaal, brom <elektronica> • geroezemoes

ruminate I [ov ww] (nog eens) overdenken II [on ww] herkauwen

ruminative [bnw] peinzend

rummage I [ov ww] • doorsnuffelen • overhoop halen, rommel maken • (~ **out**) opscharrelen II [on ww] rommelen, snuffelen

rumour [znw] gerucht

rump [znw] staart(stuk), achterste

rumple [ov ww] in de war maken

rumpus [znw] tumult, herrie, hooglopende ruzie

run I [ov ww] • lopen over • laten lopen, laten gaan, rijden, laten stromen • aan 't hoofd staan van, leiden, sturen • brengen <v. artikel, toneelstuk> • rijgen • (binnen)smokkelen • (~ **down**) overrijden, afgeven op • (~ **in**) inrekenen • (~ **into**) laten vervallen tot, steken in • (~ **off**) laten weglopen • (~ **out**) afrollen • (~ **over**) overrijden, laten gaan over • (~ **through**) doorsteken, doorhalen, erdoor brengen II [on ww] • hardlopen • z. haasten • doorlopen, uitlopen, z. snel verspreiden • een run maken <bij cricket> • (~ **about**) heen en weer lopen, rondsjouwen • (~ **across**) (toevallig) tegenkomen • (~ **after**) achternalopen • (~ **away**) weglopen, ervandoor gaan • (~ **down**) opraken, uitgeput raken, vervallen • (~ **for**) kandidaat zijn voor • (~ **in**) binnenlopen • (~ **into**) in botsing komen met • (~ **off**) de benen nemen, weglopen • (~ **on**) doordraven, doorlopen, doorgaan • (~ **out**) opraken, verlopen, ongeldig worden • (~ **over**) overlopen • (~ **through**) doorlopen, lopen door, doornemen • (~ **to**) (op)lopen tot, gaan tot • (~ **together**) in elkaar lopen • (~ **up**) oplopen III [znw] • (kippen)ren • vrij gebruik, vrije toegang • run <bij cricket> • (ver)loop • toeloop, gang • ritje • uitstapje

rung I [ww] volt. deelw. → ring
II [znw] • sport <v. ladder> • spijl
runner [znw] • hardloper • wisselloper,
ordonnans • uitloper, scheut <v. plant>
running [bnw] • doorlopend,
achterelkaar • strekkend
runt [znw] • dwerg, kriel • uilskuiken
rupture I [ov ww] • een breuk
veroorzaken • doorbreken, verbreken
II [on ww] een breuk hebben III [znw]
breuk, scheuring
rural [bnw] landelijk, plattelands-
rusk [znw] (scheeps)beschuit
russet [bnw] roodbruin
Russian I [znw] • Rus(sin) • het
Russisch II [bnw] Russisch
rust I [on ww] roesten, verroesten
II [znw] roest
rustic [bnw] • landelijk • boers
rustle I [ov ww] doen ritselen
II [on ww] ruisen, ritselen III [znw]
geritsel, geruis
rusty [bnw] • roestig • roestrood
rut [znw] • karrenspoor • groef • (oude)
sleur • bronst
ruthless [bnw] meedogenloos
rye [znw] rogge

S

sabbatical [znw] sabbatsjaar
sable [znw] sabelbont
sabotage I [ov + on ww] saboteren
II [znw] sabotage
sabre [znw] cavaleriesabel
sachet [znw] parfumkussentje
sack I [ov ww] • de bons geven
• plunderen II [znw] zak
sacking [znw] • paklinnen • ontslag
sacred [bnw] • heilig • gewijd
• onschendbaar
sacrifice I [ov ww] (op)offeren
II [on ww] offeren III [znw]
• (op)offering • offerande
sacrificial [bnw] offer-
sacrilege [znw] heiligschennis
sacrilegious [bnw] heiligschennend
sacristy [znw] sacristie
sacrosanct [bnw] • onschendbaar
• heilig
sad [bnw] droevig, treurig
saddle I [ov ww] • opzadelen • belasten,
in de schoenen schuiven II [znw] • zadel
• lendestuk
saddler [znw] zadelmaker
sadistic [bnw] sadistisch
safe I [znw] brandkast II [bnw] • veilig
• betrouwbaar
safety [znw] veiligheid
saffron I [znw] saffraan II [bnw]
saffraangeel
sag I [on ww] • doorbuigen/-zakken
• (scheef)hangen II [znw] • verzakking
• doorhanging
saga [znw] • (lang) verhaal • sage
• familiekroniek
sagacious [bnw] • schrander • wijs
sage I [znw] • wijze • salie II [bnw] wijs
sago [znw] sago(palm)
said I [ww] volt. deelw. → say II [bnw]
voornoemd(e)

sail I [ov ww] (be)zeilen II [on ww]
• (uit)varen • stevenen • zeilen III [znw]
• zeil • zeiltochtje • molenwiek

sailing [znw] • het zeilen • bootreis
• afvaart

sailor [znw] zeeman, matroos

saint [znw] heilige, sint

sainthood [znw] heiligheid

saintlike, saintly [bnw] • vroom
• volmaakt

sake [znw] • for God's sake in
godsnaam ★ for the sake of terwille van

salable [bnw] → saleable

salacious [bnw] wellustig, wulps

salad [znw] salade, sla

salaried [bnw] bezoldigd

salary [znw] salaris

sale [znw] • verkoop • uitverkoop
• verkoping, veiling

saleable [bnw] verkoopbaar

salient I [znw] saillant II [bnw]
• (voor)uitspringend • in 't oog vallend

saline [bnw] zout(houdend)

saliva [znw] speeksel

salivary [znw] speeksel-

salivate [on ww] kwijlen

salmon [znw] zalm

saloon <AE> [znw] • bar • sedan

salt I [ov ww] zouten, pekelen
• (~ away) wegzetten als appeltje voor
de dorst • (~ down) inpekelen,
wegzetten als appeltje voor de dorst
II [znw] zout III [bnw] zout-

salty [bnw] zout(ig)

salubrious [bnw] gezond

salutation [znw] • (be)groet(ing)
• aanhef <in brief>

salute I [ov ww] begroeten, huldigen
II [on ww] salueren, groeten III [znw]
• groet • saluut(schot)

salvage I [ov ww] bergen, redden
II [znw] geborgen of geredde goederen

salvation [znw] behoudenis, redding

salve I [ov ww] sussen II [znw] zalf
• pleister <fig.>

salver [znw] presenteerblad

same [vnw] • zelfde • dezelfde, hetzelfde

sameness [znw] • gelijkheid
• eentonigheid

sample I [ov ww] • proeven <v. voedsel>
• een monster geven/nemen v. iets
• keuren • ondervinding opdoen v.
II [znw] monster, staal(tje)

sanctimonious [bnw] schijnheilig

sanction I [ov ww] • bekrachtigen
• sanctie geven aan II [znw] sanctie

sanctity [znw] • heiligheid
• onschendbaarheid

sanctuary [znw] • kerk, heiligdom
• (vogel)reservaat

sand I [ov ww] • (~ down) polijsten,
schuren II [znw] zand

sandal [znw] sandaal

sandwich I [ov ww] inklemmen
(tussen) II [znw] dubbele boterham

sandy [bnw] • zanderig • rossig

sane [bnw] • gezond • verstandig

sang [ww] verl. tijd → sing

sanguinary [bnw] bloedig

sanitary [bnw] gezondheids-,
hygiënisch

sanitation [znw] • sanering
• volksgezondheid

sanity [znw] geestelijke gezondheid

sank [ww] verl. tijd → sink

sap I [ov ww] uitputten II [znw]
(levens)sap

sapling [znw] jonge boom

sapphire I [znw] saffier II [bnw]
saffierblauw

sarcasm [znw] sarcasme

sarcophagus [znw] sarcofaag

sardine [znw] sardientje

sardonic [bnw] cynisch, bitter,
sardonisch

sartorial [bnw] kleermakers-,
(maat)kledings-

sash [znw] • sjerp • schuifraam

sat [ww] verl. tijd + volt. deelw. → sit

satchel [znw] • pukkel <schooltas>
• geldtas

satellite [znw] satelliet

satiate I [ov ww] (over)verzadigen
II [bnw] verzadigd, zat

satin I [znw] satijn II [bnw] satijnen

satirist [znw] • satiricus • hekeldichter

satirize [ov ww] hekelen

satisfaction [znw] • tevredenheid
• voldoening • voldaanheid • genoegen
• genoegdoening

satisfactory [bnw] • bevredigend
• voldoende

satisfy I [ov ww] • overtuigen • tevreden
stellen • bevredigen • stillen <v.
honger> II [on ww] • voldoen(de zijn)
• genoegdoening geven

saturate [ov ww] • verzadigen
• doordrenken

saturated [bnw] • verzadigd • doornat

saturation [znw] (over)verzadiging

Saturday [znw] zaterdag

satyr [znw] sater

sauce [znw] saus

saucy [bnw] brutaal

saunter I [on ww] slenteren, kuieren
II [znw] wandelingetje

sausage [znw] worst(je)

sauté [ov ww] licht (en snel) bakken,
sauteren

savage I [ov ww] • aanvallen,
mishandelen • fel bekritiseren II [znw]
• wilde • woesteling, barbaar III [bnw]
• wild, primitief • wreed, fel • woest

save I [ov ww] • redden • (be-/uit)sparen
II [on ww] sparen III [vz] behalve

saving [znw] besparing

savour I [ov ww] • proeven • genieten
(van) II [on ww] • (~ of) smaken naar,
rieken naar III [znw] • smaak • aroma

savoury I [znw] (pikant) tussengerecht
II [bnw] • smakelijk • hartig, pikant

saw I [ww] verl. tijd → see II [ov ww]
(door)zagen III [on ww] zagen
IV [znw] • zaag • gezegde, spreuk

sax, saxophone [znw] saxofoon

Saxon I [znw] Angelsakser II [bnw]
Angelsaksisch

say I [ov ww] opzeggen II [on ww]

zeggen III [znw] • zegje • zeggenschap

saying [znw] gezegde

scab [znw] • korstje • iem. die werkt
tijdens staking

scabbard [znw] schede

scabby [bnw] met korsten bedekt

scabies [znw] schurft

scaffold [znw] • stellage, steiger
• schavot

scaffolding [znw] stellage, steigers

scald I [ov ww] • branden <aan hete
vloeistof of stoom> • met heet water
uitwassen • tegen de kook aan brengen
II [znw] brandwond

scalding [bnw] kokend (heet)

scale I [ov ww] beklimmen
• (~ **down/up**) evenredig
verlagen/-hogen II [znw] • schaal
• schub, schilfer • ketelsteen • tandsteen
• toonladder

scallop [znw] • sint-jakobsschelp,
kamschelp • ribbel

scallywag [znw] apenkop

scalp I [ov ww] • scalperen • afmaken
<met kritiek> II [znw] • scalp
• hoofdhuid

scalpel [znw] scalpel, ontleedmes

scaly [bnw] geschubd

scamp [znw] deugniet, rakker

scamper I [on ww] hollen II [znw]
drafje

scampi [znw] • garnalengerecht • grote
garnalen

scandal [znw] schandaal

scandalize [ov ww] ergernis wekken bij,
shockeren

scandalous [bnw] • ergerlijk,
schandelijk • schandalig

Scandinavian I [znw] • Scandinaviër
• Scandinavisch II [bnw] Scandinavisch

scanner [znw] • aftaster • radarantenne

scant [bnw] gering, karig

scanty [bnw] • krap • schaars

scapegoat [znw] zondebok

scar I [ov ww] • een litteken bezorgen
<ook emotioneel> • met littekens

bedekken II [znw] *litteken*

scarce I [bnw] • *schaars* • *zeldzaam*
II [bijw] *nauwelijks*

scare I [ov ww] *bang maken,*
verschrikken • (~ **away/off**) *wegjagen*
II [on ww] *bang worden* III [znw]
• *schrik, vrees, angst* • *bangmakerij*

scarf [znw] • *sjaal* • *das*

scarlet [bnw] *scharlaken, (vuur)rood*

scary [bnw] *schrikaanjagend, eng*

scatter [on ww] (z.) *verspreiden*

scattered [bnw] • *sporadisch* • *her en*
der verspreid

scavenge [ov + on ww] • *doorzoeken ‹v.*
afval› • *aas eten*

scavenger [znw] • *afvaleter* • *aaseter*

scene [znw] • *decor* • *landschap*
• *toneel, tafereel* • *scène*

scenery [znw] • *natuurschoon,*
landschap • *decor(s)*

scenic [bnw] • *schilderachtig*
• *verhalend, dramatisch*

scent I [ov ww] • *vermoeden* • *ruiken*
• *parfumeren* II [znw] • *geur, lucht*
• *parfum* • *reuk* • *spoor*

sceptic I [znw] *scepticus* II [bnw]
sceptisch

scepticism [znw] *scepticisme*

sceptre [znw] *scepter*

schedule I [ov ww] *plannen* II [znw]
• *bijlage* • *dienstregeling, rooster*

schematic [bnw] *schematisch*

scheme I [ov ww] • *beramen*
• *intrigeren (tegen)* II [on ww] *konkelen*
III [znw] • *plan* • *schema* • *stelsel*
• *(gemeen) spelletje, intrige*

schemer [znw] *intrigant*

schizophrenia [znw] *schizofrenie*

schizophrenic I [znw] *schizofreen*
persoon II [bnw] • *schizofreen*
• *gespleten*

scholar [znw] • *leerling* • *geleerde*
• *beursstudent*

scholarship [znw] • *geleerdheid*
• *studiebeurs*

scholastic [bnw] • *schools* • *school-,*

academisch • *schoolmeesterachtig*
• *scholastisch*

school I [ov ww] • *scholen* • *trainen*
• *africhten* II [znw] • *faculteit* • *school,*
universiteit

schooling [znw] • *onderwijs* • *scholing*
• *dressuur*

schooner [znw] *schoener*

sciatica [znw] *ischias*

science [znw] • *wetenschap*
• *natuurwetenschap(pen)*

scientific [bnw] *wetenschappelijk*

scientist [znw] *wetenschapper*

scion [znw] • *ent* • *spruit, telg*

sclerosis [znw] *sclerose*

scoff [ov ww] • *bespotten* • *gulzig opeten*

scold I [ov ww] *'n uitbrander geven*
II [on ww] *schelden*

scone [znw] *klein afgeplat broodbolletje*

scoop I [ov ww] (*uit*)*scheppen* • (~ **out**)
uithollen • (~ **up**) *opscheppen* II [znw]
• *scheplepel* • *schoep* • *'t scheppen ‹in*
één beweging› • *primeur*

scoot [on ww] • *rennen* • *'m smeren*

scooter [znw] • *step* • *scooter*

scope [znw] • (*draag*)*wijdte, bereik,*
strekking, omvang • *gelegenheid ‹tot*
ontplooiing›

scorch I [ov ww] (*ver*)*schroeien*
II [on ww] • (*ver*)*schroeien* • *woest*
rijden, scheuren III [znw] *schroeiplek*

scorcher [znw] *snikhete dag*

scorching [bnw] • *snikheet, bloedheet*
• *gloeiend (heet)*

score I [ov + on ww] • *scoren*
• *schrammen, krassen* II [znw] • *score*
• *partituur*

scorer [znw] • (*doel*)*puntenmaker, scorer*

scornful [bnw] *minachtend*

scorpion [znw] *schorpioen*

scoundrel [znw] *schurk*

scour [ov ww] • (*op*)*wrijven,*
(*uit*)*schuren* • *reinigen* • *doorzoeken*

scourer [znw] • *pannenspons*
• *vagebond*

scourge I [ov ww] *teisteren* II [znw]

gesel

scout I [ov ww] verkennen II [on ww]
op verkenning zijn • (~ **(around) for**)
speuren naar III [znw] • verkenner
• padvinder

scowl I [on ww] dreigend kijken
II [znw] dreigende blik

scrabble I [on ww] • krabbelen
• graaien II [znw] het scrabblespel

scraggy [bnw] mager, schriel

scram [on ww] opkrassen

scramble I [ov ww] • door elkaar
gooien • te grabbel gooien II [on ww]
• klauteren • scharrelen, grabbelen
III [znw] • gedrang, wedloop
• motorcross • klimpartij

scrap I [ov ww] afdanken II [znw]
• ruzie, herrie • stukje • zweem, zier

scrape I [ov ww] • schuren (langs)
• (af)krabben, schrap(p)en • krassen
• (~ **away/off**) (er) afkrabben,
wegkrabben • (~ **down**) afschrap(p)en
• (~ **out**) uithollen/-krabben
• (~ **together/up**) bijeenschrapen
II [on ww] krassen • (~ **through**) het
nèt halen III [znw] • schaafwond
• moeilijke situatie

scrappy [bnw] onsamenhangend

scratch I [ov ww] • (z.) krabben
• krassen • schrammen • schrappen
• afgelasten • (~ **out**) doorhalen,
wegschrappen II [on ww] krassen
III [znw] • schram • kras

scrawl I [ov + on ww] (be)krabbelen
II [znw] krabbel(tje)

scream I [on ww] • gillen • krijsen
• gieren II [znw] • dolkomisch iets of
iem. • (ge)krijs, (ge)gil

scree [znw] (berghelling met) steenslag

screech I [on ww] • krijsen • knarsend
piepen II [znw] • krijs • gil

screen I [ov ww] • af-/beschermen
• doorlichten • vertonen <v. film>
II [znw] • beeldscherm • 't witte doek
• bescherming, scherm • schot

screening [znw] doorlichting

screw I [ov + on ww]
• vastdraaien/-schroeven, aandraaien,
opschroeven • onder pressie zetten
• <vulg.> neuken • (~ **up**)
verfrommelen, verkreukelen, het
verknallen II [znw] schroef, bout

screwy [bnw] getikt

scribble I [ov ww] • pennen
• (be)krabbelen II [on ww] • een beetje
aan schrijven doen • krabbelen
III [znw] • gekrabbel • kattebelletje

scribe [znw] • (af)schrijver • klerk,
secretaris • schriftgeleerde

scrimmage [znw] • scrimmage <bij
rugby> • vechtpartij

scrimp [on ww] bezuinigen, karig zijn

scriptural [bnw] m.b.t. de bijbel

scroll [znw] • (boek)rol • krul

scrotum [znw] scrotum, balzak

scrounge [ov ww] bietsen

scrounger [znw] bedelaar

scrub I [ov ww] • wassen • schrobben
II [znw] (terrein met) struikgewas

scrubby [bnw] bedekt met struikgewas

scruff [znw] * ~ of the neck nekvel

scrumptious [znw] verrukkelijk <vnl.
eten>

scruple [znw] gewetensbezwaar

scrupulous [bnw] gewetensvol,
nauwgezet

scrutinize [ov ww] nauwkeurig
onderzoeken

scud [on ww] (voort)jagen, snellen

scuff [ov + on ww] sloffen, schuifelen

scuffle I [on ww] vechten, elkaar
afrossen II [znw] handgemeen

scull I [ov + on ww] • roeien • wrikken
II [znw] • roeiriem • wrikriem

scullery [znw] bijkeuken

sculpt [ov + on ww] → **sculpture**

sculptor [znw] beeldhouwer

sculptural [bnw] • (als) gebeeldhouwd
• beeldhouwers-

sculpture I [ov + on ww] beeldhouwen
II [znw] • beeldhouwwerk
• beeldhouwkunst

scum [znw] • schuim • uitschot

scupper I [ov ww] overrompelen en afmaken II [znw] spuigat

scurrility [znw] schunnigheid, gemeenheid

scurrilous [bnw] • gemeen, schunnig • grof

scurry I [on ww] • vlug trippelen • snellen II [znw] • het getrippel • draf • holletje

scurvy [znw] scheurbuik

scuttle I [on ww] • gejaagd (weg)lopen • z. ijlings uit de voeten maken II [znw] kolenbak

scythe I [ov + on ww] maaien II [znw] zeis

sea [znw] zee

seal I [ov ww] • be-/verzegelen • (dicht)plakken • stempelen • (~ up) sluiten, dichten, dichtsolderen II [znw] • (lak)zegel • bezegeling • stempel • afsluiter, sluiting • zeehond, rob

seam [znw] • naad • <geo.> dunne tussenlaag

seaman [znw] • zeeman • matroos

seamless [bnw] naadloos

seamstress [znw] naaister

seamy [bnw] ★ the ~ side of life de zelfkant

sear [on ww] • schroeien • verzengen

search I [ov ww] • doorzoeken • nasporen • doordringen in • doorgronden • (~ out) grondig nasporen II [znw] • zoekactie • huiszoeking • visitatie

searching [bnw] onderzoekend

season I [ov ww] kruiden II [znw] • jaargetijde • seizoen • moesson • (geschikte) tijd

seasonable [bnw] • gelegen • op de juiste tijd (komend) • overeenkomstig de tijd v.h. jaar

seasonal [bnw] seizoen-

seasoning [znw] • het kruiden • kruiderij

seat I [ov ww] doen zitten, plaatsen, een plaats geven II [znw] • zetel • zitting • zitvlak • houding <te paard> • (zit)plaats, stoel, bank

seating [znw] zitplaats(en)

secateurs [znw] snoeischaar

secede [on ww] z. terugtrekken, z. afscheiden

secluded [bnw] afgezonderd

seclusion [znw] afzondering

second I [ov ww] (onder)steunen, helpen II [znw] • de tweede • seconde • begeleiding • secondant III [bnw] • ander • op tweede plaats komend • op een na IV [bijw] ten tweede V [telw] tweede

secondary [bnw] • bij- • bijkomend • secundair • voortgezet <v. onderwijs>

secrecy [znw] geheimhouding

secret I [znw] geheim II [bnw] geheim

secretarial [bnw] van 'n secretaris/secretaresse

secretariat [znw] secretariaat

secretary [znw] • secretaresse • secretaris • minister

secretive [bnw] terughoudend, gesloten

sect I [znw] sekte II [afk] (section) sectie

sectarianism [znw] • hokjesgeest • sektegeest

section [znw] • partje <v. citrusvrucht> • snede • sectie • paragraaf • afdeling • (ge)deel(te)

sectional [bnw] begrensd

secular [bnw] • seculier • wereldlijk • seculair

secure I [ov ww] • beveiligen • vastleggen/-zetten • bemachtigen II [bnw] • veilig • zeker • vast

security [znw] • zekerheid • waarborg • veiligheid • onderpand

sedan [znw] • draagstoel • sedan

sedate I [ov ww] kalmeren <d.m.v. kalmeringsmiddel> II [bnw] bedaard, rustig, stil

sedation [znw] verdoving

sedative I [znw] kalmeringsmiddel

II [bnw] *kalmerend* <medicijn>
sedentary [bnw] *zittend*
sedge [znw] *moerasgras, zegge*
sedimentary [bnw] *sedimentair*
sedition [znw] *opruiing*
seditious [bnw] *oproerig*
seduce [ov ww] *verleiden*
seduction [znw] *verleiding*
seductive [bnw] *verlokkend, verleidelijk*
see **I** [ov + on ww] • *zien* • *inzien, snappen* **II** [ov ww] • *brengen*
• *bezoeken, spreken, naar... gaan*
• *toelaten, ontvangen* • (~ **off**) *wegbrengen* • (~ **out**) *uitlaten*
• (~ **through**) *doorzien* **III** [on ww] *('ns) kijken* • (~ **about**) *zorgen voor*
• (~ **to**) *zorgen voor*
seed **I** [ov ww] *inzaaien* **II** [on ww] *zaad vormen* **III** [znw] *zaad*
seedy [bnw] • *vol zaad* • *sjofel, verlopen*
seek **I** [ov ww] *trachten te bereiken/verkrijgen* • (~ **out**) *(op)zoeken* **II** [on ww] • (~ **after/for**) *(af)zoeken naar*
seem [on ww] *schijnen*
seeming [bnw] *schijnbaar*
seemly [bnw + bijw] *betamelijk*
seen [ww] *volt. deelw.* → **see**
seep [on ww] *sijpelen*
seer [znw] • *ziener* • *profeet*
segment **I** [ov ww] *verdelen* **II** [znw] *segment, deel, stukje*
segmentation [znw] *segmentatie*
segragated [bnw] *gescheiden*
segregate [ov ww] • *scheiden*
• *afzonderen*
segregation [znw] • *(af)scheiding*
• *segregatie*
seismic [bnw] *aardbevings-*
seize [ov ww] *(aan)grijpen*
seizure [znw] • *inbeslagname*
• *(machts)greep* • *attaque, vlaag*
seldom [bijw] *zelden*
select **I** [ov ww] *uitkiezen* **II** [bnw]
• *gedistingeerd* • *chic* • *select, uitgelezen*
selection [znw] • *keur, keuze*

• *bloemlezing*
selective [bnw] • *(uit)kiezend* • *op keuze gebaseerd* • *selectief*
selector [znw] • *selecteur, lid van keuzecommissie* • *keuzeschakelaar*
• *versnellingshendel/-pook*
self **I** [znw] • *(eigen) ik* • *persoon* **II** [voorv] • *zelf- • eigen- • van/voor zichzelf*
selfish [bnw] *egoïstisch*
selfless [bnw] *onbaatzuchtig*
sell **I** [ov ww] *verkopen* • (~ **off**) *uitverkopen* **II** [on ww] *verkocht worden* • (~ **out**) *iem. verraden*
seller [znw] *verkoper, handelaar*
selves [mv] → **self**
semaphore **I** [ov + on ww] *met vlaggen seinen* **II** [znw] • *seinsysteem met vlaggen* • *seinpaal*
semblance [znw] • *gedaante • schijn*
semen [znw] *sperma*
seminal [bnw] • *primitief • kiem-, zaad-*
seminar [znw] *cursus, studiegroep*
seminary [znw] *seminarie*
Semitic [bnw] *Semitisch*
semolina [znw] *griesmeel*
senator [znw] • *senator • lid v.d. Am. Senaat*
senatorial [bnw] *senaats-*
send **I** [ov + on ww] *uitzenden*
II [ov ww] *verzenden, op-/versturen*
• (~ **down**) *wegzenden* <wegens wangedrag> • (~ **for**) *laten komen*
• (~ **forth**) *uitgeven/-zenden, afgeven*
• (~ **in**) *inzenden* • (~ **off**) *af-/wegzenden* • (~ **on**) *doorsturen*
• (~ **out**) *uitzenden, verspreiden*
sender [znw] *afzender*
senile [bnw] *seniel, ouderdoms-*
seniority [znw] • *hogere leeftijd*
• *anciënniteit*
sensation [znw] • *gewaarwording*
• *sensatie*
sensational [bnw] *sensationeel*
sensationalism [znw] *sensatiezucht*

sense I [ov ww] (aan)voelen, bespeuren II [znw] • verstand • zintuig • betekenis • zin • besef • gevoel(en)
senseless [bnw] • bewusteloos • zinloos
sensibility [znw] • gevoeligheid <v. kunstenaar>, ontvankelijkheid • lichtgeraaktheid
sensible [bnw] verstandig
sensorial, sensory [bnw] zintuiglijk
sensual [bnw] zinnelijk
sensuous [bnw] de zinnen strelend
sent [ww] verl. tijd + volt. deelw. → send
sentence I [ov ww] <jur.> veroordelen, vonnissen II [znw] • zin • <jur.> vonnis, oordeel
sententious [bnw] moraliserend, prekerig
sentient [bnw] met waarnemingsvermogen/gevoel
sentiment [znw] • gevoel(en) • sentimentaliteit
sentimental [bnw] • gevoelvol, wat tot 't hart spreekt • weekhartig • sentimenteel
separate I [ov ww] • (af)scheiden • afzonderen II [on ww] • uiteengaan • zich afscheiden III [bnw] gescheiden, afzonderlijk, apart
separation [znw] • het uit elkaar gaan/zijn van twee partners zonder officiële scheiding • het uiteengaan
separatism [znw] separatisme
septic [bnw] geïnfecteerd
sepulchral [bnw] • graf- • begrafenis-
sepulchre [znw] graf
sequel [znw] • vervolg • gevolg, resultaat
sequence [znw] • volgorde • opeenvolging • reeks
sequential [bnw] • (erop)volgend • als gevolg, als complicatie
sequester [ov ww] • afzonderen • <jur.> beslag leggen op
sequin [znw] lovertje, paillet
serenade I [ov + on ww] een serenade

brengen II [znw] • serenade • pastorale cantate
serene [bnw] rustig, bedaard, helder
serenity [znw] • sereniteit • doorluchtigheid
serf [znw] lijfeigene
serfdom [znw] lijfeigenschap
sergeant [znw] • sergeant, wachtmeester • brigadier <v. politie>
serial I [znw] tv-serie, feuilleton II [bnw] • serie- • opeenvolgend
serialize [ov ww] in afleveringen publiceren/uitzenden
series [znw] • serie(s) • reeks(en)
serious [bnw] ernstig
sermon [znw] preek
sermonize [ov + on ww] preken
serpent [znw] slang
serpentine [bnw] • slangachtig • kronkelend
servant [znw] • bediende, knecht, dienstbode • diena(a)r(es)
serve I [ov + on ww] • bedienen • opdienen • <sport> serveren II [ov ww] • voldoende zijn (voor) • in dienst zijn (bij) • baten • (~ out) uitdelen, verstrekken • (~ up) opdienen III [znw] <sport> serve, service
service I [ov ww] onderhoudsbeurt geven II [znw] • dienst • service • servies
serviceable [bnw] bruikbaar
serviette [znw] servet
servile [bnw] • slaafs • kruiperig • slaven-
servitude [znw] • slavernij • dienstbaarheid
sesame [znw] sesamzaad
session [znw] zitting
set I [ov ww] • aanzetten, scherpen • bezetten, versieren, zetten, stellen, plaatsen • instellen • opeenklemmen <v. tanden> • vaststellen, opstellen • (~ against) stellen tegenover, opzetten tegen • (~ apart) reserveren, scheiden, opzij leggen/zetten • (~ aside) aan de kant zetten,

afschaffen • (~ **at**) ophitsen tegen
• (~ **back**) achteruitzetten, hinderen,
terugzetten • (~ **before**) voorleggen
• (~ **by**) terzijde leggen, reserveren
• (~ **down**) neerzetten, opschrijven
• (~ **forth**) uiteenzetten
• (~ **forward**) vooruithelpen,
vooruitzetten, verkondigen • (~ **off**)
doen uitkomen, contrasteren, doen
afgaan, aan 't ... brengen, afpassen,
compenseren • (~ **on**) ophitsen tegen
• (~ **out**) uitstallen, klaarzetten,
uiteenzetten • (~ **over**) (aan)stellen
over • (~ **up**) rechtop zetten, instellen,
aanheffen, (eropna) gaan houden,
installeren • (~ **upon**) aanvallen
II [on ww] • (blijven) staan <v. hond>
• ondergaan <v. zon, maan> • vrucht
zetten, vast worden, stollen
• (~ **about**) aanpakken, beginnen
• (~ **forth**) op weg gaan • (~ **in**)
inzetten • (~ **off**) vertrekken • (~ **on**)
oprukken • (~ **out**) vertrekken,
beginnen, z. ten doel stellen • (~ **to**)
beginnen, aanvallen • (~ **up**)
erbovenop komen III [znw] • stand
• toestel, installatie, apparatuur
• servies • ligging • rij, stel, serie
• filmlokatie IV [bnw] • bestendig
• gestold • vast(gesteld), formeel
• opgesteld • strak, opeengeklemd
setter [znw] • setter <(jacht)hond>
• → set
setting [znw] • achtergrond
• arrangement • montuur • omlijsting,
omgeving • tegenwoordig deelwoord
→ set
settle I [ov + on ww] • vaststellen
• afspreken • (doen) bedaren
• (~ **down**) tot bedaren/rust komen
• (~ **up**) vereffenen, afrekenen
II [ov ww] • regelen • vestigen
• koloniseren • vereffenen III [on ww]
• vaste voet krijgen • gaan zitten
• rustig worden • geregeld gaan leven
• z. installeren/vestigen, vaste

woonplaats kiezen • bezinken
• (~ **down**) geregeld gaan leven,
wennen, vast worden • (~ **in**) zich
installeren/vestigen • (~ **out**)
neerslaan <in vloeistof>
settlement [znw] • verrekening
• officiële overeenkomst • nederzetting,
kolonie
settler [znw] kolonist
seven [telw] zeven
seventeen [telw] zeventien
seventh [telw] zevende
seventieth [telw] zeventigste
seventy [telw] zeventig
sever [ov ww] • verbreken • (af)scheiden
• afhouwen
several [bnw] • verscheiden(e)
• afzonderlijk
severance [znw] • verbreking
• scheiding
severe [bnw] • streng • sober • hevig
• meedogenloos, hard
sew [ov + on ww] naaien
sewage [znw] rioolvuil/-water
sewer [znw] riool
sex [znw] • seks • geslacht • het seksuele
sexist [znw] seksist
sexton [znw] • koster • doodgraver
sexual [bnw] geslachtelijk, seksueel
sexuality [znw] seksualiteit
shabby [bnw] • haveloos • onverzorgd
• gemeen
shackle I [ov ww] • boeien • kluisteren
• belemmeren II [znw] • belemmering
• boei • kluister
shade I [ov ww] • beschaduwen,
(over)schaduwen • afschermen • arceren
II [on ww] • (~ **into**) overgaan in
III [znw] • schakering, tint • nuance
• lampenkap • scherm • zweem(pje),
schijntje • schaduw
shading [znw] • schaduw(partij) • het
schaduwen <in tekeningen> • nuance,
nuancering
shadow I [ov ww] schaduwen II [znw]
• schim • schijn(tje), zweem • schaduw

• detective

shadowy [bnw] *onduidelijk, schaduwrijk*

shady [bnw] • *schaduwrijk* • *duister* • *onbetrouwbaar* • *twijfelachtig*

shaft [znw] • *schacht* • *stang* • *steel* • *pijl, schicht* • *zuil* • *disselboom*

shag [znw] • *(bosje) ruig haar* • *shag* ‹tabak› • *aalscholver*

shaggy [bnw] *ruig(harig)*

shake I [ov + on ww] • *(doen) schudden* • *schokken* • *trillen, beven* • *wankelen* • *vibreren* • *(~ **down**) een uiltje knappen* • *(~ **off**) (van z.) afschudden* • *(~ **up**) door elkaar schudden, van streek maken* II [znw] • *milkshake* • *schok, ruk* • *(t)rilling*

shaky [bnw] • *gammel* • *onbetrouwbaar* • *zwak*

shale [znw] *zachte leisteen*

shall [hww] *zal, zullen, zult*

shallot [znw] *sjalot*

shallow I [on ww] *ondiep/oppervlakkig worden* II [znw] *ondiepte* III [bnw] • *oppervlakkig* • *ondiep*

sham I [on ww] *simuleren, voorwenden* II [znw] • *namaak, schijn* • *verlakkerij* • *komediant* III [bnw] • *vals* • *voorgewend*

shamble I [on ww] *sloffen, schuifelen* II [znw] *schuifelende gang*

shame I [ov ww] • *beschamen* • *schande aandoen* II [znw] • *schaamte* • *schande*

shamefaced [bnw] *bedeesd, schuchter*

shampoo I [ov ww] *'t haar wassen* II [znw] • *shampoo* • *haarwassing, wasbeurt*

shank [znw] • *schacht* • *steel* • ‹anat.› *(scheen)been*

shan't [samentr.] /shall not/ → **shall**

shanty [znw] • *hut, keet* • *matrozenlied*

shape I [ov ww] • *modelleren* • *vormen* • *(~ **to**) aanpassen* II [znw] • *vorm, gedaante* • *(lichamelijke) conditie*

shapely [bnw] *goedgevormd, mooi, knap*

shard [znw] *scherf*

share I [ov + on ww] *(ver)delen* II [znw] *(aan)deel, portie*

shark [znw] • *haai* • *afzetter*

sharp I [znw] ‹muz.› *kruis* II [bnw + bijw] • *scherp* • *puntig* • *goed bij, pienter* • *bits, vinnig* • *hevig* • *gehaaid* • ‹muz.› *te hoog*

sharpen [ov ww] *scherp maken, slijpen*

sharpener [znw] *(punten-/messen)slijper*

shatter [ov ww] • *verbrijzelen* • *vernietigen* ‹ook fig.› • *(in stukken) breken* • *schokken* ‹v. zenuwen› • *de bodem inslaan*

shave I [ov + on ww] • *(z.) scheren* • *schaven* • *(~ **off**) afscheren* II [znw] *scheerbeurt*

shaver [znw] *scheerapparaat*

shawl [znw] • *sjaal* • *omslagdoek*

she I [pers vnw] *zij* II [in samenst.] • *vrouwelijk* • *wijfjes-*

sheaf [znw] *schoof, bundel*

shear [ov ww] *scheren* ‹v. wol›

sheath [znw] • *schede* • *condoom*

sheaves [mv] → **sheaf**

shed I [ov ww] • *vergieten* • *afwerpen* • *verliezen* ‹v. haar› • *wisselen* ‹v. tanden› • *ruien* • *z. ontdoen v.* II [znw] • *schuur, keet* • *afdak*

she'd [samentr.] /she would/ /she had/ → → **will, have**

sheen [znw] *glans, pracht*

sheep [znw] *schaap, schapen*

sheer I [on ww] *plotseling uitwijken* II [bnw + bijw] • *louter, puur* • *steil, loodrecht* • *ijl, doorschijnend*

sheet I [ov ww] *met een laken, enz. bedekken* II [znw] • *blad* • *vlak(te)* • *vel (papier)* • *laken*

shelf [znw] • *plank, schap* • *vak* • *(rots)rand* • *klip, zandbank*

shell I [ov ww] • *schillen, pellen, uit dop/schaal halen* • ‹mil.› *beschieten, onder artillerievuur nemen* II [on ww] • *(~ **out**) opdokken* III [znw] • *schelp,*

schaal • dop, peul • (om)huls(el)
• granaat • geraamte, romp • ‹AE›
patroon

she'll [samentr.] /she will/ → **will**

shelter I [ov ww] beschutten II [on ww]
(z. ver)schuilen III [znw] • beschutting,
bescherming, onderdak • schuilplaats
• tram-/wachthuisje

shelve I [ov ww] op de lange baan
schuiven II [on ww] glooien

shelving [znw] • (kast)planken,
schappen • materiaal voor planken

shepherd I [ov ww] hoeden, (ge)leiden
II [znw] herder

sherbet [znw] • sherbet, bruispoeder
‹voor maken v. frisdrank› • ‹AE› sorbet

she's [samentr.] /she has/ /she is/
→ **have, be**

shield I [ov ww] • beschermen • de hand
boven 't hoofd houden II [znw]
• wapenschild • bescherming,
beschermer • schild

shift I [ov + on ww] • z. (zien te) redden
• draaien • veranderen (van), wisselen
(van) • verschuiven, verleggen, (z.)
verplaatsen • (~ away) wegwerken,
ertussenuit knijpen II [znw]
• hulp-/redmiddel • truc, list • ploeg ‹v.
arbeiders› • verband ‹v. metselwerk›

shiftless [bnw] • zonder initiatief
• onbeholpen

shifty [bnw] louche, onbetrouwbaar

shilly-shally [on ww] aarzelen,
weifelen

shimmer I [on ww] glinsteren II [znw]
glinstering

shin I [on ww] klauteren II [znw] scheen

shine I [ov ww] • (~ up) (op)poetsen
II [on ww] • schijnen • (uit)blinken
• schitteren III [znw] zonneschijn

shiner [znw] blauw oog

shingle [znw] • dekspaan, plank ‹v.
dak› • kiezelste(e)n(en) • ‹AE› naambord

shining [bnw] blinkend, schitterend

shiny [bnw] glimmend

ship I [ov ww] per schip vervoeren

II [znw] schip

shipment [znw] • (ver)zending • lading

shipping I [znw] • scheepvaart • de
schepen II [bnw] • scheeps- • expeditie-

shire [znw] graafschap

shirk [ov ww] • z. onttrekken aan
• lijntrekken

shirt [znw] • (over)hemd
• overhemdbloes

shit ‹vulg.› I [on ww] schijten II [znw]
• stront • rotzooi • onzin III [tw] verrek!

shitty [bnw] ‹vulg.› klotig, klote-

shiver I [on ww] rillen, trillen II [znw]
rilling

shivery [bnw] rillerig

shoal [znw] school ‹v. vissen›

shock I [ov ww] • aanstoot geven
• hevig ontstellen II [znw] • bos ‹haar›
• schok • ontzetting • shock(toestand)

shocker [znw] gruwelroman/-film

shocking [bnw] • schokkend
• gruwelijk • zeer onbehoorlijk

shod [ww] volt. deelw. → **shoe**

shoddy [bnw] prullerig

shoe I [ov ww] • schoeien • beslaan
II [znw] • schoen • hoefijzer

shone [ww] verl. tijd → **shine**

shoo I [ov ww] • (~ away) verjagen,
wegjagen II [tw] kssj!

shook [ww] verl. tijd → **shake**

shoot I [ov ww] • (af-/uit-/ver)schieten
• doodschieten • jagen, afjagen
• spuiten ‹v. heroïne› • ‹foto.› filmen,
kieken II [on ww] vuren, schieten
• (~ ahead of) voorbijschieten
III [znw] • jacht • scheut, loot

shooting [znw] • jachtrecht,
jacht(gebied) II [in samenst.] • schiet-
• jacht-

shop I [ov ww] verlinken II [on ww]
winkelen, boodschappen doen III [znw]
• werkplaats • winkel

shopper [znw] koper, klant

shopping [znw] boodschappen,
inkopen

shore I [ww] verl. tijd → **shear**

II [ov ww] stutten **III** [znw] • schoor, stut • oever • strand • kust

shorn [ww] volt. deelw. → **shear**

short I [znw] • korte voorfilm • borrel • kortsluiting **II** [bnw] • te kort, bekrompen, karig • kort, klein • kortaf **III** [bijw] • niet genoeg • plotseling, opeens

shortage [znw] tekort

shorten [ov ww] (ver)minderen

shortening [znw] • verkorting, verkorte vorm • bakvet

shortly [bijw] • binnenkort • kort daarna • in 't kort • kortaf

shot I [ww] verl.tijd + volt.deelw. → **shoot II** [znw] • stoot • slag • hagel • kogel(s) • schutter • borrel • injectie • spuitje <v. heroïne> • schot • <foto.> (korte) opname, beeldje **III** [bnw] changeant (geweven)

should [ww] verl.tijd → **shall**

shoulder I [ov + on ww] duwen <met de schouder>, dringen **II** [ov ww] op de schouder(s) nemen **III** [znw] schouder

shout I [ov + on ww] schreeuwen • (~ at) schreeuwen tegen • (~ down) overschreeuwen **II** [znw] schreeuw

shove I [ov + on ww] • duwen • schuiven • (z.) dringen • (~ off) opduvelen **II** [znw] zet, duw

shovel I [ov ww] scheppen **II** [znw] schop

show I [ov ww] • blijk geven van • tentoonstellen, laten zien, vertonen, (aan)tonen, uitstallen • wijzen, bewijzen • (~ down) de kaarten op tafel leggen • (~ in) binnenlaten • (~ off) pronken met • (~ out) uitlaten • (~ round) rondleiden • (~ up) in verlegenheid brengen **II** [on ww] te zien zijn, vertoond worden, z. laten zien • (~ off) z. aanstellen, branie schoppen • (~ up) z. vertonen, verschijnen **III** [znw] • (uiterlijk) vertoon, schijn • tentoonstelling • schouwspel • revue,

variété • <inf.> organisatie, zaak(je), spul

shower I [ov ww] • doen neerstorten, doen dalen • z. uitstorten **II** [on ww] douchen **III** [znw] • bui • (stort)regen • douche

showery [bnw] buiig

showing [znw] • voorstelling • opgave

shown [ww] volt. deelw. → **show**

showy [bnw] opzichtig

shrank [ww] verl. tijd → **shrink**

shrapnel [znw] granaatsplinters

shred I [ov ww] • aan flarden/repen scheuren/snijden • rafelen **II** [znw] reep, flard

shrewd [bnw] • schrander • gewiekst

shriek I [ov + on ww] • gieren • krijsen, gillen **II** [znw] • krijs • gil

shrill I [on ww] schel/schril klinken **II** [bnw] schril, schel

shrimp [znw] • klein kereltje • garnaal

shrine [znw] • heiligdom • graf v.e. heilige • reliekschrijn

shrink I [ov ww] doen krimpen **II** [on ww] • (in elkaar) krimpen • verschrompelen • verminderen **III** [znw] <AE> zielenknijper

shrinkage [znw] be-/inkrimping

shrivel I [ov ww] doen ineenschrompelen **II** [on ww] ineenkrimpen

shroud I [ov ww] • in doodskleed wikkelen • hullen • (~ from) verbergen voor **II** [znw] • doodskleed • waas, sluier

shrub [znw] heester

shrubbery [znw] heesters

shrug [ov + on ww] de schouders ophalen • (~ off) naast zich neerleggen, negeren

shrunk(en) [ww] volt. deelw. → **shrink**

shudder I [on ww] huiveren, rillen **II** [znw] huivering

shuffle I [ov ww] • schuiven • schudden <v. kaarten> **II** [on ww] schuifelen, sloffen **III** [znw] schuifelende loop, geschuifel

shun [ov ww] • (ver)mijden, ontlopen • links laten liggen

shunt I [ov ww] verplaatsen II [on ww] (op zijspoor) rangeren of gerangeerd worden

shush [ov ww] sussen

shut I [ov ww] • (z.) sluiten • dicht doen • (~ **down**) stopzetten • (~ **in**) in-/opsluiten • (~ **off**) af-/uitsluiten • (~ **up**) op-/in-/afsluiten, de mond snoeren II [on ww] dicht gaan • (~ **down**) stilliggen • (~ **up**) ophouden met praten III [bnw] dicht

shutter [znw] • blind <voor raam> • <foto.> sluiter

shuttle [znw] • schietspoel • schuitje <v. naaimachine>

shy I [ov ww] gooien II [on ww] opzij springen • (~ **away from**) (terug)schrikken voor III [bnw] • verlegen • schuw

Siamese I [znw] Siamees II [bnw] Siamees

sibling [znw] • broer • zuster

sick I [on ww] braken • (~ **up**) uitbraken II [znw] braaksel III [bnw] • misselijk • naar • zeeziek • ziek

sicken I [ov ww] • ziek maken • doen walgen II [on ww] • ziek worden • walgen

sickening [bnw] misselijkmakend

sickle [znw] sikkel

sickly [bnw] • ziekelijk • ongezond • wee, weeïg • bleek

sickness [znw] • ziekte • misselijkheid

side I [on ww] • (~ **with**) partij kiezen voor II [znw] • kant, zijde • zijkant • aspect • partij • elftal, team

sideways [bnw + bijw] naar opzij

siding [znw] rangeerspoor

sidle [on ww] • zijdelings lopen • met eerbied/schuchter naderen

siege [znw] • belegering • beleg

sieve I [ov ww] zeven II [znw] zeef

sift [ov ww] • zeven, ziften • strooien <v.

o.a. suiker> • nauwkeurig uitpluizen, uithoren

sigh I [on ww] zuchten • (~ **for**) smachten naar II [znw] zucht

sight I [ov ww] in 't oog krijgen II [znw] • (ge)zicht • schouwspel • bezienswaardigheid • vizier • <inf.> heleboel

sighting [znw] waarneming

sign I [ov + on ww] ondertekenen II [on ww] in gebarentaal spreken • (~ **away**) schriftelijk afstand doen van • (~ **on**) stempelen bij de sociale dienst • (~ **on/up** (**for/to**)) aanmonsteren (bij), tekenen <als o.a. lid> III [znw] • teken • uithangbord • bordje • reclameplaat

signal I [ov ww] • seinen • door signalen/tekens te kennen geven II [znw] • verkeerslicht • sein, signaal III [bnw] opmerkelijk

signatory [znw] ondertekenaar

signature [znw] • handtekening • signatuur

significance [znw] • betekenis • gewichtigheid

significant [bnw] veelbetekenend

silence I [ov ww] tot zwijgen brengen II [znw] • stilte • het zwijgen

silencer [znw] • geluiddemper • knalpot

silent [bnw] • stil • zwijgend • zwijgzaam

silhouette [znw] silhouet

silica [znw] kiezelzuur

silicon [znw] silicium

silk I [znw] • zijde • II [bnw] zijden

silken, silky [bnw] zijdeachtig, zijdezacht

sill [znw] vensterbank

silly [bnw] • dwaas, idioot • flauw, kinderachtig

silo [znw] • (graan)silo • kuil voor groenvoer

silt I [ov + on ww] • • (~ **up**) dichtslibben II [znw] slib

silver I [znw] • zilver • tafelzilver

II [bnw] • zilveren • zilverachtig
silvery [bnw] • met zilveren klank
• zilverachtig
similar [bnw] gelijksoortig
similarity [znw] • gelijkvormigheid
• overeenkomst
simile [znw] vergelijking ‹stijlfiguur›
simmer I [ov ww] laten sudderen
II [on ww] sudderen **III** [znw] gesudder
simper I [on ww] gemaakt/onnozel
lachen **II** [znw] onnozele glimlach
simple [bnw] • eenvoudig, enkelvoudig
• ongekunsteld • gewoon • onnozel
simpleton [znw] • imbeciel • sul
simplicity [znw] • eenvoud
• ongekunsteldheid
simplify [ov ww] vereenvoudigen
simply [bijw] simpel(weg),
eenvoudig(weg), domweg
simulate [ov ww] • veinzen • nabootsen
simulator [znw] • simulant • simulator
simultaneous [bnw] gelijktijdig
sin I [on ww] zondigen **II** [znw] zonde
sincere [bnw] oprecht
sinew [znw] pees
sinewy [bnw] • pezig • gespierd, sterk
sinful [bnw] zondig
sing I [ov + on ww] zingen **II** [ov ww]
bezingen **III** [on ww] zoemen, suizen
• (~ of) bezingen • (~ out) uitzingen,
brullen
singe [ov ww] afschroeien, (ver)schroeien
singer [znw] zanger(es)
singing [znw] • het zingen • gezang
• zang(kunst)
single I [ov ww] • (~ out) uitkiezen,
eruit pikken **II** [znw] • single
‹grammofoonplaat of cd› • enkelspel
• enkele reis • enkele bloem • ‹taalk.›
enkelvoud **III** [bnw] • enkel,
afzonderlijk • ongetrouwd
singlet [znw] • interlockje • borstrok
singular I [znw] ‹taalk.› enkelvoud(ig
woord) **II** [bnw] • vreemd, zonderling
• uniek • enkelvoudig
sinister [bnw] • sinister

• onheilspellend • onguur
sink I [ov ww] • doen zinken • laten
zakken • in de grond boren • torpederen
II [on ww] • zinken, dalen, zakken
• boren, graven • achteruitgaan,
bezwijken • gaan liggen ‹wind›
• (~ in) tot iem. doordringen, bezinken,
inzinken **III** [znw] gootsteen
sinuous [bnw] bochtig, kronkelend
sinus [znw] • holte • schedelholte
sip I [ov + on ww] nippen, met kleine
teugjes drinken **II** [znw] teugje, slokje
siphon [znw] sifon
sir [znw] mijnheer
sire I [ov ww] de vader zijn van ‹bij
dieren› **II** [znw] • stamvader,
(voor)vader • Sire
siren [znw] • sirene • zeekoe
sirloin [znw] lendestuk v. rund
sissy [znw] mietje, fatje
sister [znw] zuster
sisterhood [znw] • zusterschap
• congregatie
sit [on ww] • zitten • zich bevinden
• poseren • (~ around) nietsdoen
• (~ down) gaan zitten
site I [ov ww] plaatsen **II** [znw]
• terrein, perceel, kavel • plaats, ligging
sit-in [znw] bezetting
sitter [znw] • model • oppas
sitting [znw] zittingsperiode
situate [ov ww] plaatsen
situation [znw] • ligging, stand
• toestand, situatie • betrekking
six [telw] zes
sixteen [telw] zestien
sixth [telw] zesde
sixtieth [bnw] zestigste
sixty [telw] zestig
size I [ov ww] • (~ up) taxeren, schatten
II [znw] • grootte • maat
sizzle [on ww] sissen
skate I [ov ww] schaatsen **II** [znw]
• schaats • vleet ‹vis›
skater [znw] schaatser
skein [znw] • knot, streng • vlucht wilde

ganzen
skeleton [znw] • skelet, geraamte • schema, kern
sketch I [ov + on ww] schetsen II [znw] schets
sketchy [bnw] oppervlakkig, niet afgewerkt
skew I [on ww] v. koers afwijken II [bnw] schuin
skewer I [ov ww] doorsteken II [znw] • vleespen • spit
ski I [on ww] skiën II [znw] ski
skid I [on ww] • slippen • remmen II [znw] 't slippen, slip
skier [znw] skiër
skilled [bnw] geschoold, vakkundig
skillet [znw] koekenpan
skim I [ov + on ww] vluchtig doornemen II [ov ww] • afromen • afschuimen III [on ww] scheren <over (water)oppervlak>
skimp [on ww] zuinig zijn, bekrimpen
skimpy [bnw] krap, karig, krenterig
skin I [ov ww] • villen • ontvellen II [znw] • huid • vlies • schil • leren wijnzak
skinny [bnw] • vel over been • broodmager
skint <sl.> [bnw] blut, platzak
skip I [ov ww] overslaan II [on ww] • huppelen • (touwtje)springen • (~ over) overslaan III [znw] • sprong(etje) • afvalcontainer
skipper [znw] • schipper, (scheeps)kapitein • <sport> aanvoerder
skirmish I [on ww] schermutselen II [znw] schermutseling
skirt I [ov ww] • bewegen langs de rand v. • grenzen aan • vermijden II [znw] • rok • slip, pand • <sl.> meid, griet
skit [znw] kort satirisch toneelstuk
skittish [bnw] • dartel, frivool • schichtig
skittle [znw] kegel
skive [on ww] zich drukken, niet komen werken

skulk [on ww] • sluipen • z. verschuilen
skull [znw] • schedel • doodskop
skunk [znw] • stinkdier • <sl.> vuns, schoft
sky [znw] lucht, hemel
slab [znw] • platte steen • plak
slack I [ov + on ww] • treuzelen, lijntrekken • lessen • (~ away/off) vieren • (~ off) verslappen, kalmpjes aan (gaan) doen • (~ up) vaart minderen, het rustiger aandoen II [znw] • slap hangend deel v. touw of zeil • dood tij • slapte III [bnw] • slap • los • lui, traag, laks, loom
slacken I [ov ww] • laten vieren • slap doen worden II [on ww] • vieren • vaart minderen • afnemen • slap worden
slag [znw] • slons • slak(ken) • sintel(s)
slain [ww] volt. deelw. → **slay**
slake [ov ww] • lessen • koelen • blussen <v. kalk>
slam I [ov + on ww] hard dichtslaan II [znw] harde klap III [bijw] • met een harde klap • pardoes
slander I [on ww] (be)lasteren II [znw] laster
slanderous [bnw] lasterlijk
slang [znw] • spreektaal • jargon • schuttingtaal
slant I [ov ww] schuin houden/zetten II [on ww] schuin lopen/staan III [znw] • helling • schuine streep • <AE> kijk <op de zaak>
slap I [ov ww] • slaan • klappen, kletsen II [znw] • klap <met de vlakke hand> • slag III [bijw] • pardoes • met een klap
slash I [ov ww] • houwen • een jaap geven • snijden • striemen II [znw] • houw, jaap • striem
slat [znw] dun latje
slate I [ov ww] • met leien dekken • scherp kritiseren, met kritiek afmaken • bestemmen (als) II [znw] lei(steen) III [bnw] leien
slattern [znw] • slons • slet
slatternly [bnw] slordig

slaughter I [ov ww] (af)slachten
II [znw] • slachting • 't slachten
• bloedbad

slave I [on ww] z. afbeulen II [znw]
• slavin • slaaf

slaver I [ov ww] kwijlen II [znw] kwijl

slavery [znw] slavernij

slavish [bnw] slaafs

slay <vero.> [ov ww] doden

sleazy [bnw] louche en verlopen

sled I [on ww] sleeën II [znw] slee

sledge I [on ww] sleeën II [znw] • slee
• moker

sleek [bnw] • glad • glanzend

sleep I [ov ww] (kunnen) bergen
II [on ww] slapen • (~ in) lang door
blijven slapen, z. verslapen • (~ out)
buitenshuis overnachten III [znw] slaap

sleeper [znw] • dwarsligger • slaper
• slaapwagen

sleepless [bnw] slapeloos

sleepy [bnw] • slaperig • dromerig

sleet I [onp ww] sneeuwen, hagelen
II [znw] hagel met regen, natte sneeuw

sleeve [znw] • mouw • hoes

sleeveless [bnw] zonder mouwen,
mouwloos

sleigh [znw] slee

slender [bnw] • slank • dun • karig

slept [ww] verl. tijd + volt. deelw.
→ sleep

slew I [ww] verl. tijd → slay
II [ov + on ww] slippen

slice [znw] plakje

slick I [ov ww] • (~ down)
gladkammen <v. haar>, plakken
II [znw] olievlek III [bnw] • vlot
• handig • glad

slide I [on ww] • schuiven • (uit)glijden
II [znw] • glijbaan/-plank • glijbank
• dia(positief) • objectglaasje <v.
microscoop> • schuifje • schuifraampje
• aardverschuiving • <foto.> chassis

slight I [ov ww] met geringschatting
behandelen, kleineren II [znw]
• geringschatting • kleinering III [bnw]

• gering • tenger • klein • vluchtig
• zwak • licht

slim I [ov ww] aan de lijn doen II [bnw]
slank

slime [znw] • slijk • slijm

slimy [bnw] • kruiperig • glibberig

sling I [ov ww] • slingeren • gooien
II [znw] • (werp)slinger • mitella,
draagverband

slink [on ww] sluipen

slip I [ov ww] • in de hand stoppen
• vieren • laten glijden II [on ww]
• los-/wegschieten, van zijn plaats
schieten • (uit)glijden • 'n fout maken
• zich vergissen • (~ away/out)
ertussenuit knijpen • (~ by) ongemerkt
voorbijgaan • (~ up) zich vergissen
III [znw] • vergissing • stukje <v.
papier>, strook, reep(je) • onderjurk
• broekje

slipper [znw] pantoffel

slippery [bnw] • glad • glibberig
• onbetrouwbaar • geweteloos

slippy [bnw] glad

slit I [ov ww] af-/opensnijden II [znw]
spleet

slither [on ww] glibberen, glijden

sliver [znw] • splinter • stuk(je)

slob [znw] luiwammes, vetzak

slobber I [ov ww] bekwijlen II [on ww]
kwijlen

sloe [znw] • sleedoorn • sleepruim

slog I [ov ww] hard slaan • (~ away at)
hard werken aan II [on ww] moeizaam
vooruitkomen III [znw] • moeizame
voetreis • taaie klus

slogan [znw] • strijdkreet • leuze
• slagzin

sloop [znw] sloep

slop I [ov ww] bemorsen II [on ww]
morsen

slope I [ov ww] • doen hellen • schuin
zetten II [on ww] • hellen • schuin
liggen/staan • (~ off) ervandoor gaan
III [znw] • helling • talud

sloppy [bnw] • sentimenteel • slordig

slosh [ov + on ww] • (~ **on**) er dik
opkwakken/-smeren

slot I [ov ww] gleuf maken in II [znw]
gleuf

sloth [znw] • luiheid • luiaard <dier>

slouch I [on ww] (slap) naar beneden
hangen • (~ **about**) rondlummelen
II [znw] slungelige gang/houding

slough I [ov ww] • (~ **off**) de huid
afwerpen <v. slang, reptiel>, laten
vallen, opgeven II [on ww] vervellen
III [znw] moeras

slovenly [bnw] slordig

slow I [on ww] • (~ **down/ up**)
vertragen, langzamer gaan, rijden of
laten werken, kalm(er) aan (gaan) doen
II [bnw + bijw] • saai • langzaam
• traag <v. begrip>

sludge [znw] • slik • drab

slug I [ov ww] een klap geven II [znw]
• (naakt)slak • kogel • slok

sluggish [bnw] • lui • traag(werkend)

sluice I [ov ww] afspoelen II [znw] sluis

slum [znw] slop, achterbuurt

slumber I [on ww] • slapen • sluimeren
II [znw] • slaap • sluimering

slump I [on ww] • plotseling sterk
dalen • kelderen II [znw] • plotselinge
(sterke) prijsdaling • malaise
• achteruitgang in populariteit

slung [ww] verl. tijd + volt. deelw.
→ **sling**

slunk [ww] verl. tijd + volt. deelw.
→ **slink**

slur I [ov + on ww] onduidelijk
schrijven/uitspreken II [on ww] <muz.>
legato spelen/zingen, slepen III [znw]
<muz.> verbindingsboogje, legatoteken

slush [znw] • sneeuwdrab/-modder
• vals sentiment

slushy [bnw] • vals sentimenteel
• modderig

slut <pej.> [znw] • slons • slet

sly [bnw] geslepen, sluw

smack I [on ww] • klappen • smakken
• kletsen • (~ **of**) rieken/smaken naar,

doen denken aan II [znw] • smaak(je)
• geur(tje) • tikje, tikkeltje • smak
• klap • 't smakken <v. o.a. tong>
• klapzoen • smak <schip> III [bijw]
met een klap

small [bnw] • klein • kleingeestig,
flauw • onbenullig • zwak <v. stem>

smarmy [bnw] flemerig

smart I [on ww] • pijn doen • z.
gekwetst voelen • lijden II [znw] • pijn
• smart III [bnw] • behoorlijk • pijnlijk
• vinnig • handig • vlug • bijdehand
• gevat • keurig • chic <kleding>

smarten [ov + on ww] opknappen

smash I [ov ww] • vernielen • slaan
• verpletteren • keihard slaan <bij
tennis> • (~ **up**) kapotslaan II [on ww]
• kapotvallen • te pletter slaan • botsen
III [znw] • smak • hevige klap of slag
• verpletterende nederlaag • botsing
• smash <bij tennis> IV [bijw] met een
klap

smasher [znw] • prachtexemplaar
• kanjer

smashing [bnw] denderend, mieters

smattering [znw] heel klein beetje

smear I [ov ww] • besmeren, (in)smeren
(met) • vuil maken II [znw] • veeg
• uitstrijkje

smell I [ov + on ww] ruiken
• (~ **about**) rondsnuffelen • (~ **at**)
ruiken aan • (~ **of**) ruiken naar
• (~ **out**) opsporen, uitvissen II [znw]
• reuk • lucht • geur, stank

smelly [bnw] vies ruikend

smelt I [ww] verl.tijd + volt.deelw.
→ **smell** II [ov ww] smelten III [znw]
spiering

smile I [on ww] glimlachen • (~ **at**)
lachen om, toelachen II [znw] glimlach

smithereens [mv] gruzelementen

smithy [znw] smederij

smock I [ov ww] smokken II [znw]
• kiel • mouwschort

smoke I [ov + on ww] • roken • walmen
• be-/uitroken • (~ **out**) uitroken

II [znw] • rook • walm • sigaar, sigaret

smoker [znw] • roker • rookcoupé

smoky [bnw] rokerig

smooth I [ov ww] glad maken
• (~ away/out) glad-/wegstrijken, uit
de weg ruimen • (~ over) vergoelijken,
goed praten II [bnw + bijw] • vloeiend
• kalm ‹v. zee of water› • glad, effen
• vlak

smother [ov ww] • smoren, doven
• verstikken, doen stikken
• onderdrukken • (~ with) overladen
met

smoulder [on ww] smeulen

smudge I [ov ww] • bevlekken • vuil
maken II [znw] • veeg, vlek • vuile vlek

smug [bnw] zelfingenomen

smuggle [ov ww] smokkelen

smut [znw] • roetdeeltje • (zwarte) vlek
• vuil(igheid) • pornografie

smutty [bnw] vuil

snack [znw] • snelle hap • hapje

snag I [ov ww] met kleding ergens aan
blijven haken II [znw] moeilijkheid

snail [znw] slak

snake I [on ww] kronkelen II [znw]
slang

snap I [ov + on ww] • happen, bijten
• snauwen • (doen) afknappen, breken
• klikken • knippen (met) • kieken
• (~ at) happen naar, snauwen tegen
• (~ off) afbijten/-knappen • (~ up)
mee-/wegpikken, gretig aannemen
II [znw] • klik, tik • kiekje
• kaartspelletje III [bnw] haastig
IV [bijw] • knap • krak • klik • pang

snappy [bnw] • pittig • snauwend

snare I [ov ww] • strikken • vangen
II [znw] strik

snarl I [ov ww] • (~ up) vastlopen, in de
knoop raken II [on ww] • grommen
• grauwen, snauwen III [znw] grauw

snatch I [ov ww] • pakken • grissen
• pikken • (~ away) wegrukken
• (~ up) bemachtigen, oppikken
II [znw] • greep • (brok)stuk • ‹vulg.›

kut

sneak I [on ww] • sluipen • klikken
II [znw] • gluiperd • klikspaan

sneaker [znw] schoen met zachte zool

sneaking [bnw] • stiekem • gluiperig

sneeze I [on ww] niezen II [znw]
nies(geluid)

snicker [on ww] zacht grinniken

snide [bnw] • gemeen • spottend,
sarcastisch

sniff I [ov ww] opsnuiven II [on ww]
• snuiven • de neus ophalen • (~ at)
ruiken aan, de neus optrekken voor
III [znw] snuif(je)

sniffle I [on ww] snotteren II [znw]
gesnotter

sniffy [bnw] • hautain • smalend

snigger I [on ww] (gemeen) grinniken
II [znw] gegrinnik

snip I [ov ww] (af-/door)knippen
II [znw] • knip • snippertje • koopje

snipe I [ov + on ww] uit hinderlaag
(dood)schieten II [znw] snip(pen)

sniper [znw] sluipschutter

snippet [znw] • snipper(tje), stuk(je)
• fragment

snitch [on ww] klikken

snivel [on ww] grienen, jengelen,
snotteren

snobbery [znw] snobisme

snobbish [bnw] snobachtig, snobistisch

snoop ‹AE› [on ww] rondneuzen

snooper [znw] bemoeial

snooty ‹inf.› [bnw] verwaand

snooze I [on ww] dutten II [znw] dutje

snore I [on ww] snurken II [znw]
(ge)snurk

snorkel I [on ww] met de snorkel
zwemmen/duiken II [znw] snorkel

snort I [on ww] • snuiven II [on ww]
• briesen • ronken III [znw] (ge)snuif

snot ‹vulg.› [znw] snot

snotty [bnw] • snotterig • verwaand

snout [znw] • snuit • kokkerd

snow I [ov ww] ‹inf.› vleien II [onp ww]
sneeuwen III [znw] • sneeuw • ‹sl.›

cocaïne

snub I [ov ww] • *bits/hooghartig afwijzen* II [znw] *hatelijke opmerking* III [bnw] *stomp*

snuff I [ov ww] *snuiten <v. kaars>* • *(~ out) een eind maken aan, uitdoven* II [znw] • *snuifje* • *snuif*

snuffle [on ww] *snuffelen*

snug I [on ww] z. *behaaglijk nestelen, lekker (knus) gaan liggen* II [znw] *gezellig plekje* III [bnw] • *knus, gezellig, behaaglijk* • *goed gedekt*

so [bijw] • *zo, aldus* • *dus* • *het, dat*

soak I [ov ww] • *(door)weken* • *doordringen* • *(~ up) opzuigen, absorberen* II [on ww] • *(~ in) doordringen in* • *(~ through) doorsijpelen* III [znw] • *plensbui* • *regen* • *zatlap*

soap I [ov ww] *inzepen* II [znw] *zeep*

soapy [bnw] • *zeep-, vol zeep* • *zeepachtig*

soar [on ww] • *zich verheffen* • *zweven*

sob I [on ww] *snikken* II [znw] *snik*

sober I [on ww] • *(~ up) nuchter worden* II [bnw] • *nuchter* • *sober* • *stemmig*

soccer [znw] *voetbal*

sociable [bnw] • *gezellig* • *vriendelijk* • *prettig in de omgang*

social I [znw] *gezellig avondje* II [bnw] • *sociaal, maatschappelijk* • *gezellig*

socialism [znw] *socialisme*

socialize I [ov + on ww] *socialiseren* II [ov ww] *socialistisch inrichten* III [on ww] *veel mensen ontmoeten, gezelligheid zoeken*

society I [znw] • *(de) maatschappij* • *vereniging* • *genootschap* • *de grote wereld* II [bnw] • *van de grote wereld* • *mondain*

sociologist [znw] *socioloog*

sociology [znw] *sociologie*

sock I [ov ww] *slaan* II [znw] *sok*

socket [znw] • *stopcontact* • *(oog)kas* • *holte*

sod I [on ww] • *(~ off) oprotten* II [znw] • *rotzak* • *stakker* • *zode*

soda [znw] • *soda* • *spuitwater* • *<AE> frisdrank*

sodden [bnw] • *klef* • *doordrenkt*

sodium [znw] *natrium*

sofa [znw] *sofa, canapé*

soft [bnw + bijw] • *zacht, week* • *zachtaardig, verwijfd, sentimenteel*

soften I [ov ww] • *zacht(er) maken* • *vermurwen* • *(~ up) murw maken* II [on ww] *zacht(er) worden*

softener [znw] *wasverzachter*

softy [znw] • *sukkel* • *doetje*

soggy [bnw] • *drassig, nat* • *klef <brood of cake>*

soil I [ov ww] *vuil maken* II [znw] • *grond* • *bodem*

solace I [ov ww] *troosten* II [znw] *(ver)troost(ing)*

solar [bnw] *zons-, m.b.t. de zon, zonne-*

sold [ww] *verl. tijd + volt. deelw.* → *sell*

solder I [ov ww] *solderen* II [znw] *soldeer*

soldier I [on ww] • *(~ on) moedig volhouden, volharden* II [znw] *soldaat*

sole I [ov ww] *(ver)zolen* II [znw] • *zool* • *tong <vis>* III [bnw] *enig, enkel*

solemn [bnw] • *plechtig* • *plechtstatig* • *ernstig*

solicitor [znw] • *≈ notaris* • *≈ advocaat-procureur* • *juridisch adviseur*

solicitous [bnw] • *bezorgd* • *gretig*

solicitude [znw] • *zorg* • *aandacht*

solid I [znw] • *vast lichaam* • *stereometrische figuur* II [bnw] • *stevig, degelijk* • *vast* • *massief*

solidarity [znw] *solidariteit*

solidify I [ov ww] *in vaste toestand brengen* II [on ww] *in vaste toestand komen*

soliloquy [znw] • *alleenspraak* • *'t in zichzelf praten*

solitary [bnw] • *eenzaam* • *enkel*

• alleenlevend
solitude [znw] • eenzaamheid
solo I [znw] solo II [bnw] alleen-
soloist [znw] solist(e)
soluble [bnw] oplosbaar
solution [znw] • oplossing • solutie
solvable [bnw] oplosbaar
solve [ov ww] oplossen
solvent I [znw] oplosmiddel II [bnw] <hand.> solvabel
sombre [bnw] somber
some I [bnw] • sommige • ongeveer, een • nogal wat, heel wat • een of ander(e), een zeker(e) • wat, een paar, enige II [vnw] • enige(n), sommige(n), een stuk of wat • een beetje, wat III [bijw] een beetje, een tikje
somehow [bijw] • op een of andere manier • om de een of andere reden
someone [vnw] een of andere persoon, iemand
someplace [bijw] ergens
somersault I [on ww] duikelen II [znw] • duikeling • salto mortale
something [vnw] iets, wat
sometime [bijw] • te zijner tijd, wel 'ns een keer <in de toekomst> • te eniger tijd • vroeger, voorheen
sometimes [bijw] soms
somnambulist [znw] slaapwandelaar
somnolent [bnw] • slaperig • slaapwekkend
son [znw] zoon
sonata [znw] sonate
song [znw] • lied(je) • gezang
sonic [bnw] m.b.t. geluid
sonority [znw] sonoriteit
sonorous [bnw] • klankvol, sonoor • melodieus • mooi klinkend
soon [bijw] spoedig, weldra, gauw
soot [znw] roet
soothe [ov ww] sussen, kalmeren
sooty [bnw] • roetig • roetkleurig
sop I [ov ww] • (~ up) opnemen/-zuigen II [znw] • aanbod <om iem. mee om te kopen> • concessie

sophisticated [bnw] • intellectualistisch • ontwikkeld • geavanceerd, geraffineerd, subtiel
soporific [bnw] slaapverwekkend <middel>
sopping I [ww] tegenw. deelw. → sop II [bnw] doorweekt
soppy [bnw] sentimenteel
soprano [znw] sopraan
sorcerer [znw] tovenaar
sorceress [znw] tovenares, heks
sorcery [znw] toverij, hekserij
sordid [bnw] • onverkwikkelijk <kwestie> • vuil • laag • gemeen
sore I [znw] • zeer • pijnlijke plek • zweer II [bnw] • pijnlijk • gevoelig • gekrenkt • ernstig, dringend
sorrel I [znw] • vos <paard> • zuring II [bnw] roodbruin, rossig
sorrow I [on ww] bedroefd zijn, treuren II [znw] • verdriet, droefheid • lijden
sorrowful [bnw] • treurig • bedroefd
sorry I [bnw] • zielig • pathetisch • spijtig II [tw] • sorry • pardon
sort I [ov ww] • sorteren • indelen • (~ out) uitzoeken, sorteren II [znw] soort
sortie [znw] • uitje • <mil.> uitval
sought [ww] verl. tijd + volt. deelw. → seek
soul [znw] • ziel • geest
soulful [bnw] • zielvol • met vuur • gevoelvol
soulless [bnw] zielloos, dood(s)
sound I [ov + on ww] • laten horen • polsen • onderzoeken • luiden • (doen) klinken • blazen op • peilen • (~ off) <AE> zijn mening zeggen, z. laten horen II [znw] • geluid, klank • peiling • zee-engte III [bnw] • gezond • degelijk, flink • solide • betrouwbaar
soundless [bnw] geluidloos
soup I [ov ww] • (~ up) opvoeren II [znw] soep
sour I [ov + on ww] verzuren II [bnw] zuur

source [znw] bron

south I [znw] zuiden II [bnw] • zuid-
• zuiden- • op 't zuiden

southerly [bnw + bijw] zuidelijk,
zuiden-

southern [bnw] • zuidelijk • zuider-

southerner [znw] zuiderling

sovereignty [znw] • soevereiniteit
• oppergezag

sow I [ov ww] zaaien II [znw] zeug

sozzled [bnw] dronken

spa [znw] • badplaats, kuuroord
• geneeskrachtige bron

space [znw] • ruimte • tijdsruimte, poos
• <typ.> spatie

spacing [znw] spatiëring, tussenruimte,
spatie

spacious [bnw] ruim, uitgestrekt

spade [znw] • spade, schop
• schoppenkaart • <pej.> nikker

span I [ov ww] (om-/over)spannen,
overbruggen II [znw]
• reik-/spanwijdte • vleugelbreedte

spangle I [ov ww] bespikkelen II [znw]
• pailletje, lovertje • glinsterend
spikkeltje

Spaniard [znw] Spanjaard, Spaanse

Spanish [bnw] m.b.t. Spanje, Spaans

spank I [ov ww] slaan <met platte
hand>, op achterwerk slaan II [znw]
klap

spanking I [znw] billenkoek, pak voor
de broek II [bnw] • prima • flink

spanner [znw] moersleutel

spar I [on ww] boksen II [znw] paal,
mast

spare I [ov ww] (be)sparen II [znw]
reserveonderdeel/-wiel III [bnw]
• mager, schraal • reserve- • extra

sparing [bnw] • matig • karig, zuinig

spark I [on ww] vonken (uitslaan)
II [znw] • vonk • sprankje

sparkle I [on ww] • sprankelen
• schitteren II [znw] schittering

sparkler [znw] sterretje <vuurwerk>

sparrow [znw] mus

sparse [bnw] • dun gezaaid <fig.>
• schaars

spasm [znw] • kramp • scheut

spasmodic [bnw] • met vlagen,
onregelmatig • krampachtig

spastic [bnw] • kramp- • spastisch

spat I [ww] verl.tijd + volt.deelw.
→ **spit** II [znw] slobkous

spate [znw] stroom, (toe)vloed <fig.>

spatial [bnw] • ruimtelijk • m.b.t.
ruimte

spatter I [ov ww] besprenkelen,
bespatten II [znw] spat(je)

spatula [znw] spatel

spawn I [ov ww] voortbrengen
II [on ww] kuit schieten III [znw] • kuit
• kikkerdril

speak [ov + on ww] • spreken • zeggen
• tegen elkaar spreken • (~ **for**) spreken
namens/voor • (~ **of**) spreken over
• (~ **out**) vrijuit spreken • (~ **up**)
harder spreken

speaker [znw] • luidspreker • spreker

speaking [bnw] spreek-

spear I [ov ww] • doorboren • spietsen
• aan de speer rijgen II [znw] • speer
• piek

speciality [znw] • specialiteit
• bijzondere eigenschap • speciaal
onderwerp/vak

specialize [on ww] specialiseren
• (~ **in**) z. speciaal gaan toeleggen op

specially [bijw] speciaal, (in het)
bijzonder

species [znw] soort(en) <levensvormen>

specific [bnw] • specifiek • soortelijk,
soort- • bepaald

specifically [bijw] • specifiek • wat je
noemt

specification [znw] • bestek
• specificatie

specify [ov + on ww] • specificeren
• nader bepalen

specimen [znw] • staaltje, (voor)proef
• voorbeeld, exemplaar

specious [bnw] vals, misleidend

speck [znw] • vlekje, stip • greintje

speckle I [ov ww] (be)spikkelen II [znw] spikkeltje

spectacle [znw] tafereel, schouwspel

spectacular I [znw] • schouwspel • show II [bnw] • opzienbarend, spectaculair • opvallend • sensationeel

spectator [znw] toeschouwer

spectral [bnw] • spookachtig • spook- • spectraal

speculate [on ww] • peinzen, mediteren • speculeren

speculative [bnw] speculatief

speculator [znw] speculant

sped [ww] verl. tijd + volt. deelw. → speed

speech [znw] • toespraak, rede • spraak • taal

speechless [bnw] sprakeloos

speed I [on ww] • z. haasten, spoeden • (te) snel rijden • (~ up) het tempo opvoeren II [znw] • snelheid • spoed • versnelling • amfetamine

speedometer [znw] snelheidsmeter

speedy [bnw] • snel • met spoed • spoedig

spell I [ov + on ww] • spellen • betekenen • (~ out) (voluit) spellen II [znw] • toverspreuk • betovering • (korte) periode

spend [ov ww] • verspelen • uitgeven • besteden • doorbrengen • verbruiken

spender [znw] • uitgever <v. geld> • opmaker

spent I [ww] verl.tijd + volt.deelw. → spend II [bnw] uitgeput, op, versleten, leeg <huls>

sperm [znw] sperma

spew [ov + on ww] spuwen, (uit)braken

sphere [znw] • bol • sfeer • terrein

spheric(al) [bnw] • bolvormig • bol-

sphinx [znw] sfinx

spicy [bnw] • kruidig, geurig • pikant, pittig

spider [znw] spin

spidery [bnw] • spinachtig • spichtig

spiel [znw] (verkoop)praatje

spike I [ov ww] • spietsen • alcohol toevoegen aan II [znw] • (ijzeren) punt • schoennagel • lange bout/spijker • piek

spiky [bnw] • met scherpe punten • stekelig <ook v. personen>

spill I [ov ww] • morsen • gemorst worden • overlopen II [znw] • gemorste hoeveelheid vloeistof • val <v. paard of (motor)fiets>

spilt [ww] volt. deelw. → spill

spin I [ov + on ww] • spinnen • snel ronddraaien, rondtollen • (~ out) uitrekken/-spinnen II [znw] • spinsel • draaiing • tochtje, ritje, dans

spinach [znw] spinazie

spinal [bnw] m.b.t. de ruggengraat

spindle [znw] • spoel, klos • spil, as, stang

spindly [bnw] spichtig

spine [znw] • stekel, doorn • ruggengraat • rug <v.e. boek>

spineless [bnw] zonder ruggengraat <vooral fig.>, futloos

spinner, spinster [znw] spinner <bij cricket>

spinney [znw] bosje

spinster [znw] oude vrijster

spiny [bnw] stekelig

spiral I [on ww] spiraalvormig lopen II [znw] spiraal III [bnw] spiraalvormig, spiraal-

spire [znw] (toren)spits

spirit I [ov ww] • (~ away/off) heimelijk doen verdwijnen, wegtoveren II [znw] • geest • spook • fut, (levens)moed, energie, pit • alcohol, spiritus

spirited [bnw] levendig, vurig

spiritualism [znw] • spiritualisme • spiritisme

spit I [ov + on ww] blazen <v. kat>, sputteren, spuwen II [ov ww] doorboren, aan spit steken III [on ww] • (~ upon) verachten, spugen op

IV [znw] • (braad)spit • landtong
• speeksel • spuug

spite I [ov ww] • dwars zitten • kwellen,
pesten, plagen II [znw] • wrevel,
rancune, wrok • boosaardigheid

spiteful [bnw] • rancuneus • hatelijk
• uit haat

spittoon [znw] kwispedoor

splash I [ov + on ww] • (be)spatten
• rondspatten • plenzen II [znw]
• kwak • plons

splay [ov + on ww] • (~ out) uitspreiden

spleen [znw] • milt • woede, gal

splendid [bnw] • prachtig • groots
• prima • schitterend

splendour [znw] • pracht • luister

splice [ov ww] • splitsen <touw> • in
elkaar vlechten <inf.> trouwen

splint [znw] spalk

splinter I [ov ww] versplinteren
II [znw] splinter

split I [ov + on ww] • splijten • (z.)
splitsen • uiteengaan • (z. ver)delen
• klikken II [znw] • scheur • split
• scheuring, breuk

splitting [bnw] barstend <v. hoofdpijn>

splodge, splotch [znw] • veeg, vlek
• spat

splurge [on ww] • met geld smijten • z.
te buiten gaan (aan)

splutter [on ww] • vochtig praten
• sputteren

spoil I [ov ww] • schaden • in de war
sturen • verwennen • bederven II [znw]
• roof • buit

spoke I [ww] verl. tijd → **speak**
II [znw] spaak

spoken I [ww] volt. deelw. → **speak**
II [bnw] spreek-

spokesman [znw] woordvoerder

sponge I [ov ww] afsponsen
• (~ down) afsponsen II [on ww]
parasiteren • (~ off/on) op (iem.s) zak
teren III [znw] • spons • sponsdeeg

sponger [znw] klaploper

spongy [bnw] sponsachtig

sponsor I [ov ww] financieel steunen
II [znw] sponsor

sponsorship [znw] financiële steun v.
sponsor(s)

spontaneous [bnw] • spontaan
• vanzelf, uit zichzelf

spoof [znw] parodie, satire

spook I [ov ww] bang maken II [znw]
spook

spooky [bnw] spookachtig

spool [znw] spoel

spoon I [ov ww] lepelen, scheppen
II [znw] lepel

spoonful [znw] lepel <hoeveelheid>

sporadic [bnw] sporadisch

spore [znw] • spore <v. plant of zwam>
• kiem

sport I [ov ww] dragen, pronken met
II [znw] • sport • spel • vermaak
• fideel/sportief persoon • speelbal <fig.>

sporting [bnw] • sport-, jacht-
• sportief

spot I [ov ww] • in de gaten krijgen
• ontdekken II [znw] • plek, plaats
• spikkeltje • puistje • beetje, tikje
• reclamespotje • vlek

spotless [bnw] smetteloos

spotted [bnw] gevlekt, bont

spotty [bnw] met puistjes

spouse [znw] • echtgenoot, echtgenote
• bruid(egom) • gade

spout I [ov ww] spuiten, gutsen,
stromen II [znw] • tuit • spuit(gat)
• straal

sprat [znw] sprot

sprawl I [on ww] languit (gaan) liggen
II [znw] • luie houding • spreiding

spray I [ov ww] • besproeien
• verstuiven II [znw] • stuifwolk • wolk
<parfum> • spray • sproeier • verstuiver
• vaporisator • twijgje <met bloemen>
• aigrette

sprayer [znw] sproeier

spread I [ov ww] • verspreiden
• verbreiden • (uit)spreiden
• uitstrekken • smeren • (~ out)

uitspreiden **II** [on ww] • z. verspreiden,
z. verbreiden • z. uitspreiden **III** [znw]
• breedte • smeerbeleg • omvang, wijdte

spree [znw] vrolijk uitje

sprig [znw] twijgje, takje

sprightly [bnw] • vrolijk • dartel

spring I [ov ww] • helpen ontsnappen
• plotseling aankomen met **II** [on ww]
• springen • ontspringen • ontstaan,
voortkomen • barsten • (~ **up**)
plotseling ontstaan **III** [znw] • lente
• bron, oorsprong • veer, veerkracht

springy [bnw] veerkrachtig

sprinkle [ov ww] (be)sprenkelen,
(be)strooien

sprinkler [znw] strooier, sproeiwagen

sprinkling [znw] → **sprinkle**

sprint I [ov + on ww] sprinten **II** [znw]
sprint

sprung I [ww] volt. deelw. → **spring**
II [bnw] • gebarsten • met veren <v.
matras>

spry [bnw] vlug, kwiek, kittig

spud [znw] pieper <aardappel>

spun [ww] verl.tijd + volt.deelw.
→ **spin**

spunk [znw] pit, moed, lef

spunky [bnw] vurig, moedig

spur I [ov ww] de sporen geven • (~ **on**)
aansporen, aanvuren **II** [znw] • spoor
• prikkel • uitloper <v. berg>

spurious [bnw] vals, niet echt

spurn [ov ww] versmaden

spurt I [ov + on ww] • spuiten • spatten
<v. pen> **II** [on ww] spurten **III** [znw]
• straal • spurt

sputter I [on ww] sputteren, spetteren,
knetteren **II** [znw] gesputter

spy I [ov + on ww] • (be)spioneren
• (be)loeren • in 't oog krijgen
• (~ (**up**)**on**) bespioneren • (~ **out**)
proberen achter... te komen **II** [znw]
spion

squabble I [on ww] kibbelen, ruzie
maken **II** [znw] kibbelpartij

squad [znw] • groep, ploeg

• (politie)patrouille

squalid [bnw] vunzig, smerig

squall I [ov + on ww] • gillen • brallen
II [znw] • windstoot • vlaag

squalor [znw] • vunzigheid, smerigheid
• ellende

squander [ov ww] verkwisten,
vergooien

square I [ov ww] • in kwadraat brengen
• vierkant maken, recht/haaks maken
• in orde maken, afrekenen
(~ **to/with**) in overeenstemming
brengen met, aanpassen aan • (~ **up**)
vereffenen, afrekenen, betalen
II [on ww] • (~ **with**) kloppen met
III [znw] • ouderwets iem. • vierkant
• kwadraat • plein, exercitieterrein
• huizenblok • carré **IV** [bnw]
• ouderwets • vierkant • stoer, stevig
• eerlijk, oprecht, betrouwbaar
• ondubbelzinnig • gelijk, quitte **V**
[bijw] • vierkant • oprecht • vlak,
ronduit

squash I [ov ww] • plat drukken • tot
moes maken/slaan **II** [znw] • gedrang
• pulp, moes • limonade, kwast
• vruchtvlees v.e. kalebas <als groente>

squashy [bnw] zacht

squat I [ov ww] kraken <v. huis, stuk
land> [on ww] hurken **III** [znw]
gekraakt pand **IV** [bnw] kort,
gedrongen

squatter [znw] kraker

squaw [znw] (indiaanse) vrouw

squawk I [on ww] krijsen **II** [znw]
schreeuw

squeak I [on ww] piepen **II** [znw] gepiep

squeal I [on ww] • gillen • gieren • <sl.>
verraden **II** [znw] gil

squeamish [bnw] • overgevoelig
• (gauw) misselijk

squeeze I [ov ww] • knijpen, uitknijpen
• uitpersen, afpersen • (tegen z.
aan)drukken • eruit dwingen <bridge>
II [on ww] (z.) dringen • (~ **through**)
't met moeite halen **III** [znw]

• moeilijke situatie • kneep(je)
• gedrang • (hand)druk • hartelijke
omhelzing

squelch I [on ww] zuigend geluid
maken <als bij lopen door modder>
II [znw] zuigend geluid

squid [znw] pijlinktvis

squiggle [znw] golvend lijntje,
slangetje

squire [znw] • landjonker • <gesch.>
schildknaap

squirm [on ww] • wriemelen, kronkelen
• krimpen <v. schaamte>

squirrel [znw] eekhoorn

squirt I [ov + on ww] • spuiten
• sprietsen II [znw] • straal • spuitje
• branieschopper

stab I [ov + on ww] steken <vnl. met
dolk, of v. wond> II [znw] • dolkstoot,
doodsteek • (pijn)scheut

stability, stableness [znw]
bestendigheid, evenwichtigheid

stabilize [ov + on ww] stabiliseren

stack I [ov ww] stapelen • (~ up)
opstapelen, optassen II [znw] • stapel,
hoop • groep schoorstenen <op dak>
• (schoorsteen)pijp • (hooi)mijt

stadium [znw] • stadion • stadium

staff I [ov ww] van personeel e.d.
voorzien II [znw] • (leidinggevend)
personeel • staf

stag [znw] (mannetjes)hert

stage I [ov ww] • opvoeren • ensceneren
• op touw zetten II [znw] • stage,
leertijd • fase, stadium • toneel
• podium • etappe, traject

stagger I [ov ww] • ontstellen • (doen)
duizelen • zigzagsgewijs of om en om
plaatsen II [on ww] • wankelen
• waggelen

stagnant [bnw] • stilstaand • traag,
dood <fig.>

stagnate [on ww] • stilstaan • op 'n
dood punt staan of komen

stagy [bnw] theatraal

staid [bnw] • bedaard, bezadigd

• degelijk

stain I [ov ww] • vlek(ken) maken op
• kleuren, verven • beitsen • onteren,
bezoedelen II [on ww] • vlekken geven
• afgeven <v. stoffen> III [znw] • smet,
vlek • blaam • kleurstof, verfstof, beits

stair [znw] • trede • trap

stake I [ov ww] • aan paal/staak
(op)binden • (~ out) afbakenen
II [znw] • inzet • aandeel, belang(en)
• paal, staak

stale [bnw] • niet fris meer, muf
• verschaald • oud(bakken)

stalemate [znw] • pat(stelling)
• schaakmat

stalk I [ov ww] (be)sluipen <v. prooi>
II [znw] stengel

stall I [ov + on ww] • vertragen
• treuzelen • afslaan <v. motor>
II [znw] • afdeling in stal • box
• koorbank • koorstoel • stalletje, kiosk,
kraam

stallion [znw] hengst

stalwart I [znw] getrouwe, trawant
II [bnw] • robuust, stoer, struis • trouw

stamina [znw] uithoudingsvermogen

stammer I [ov + on ww] • stotteren
• stamelen II [znw] het stotteren

stamp I [ov + on ww] stampen
II [ov ww] • (be)stempelen • frankeren,
zegelen • karakteriseren, kenmerken
• (~ out) uittrappen, vernietigen,
uitroeien III [znw] • stempel, merk
• postzegel • (ge)stamp • soort, karakter

stampede I [ov ww] paniek/vlucht
veroorzaken II [on ww] massaal op hol
slaan III [znw] • massale plotselinge
vlucht v. paarden/vee • toeloop,
stormloop

stand I [ov ww] • plaatsen, zetten
• uithouden, verdragen, uitstaan
• bestand zijn tegen • trakteren (op)
II [on ww] • blijven staan, er (nog)
staan • standhouden, geldig zijn,
steekhouden, gehandhaafd blijven
• (gaan) staan • (~ back) z. afzijdig

houden • (~ **by**) lijdelijk toezien, klaar
(gaan) staan om te helpen, een handje
helpen • (~ **down**) z. terugtrekken
• (~ **for**) steunen, voorstaan,
betekenen, symboliseren, kandidaat
zijn voor • (~ **in**) iem. vervangen
• (~ **out**) in 't oog vallen, niet
toegeven, standvastig zijn, volhouden
• (~ **up**) opstaan, rechtop blijven/gaan
staan, het opnemen (voor) III [znw]
• tribune • standaard, rek, tafeltje,
statief • standplaats • standpunt
• kraam, kiosk
standard I [znw] • standaard • vaandel
• standaardmaat • maatstaf, norm
• stander II [bnw] • standaard,
normaal • algemeen
erkend/gewaardeerd
standardize [ov ww] normaliseren
standing I [znw] • duur, ouderdom
• reputatie, aanzien II [bnw] • staand
• blijvend, voortdurend, permanent
stank [ww] verl. tijd → **stink**
staple I [ov ww] (vast)nieten, krammen
II [znw] • hoofdmiddel van bestaan
• hoofdexportartikel, hoofdproduct
• kern, hoofdschotel <fig.> • kram
• hechtnietje III [bnw] • hoofd- • kern-
stapler [znw] nietmachine
star I [ov ww] • met sterren
tooien/versieren • sterretjes zetten bij
• als ster laten optreden II [on ww] • de
hoofdrol spelen • als ster optreden
III [znw] • ster(retje) • gesternte
IV [bnw] • ster- • hoofd- • eerste
starch I [ov ww] stijven II [znw]
• zetmeel • stijfsel
starchy [bnw] • zetmeelrijk • gesteven
• vormelijk
stardom [znw] de status van ster
stare I [ov + on ww] • grote ogen
opzetten • staren • (~ **at**) aangapen
II [znw] • (hol) starende blik • blik
stark I [bnw] • absoluut, volkomen
• spiernaakt • grimmig II [bijw]
volkomen

starkers [bnw] spiernaakt
starlet [znw] sterretje
starling [znw] spreeuw
starry [bnw] met sterren bezaaid
start I [ov + on ww] • beginnen (met)
• starten II [ov ww] • startsein geven
• aan de gang krijgen • op gang/weg
helpen • aanzetten • (~ **up**) starten,
aanzetten III [on ww] • vertrekken
• (op)springen • (op)schrikken
• aanslaan <v. motor> • (~ **at**)
schrikken van • (~ **for**) vertrekken naar
• (~ **from/with**) uitgaan van
• (~ **off/out**) op weg gaan • (~ **up**)
opspringen, opschrikken IV [znw]
• vertrekpunt, beginpunt, start
• voorsprong
starter [znw] • starter • deelnemer <aan
wedstrijd> • begin • voorgerecht
startle [ov ww] opschrikken
starvation [znw] hongerdood
starve I [ov ww] uithongeren II [on ww]
• honger lijden, honger/trek hebben
• verhongeren
state I [ov ww] • verklaren, beweren
• uiteenzetten • formuleren II [znw]
• staat • toestand • stand • staatsie,
praal III [bnw] • staats- • staatsie-
stately [bnw] • statig • imposant
statement [znw] verklaring
statesman [znw] staatsman
statesmanship [znw] (goed)
staatsmanschap, staatkunde
static [bnw] statisch
station I [ov ww] • opstellen
• stationeren • postvatten II [znw]
• station • (stand)plaats • positie • post
• politiebureau • schapenranch <in
Australië>
stationary I [znw] II [bnw] • stationair
• stilstaand • vast • onveranderd
stationery [znw] • kantoorboekhandel
• postpapier
statistic(al) [bnw] statistisch
statue [znw] standbeeld
statuesque [bnw] statig

statuette [znw] *beeldje*

stature [znw] *gestalte, postuur*

statute [znw] • *wet* • *statuut*
• *verordening* • *reglement*

statutory [bnw] • *statutair* • *volgens de wet*

staunch I [ov ww] *stelpen* II [bnw] *trouw (aan)*

stave I [ov ww] • (~ **off**) *opschorten* II [znw] • *notenbalk* • *staf*

stay I [on ww] • *blijven* • *logeren* II [znw] *verblijf*

stead [znw] *plaats*

steadfast [bnw] • *standvastig, onwrikbaar* • *strak <v. blik>*

steady I [ov ww] • *in evenwicht brengen*
• *tot bedaren brengen* II [on ww]
• *rustig/kalm worden* III [znw] <sl.> *vaste vrijer* IV [bnw] • *stevig, vast* • *gestadig*
• *bedaard, rustig*

steak [znw] • *runderlap* • *moot vis*

steal I [ov + on ww] *stelen* II [on ww]
• *sluipen, glijden* • *onmerkbaar gaan of komen* • (~ **away**) *ongemerkt voorbijgaan* • (~ **out**) *er stilletjes vandoor gaan*

stealth [znw] *heimelijkheid*

stealthy [bnw] • *heimelijk* • *steels*

steam I [ov + on ww] • *stomen* • (~ **up**) *beslaan* II [znw] • *stoom* • *damp*

steamer [znw] • *stoomboot*
• *stoomkoker*

steamy [bnw] • *warm en vochtig* • <inf.> *erotisch*

steed [znw] • *paard* • *strijdros*

steel I [wkd ww] *zich vermannen* II [znw] • *staal* • *wetstaal* III [bnw] *stalen*

steely [bnw] • *van staal* • *staalachtig*

steep I [ov + on ww] *weken* II [ov ww] *(in)dompelen* III [bnw] • *steil*
• *abnormaal (hoog)* • *overdreven*

steeple [znw] *torenspits*

steer I [ov ww] *(be)sturen* II [znw] *gecastreerde stier*

stellar [bnw] *sterren-*

stem I [ov ww] • *stremmen*
• *tegenhouden, stuiten* II [on ww]
• (~ **from**) *teruggaan op* III [znw]
• *stengel* • *stam <ook v. woord>* • *steel <v. pijp>*

stench [znw] *stank, (onaangename) lucht*

stencil I [ov ww] *stencillen* II [znw]
• *stencil* • *sjabloon*

stenographer [znw] *stenograaf*

step I [ov ww] • (~ **up**) *opvoeren* II [on ww] *stappen, treden, opstappen* • (~ **aside**) *opzij gaan staan, afdwalen, een misstap doen*
• (~ **aside/down**) *af-/terugtreden*
• (~ **back**) *teruggaan <fig.>, z. terugtrekken* • (~ **between**) *tusenbeide komen* • (~ **in**) *erin stappen, er even tussenkomen* III [znw]
• *(voet)stap, pas* • *tred* • *tree, sport*

stereophonic [bnw] *stereofonisch*

stereotype I [ov ww] *stereotyperen* II [znw] *stereotype*

sterile [bnw] • *onvruchtbaar*
• *onproductief* • *steriel*

sterilize [ov ww] • *onvruchtbaar maken* • *steriliseren*

sterling [bnw] • *van standaardgehalte*
• *onvervalst, echt* • *degelijk*

stern I [znw] • *achtersteven* • *achterste <v. dier>* II [bnw] • *streng* • *hard*

sternum [znw] *borstbeen*

stevedore [ov ww] *stuwadoor*

stew I [ov + on ww] *stoven* II [znw] *stamppot <met vlees of vis>*

steward [znw] • *kelner <aan boord>*
• *administrateur* • *rentmeester*
• *beheerder*

stewardess [znw] *stewardess*

stick I [ov ww] • *steken, zetten*
• *vastplakken* • *uithouden, uitstaan*
• (~ **on**) *plakken op, opplakken*
• (~ **out**) *naar buiten/voren steken*
• (~ **up**) *overeind zetten* II [on ww]
• *blijven hangen/steken/zitten, vast blijven zitten* • *klitten, kleven, plakken*

• (~ **around**) in de buurt blijven
• (~ **at**) volhouden, doorgaan met
• (~ **by**) trouw blijven, z. houden aan
• (~ **out**) naar buiten/voren steken
• (~ **to**) trouw blijven aan, blijven bij, volhouden • (~ **up**) overeind staan **III** [znw] • tak • stok, staaf, steel • rare snijboon

stickleback [znw] stekelbaarsje

stickler [znw] • a ~ for discipline iem. die discipline eist

sticky [bnw] • lastig, penibel • kleverig • kleef-

stiff [bnw] • stijf • onbuigzaam • vormelijk • moeilijk • stroef, stevig

stiffen I [ov ww] stijf maken **II** [on ww] verstijven

stifle I [ov ww] • doen stikken • smoren • de kop indrukken • onderdrukken • inhouden **II** [on ww] (ver)stikken

stigma [znw] • schandvlek • stigma, wondteken v. Christus • stempel ‹v. bloem›

stigmatize [ov ww] • brandmerken • stigmatiseren

stile [znw] • overstap • deurstijl

stiletto [znw] • stiletto • schoen met naaldhak

still I [ov ww] • stillen • kalmeren **II** [bnw] • stil, rustig • niet mousserend ‹v. wijn› **III** [bijw] • nog • nog altijd • toch, toch nog

stilt [znw] stelt

stilted [bnw] onhandig, harkerig

stimulant [znw] • prikkel • opwekkend middel

stimulate [ov ww] • prikkelen • (op)wekken • stimuleren • aansporen

stimulus [znw] stimulans

sting I [ov + on ww] • steken • prikken **II** [ov ww] afzetten, 't vel over de neus halen **III** [on ww] pijn doen **IV** [znw] • steek, beet • angel • ‹plantk.› brandhaar

stingy [bnw] gierig, vrekkig

stink I [on ww] stinken • (~ **of**) stinken

naar **II** [znw] stank

stinking [bnw] rot, gemeen

stipend [znw] • salaris • bezoldiging

stir I [ov ww] • verroeren • poken • roeren • in beweging brengen • (op)wekken • op de verbeelding werken • (~ **up**) doen opwarrelen, opruien (tot), doen oplaaien **II** [on ww] z. verroeren **III** [znw] sensatie, herrie

stirring [bnw] ontroerend, prikkelend

stirrup [znw] stijgbeugel

stoat [znw] • hermelijn • wezel

stock I [ov ww] • inslaan • bevoorraden, voorzien van, uitrusten (met) • in voorraad hebben **II** [on ww] z. bevoorraden, voorraad inslaan **III** [znw] • bouillon • stam, (wortel)stronk • afkomst, geslacht • 't geheel • voorraad, inventaris, materieel • grondstof, materiaal • obligatie, fonds, aandelenkapitaal **IV** [bnw] gewoon, stereotiep, afgezaagd

stocking [znw] kous

stockist [znw] leverancier

stocky [bnw] kort en breed

stodge [znw] machtige of zware kost

stodgy [bnw] • zwaar, machtig ‹v. eten› • saai, plechtig

stoic [znw] stoïcijn **II** [bnw] stoïcijns

stoke [ov ww] • stoken • brandstof/kolen bijgooien

stole I [ww] verl. tijd → **steal II** [znw] stola

stolen [ww] volt. deelw. → **steal**

stolid [bnw] • bot • flegmatisch • onaandoenlijk

stomach I [ov ww] • verteren • verdragen • (voor lief) nemen **II** [znw] • buik • maag

stomp I [ov ww] ‹AE› stampen **II** [on ww] klossen

stone I [ov ww] • stenigen • ontpitten **II** [znw] • steen • kei • natuursteen • pit • Eng. gewichtseenheid **III** [bnw] stenen

stony [bnw] (steen)hard, hardvochtig

stood [ww] verl. tijd + volt. deelw.

→ **stand**

stooge [znw] • knechtje, slaafje
• mikpunt, aangever <v. conferencier>

stool [znw] kruk

stoop I [on ww] • z. vernederen/
verwaardigen • voorover
lopen/staan/zitten • (z.) bukken
II [znw] • kromme rug • <AE> stoep

stop I [ov ww] • ophouden met,
neerleggen <werk> • afzetten,
stilleggen, beletten, weerhouden, doen
ophouden, stil doen staan • afsluiten,
verstoppen, dichtstoppen • versperren,
stelpen, tegenhouden, dempen • (~ **up**)
doen verstoppen, dichtstoppen
II [on ww] • stoppen, ophouden, niet
meer werken/gaan • stil (blijven) staan
• logeren, blijven • (~ **at**) logeren bij/te
• (~ **in**) binnenblijven • (~ **out**)
uitblijven • (~ **up**) opblijven III [znw]
• punt <leesteken> • stilstand
• stopplaats, halte • register <v. orgel>,
klep, demper • <taalk.> ploffer

stoppage [znw] inhouding, blokkering

stopper [znw] stop <op fles>

storage [znw] opslag, 't opslaan

store I [ov ww] opslaan • (~ **up**)
opslaan, bewaren II [znw] • voorraad
• hoeveelheid • opslagplaats • <AE>
winkel

storey [znw] verdieping, etage

stork [znw] ooievaar

storm I [ov ww] bestormen II [on ww]
• woeden, razen • <AE> stormen • (~ **at**)
tekeergaan tegen III [znw] • (hevige)
bui • noodweer • storm

stormy [bnw] • stormachtig • storm-
• heftig

story [znw] • verhaal • geschiedenis
• gerucht • leugentje • <AE> verdieping,
etage

stout I [znw] donker bier II [bnw]
• krachtig • stevig • dik, gezet

stove [znw] • kachel • fornuis

stow I [ov ww] • (vakkundig) laden
• opbergen, wegbergen • (~ **away**)

opbergen, wegstoppen II [on ww]
• (~ **away**) als verstekeling meereizen

straddle I [ov ww] • over iets heen
staan • over een heel gebied verspreid
zijn II [on ww] wijdbeens (gaan)
lopen/staan/zitten III [znw]
spreidstand

straggle [on ww] • achterblijven
• verspreid of verward
groeien/hangen/liggen • zwerven,
afdwalen • (~ **behind**) achterblijven,
niet meekomen

straight I [znw] hetero II [bnw]
• eerlijk, oprecht • betrouwbaar • in
orde, op orde • puur, onvermengd
• recht • rechtstreeks • recht op de man
af III [bijw] • recht(streeks) • rechtop
• direct • ronduit

straighten I [ov ww]
• rechtmaken/-zetten/-leggen
• strekken • in orde brengen • (~ **up**) in
orde brengen II [on ww] • recht worden
• rechttrekken • (~ **up**) rechtop gaan
staan

strain I [ov + on ww] • zeven • filteren
• (~ **off/out**) uitzeven, filteren
II [ov ww] • verrekken • inspannen
• zwoegen • overspannen • (te) veel
vergen van • forceren III [on ww] z.
inspannen IV [znw] • spanning
• belasting • soort, variëteit • melodie

strainer [znw] zeef

strait [znw] zee-engte

strand I [ov ww] aan de grond doen
lopen II [on ww] vastlopen, stranden
III [znw] • strand • streng • lok, wrong

strange [bnw] • vreemd • raar
• eigenaardig

stranger [znw] vreemde(ling)

strangle [ov ww] • wurgen
• onderdrukken

strangler [znw] wurger

strangulation [znw] • wurging
• economische druk

strap I [ov ww] gespen II [znw]
• riem(pje) • band(je) • lus <in tram>

strategist [znw] *strateeg*

strategy [znw] *strategie*

stratification [znw] *gelaagdheid*

stratum [znw] *(geologische) laag*

straw I [znw] • *strootje* • *strohoed* • *stro(halm)* • *rietje* II [bnw] *strooien*

strawberry [znw] *aardbei*

streak I [ov ww] *strepen* II [on ww] • *snellen, ijlen* • ‹inf.› *naakt over plein e.d. rennen* III [znw] • *streep* • *flits*

streaker [znw] *iem. die naakt over plein e.d. rent*

streaky [bnw] • *gestreept* • *doorregen*

stream I [ov ww] *doen stromen* II [on ww] • *stromen* • *wapperen* III [znw] • *beek(je)* • *groep met zelfde leerprogram* • *stroom*

streamline [znw] *stroomlijn*

streamlined [bnw] *gestroomlijnd*

street [znw] *straat*

strength [znw] • *kracht(en)* • *sterkte*

strengthen I [ov ww] *versterken* II [on ww] *sterker worden*

strenuous [bnw] *inspannend*

stress I [ov ww] *de nadruk leggen op* II [znw] • *nadruk* • *gewicht* • *accent* • *spanning* • *druk*

stretch I [ov ww] • *(uit)strekken* • *uitrekken, (op)rekken* • *spannen* • *(~ forth)* *uitsteken* II [on ww] • *zich (uit)strekken* • *(zich) uitrekken* • *reiken (tot)* • *lopen tot* • *(~ down to)* z. *uitstrekken tot, lopen tot* III [znw] • *uitgestrektheid* • *stuk* • *periode, duur* • *traject* • *afstand*

stretcher [znw] *brancard*

strew [ov ww] • *bezaaien* • *verspreid liggen op* • *(be)strooien*

stricken [bnw] • *getroffen* • *geteisterd*

strict [bnw] • *strikt* • *stipt* • *nauwgezet* • *streng*

stricture [znw] *kritiek*

stride I [on ww] • *grote stappen nemen* • *schrijden* II [znw] *(grote) stap*

strident [bnw] *hard en schel*

strife [znw] • *strijd* • *conflict*

strike I [ov ww] • *slaan (met), raken* • *aanslaan* • *aanstrijken, aangaan* • *opvallen* • *opkomen bij* • *(~ down)* *neerslaan, vellen* • *(~ off)* *royeren* • *(~ out)* *doorhalen* • *(~ up)* *aanheffen* II [on ww] • *toeslaan, treffen* • *staken* • *luiden* • *(~ at)* *slaan naar* • *(~ out)* *een andere richting inslaan* • *(~ up)* *inzetten, beginnen te spelen/zingen* III [znw] • *staking* • *slag* ‹honkbal› • ‹AE› *succes, bof*

striker [znw] • *staker* • ‹sport› *spitsspeler*

string I [ov ww] • *met touw vastbinden* • *besnaren* II [on ww] • *(~ along)* *meeboemelen* III [znw] • *touw(tje)* • *serie* • *snaar*

stringent [bnw] • *bindend* • *streng* • *strikt*

stringy [bnw] • *draderig* • *pezig*

strip I [ov + on ww] • *strippen* • *ontdoen van* II [znw] • *strip* • *(smalle) rand* • *landingsbaan* • *sportkleding*

stripe [znw] • *streep* • *chevron* • *striem*

striped [bnw] *gestreept*

stripper [znw] *stripteasedanser(es)*

strive [on ww] z. *inspannen* • *(~ after/for)* *streven naar*

strode [ww] verl. tijd → **stride**

stroke I [ov ww] *strijken, aaien, strelen* II [znw] • *aai* • *klap* • *slag* • *beroerte*

stroll I [on ww] • *slenteren* • *wandelen* II [znw] *wandeling(etje)*

stroller [znw] *wandelwagentje*

strong [bnw] • *sterk* • *krachtig* • *zwaar* ‹v. tabak, bier› • *vast* ‹v. geldkoers, prijzen› • *overdreven*

stroppy [bnw] • *tegendraads* • *dwars, koppig*

strove [ww] verl. tijd → **strive**

struck [ww] verl. tijd + volt. deelw. → **strike**

structural [bnw] *structureel*

structure [znw] • *(op)bouw* • *bouwwerk* • *structuur*

struggle I [on ww] • *worstelen*

• vechten • tegenspartelen • (~ **to**)
moeite hebben om II [znw] strijd,
gevecht

strum I [ov + on ww] trommelen,
tjingelen II [znw] getrommel, getjingel

strung [ww] verl. tijd + volt. deelw.
→ **string**

strut I [ov + on ww] trots stappen
II [znw] stut

stub I [ov ww] stoten II [znw] • stompje
• peukje

stubble [znw] stoppels

stubborn [bnw] • koppig • hardnekkig

stuck [ww] verl. tijd + volt. deelw.
→ **stick**

stud [znw] • fokstal • dekhengst
• metalen sierknopje • boordenknoopje,
manchetknoopje

student [znw] • student • leerling

studio [znw] • atelier • studio

studious [bnw] • vlijtig, ijverig
• studerend

study I [ov ww] • (be)studeren
• observeren II [on ww] studeren
III [znw] • studie • etude
• studeerkamer

stuff I [ov ww] • (vol)stoppen • opvullen
• farceren • volproppen • opzetten <v.
dier> II [znw] • stof, materiaal • spul,
goedje • waardeloze rommel • onzin

stuffing [znw] vulling

stuffy [bnw] • benauwd, bedompt
• ouderwets

stultify [ov ww] • belachelijk maken
• tenietdoen

stumble I [on ww] • struikelen
• stuntelen • hakkelen
• (~ **across**/(**up**)**on**) toevallig
aantreffen, tegen 't lijf lopen
• (~ **along**) voortstrompelen II [znw]
misstap, struikeling

stump I [ov + on ww] • (~ **up**) <sl.>
betalen, dokken II [ov ww]
• af-/uitgooien <bij cricket>
• sprakeloos doen staan III [on ww]
• klossen • onbehouwen lopen IV [znw]

• stomp(je) • (boom)stronk
• wicketpaaltje <bij cricket>

stumpy [bnw] dik en kort, gezet

stun [ov ww] • verdoven • verbijsteren

stung [ww] verl. tijd + volt. deelw.
→ **sting**

stunk [ww] verl. tijd + volt. deelw.
→ **stink**

stunning [bnw] • verbijsterend
• fantastisch

stunt I [ov ww] de groei belemmeren
II [znw] stunt

stupefaction [znw] • versuffing
• verbijstering

stupefy [ov ww] • afstompen
• versuffen • stomverbaasd doen staan

stupendous [bnw] • verbluffend
• enorm • kolossaal

stupid [bnw] • dom • stom

stupidity [znw] domheid

stupor [znw] • verdoving • coma
• apathie

sturdy [bnw] • struis • fors • flink • stoer

stutter I [ov + on ww] stotteren II [znw]
gestotter

sty [znw] • strontje <op oog> • stal, kot

style I [ov ww] • noemen • betitelen
II [znw] • stijl • distinctie • trant

stylish [bnw] • gedistingeerd • chic

stylist [znw] stilist

stylistic [bnw] stilistisch

stylus [znw] naald <v. platenspeler>

stymie [ov ww] dwarsbomen

suave [bnw] • hoffelijk • minzaam

subdue [ov ww] • temperen
• onderwerpen • bedwingen

subject I [ov ww] onderwerpen • (~ **to**)
blootstellen aan II [znw] • onderdaan
• onderwerp • vak III [bnw]
onderworpen

subjective [bnw] • subjectief
• onderwerps-

subjugate [ov ww] onderwerpen

subjunctive [znw] aanvoegende wijs

sublimate [ov ww] sublimeren

sublime [bnw] • verheven • subliem

submarine I [ov ww] torpederen vanuit onderzeeër II [znw] onderzeeër III [bnw] onderzees

submerge I [ov ww] • onder water zetten • (onder)dompelen II [on ww] • onder water gaan • onderduiken

submission [znw] • onderdanigheid • nederigheid

submissive [bnw] onderdanig

submit I [ov + on ww] (z.) onderwerpen II [ov ww] • voorleggen • in het midden brengen

subnormal [bnw] beneden de norm, achterlijk

subordinate I [ov ww] • (~ to) ondergeschikt maken aan II [znw] ondergeschikte III [bnw] ondergeschikt

subscribe [ov ww] bijeenbrengen <v. geld> • (~ to) z. abonneren op, onderschrijven

subscriber [znw] • abonnee • donateur

subscription [znw] • donatie • abonnement

subsection [znw] onderafdeling

subsequent [bnw] • (daarop)volgend • later

subservient [bnw] • onderdanig • kruiperig

subside [on ww] • (ver)zakken, inzakken • bedaren

subsidize [ov ww] subsidiëren, geldelijk steunen

subsidy [znw] subsidie

subsist [on ww] • bestaan • (voort)leven

subsistence [znw] bestaansminimum

substance [znw] • essentie • stof • substantie • hoofdzaak, kern

substandard [bnw] beneden de norm

substantial [bnw] • stevig • aanzienlijk

substantiate [ov ww] bewijzen

substantive [bnw] iets om het lijf hebbend, wezenlijk

substitute I [ov ww] vervangen II [znw] • vervanger • surrogaat

substructure [znw] onderbouw, grondslag, fundament

subsume [ov ww] onder één noemer brengen, opnemen

subterfuge [znw] uitvlucht

subterranean [bnw] • ondergronds • heimelijk

subtle [bnw] • subtiel • spitsvondig • geraffineerd

subtlety [znw] subtiliteit

subtract [ov + on ww] aftrekken

subtraction [znw] aftrekking

suburb [znw] voorstad

suburbia [znw] de (mensen in/v.d.) buitenwijken

subversion [znw] omverwerping

subversive [bnw] subversief

subway [znw] • tunnel • <AE> metro, ondergrondse

succeed I [ov + on ww] opvolgen • (~ to) volgen op II [on ww] • slagen • succes hebben

success [znw] succes

successful [bnw] • geslaagd • succesrijk

succession [znw] • op(een)volging • successie

successive [bnw] • achtereenvolgend • successievelijk

successor [znw] opvolger

succinct [bnw] beknopt, bondig

succour I [ov ww] helpen, te hulp komen II [znw] helper

succulent [bnw] sappig

succumb [on ww] bezwijken • (~ to) sterven aan

such [bnw] • zulk (een) • zo'n • zo • zodanig, zo groot • degenen • zulks

suck I [ov + on ww] zuigen (op) • (~ from) halen uit • (~ in) inzuigen, in zich opnemen • (~ out of) halen uit • (~ up) hielen likken II [znw] slokje

sucker [znw] • sukkel • zuignap • spruit

suckle [ov ww] zogen

sudden [bnw] • plotseling • overijld

suds [mv] zeepsop

sue [ov ww] een proces aandoen

suet [znw] niervet

suffer I [ov ww] • ondergaan
• (toe)laten • verdragen • uitstaan
II [on ww] • beschadigd worden
• lijden • (~ **from**) lijden aan

sufferance [znw] • stilzwijgende
toestemming, instemming • toelating

sufferer [znw] • lijder • slachtoffer

suffering [znw] beproeving, ellende

suffice [ov + on ww] • voldoende zijn
(voor) • tevreden stellen

sufficiency [znw] voldoende
hoeveelheid

sufficient [bnw] genoeg, voldoende

suffocate I [ov ww] • doen stikken
• verstikken II [on ww] stikken

suffrage [znw] stemrecht

suffuse [ov ww] overgieten <vnl. met
licht>

sugar I [ov ww] • (be)suikeren II [znw]
• suiker • lieveling

sugary [bnw] • suikerachtig • suikerzoet

suggest [ov ww] • suggereren • opperen
• doen denken aan • voorstellen

suggestible [bnw] gemakkelijk te
beïnvloeden

suggestion [znw] • suggestie • zweem,
spoor

suggestive [bnw] suggestief

suicidal [bnw] zelfmoord-

suicide [znw] zelfmoord(enaar)

suit I [ov + on ww] • schikken • gelegen
komen • passen (bij/voor) • staan
II [znw] • proces • pak • mantelpak
• kleur <in kaartspel>

suitable [bnw] • geschikt, gepast
• passend

suitcase [znw] (platte) koffer

suite [znw] • suite <kamer>
• ameublement • <muz.> suite

suitor [znw] aanbidder

sulk I [on ww] mokken II [znw] boze bui

sulky I [znw] sulky II [bnw] mokkend

sullen [bnw] • nors, knorrig • somber

sully [ov ww] • bevlekken • vuil maken

sulphur [znw] zwavel

sultry [bnw] drukkend, zwoel

sum I [ov ww] • (~ **up**) opsommen,
optellen, samenvatten II [znw] • som
• totaal

summarize [ov + on ww] samenvatten

summary I [znw] samenvatting
II [bnw] • beknopt • summier • kort

summation [znw] optelling, totaal

summer [znw] zomer

summery [bnw] zomerachtig

summit [znw] top(punt)

summon [ov ww] • (op)roepen
• bijeenroepen • verzamelen
• dagvaarden • (~ **up**) vergaren,
bijeenrapen, optrommelen

summons [znw] meervoud
• oproep(ing) • dagvaarding

sump [znw] oliereservoir

sumptuous [bnw] • kostbaar
• weelderig

sun I [ov + on ww] zonnen II [znw] zon

Sunday [znw] zondag

sundry [bnw] • allerlei • diverse,
verscheiden(e)

sung [ww] volt. deelw. → **sing**

sunk [ww] volt. deelw. → **sink**

sunken [bnw] • ingevallen
• diepliggend • hol

sunny [bnw] zonnig

super [bnw] • super- • <sl.> grandioos,
prima

superabundant [bnw] • meer dan
overvloedig • in rijke mate

superannuation [znw] pensionering

superb [bnw] • voortreffelijk • zeer
indrukwekkend • groots • meesterlijk

supercilious [bnw] verwaand

superficial [bnw] oppervlakkig

superficiality [znw] oppervlakkigheid

superfluity [znw] overtolligheid

superfluous [bnw] overbodig,
overtollig

superimpose [ov ww] • (er) bovenop
plaatsen • (~ **(up)on**) plaatsen op,
bouwen op

superintend [ov + on ww] • toezicht
houden op • met controle belast zijn op

superintendent [znw] • *inspecteur*
• *opzichter* • *directeur*
• *hoofdinspecteur* <v. politie>
superior I [znw] • *meerdere* • *overste*
II [bnw] • *uitmuntend* • *bijzonder goed*
• *superieur* • *hooghartig, neerbuigend*
superlative I [znw] *overtreffende trap*
II [bnw] *uitstekend*
supermarket [znw] *supermarkt*
supernatural I [znw] *het*
bovennatuurlijke II [bnw]
bovennatuurlijk
supersede [ov ww] *vervangen*
supersonic [bnw] *supersonisch*
superstition [znw] *bijgeloof*
superstructure [znw] *bovenbouw*
supervise [ov + on ww] *toezicht*
houden op
supervision [znw] *supervisie*
supervisor [znw] • *inspecteur*
• *(afdelings)chef* • *controleur*
• *surveillant*
supervisory [bnw] • *toezichthoudend*
• *toeziend*
supine [bnw] *achteroverliggend*
supper [znw] *souper, avondmaal(tijd)*
supplant [ov ww] • *(listig) verdringen*
• *vervangen*
supplement I [ov ww] • *aanvullen*
• *toevoegen* II [znw] *supplement*
supplementary [bnw] *aanvullend*
supplication [znw] *smeekbede*
supplier [znw] *leverancier*
supply I [ov ww] *bevoorraden* II [znw]
voorraad
support I [ov ww] *(onder)steunen*
II [znw] *steun*
supporter [znw] • *aanhanger*
• *supporter*
suppose [ov ww] • *veronderstellen*
• *menen* • *denken*
supposition [znw] *veronderstelling*
suppress [ov ww] • *de kop indrukken*
• *verbieden* <v. krant, boek>
• *achterhouden*
suppression [znw] *onderdrukking*

suppurate [on ww] *etteren*
supremacy [znw] • *suprematie*
• *hoogste gezag of macht*
supreme [bnw] • *hoogste, opperste*
• *laatst, uiterst*
surcharge [znw] *toeslag*
sure I [bnw] *zeker* II [bijw] <AE> *(ja)zeker*
surely [bijw] • *gerust* • *zeker*
surety [znw] *borg*
surf I [on ww] *surfen* II [znw] *branding*
surface I [znw] • *oppervlakte*
• *buitenkant*
surfeit I [ov ww] *oververzadigen*
II [znw] *overlading, oververzadiging*
surge I [on ww] • *(hoog) golven*
• *deinen* • *opwellen, opbruisen* II [znw]
• *stijging* • *opwelling* • *golfslag*
surgeon [znw] *chirurg*
surgery [znw] • *spreekuur* • *chirurgie*
• *operatieve ingreep* • *spreekkamer*
surgical [bnw] *chirurgisch*
surly [bnw] *nors*
surmise I [ov + on ww] • *gissen*
• *vermoeden* II [znw] • *gissing*
• *vermoeden*
surmount [ov ww] • *overtrekken* <v.
berg> • *te boven komen* • *staan op*
surmountable [bnw] *overwinbaar*
surname [znw] *achternaam*
surpass [ov ww] *overtreffen*
surplus I [znw] *teveel, overschot*
II [bnw] *overtollig*
surprise I [ov ww] • *verwonderen*
• *verrassen* • *overrompelen* II [znw]
verrassing III [bnw] *verrassings-*
surprising [bnw] • *verwonderlijk*
• *wonderbaarlijk*
surrender I [ov ww] • *overgeven*
• *opgeven* • *afstand doen v.* II [on ww]
• *capituleren* • *z. overgeven* III [znw]
overgave
surreptitious [bnw] *heimelijk*
(verkregen), clandestien
surrogate [znw] *surrogaat*
surround I [ov ww] • *omringen*
• *omsingelen* • *omgeven* II [znw]

vloerbedekking tussen los kleed en wanden

surrounding [bnw] *naburig*

surtax [znw] *extra belasting*

surveillance [znw] *toezicht*

survey I [ov ww] • *inspecteren*
• *opmeten* • *taxeren* • *in ogenschouw nemen, bekijken* II [znw] • *overzicht*
• *rapport* • *onderzoek*

survive [ov + on ww] • *overleven* • *nog (voort) leven of bestaan*

survivor [znw] • *langstlevende*
• *overlevende*

susceptibility [znw] *ontvankelijkheid*

susceptible [bnw] • *ontvankelijk*
• *gemakkelijk te beïnvloeden*
• *lichtgeraakt*

suspect I [ov ww] • *verdenken*
• *wantrouwen* II [on ww] • *vermoeden*
• *geloven* III [znw] *verdachte* IV [bnw] *verdacht*

suspend [ov ww] • *opschorten*
• *verdagen* • *uitstellen* • *schorsen*
• *tijdelijk intrekken* • (~ **from**) *ophangen aan, onthangen aan*

suspender [znw] • *sokophouder*
• *jarretelle*

suspense [znw] • *spanning*
• *onzekerheid*

suspension [znw] • *schorsing*
• *uitstelling* • *suspensie* • *vering*

suspicion [znw] • *argwaan*
• *wantrouwen* • *verdenking* • *(flauw) vermoeden* • *tikkeltje*

suspicious [bnw] • *verdacht*
• *achterdochtig*

sustain [ov ww] • *steunen* • *verdragen*
• *doorstaan* • *in stand houden*
• *aanhouden* <v. noot>

sustenance [znw] *voeding, voedsel*

svelte [bnw] • *soepel, slank*
• *welgevormd*

swab I [ov ww] *zwabberen* II [znw]
<med.> *dotje watten*

swaddle [ov ww] • *inbakeren*
• *inpakken* <v. baby>

swagger I [on ww] *branieachtig lopen*
II [znw] *branie*

swallow I [ov ww] • *(in)slikken*
• *verslinden* • (~ **down**) *inslikken*
• (~ **up**) *verzwelgen* II [on ww] *slikken*
III [znw] • *slok* • *slikbeweging*
• *zwaluw*

swam [ww] *verl. tijd* → **swim**

swamp I [ov ww] *vol of onder water doen lopen* II [znw] *moeras*

swampy [bnw] *moerassig, drassig*

swan [znw] *zwaan*

swank I [on ww] *opscheppen* II [znw] *opschepperij*

swap → **swop**

swarm I [on ww] *zwermen* • (~ **with**) *wemelen van* II [znw] • *zwerm* • *troep*

swarthy [bnw] • *donker(bruin)*
• *gebruind*

swashbuckling [bnw] *branieachtig, blufferig*

swastika [znw] *swastika, hakenkruis*

swat [ov ww] *(dood)slaan* <v. vlieg>

swathe [ov ww] • *zwachtelen*
• *omhullen*

sway I [ov + on ww] • *zwiepen*
• *slingeren* • *zwaaien* II [ov ww] *beïnvloeden* III [znw] • *zwaai* • *invloed*
• *overwicht* • *heerschappij*

swear I [ov + on ww] • *onder ede verklaren* • *zweren* • (~ **by**) *zweren bij*
• (~ **in**) *beëdigen* II [on ww] *vloeken*

sweat I [ov + on ww] *zweten* II [znw]
• *zweet* • *lastig werk*

sweater [znw] *wollen trui*

Swedish [bnw] *Zweeds*

sweep I [ov ww] • *vegen* • *snellen door, slaan over, woeden over, teisteren*
• *bestrijken* • *afzoeken, afdreggen*
• (~ **away**) *wegvagen* • (~ **up**) *opvegen, aanvegen* II [on ww] • *vegen*
• *statig schrijden* 2. *uitstrekken, met een wijde bocht lopen* • *gaan, snellen, woeden* • *strijken over* • (~ **over**) *razen over, slaan over* • (~ **through**) *gaan/snellen door* III [znw] • *veeg*

• schoorsteenveger • bocht • draai, zwaai, slag • streek • omvang, bereik, sector

sweeper [znw] • veger • straatveger, schoorsteenveger • veegmachine

sweeping [bnw] • overweldigend • radicaal • (te) veelomvattend • (te) algemeen • z. uitstrekkend over een (grote) oppervlakte

sweet I [znw] • bonbon, snoepje • dessert • het aangename II [bnw + bijw] • lief • leuk • zoet

sweeten [ov ww] • zoet maken • lijmen <fig.>

swell I [ov ww] • doen zwellen • opblazen II [on ww] • uitdijen • bol gaan staan • zwellen • aanzwellen, opzetten, uitzetten III [znw] • crescendo • deining IV [bnw] prima, eersteklas

swelling [znw] zwelling

swelter [on ww] stikken v.d. hitte

swept [ww] verl. tijd + volt. deelw. → sweep

swerve I [ov + on ww] zwenken II [znw] zwenking

swig I [ov + on ww] <sl.> drinken, zuipen II [znw] teug

swill I [ov ww] • (~ out) uitspoelen II [on ww] zuipen

swim I [ov + on ww] • zwemmen • overzwemmen II [znw] zwempartij

swimmer [znw] zwemmer

swimming [bnw] zwem-

swimmingly [bnw] <inf.> van een leien dakje

swindle I [ov ww] • bezwendelen • oplichten II [znw] • zwendel • oplichterij

swindler [znw] oplichter

swine [znw] zwijn(en)

swing I [ov + on ww] • zwaaien • slingeren • schommelen • swingen • (~ from) hangen aan, bengelen aan • (~ round) (zich) omdraaien II [znw] • ommekeer • schommel • vaart, gang • slag • <muz.> swing

swingeing [bnw] vernietigend

swinging [bnw] • actief, kwiek • bruisend <fig.>

swipe I [ov + on ww] • hard slaan • <sl.> gappen, wegpikken II [znw] harde slag, mep

swirl I [ov + on ww] warrelen, wervelen II [znw] werveling

swish I [ov + on ww] zwiepen II [on ww] ruisen III [znw] gesuis

Swiss I [znw] Zwitser(s) II [bnw] Zwitsers

switch I [ov + on ww] • aan de knop draaien, (over)schakelen • slaan, zwiepen (met) • (~ off) uit-/afdraaien, uitschakelen • (~ on) aandraaien, inschakelen II [znw] • schakelaar • knop • twijg

swivel [ov + on ww] (om zijn as) draaien

swollen [ww] volt. deelw. → swell

swoop I [on ww] • (~ down (upon)) neerschieten op <als 'n roofvogel> aanvallen • (~ up) (weg)grissen, (plotseling) klimmen II [znw] plotseling duikvlucht

swop I [ov + on ww] • verwisselen, (uit)wisselen • verruilen, (om)ruilen II [znw] ruil

sword [znw] zwaard

swore [ww] verl. tijd → swear

sworn I [ww] volt. deelw. → swear II [bnw] • gezworen • beëdigd

swot I [on ww] • blokken • zwoegen II [znw] serieuze student, blokker

sycamore [znw] • esdoorn • <AE> plataan

sycophant [znw] vleier

symbol [znw] • symbool • letter, cijfer

symbolism [znw] symboliek

symbolize [ov ww] symboliseren

symmetry [znw] symmetrie

sympathetic [bnw] • hartelijk • sympathisch

sympathize [on ww] • meevoelen • sympathiseren

sympathizer [znw] • aanhanger

T

• *sympathisant*

sympathy [znw] • *medegevoel*
• *medeleven* • *eensgezindheid*
• *solidariteit(sgevoel)* • *sympathie*

symposium [znw] • *reeks artikelen
van verschillende schrijvers over zelfde
onderwerp* • *kring, bijeenkomst v.
wetenschappers*

symptom [znw] • *symptoom* • *teken*

symptomatic [bnw] *symptomatisch*

synagogue [znw] *synagoge*

synchronize [ov + on ww]
• *samenvallen* • *synchroniseren* • *gelijk
zetten*

syncopate [ov ww] *syncoperen*

syndicate I [ov ww] • *tot syndicaat e.d.
verenigen* • *gelijktijdig in verschillende
kranten publiceren* II [znw]
• *consortium* • *perssyndicaat*
• *syndicaat*

synod [znw] • *synode* • *kerkvergadering*

synonym [znw] *synoniem*

synonymous [bnw] *synoniem*

synopsis [znw] *overzicht, korte
samenvatting*

syntax [znw] *syntaxis*

synthesis [znw] *synthese*

synthesize [ov ww] *synthetisch
bereiden*

synthetic [bnw] • *kunst-* • *synthetisch*
• *onoprecht*

syphilis [znw] *syfilis*

Syrian I [znw] • *Syriër* • *Syrisch* II [bnw]
Syrisch

syringe [znw] • *injectiespuit* • *spuit(je)*

syrup [znw] • *stroop* • *siroop*

system [znw] • *systeem* • *stelsel* • *gestel*
• *maatschappij* • *formatie* ‹in geologie›

systematic [bnw] *systematisch*

systematize [ov ww] *systematiseren*

ta [tw] *dank u, dank je*

tab [znw] • *labeltje* • *metalen lipje*

tabby I [znw] *cyperse kat* II [bnw]
gestreept

tabernacle [znw] • *tabernakel*
• *bedehuis* ‹o.a. bij methodisten›

table I [ov ww] • *indienen* ‹v. voorstel,
motie, enz.› • ‹AE› *voorlopig opzij
zetten* II [znw] • *tafel* ‹ook v.
vermenigvuldiging› • *plateau* • *tabel*

tableau [znw] • *tableau* • *tableau
vivant*

tablet [znw] • *tablet* • *gedenkplaat*

tabloid [znw] *blad met sensationeel
nieuws en societyroddels*

taboo I [znw] *taboe* II [bnw] *verboden,
taboe*

tabular [bnw] *in tabelvorm*

tabulate [ov ww] *rangschikken in
tabellen*

taciturn [bnw] *zwijgend, stil*

tack I [ov ww] • *vastspijkeren* • *rijgen*
• (~ **on**) *(iets overbodigs) toevoegen*
II [on ww] *laveren, overstag gaan*
III [znw] • *gedragslijn* • *kopspijker*

tackle I [ov + on ww] • *aanvallen*
• *aanpakken* ‹v. probleem› • ‹sport›
tackelen II [znw] • *tuig, uitrusting*
• *takel*

tacky [bnw] • *kleverig* • *slecht gemaakt,
lelijk* • ‹AE› *haveloos*

tact [znw] *tact*

tactful [bnw] *tactvol*

tactical [bnw] *tactisch*

tactician [znw] *tacticus*

tactile [bnw] • *tactiel* • *tastbaar*

tactless [bnw] *tactloos, ontactisch*

tag I [ov ww] • *van labels voorzien*
• *etiketteren* • ‹AE› *bestempelen als*
II [on ww] • (~ **along** (**with**)) *op de
voet volgen* III [znw] • *tikkertje* ‹spel›

• label

tail I [ov ww] schaduwen II [on ww] • (~ **off**) geleidelijk afnemen III [znw] • staart • (uit)einde • pand <v. jas>

tailor I [ov ww] aanpassen II [znw] kleermaker

taint I [ov ww] • bevlekken, bezoedelen • aantasten II [znw] • smet • bederf

take I [ov ww] • nemen, gebruiken <v. eten, drinken> • aannemen • afnemen • innemen • opnemen • meenemen • oplopen, vatten <kou> • begrijpen, beschouwen, opvatten, opnemen • aanvaarden • (~ **apart**) uit elkaar halen, demonteren, kritisch analyseren • (~ **away**) wegnemen, meenemen, afnemen • (~ **back**) terugnemen, terugbrengen • (~ **down**) 'n toontje lager doen zingen, afnemen, neerhalen, opschrijven • (~ **for**) houden voor • (~ **from**) aftrekken, afnemen van, slikken van • (~ **in**) onderdak verlenen, inademen, in z. opnemen, beetnemen, innemen, binnenkrijgen • (~ **off**) uittrekken, van 't repertoire nemen, afnemen, afzetten, opheffen, wegbrengen, karikaturiseren • (~ **on**) aannemen, op z. nemen, overnemen • (~ **out**) uitnemen, verwijderen, aanvragen • (~ **over**) overnemen • (~ **up**) ingaan op, innemen, in beslag nemen, beginnen, opnemen II [on ww] • werkzaam zijn • aanslaan <v. plant> • (~ **after**) aarden naar • (~ **off**) afnemen, opstijgen • (~ **on**) opgang maken, tekeergaan • (~ **over**) overnemen • (~ **to**) graag mogen, gewoonte maken van III [znw] opname

taken [ww] volt. deelw. → **take**

tale [znw] • verhaal • sprookje • smoesje

talent [znw] • talent • iem. met talent

talented [bnw] begaafd

talk I [ov ww] spreken over • (~ **down**) tot zwijgen brengen • (~ **into**) overreden • (~ **round**) iem. bepraten II [on ww] praten, spreken

• (~ **about/of**) praten over • (~ **back**) brutaal antwoord geven • (~ **down**) neerbuigend praten III [znw] • gepraat • gesprek • bespreking • praatjes, gerucht

talkative [bnw] praatziek

talker [znw] prater

tall [bnw] • hoog • lang

tallow [znw] • talk • kaarsvet

tally I [on ww] kloppen, stroken met II [znw] • aantal • score

talon [znw] klauw <v. roofvogel>

tambourine [znw] tamboerijn

tame I [ov ww] temmen II [bnw] tam

tan I [ov ww] • looien <sl.> afranselen II [on ww] bruin worden <v. huid> III [znw] bruinere huidskleur als gevolg v. zonlicht IV [bnw] geelbruin

tang [znw] sterke smaak of geur

tangent [znw] • raaklijn • <wisk.> tangens

tangential [bnw] • tangentiaal • oppervlakkig

tangle I [ov ww] verwikkelen II [on ww] in de war maken/raken/zijn • (~ **with**) in conflict raken met III [znw] • verwarring • verwarde toestand • wirwar

tank [znw] • reservoir • tank

tankard [znw] (bier)pul

tanker [znw] tankschip

tanner [znw] looier

tannery [znw] looierij

tantalize [ov ww] doen watertanden

tantamount [bnw] gelijkwaardig

tantrum [znw] woedeaanval

tap I [ov ww] • aftappen • afluisteren <v. telefoon> • aanbreken <v. fles> • uithoren II [on ww] zacht tikken, zacht kloppen III [znw] • tikje, klopje • kraan

tape I [ov ww] • opnemen <op geluids- of beeldband> • met lint verbinden II [znw] • geluidsband • plakband • lint

taper I [ov ww] taps/spits doen toelopen

• (~ **off**) uitlopen in punt, scherp toelopen **II** [on ww] taps/spits toelopen **III** [znw] kaars

tapestry [znw] wandtapijt

tar **I** [ov + on ww] teren **II** [znw] teer

tarantula [znw] tarantel, vogelspin, wolfsspin

tardy [bnw] • te laat • langzaam, traag

target [znw] • schietschijf • mikpunt • doel • productiecijfer

tariff [znw] (tol)tarief

tarmac [znw] asfalt(weg)

tarn [znw] bergmeertje

tarnish **I** [ov ww] • mat/dof maken • bezoedelen **II** [on ww] mat/dof worden

tarpaulin [znw] • zeildoek • dekkleed

tarragon [znw] dragon

tarry **I** [on ww] dralen **II** [bnw] • teer- • teerachtig • geteerd

tart **I** [ov ww] • (~ **up**) opdirken **II** [znw] • taart(je) • ‹sl.› slet **III** [bnw] wrang, zuur, scherp

tartan [znw] Schotse ruit

task **I** [ov ww] veel vergen v. **II** [znw] taak

tassel [znw] kwastje

taste **I** [ov ww] proeven **II** [on ww] smaken ‹ook fig.› **III** [znw] • smaak(je) • slokje • ‹inf.› 'n weinig

tasteful [bnw] smaakvol, v. goede smaak getuigend

tasteless **I** • v. slechte smaak getuigend, smakeloos • smaakloos

tasty [bnw] • smakelijk • aantrekkelijk

tat [znw] goedkope rommel

tattered [bnw] haveloos

tattoo **I** [ov ww] tatoeëren **II** [on ww] trommelen **III** [znw] • taptoe • militair schouwspel • tatoeage

tatty [bnw] smerig, sjofel, slordig

taught [ww] verl. tijd + volt. deelw. → **teach**

taunt **I** [ov ww] beschimpen **II** [znw] beschimping

taut [bnw] strak, gespannen

tautology [znw] tautologie

tavern [znw] taveerne, café, herberg

tawdry [bnw] • opzichtig • opgedirkt • smakeloos

tawny [bnw] taankleurig

tax **I** [ov ww] • belasten • veel vergen v. • op de proef stellen • (~ **with**) beschuldigen v. **II** [znw] belasting

taxable [bnw] belastbaar

taxation [znw] belasting

taxi **I** [on ww] taxiën ‹v. vliegtuig› **II** [znw] taxi

taxidermist [znw] iem. die dieren opzet

tea [znw] • thee • theemaaltijd • hoofdmaaltijd

teach [ov + on ww] onderwijzen, leren

teacher [znw] leraar, onderwijzer

teaching **I** [znw] • het onderwijs • leer **II** [bnw] onderwijzend

teak [znw] • teakboom • teakhout

team **I** [on ww] • (~ **up**) ‹inf.› samen een team vormen • (~ **up with**) ‹inf.› samenwerken met **II** [znw] • ploeg, span ‹paarden› • elftal

tear **I** [ov ww] • (ver)scheuren • trekken (aan) • uitrukken ‹v. haren› • openrijten • (~ **apart**) verscheuren, kapotscheuren • (~ **at**) rukken aan • (~ **down**) afbreken ‹v. gebouw› • (~ **up**) verscheuren, uitroeien **II** [on ww] scheuren • (~ **about**) wild rondvliegen **III** [znw] • traan • druppel • scheur

tearful [bnw] • vol tranen • betraand

tease **I** [ov ww] • plagen • kwellen • ‹vulg.› opgeilen • (~ **out**) ontwarren **II** [znw] • plaaggeest • vrouw die beurtelings met een man flirt en hem afwijst

teasel [znw] kaarde

teaser [znw] • plager • ‹inf.› moeilijke vraag

teat [znw] tepel ‹v. dier›, uier, speen

tech ‹inf.› [znw] technische school, ≈ hogere technische school

technical [bnw] • technisch

• *vaktechnisch*

technicality [znw] *technisch detail*

technician [znw] *technicus*

technique [znw] • *techniek, werkwijze*
• *manier v. optreden, handelen*

technocracy [znw] *technocratie*

technocrat [znw] *technocraat*

technologist [znw] *technoloog*

technology [znw] *technologie*

tedious [bnw] *saai, vervelend*

teem [on ww] • (~ **with**) *wemelen v.*

teeter [on ww] *wankelen*

teeth [mv] → **tooth**

teethe [on ww] *tanden krijgen*

teetotal [bnw] *geheelonthouders-,
alcoholvrij*

teetotaller [znw] *geheelonthouder*

telegraphese [znw] *telegramstijl*

telegraphic [bnw] • *telegrafisch*
• *telegram-*

telepathy [znw] *telepathie*

telephone I [ov + on ww] *telefoneren*
II [znw] *telefoon*

telephonist [znw] *telefonist(e)*

teleprinter [znw] *telex*

telescope I [ov + on ww] • *in elkaar
schuiven* • *inschuifbaar zijn* II [znw]
verrekijker

telescopic [bnw] *telescopisch*

television [znw] *televisie*

telex I [ov + on ww] *telexen* II [znw]
telex

tell I [ov ww] • *(op)tellen <v. stemmen
in parlement>* • *uit elkaar houden*
• *zeggen* • *vertellen* • (~ **off**) *berispen*
II [on ww] • *vertellen* • *zeggen*
• *klikken* • *effect hebben, indruk maken*
• (~ **against**) *pleiten tegen* • (~ **of**)
getuigen v.

teller [znw] • *kassier* • *stemopnemer
<lid v.h. parlement>*

telling [bnw] • *indrukwekkend*
• *tekenend*

telly [znw] *tv*

temerity [znw] • *onbezonnenheid*
• *roekeloosheid*

temp I [on ww] *werken als
uitzendkracht* II [znw] *uitzendkracht*

temper I [ov ww] • *harden <v. staal>*
• *matigen, verzachten* II [znw] • *aard,
aanleg, natuur* • *stemming, humeur*
• *boze bui*

temperamental [bnw] • *aangeboren*
• *onbeheerst*

temperance [znw] • *matigheid*
• *(geheel)onthouding*

temperate [bnw] *matig, gematigd*

tempest [znw] *storm*

tempestuous [bnw] *stormachtig,
onstuimig*

temple [znw] • *slaap <v.h. hoofd>*
• *tempel, kerk*

temporary [bnw] *tijdelijk*

temporize [on ww] *trachten tijd te
winnen*

tempt [ov ww] *verleiden, bekoren*

temptation [znw] *verleiding, bekoring*

tempting [bnw] *verleidelijk*

ten [telw] *tien*

tenable [bnw] *te verdedigen, houdbaar*

tenacious [bnw] *vasthoudend*

tenacity [znw] *vasthoudendheid*

tenancy [znw] *huur, pacht*

tenant [znw] *huurder, pachter*

tend I [ov ww] • *hoeden <dieren>*
• *oppassen <op zieke>* • *zorgen voor*
II [on ww] • *in de richting gaan v.*
• *geneigd zijn* • (~ **to**) *leiden tot,
neigen tot*

tendency [znw] • *neiging, aanleg*
• *tendens*

tendentious [bnw] *tendentieus*

tender I [ov ww] *aanbieden* II [znw]
• *oppasser* • *tender <v. locomotief>*
• *aanbod, offerte* III [bnw]
• *liefhebbend* • *mals* • *teder, zacht*
• *gevoelig* • *pijnlijk*

tenderize [ov ww] *mals maken <v.
vlees>*

tendon [znw] *pees*

tendril [znw] *scheut, rank, dunne twijg*

tenement [znw] *huurflat*

tenet [znw] dogma, leerstelling

tenner <inf.> [znw] bankbiljet van tien pond

tenon [znw] (houten) pen

tenor [znw] • gang <v. zaken> • geest, strekking, bedoeling • tenor • altviool

tense I [ov ww] spannen II [znw] <taalk.> grammaticale tijd III [bnw] (in)gespannen, strak

tensile [bnw] rekbaar, elastisch

tension [znw] • (in)spanning • spankracht

tentacle [znw] • voelhoorn • vangarm

tentative [bnw] • voorzichtig • weifelend

tenth [telw] tiende

tenuous [bnw] • (te) subtiel, vaag • onbeduidend

tenure [znw] • (periode v.) bezit • (ambts)periode • eigendomsrecht

tepee, tipi [znw] wigwam

term I [ov ww] (be)noemen II [znw] • beperkte periode • trimester • term

terminal I [znw] • (pool)klem <elektriciteit> • einde • <comp.> eindstation, terminal II [bnw] • slot-, eind- • dodelijk <v. ziekte>

terminate [ov + on ww] • beëindigen • opzeggen of aflopen <v. contract>

terminus [znw] • eindstation • eind(punt)

termite [znw] termiet

tern [znw] stern

terrace [znw] • bordes • terras • rij v. rijtjeshuizen

terrestrial [bnw] • aards, ondermaans • land-

terrible [bnw] verschrikkelijk, ontzettend

terribly [bijw] • vreselijk, verschrikkelijk, erg • geweldig

terrier [znw] terriër

terrific [bnw] ontzettend (goed), schrikbarend

terrify [ov ww] • (doods)bang maken • doen schrikken

territorial I [znw] soldaat v.d. vrijwillige landweer II [bnw] • territoriaal • land-

terror [znw] • angst • verschrikking • terreur

terrorism [znw] terrorisme

terrorize [ov ww] terroriseren

terse [bnw] kort, beknopt

tertiary [bnw] tertiair

test I [ov ww] • beproeven, op de proef stellen • overhoren II [znw] • proef • beproeving • proefwerk

testicle [znw] testikel, zaadbal

testify I [ov ww] • verklaren • getuigen v. • (~ to) getuigen v., getuigenis afleggen v. II [on ww] getuigen

testimonial [znw] getuigschrift

testimony [znw] bewijs, verklaring onder ede

testy [bnw] prikkelbaar

tetchy [bnw] gemelijk, prikkelbaar

text [znw] tekst

textile [znw] textiel

textual [bnw] • letterlijk • m.b.t. de tekst

texture [znw] structuur

Thai I [znw] • Thai • Thailander II [bnw] Thais, Thailands

than [vw] dan

thank [ov ww] (be)danken

thankful [bnw] dankbaar

thankless [bnw] ondankbaar

that I [aanw vnw] dat, die II [betr vnw] die, dat, welke, wat III [vw] • opdat • dat

thatch I [ov ww] met riet dekken II [znw] • (dak)stro • rieten dak • <inf.> dik hoofdhaar

thaw I [ov + on ww] (doen) (ont)dooien II [znw] dooi

the [lw] de, het

theatre, theater [znw] • theater • operatiezaal • toneel

theatrical [bnw] theatraal, toneel-

theft [znw] diefstal

their [bez vnw] hun, haar

theirs [bez vnw] *de/het hunne, hare*

them [pers vnw] *hen, hun, haar, ze, zich*

theme [znw] • *onderwerp* • *thema*

themselves [wkd vnw] *zich(zelf)* <mv>

thence [bijw] *vandaar, om die reden*

theocracy [znw] *theocratie*

theologian [znw] *godgeleerde*

theologic(al) [bnw] *theologisch*

theology [znw] *godgeleerdheid*

theoretician [znw] *theoreticus*

theorize [on ww] *theoretiseren*

theory [znw] *theorie*

therapy [znw] *therapie, behandeling*

there [bijw] • *daar, er* • *daarheen*

therefore [bijw] • *daarom* • *bijgevolg, dus*

therm [znw] *bepaalde warmte-eenheid*

thermal I [znw] *thermiek* II [bnw] *warmte-*

thermostat [znw] *thermostaat*

these [aanw vnw] *deze*

thesis [znw] • *dissertatie* • *te verdedigen stelling*

they [pers vnw] *zij* <mv>, *men*

thick I [bnw + bijw] • *dik, breed* • *intiem* • *dicht begroeid* • *onduidelijk klinkend door slechte articulatie* • *dom* • *sterk* <fig.>, *kras*

thicken I [ov ww] • *verdikken* • *binden* <v. saus, jus, soep> II [on ww] *talrijker worden, dikker*

thicket [znw] *struikgewas*

thickness [znw] • *dikte* • *laag*

thief [znw] *dief*

thieving [znw] *diefstal*

thigh [znw] *dij*

thimble [znw] *vingerhoed*

thimbleful [znw] *vingerhoedje, heel klein beetje*

thin I [ov + on ww] *dunner worden, verdunnen* II [bnw] • *dun* • *ijl* <lucht> • *mager* • *doorzichtig*

think I [ov ww] *vinden, achten* • (~ **out**) *uitdenken, ontwerpen* <plan>, *overwegen* • (~ **over**) *overdenken* • (~ **up**) <AE> *bedenken, verzinnen*

II [on ww] • *denken* • *bedenken* • *(erover) nadenken* • *z. voorstellen* • (~ **about**) *denken over* • (~ **of**) *denken aan/over/van*

thinker [znw] *denker*

third [telw] *derde*

thirst I [on ww] • (~ **after/for**) *dorsten naar* II [znw] *dorst*

thirsty [bnw] *dorstig*

thirteen [telw] *dertien*

thirtieth [telw] *dertigste*

thirty [telw] *dertig*

this [aanw vnw] *dit, deze* <enkelvoud>

thistle [znw] *distel*

thither [bijw] *derwaarts*

thorax [znw] • *borstkas* • *borststuk* <v. insect>

thorn [znw] *stekel, doorn*

thorny [bnw] • *doornachtig, stekelachtig* • *netelig*

thorough [bnw] • *volkomen* • *grondig* • *degelijk*

those [aanw vnw] • *degenen* • *die* <mv>, *zij* <mv>

thou <vero.> [pers vnw] *gij* <enkelvoud>

though I [bijw] *maar toch, evenwel* II [vw] *ofschoon, niettegenstaande*

thoughtless [bnw] *gedachteloos, onnadenkend*

thousand [telw] *duizend*

thread I [ov ww] *aanrijgen* <kralen>, *een draad doen door* II [znw] *draad, garen*

threat [znw] *bedreiging*

threaten [ov ww] • *(be)dreigen* • *dreigen met*

three I [znw] *drietal* II [telw] *drie*

thresh [ov ww] *dorsen*

threshold [znw] • *drempel* • *grens(gebied)*

threw [ww] *verl. tijd* → **throw**

thrift [znw] *zuinigheid, spaarzaamheid*

thrifty [bnw] *zuinig*

thrill I [ov ww] *aangrijpen* II [on ww] • (~ **to**) *aangegrepen/ontroerd worden, verrukt/zeer enthousiast zijn* III [znw]

• spanning • sensatie
thrilling [bnw] • sensationeel
• spannend
thrive [on ww] gedijen, voorspoed
hebben
throat [znw] keel
throaty [bnw] schor
throb I [on ww] • pulseren, kloppen,
bonzen • ronken ‹v. machine› II [znw]
• (ge)bons • (ge)klop
thrombosis [znw] trombose
throne [znw] • troon • soevereine macht
throng I [on ww] • z. verdringen
• opdringen, toestromen II [znw]
• menigte • gedrang
throttle I [ov ww] wurgen II [on ww]
• (~ **back/down**) gas minderen
III [znw] • smoorklep • gaspedaal
through [vz] door
throughout [vz] door, langs
throve [ww] verl. tijd → **thrive**
throw I [ov ww] • (uit)werpen,
(weg)gooien • verslaan • maken
‹scène› • (~ **about**) heen en weer
gooien, smijten ‹met geld› • (~ **away**)
voorbij laten gaan, weggooien • (~ **in**)
ingooien, ertussen gooien ‹opmerking›
• (~ **off**) uitgooien ‹kleren›, z.
bevrijden v. • (~ **on**) aanschieten
‹kleren› • (~ **out**) eruit gooien,
afgeven ‹hitte›, verwerpen • (~ **over**)
in de steek laten • (~ **up**) opgooien,
voortbrengen, kappen ‹met baan›
II [on ww] gooien • (~ **back**) oude
koeien uit de sloot halen • (~ **up**)
braken III [znw] worp, gooi
thru ‹AE› → **through**
thrum I [ov + on ww] ronken II [znw]
geronk
thrush [znw] • lijster • spruw
thrust I [ov + on ww] • duwen • werpen
• steken • stuwen II [znw] • stoot
• steek • aanval • stuwkracht
thud I [on ww] ploffen, dreunen
II [znw] doffe slag, plof
thug [znw] gangster

thumb I [ov ww] • liften • snel
doorbladeren ‹v. boek› II [znw] duim
thump I [ov + on ww] beuken,
stompen, erop slaan II [znw] • zware
slag • stomp
thumping [bnw] geweldig
thunder I [on ww] donderen II [znw]
donder
thundering [bnw] kolossaal
thunderous [bnw] donderend
thundery [bnw] met kans op onweer
Thursday [znw] donderdag
thus [bijw] • op deze/die manier, zo,
aldus • als gevolg van
thwack I [ov ww] een dreun geven
II [znw] (harde) klap, dreun
thwart [ov ww] • dwarsbomen
• verijdelen
thy ‹vero.› [bez vnw] uw
thyme [znw] tijm
thyroid [znw] schildklier
tiara [znw] tiara, diadeem
tick I [ov ww] tekentje zetten • (~ **off**)
aanstrepen ‹op lijst›, een standje geven
II [on ww] tikken • (~ **over**) stationair
lopen ‹v. motor› III [znw] • (ge)tik
• tekentje ‹om aan te strepen›
• krediet • teek • ogenblik
ticking [znw] beddentijk
tickle I [ov ww] • kietelen • amuseren
II [znw] • gekietel • kriebel
ticklish [bnw] • kittelig • netelig, teer,
lastig
tidbit [znw] → **titbit**
tiddler [znw] (klein) visje
tiddly [bnw] • aangeschoten • nietig,
klein
tide I [ov ww] • (~ **over**) te boven
komen ‹v. tegenslag› II [znw] • getij
• stroom
tidings [mv] nieuws, bericht(en)
tidy I [ov ww] • opruimen • in orde
brengen • (~ **up**) (z.) opknappen
II [znw] • sponsbakje en zeepbakje
• iets om allerlei spullen in op te
bergen, werkmandje III [bnw] • netjes,

proper • flink <v. bedrag>

tie I [ov ww] • (vast)binden • verbinden • (~ up) vastmaken, vastmeren, verbinden, afbinden II [znw] • onbesliste wedstrijd, gelijke stand • knoop • das • verbinding, iets dat bindt

tight [bnw] • strak • precair • dronken • gierig

tights [mv] [ov ww] panty

tilt I [ov + on ww] schuinhouden, schuin zijn II [znw] schuine hoek

timber I [znw] • hout • bomen • balk • spant <v. schip> II [bnw] houten

time I [ov ww] klokken II [znw] • tijd • periode • keer • gelegenheid • maat

timeless [bnw] • oneindig • tijdloos

timely [bnw] te juister tijd

timid, timorous [bnw] bedeesd, verlegen

timing [znw] de keuze v.h. juiste tijdstip

tin I [znw] • tin • blik(je) • trommel • bakvorm II [bnw] tinnen

tincture [znw] tinctuur

tinder [znw] tondel

ting I [ov + on ww] tingelen II [znw] getingel

tinge I [ov ww] een tintje geven II [znw] • tint, kleur • zweem

tingle [on ww] tintelen

tinkle [ov + on ww] tingelen, rinkelen

tinny [bnw] • blikkerig, schel • derderangs

tinsel I [znw] kerstslingers II [bnw] schijn-, vals

tint I [ov ww] een tint geven II [znw] tint

tiny [bnw] (zeer) klein

tip I [ov ww] • fooi geven • doen hellen, kantelen • doen doorslaan <v. weegschaal> • wippen <met stoel> • wenk geven • (~ off) voor iets waarschuwen • (~ up) schuin zetten II [on ww] hellen III [znw] • eind(je) • punt • topje <v. vingers> • mondstuk

<v. sigaret> • fooi • tip • vuilnisbelt

tipple I [ov + on ww] pimpelen II [znw] sterkedrank

tipster [znw] iem. die tips geeft

tipsy [bnw] aangeschoten, dronken

tire I [ov ww] • vermoeien • vervelen • tooien • (~ out) afmatten II [on ww] • (~ with) iets/iem. beu worden, vermoeid worden v. III [znw] • band <om wiel> • vero.> (hoofd)tooi • <AE> schort

tired [bnw] • vermoeid • versleten • vervelend

tireless [bnw] onvermoeibaar

tiresome [bnw] vervelend

tiro [znw] beginneling

tissue [znw] weefsel <v. stof of organisme>

tit [znw] • mees • <vulg.> tiet, tepel

titbit [znw] • lekker hapje • interessants, juweeltje <fig.>, iets moois

tithe [znw] tiende deel, tiend

title [znw] • (eigendoms)recht • titel

titled [bnw] met titel

titular [bnw] • in naam • zogenaamd

tizzy [znw] opwinding

to I [bijw] II [vz] • naar, tot, aan, tot aan • bij • tegen • in • op • van • om te

toad [znw] • pad <dier> • walgelijk persoon, vuilak

toady [znw] vleier, kruiper

toast I [ov ww] • roosteren • verwarmen • dronk instellen op II [znw] • populair iem. • heildronk • geroosterd brood

toaster [znw] broodrooster

tobacco [znw] tabak

tobacconist [znw] • sigarenwinkelier • sigarenfabrikant

toboggan I [on ww] met slede helling afgaan, rodelen II [znw] platte slee

today [bijw] • vandaag • tegenwoordig

toddle [on ww] waggelen

toddler [znw] peuter, dreumes

toe [znw] • teen • neus <v. schoen>

together [bijw] • samen, tegelijk

• *aaneen*

togetherness [znw] *saamhorigheid, solidariteit*

toggle [znw] *dwarshoutje, knevel(tje)*

toil I [on ww] *hard werken* II [znw] *zware arbeid, inspanning*

toilet [znw] • *toilet* • *wc*

token I [znw] • *bewijs* • *aandenken* • *(boeken-/cadeau-/platen)bon* II [bnw] *symbolisch*

told [ww] *verl.tijd + volt.deelw.* → **tell**

tolerable [bnw] • *draaglijk* • *tamelijk*

tolerance [znw] • *verdraagzaamheid* • *'t dulden*

tolerant [bnw] *verdraagzaam*

toll I [ov + on ww] *luiden <v. klok>* II [znw] • *tol(geld)* • *slag <v. klok>*

tomato [znw] *tomaat*

tomboy [znw] *robbedoes, wildebras*

tome [znw] *boekdeel*

tomorrow [bijw] *morgen*

ton [znw] • 2240 Eng. pond <1016 kg> • <AE> 2000 Eng. pond <907 kg>

tonal [bnw] *de toon betreffend*

tonality [znw] • *toonaard* • *toonzetting*

tone I [ov ww] • (~ **down**) *temperen* • (~ **up**) *sterker maken <v. spieren>* II [on ww] • (~ **down**) *verflauwen* • (~ **in**) *(qua kleur) passen bij* III [znw] • *tonus* • *toon* • *klank* • *stemming, geest* • *tint* • *cachet*

toneless [bnw] *toonloos*

tongs [mv] *tang*

tongue [znw] • *tong* • *spraak* • *taal*

tonic [znw] • *tonic <frisdrank>* • *tonicum, versterkend middel* • <muz.> *grondtoon*

tonight [bijw] • *vanavond* • *vannacht, komende nacht*

tonnage [znw] • *laadruimte in schip* • *gewicht in tonnen*

tonsil [znw] *amandel <klier>*

tonsure [znw] *tonsuur*

too [bijw] • *(al) te* • *ook, nog wel*

took [ww] *verl.tijd* → **take**

tool [znw] *gereedschap, instrument,*

hulpmiddel, werktuig

toot [on ww] *toeteren*

tooth [znw] *tand, kies*

tootle [on ww] • *kuieren* • *toeteren <op instrument>*

top I [ov ww] *overtreffen* • (~ **up**) *bijvullen* II [znw] • *top, hoogtepunt* • *bovenkant* • *deksel, dop* • *topje*

topaz [znw] *topaas*

topic [znw] *onderwerp v. gesprek*

topical [bnw] *actueel*

topography [znw] *topografie*

topping I [znw] *toplaag* II [bnw] *tiptop*

topple I [ov ww] • (~ **down/over**) *omvergooien* II [on ww] • (~ **down/over**) *omvallen*

torch [znw] *fakkel, toorts*

tore [ww] *verl. tijd* → **tear**

torment I [ov ww] *martelen, kwellen* II [znw] *marteling <emotioneel, psychologisch>, kwelling, plaag*

tormentor [znw] *beul, kwelgeest*

torn [ww] *volt. deelw.* → **tear**

torpedo I [ov ww] *torpederen* II [znw] *torpedo*

torpid [bnw] *traag*

torque [znw] • *halssnoer van gevlochten metaal* • <techn.> *torsie*

torrent [znw] *stroom, stortvloed*

torrential [bnw] *als een stortvloed*

torso [znw] *torso, tors*

tortoise [znw] *landschildpad*

tortuous [bnw] • *verwrongen, gedraaid* • *slinks*

torture I [ov ww] *martelen, folteren, kwellen* II [znw] *foltering, marteling, kwelling*

torturer [znw] *folteraar*

Tory [znw] • *conservatief* • *lid v.d. Engelse Conservatieve Partij* • <AE> *Britsgezinde*

toss I [ov ww] • *gooien* • *mengen <v. salade>* II [znw] *worp*

tot I [ov ww] • (~ **up**) *optellen* II [znw] • *klein kind, hummeltje* • *borreltje, glaasje*

total I [on ww] *bedragen* II [znw] *totaal*
III [bnw] *totaal, volslagen*

totalitarianism [znw] *totalitarisme,
eenpartijstelsel*

totality [znw] *totaliteit*

totter [on ww] *waggelen, wankelen*

touch I [ov ww] • *(aan)raken,
(aan)roeren* • *betreffen* • (~ **off**)
veroorzaken • (~ **up**) *retoucheren,
afmaken, bijwerken* II [on ww] *raken*
• (~ **down**) *neerkomen, landen*
• (~ **on**) *even aanroeren* ‹v.
onderwerp› III [znw] • *aanraking,
betasting* • *tastzin* • *vaardigheid*

touched [bnw] • *ontroerd* • *getikt*

touchy [bnw] • *(over)gevoelig*
• *lichtgeraakt* • *teer*

tough I [znw] ‹AE› *misdadiger* II [bnw]
• *taai* • *hardnekkig* • *moeilijk* ‹v. werk,
opdracht› • ‹AE› *gemeen, misdadig*

toughen [ov + on ww] *hard (doen)
worden*

tour I [ov + on ww] *een (rond)reis
maken (door)* II [znw] • *(rond)reis*
• *uitstapje* • *tournee*

tourism [znw] *toerisme*

tourist [znw] *toerist*

tournament [znw] *toernooi*

tout I [on ww] *klandizie trachten te
krijgen* II [znw] *klantenlokker*

tow I [ov ww] *slepen, trekken* II [znw]
sleepboot

towards [vz] *naar ... toe*

towel I [ov + on ww] (z.) *afdrogen*
II [znw] *handdoek*

tower I [on ww] *hoog uitsteken boven,
z. hoog verheffen* II [znw] • *verdediger*
• *toren*

towering [bnw] • *verheven* • *torenhoog*

town [znw] *stad*

township [znw] *gemeente*

toxic [bnw] *giftig, vergiftigings-*

toxicology [znw] *toxicologie*

toxin [znw] *toxine*

toy I [on ww] • (~ **with**) *spelen met*
II [znw] • *(stuk) speelgoed* • *speelbal*

trace I [ov ww] • *nasporen* • *overtrekken*
• (~ **back**) *terugvoeren* • (~ **out**)
duidelijk en netjes schrijven II [znw]
• *(voet)spoor* • *kleine hoeveelheid*

tracing [znw] *overgetrokken tekening*

track I [ov ww] • (~ **down**) *volgen,
opsporen* II [znw] • *spoor* • *weg, pad,
baan* • *spoorbaan*

tract [znw] • *gebied, uitgestrektheid*
• *verhandeling* • ‹anat.›
ademhalings-/spijsverteringsstelsel

tractable [bnw] *gemakkelijk te
behandelen, volgzaam, gedwee*

traction [znw] *tractie, 't
(voort)getrokken worden*

tractor [znw] *tractor, trekker*

trade I [ov ww] *ruilen, verhandelen*
• (~ **in**) ‹AE› *inruilen* • (~ **off**) ‹AE›
verhandelen II [on ww] *handel drijven*
• (~ **on**) *misbruik maken van* ‹iem.'s
goedheid› III [znw] • *(ruil)handel*
• *ambacht* • *vak, beroep*

trader [znw] *koopman*

tradition [znw] *traditie, overlevering*

traditional [bnw] *traditioneel, volgens
overlevering, aloud*

traffic I [ov + on ww] • *helen* • *drugs
verkopen* II [znw] *(koop)handel*

trafficker [znw] *dealer*

tragedy [znw] *treurspel, tragedie*

trail I [ov + on ww] *slepen* II [ov ww] *de
sporen volgen van* III [znw] • *spoor*
• *pad* • *spoorweg*

train I [ov ww] • *leiden* ‹v. plant in bep.
richting› • *vormen, trainen* II [on ww]
trainen III [znw] • *sleep* • *nasleep*
• *reeks* • *trein*

trainee [znw] *iem. die getraind wordt,
leerling*

trainer [znw] *trainer, oefenmeester,
africhter*

training [znw] *opleiding*

traipse [on ww] *doelloos rondslenteren,
zwerven, (rond)zwalken*

trait [znw] *(karakter)trek*

traitor [znw] *verrader*

trajectory [znw] baan <v. projectiel>
trammel I [ov ww] belemmeren
II [znw] belemmering
tramp I [on ww] sjokken II [znw]
• zware stap • voetreis • landloper • slet
trample [ov ww] vertrappen, met
voeten treden
tranquil [bnw] kalm, rustig
tranquillize [ov ww] kalmeren,
verzachten
tranquillizer [znw] kalmerend middel
transact [ov ww] • verrichten • zaken
doen
transaction [znw] transactie
transatlantic [bnw] transatlantisch
transcend [ov ww] te boven gaan,
overtreffen
transcendence [znw] transcendentie
transcendent [bnw] overtreffend
transcendental [bnw] bovenzinnelijk
transcript [znw] afschrift
transfer I [ov ww] • overdrukken
• vervoeren • overdragen, overbrengen
• overmaken, overschrijven <op
rekening> • overplaatsen II [on ww]
overgeplaatst worden III [znw]
• plakplaatje • overdracht,
overbrenging
transferable [bnw] over te dragen
transference [znw] overdracht
transfix [ov ww] doorboren
transgress [ov ww] • overtreden,
schenden • zondigen
transience [znw] vergankelijkheid
transient I [znw] passant II [bnw]
vergankelijk, v. korte duur
transistor [znw] • transistor
• transistor(radio)
transit [znw] • doortocht, doorvoer
• vervoer
transition [znw] overgang(speriode)
transitive [bnw] overgankelijk
transitory [bnw] vergankelijk, tijdelijk
translate [ov ww] • vertalen • omzetten
• uitleggen, verklaren
translation [znw] vertaling

translator [znw] vertaler
translucent [bnw] • doorschijnend
• doorzichtig
transmission [znw] • uitzending,
overbrenging • transmissie
transmit [ov ww] • overbrengen,
overzenden • overleveren • <techn.>
geleiden
transmitter [znw] radiozender
transmute [ov ww] • veranderen
• verwisselen
transparency [znw] • doorzichtigheid,
doorschijnendheid • dia
transparent [bnw] doorzichtig
transpire [on ww] <inf.> gebeuren
transplant I [ov ww] • verplanten,
overplanten • overbrengen,
transplanteren II [znw] transplantatie
transport I [ov ww] • vervoeren,
transporteren • verrukken II [znw]
• transport • vervoer
transportation [znw] • transport
• openbaar vervoer • <AE> middelen v.
vervoer
transporter [znw] vervoerder
transpose [ov ww] • verplaatsen
• omzetten
transverse [bnw] dwars
transvestite [znw] travestiet
trap I [ov ww] • in de val laten lopen
• met vallen vangen II [znw]
• val(strik) • licht rijtuig • <sl.> mond
trapper [znw] pelsjager
trash [znw] rommel
trashy [bnw] prullerig
traumatic [bnw] traumatisch
travel I [ov + on ww] • reizen • afleggen
<v. afstand> • z. voortplanten <v.
(geluids)golven> II [znw] 't reizen
traveller [znw] reiziger
traverse [ov ww] • doortrekken
• oversteken
travesty I [ov ww] parodiëren II [znw]
parodie, karikatuur
trawl I [on ww] treilen II [znw] sleepnet
trawler [znw] treiler

tray [znw] presenteerblad
treacherous [bnw] • verraderlijk
treachery [znw] verraad
treacle [znw] stroop
tread I [ov + on ww] • stappen
• (be)treden • vertrappen II [znw]
• stap, tred • trede • profiel ‹v. band›
treason [znw] verraad
treasonable [bnw] verraderlijk
treasure I [ov ww] • waarderen
• bewaren als een schat II [znw]
• schat(ten) • schat ‹fig.›
treasurer [znw] penningmeester
treasury [znw] schatkist, schatkamer
treat I [ov ww] behandelen • (~ to)
trakteren op II [znw] traktatie
treatise [znw] verhandeling
treatment [znw] behandeling
treaty [znw] verdrag, overeenkomst
treble I [ov ww] verdrievoudigen
II [on ww] z. verdrievoudigen III [znw]
• het drievoudige • sopraan IV [bnw]
• drievoudig • sopraan- • hoge tonen
‹v. audioapparatuur›
tree [znw] boom
trek I [on ww] trekken II [znw] lange
tocht
trellis [znw] traliewerk
tremble I [on ww] trillen, rillen, beven
II [znw] trilling
tremendous [bnw] • verschrikkelijk
• reusachtig
tremor [znw] • beving • (t)rilling
• huivering
tremulous [bnw] • bevend • bedeesd
trench [znw] • greppel • loopgraaf
trenchant [bnw] • scherp, snijdend
• krachtig
trend [znw] • neiging • trend
trendy [bnw] • modern, van deze tijd
• modieus
trepidation [znw] opwinding,
bezorgheid
trespass I [on ww] overtreding begaan,
overtreden • (~ upon) misbruik
maken v. II [znw] zonde

trespasser [znw] overtreder
trestle [znw] schraag, bok
trial [znw] • proef • beproeving • ‹jur.›
proces
triangle [znw] • driepotige takel
• triangel • driehoek
triangular [bnw] • driehoekig
• drievoudig
tribal [bnw] stam-
tribe [znw] • stam • ‹pej.› troep
tribulation [znw] tegenspoed,
beproeving
tribunal [znw] rechtstoel, rechtbank
tributary I [znw] zijrivier II [bnw] bij-,
zij-
tribute [znw] • bijdrage, schatting
• huldeblijk
trice [znw] ogenblik
trick I [ov ww] bedotten, bedriegen
• (~ out) versieren II [znw]
• aanwensel, hebbelijkheid • poets,
grap • slag ‹bij kaartspel› • truc, list
• handigheid
trickery [znw] bedotterij
trickle I [on ww] • druppelen • druipen
• sijpelen II [znw] straaltje
trickster [znw] bedrieger
tricky [bnw] • bedrieglijk • ‹inf.› lastig,
moeilijk
tricycle [znw] driewieler
trifle I [on ww] • (~ with) lichtvaardig
behandelen II [znw] • kleinigheid,
beetje • cake in vla
trifling [bnw] onbeduidend
trigger I [ov ww] • (~ off)
teweegbrengen II [znw] trekker ‹v.
geweer›
trigonometry [znw] driehoeksmeting
trike ‹inf.› [znw] driewieler
trill I [ov + on ww] • zingen ‹v. vogel›
• met hoge stem praten II [znw] ‹muz.›
triller
trilogy [znw] trilogie
trim I [ov ww] • opknappen, versieren
• garneren • bijknippen ‹v. haar›
• snoeien II [znw] orde III [bnw]

• netjes, goed onderhouden • goed
passend
trimmings [mv] garnering
trinket [znw] • goedkoop sieraad
• kleinood
trio [znw] trio, drietal
trip I [ov ww] • (~ up) doen struikelen
II [on ww] • trippelen • struikelen
III [znw] • reis(je) • trip <v.
drugsverslaafde>
tripe [znw] • (rol)pens <als voedsel>
• onzin
triple I [ov ww] verdrievoudigen
II [on ww] z. verdrievoudigen III [bnw]
drievoudig, driedelig
triplets [mv] drieling
triptych [znw] triptiek, drieluik
trite [bnw] afgezaagd
triumph I [on ww] triomferen II [znw]
triomf
triumphal [bnw] triomferend, triomf-
triumphant [bnw] triomfantelijk,
triomferend
trivia [mv] onbelangrijke dingen/zaken
trivial [bnw] onbeduidend
triviality [znw] trivialiteit
trod [ww] verl. tijd + volt. deelw.
→ tread
trodden [ww] volt. deelw. → tread
Trojan I [znw] Trojaan II [bnw]
Trojaans
trolley [znw] wagentje, karretje,
serveerwagen, winkelwagentje
trollop [znw] • slons • slet
troop I [on ww] in grote groep lopen
II [znw] • troep, menigte • afdeling v.
cavalerie
trooper [znw] • cavalerist • <AE>
staatspolitieagent
trophy [znw] trofee
trot I [on ww] draven II [znw] draf
trotter [znw] schapenpoot
trouble I [ov ww] • kwellen • lastig
vallen • storen II [on ww] z.
bekommeren, z. moeite geven III [znw]
• pech • probleem • onrust • kwaal,

ongemak • onlusten
trough [znw] • trog • laagte tussen
twee golven • dieptepunt
trounce [ov ww] volledig verslaan
troupe [znw] troep <v. toneelspelers,
acrobaten>
trout [znw] forel(len)
trowel [znw] • troffel • plantenschepje
truancy [znw] 't spijbelen
truant [znw] spijbelaar
truce [znw] wapenstilstand
truck I [ov ww] vervoeren per
vrachtwagen II [znw] omgang
trucker [znw] vrachtwagenchauffeur
trudge I [on ww] sjokken II [znw]
gesjok
true [bnw + bijw] • waar • juist • zuiver
• recht • echt
truffle [znw] truffel
truism [znw] cliché
truly [bijw] • waarlijk • goed • juist
trumpet I [ov ww] uitbazuinen
II [on ww] trompetteren III [znw]
trompet, bazuin
trumpeter [znw] trompetter
truncate [ov ww] besnoeien, afknotten
truncheon [znw] gummiknuppel
trundle I [ov ww] doen rollen of rijden
II [on ww] • rollen, rijden • kuieren
trunk [znw] • boomstam • romp • slurf
<v. olifant> • koffer • <AE> kofferruimte
<v. auto>
truss I [ov ww] • (vast)binden, armen
langs lichaam binden • opmaken <v.
gevogelte, voor het bereiden> II [znw]
<med.> breukband
trust I [ov ww] • toevertrouwen
• vertrouwen (op) • (v. harte) hopen
II [on ww] • (~ in) vertrouwen op
III [znw] • stichting • trust
• vertrouwen • voor ander beheerde
goederen
trustee [znw] beheerder, curator,
executeur, regent <v. instelling>
trustful [bnw] vertrouwend
trustworthy [bnw] te vertrouwen,

betrouwbaar
truth [znw] *waarheid*
truthful [bnw] *waarheidlievend*
try I [ov + on ww] *proberen* **II** [ov ww]
• *beproeven, op de proef stellen*
• *gerechtelijk onderzoeken* • *verhoren*
• *(~ on) passen ‹v. kleren›* • *(~ out)*
(uit)proberen **III** [znw] *poging*
trying [bnw] • *lastig ‹v. gedrag›*
• *vermoeiend*
tub [znw] • *tobbe* • *badkuip* • *schuit*
tubby [bnw] *rond, corpulent*
tube [znw] • *tube* • *buis* • *‹inf.› tv,*
metro
tuber [znw] *knol ‹v. plant›*
tuberculosis [znw] *tbc*
tubular [bnw] *buisvormig*
tuck I [ov + on ww] • *(~ in) verorberen*
II [ov ww] • *instoppen* • *stoppen,*
wegzetten, opbergen • *(~ away)*
verstoppen • *(~ in/up) instoppen,*
verorberen **III** [znw] • *plooi* • *lekkers,*
snoep
Tuesday [znw] *dinsdag*
tuft [znw] *bosje*
tug I [ov + on ww] *rukken (aan), trekken*
II [znw] • *ruk* • *sleepboot*
tuition I [znw] • *lesgeld* • *onderricht*
tumble I [ov ww] *ondersteboven gooien*
II [on ww] • *tuimelen* • *duikelen*
• *(~ down) instorten* • *(~ over)*
omvallen • *(~ to) ‹sl.› iets snappen*
III [znw] *val*
tumbler [znw] • *bekerglas* • *acrobaat*
tummy ‹kind.› [znw] *buikje*
tumour [znw] *gezwel*
tumultuous [bnw] • *lawaaierig*
• *woelig*
tun [znw] *ton, kuip*
tundra [znw] *toendra*
tune I [ov ww] • *afstemmen, stemmen*
• *afstellen* • *(~ to) afstemmen op,*
aanpassen aan **II** [on ww] • *(~ in)*
afstemmen ‹bij radio› **III** [znw] *melodie*
tuneful [bnw] • *welluidend* • *muzikaal*
tuneless [bnw] *onwelluidend*

tuner [znw] • *stemmer*
• *radio-ontvanger*
tunic [znw] *tuniek*
tunnel I [ov ww] *tunnel maken* **II** [znw]
tunnel
tuppence [znw] *twee pence*
tuppenny [bnw] *van twee pence*
turban [znw] *tulband*
turbid [bnw] *troebel, dik*
turbulent [bnw] *onstuimig*
turd [znw] • *drol* • *rotkerel, rotmeid*
tureen [znw] *soepterrine*
turf I [ov ww] *graszoden leggen*
• *(~ out) ‹sl.› (iem.) eruit gooien*
II [znw] • *gras(tapijt)* • *graszode*
turgid [bnw] *gezwollen, hoogdravend*
‹v. taal›
Turkish [bnw] *Turks*
turmoil [znw] *verwarring, herrie,*
opwinding
turn I [ov ww] • *richten* • *afwenden*
• *vormen, doen draaien, doen keren,*
omslaan, omdraaien
• *doen worden, veranderen* • *(~ back)*
omslaan • *(~ down) weigeren, lager*
zetten • *(~ in) inleveren, arresteren*
• *(~ into) veranderen in* • *(~ off)*
uitdraaien, uitzetten • *(~ on)*
aanzetten, (seksueel)
opwinden/prikkelen, opendraaien
• *(~ out) beurt geven ‹v. kamer›,*
produceren, uitdraaien, eruit gooien,
binnenstebuiten keren • *(~ over)*
kantelen • *(~ up) omslaan* **II** [on ww]
• *z. keren* • *z. richten* • *zuur worden*
• *(~ about) ronddraaien*
• *(~ aside/away/from) z. afwenden*
van • *(~ back) terugkeren* • *(~ down)*
inslaan • *(~ in) naar bed gaan*
• *(~ into) veranderen in, inslaan*
• *(~ off) z. afkeren, afslaan* • *(~ on) z.*
keren tegen, afhangen v. • *(~ out) te*
voorschijn komen, blijken te zijn
• *(~ over) z. omkeren* • *(~ round) z.*
omdraaien • *(~ to) z. wenden tot,*
raadplegen, z. toeleggen op • *(~ up) te*

voorschijn komen III [znw] • *draai, wending, richting, bocht* • *keerpunt, verandering* • *wandelingetje* • *schok* • *beurt* • *afslag*
turning [znw] • *(zij)straat* • *afslag*
turnip [znw] *raap, knol*
turnover [znw] • *verloop* <v. personeel> • *omzet* • *appelflap*
turpentine [znw] *terpentijn*
turret [znw] • *torentje* • *geschuttoren*
turtle [znw] *zeeschildpad*
tusk [znw] *(slag)tand*
tussle I [on ww] *vechten* II [znw] *worsteling, strijd*
tutelage [znw] *voogdij(schap)*
tutorial [znw] *werkcollege*
twaddle [znw] *kletspraat*
twang I [ov + on ww] *tjingelen, tokkelen* <op instrument> II [on ww] *snorren* <v. pijl> III [znw] *getokkel*
tweak I [ov ww] • *(draaien en) trekken aan* • *knijpen* II [znw] *ruk*
tweet I [on ww] *sjilpen* II [znw] *gesjilp*
twelfth I [znw] *twaalfde deel* II [telw] *twaalfde*
twelve [telw] *twaalf*
twentieth [telw] *twintigste*
twenty [telw] *twintig*
twerp [znw] *sul*
twice [bijw] *twee keer*
twiddle I [ov + on ww] *spelen met* <klein voorwerp> II [znw] *draai*
twig I [ov ww] <inf.> *begrijpen, snappen* II [znw] • *twijg* • *wichelroede*
twilight [znw] *schemering*
twin I [ov ww] *verbinden met* <v. stad> II [znw] *tweelingbroer/-zus* III [bnw] • *tweeling-* • *gepaard* • *dubbel*
twine I [ov + on ww] (z.) *draaien om* II [znw] *dun touw*
twinge [znw] *steek, pijnscheut*
twinkle I [on ww] • *flikkeren* • *schitteren* <v. pret> II [znw] *schittering* <v. pret>
twirl I [ov + on ww] *(rond)draaien* II [znw] *(snelle) draai*

twist I [ov ww] • *(in elkaar) draaien* • *verdraaien* • *verrekken* II [on ww] • *draaien* • *kronkelen* • *vertrekken* <v. gezicht> III [znw] • *gedraaid iets* • *(onverwachte) verandering* • *twist* <dans>
twister [znw] • *bedrieger* • *lastig probleem* • <AE> *cycloon*
twit [znw] *dom iem.*
twitch I [ov ww] *rukken of trekken* <aan mouw, om aandacht te trekken> II [on ww] *trekken* <v. spier> III [znw] • *ruk* • *zenuwtrek*
twitter [on ww] • *sjilpen* • *met piepstem spreken*
two [telw] *twee*
tycoon <AE> [znw] *groot zakenman, magnaat*
type I [ov + on ww] *typen* II [znw] • *voorbeeld, type, model* • *(zinne)beeld* • *lettervorm*
typhoid [znw] *tyfus*
typhoon [znw] *wervelstorm*
typical [bnw] *typisch, kenmerkend*
typify [ov ww] *typeren*
typist [znw] *typiste*
typography [znw] *typografie*
tyrannize [ov + on ww] *tiranniseren*
tyranny [znw] *tirannie*
tyrant [znw] *tiran*
tyre [znw] *band* <v. wiel>
tyro [znw] → **tiro**
tzar [znw] *tsaar*

U

ubiquitous [bnw] *alomtegenwoordig*

ubiquity [znw] *alomtegenwoordigheid*

udder [znw] *uier*

ugly [bnw] *lelijk*

ulcer [znw] *(maag)zweer*

ulterior [bnw] *heimelijk*

ultimate I [znw] *het beste* II [bnw]
• *ultieme* • *uiteindelijke*

ultimately [bijw] *ten slotte*

umber I [znw] *omber ‹kleur v. aarde›*
II [bnw] *omberkleurig*

umbrage [znw] *aanstoot*

umbrella [znw] • *tuinparasol*
• *overkoepeling(sorgaan)* • *paraplu*

umpire I [ov + on ww] *optreden als
scheidsrechter* II [znw] *scheidsrechter*

umpteen ‹inf.› [telw] • *heel wat*
• *zoveel*

umpteenth [bnw] *zoveelste*

unabashed [bnw] • *niet verlegen*
• *onbeschaamd*

unabated [bnw] *onverminderd,
onverzwakt*

unacceptable [bnw] *onaanvaardbaar*

unaccompanied [bnw] *zonder
begeleiding*

unaccountable [bnw]
• *onverklaarbaar* • *niet
verantwoordelijk* • *ontoerekenbaar*

unaccustomed [bnw] • *ongewoon*
• *niet gewend*

unacquainted [bnw] *onbekend (met)*

unaffected [bnw] • *niet beïnvloed*
• *eerlijk, open, natuurlijk,
ongedwongen*

unafraid [bnw] *niet bang, onversaagd*

unaided [bnw] *zonder hulp*

unalloyed [bnw] *onvermengd, zuiver*

unalterable [bnw] *onveranderlijk*

unaltered [bnw] *ongewijzigd*

unambiguous [bnw] *ondubbelzinnig,
helder*

unanimity [znw] *eenstemmigheid*

unanimous [bnw] *eenstemmig*

unanswered [bnw] *onbeantwoord*

unapproachable [bnw]
ontoegankelijk

unarmed [bnw] *ongewapend*

unashamed [bnw] • *schaamteloos*
• *onbeschroomd*

unasked [bnw] *ongevraagd*

unassuming [bnw] *niet aanmatigend,
bescheiden*

unattached [bnw] • *alleenstaand,
ongebonden* • *extern*

unattended [bnw] • *niet vergezeld,
zonder gevolg* • *onbeheerd*
• *verwaarloosd*

unattractive [bnw] *onaantrekkelijk*

unauthorized [bnw] *niet gemachtigd*

unavailable [bnw] *niet beschikbaar*

unavailing [bnw] *vergeefs*

unavoidable [bnw] *onvermijdelijk*

unaware [bnw] *z. niet bewust v.*

unawares [bijw] • *onbewust*
• *onverhoeds*

unbalance [ov ww] *uit 't evenwicht
brengen*

unbalanced [bnw] *onevenwichtig*

unbearable [bnw] *ondraaglijk,
onduldbaar*

unbecoming [bnw] • *ongepast
‹gedrag›* • *niet goed staand*

unbelievable [bnw] *ongelooflijk*

unbeliever [znw] *ongelovige*

unbelieving [bnw] *ongelovig*

unbend [ov + on ww] *z. losser gedragen*

unbending [bnw] *onbuigzaam*

unbidden [bnw] *ongenood*

unborn [bnw] *ongeboren*

unbounded [bnw] *onbegrensd*

unburden [ov ww] • *ontlasten* • *z.
bevrijden van*

uncanny [bnw] • *geheimzinnig*
• *griezelig*

unceasing [bnw] *onophoudelijk*

unceremonious [bnw] *zonder*

plichtplegingen

uncertain [bnw] *onzeker, twijfelachtig, onbetrouwbaar*

unchallenged [bnw] *onbetwist*

unchanged [bnw] *onveranderd*

uncharitable [bnw] *liefdeloos, onbarmhartig*

uncharted [bnw] *niet in kaart gebracht*

unchecked [bnw] • *niet gecontroleerd* • *onbelemmerd*

uncivil [bnw] *onbeleefd*

uncivilized [bnw] *onbeschaafd*

unclaimed [bnw] • *onopgevraagd* • *niet opgehaald*

unclassified [bnw] • *niet geclassificeerd, niet geregistreerd* • *niet (meer) geheim*

uncle [znw] *oom*

unclean [bnw] *onrein, smerig*

unclear [bnw] *onduidelijk*

uncoloured [bnw] *ongekleurd*

uncomfortable [bnw] • *ongemakkelijk* • *niet op zijn gemak*

uncommitted [bnw] *niet gebonden, neutraal*

uncommon [bnw] *ongewoon*

uncompromising [bnw] *onverzoenlijk*

unconcealed [bnw] *openlijk, onverholen*

unconcern [znw] *onverschilligheid*

unconcerned [bnw] *onverschillig, onbezorgd*

unconditional [bnw] *onvoorwaardelijk*

unconscionable [bnw] *onredelijk, schandalig*

unconscious I [znw] *het onderbewustzijn* II [bnw] • *onbewust* • *bewusteloos*

unconsidered [bnw] • *onbezonnen* • *ondoordacht*

uncontrollable [bnw] • *niet te beïnvloeden* • *niet te beheersen*

uncontrolled [bnw] • *onbeheerst* • *onbeperkt*

unconvincing [bnw] *niet overtuigend*

uncork [ov ww] *ontkurken, opentrekken* ‹v. fles›

uncouth [bnw] *lomp*

uncover [ov ww] *ontbloten, bloot leggen*

uncritical [bnw] • *onkritisch* • *klakkeloos*

unctuous [bnw] • *vettig* • *zalvend* ‹fig.›

uncultivated [bnw] *onbebouwd*

uncut [bnw] • *ongesnoeid* • *ongeslepen* ‹diamant› • *onverkort*

undaunted [bnw] *onverschrokken, onversaagd*

undecided [bnw] *onbeslist*

undemonstrative [bnw] *terughoudend, gesloten*

undeniable [bnw] *ontegenzeglijk*

under I [bnw] *onder, beneden* II [bijw] *hieronder, (daar)onder* III [vz] • *onder, lager/minder dan, beneden* • *krachtens* • *onder beschutting van*

underground I [znw] • *ondergrondse spoorweg* • *ondergrondse verzetsbeweging* II [bnw + bijw] • *ondergronds* • *geheim*

underneath I [znw] *onderkant* II [bnw] *onder-* III [bijw] *hieronder, daaronder, beneden* IV [vz] *onder, beneden*

understand [ov ww] • *begrijpen* • *verstaan* • *(ergens uit) opmaken*

understandable [bnw] *begrijpelijk*

understanding I [znw] • *begrip* • *verstandhouding* • ‹inf.› *schikking* II [bnw] *begripvol tegemoetkomend*

understate [ov ww] *te zwak uitdrukken*

understatement [znw] *te zwakke uitdrukking*

understudy I [ov ww] *doublure zijn voor, instuderen v.e. rol ter eventuele vervanging v.e. toneelspeler* II [znw] *doublure*

undertake [ov ww] • *op z. nemen* • *ondernemen* • ‹AE› *wagen* undeserved [bnw] onverdiend

undesirable I [znw] ongewenste persoon II [bnw] ongewenst

undeveloped [bnw] onontwikkeld

undignified [bnw] onwaardig, onbetamelijk, ongepast

undisputed [bnw] onbetwist

undistinguished [bnw] onbetekenend, middelmatig

undisturbed [bnw] ongestoord, onverstoord

undivided [bnw] ongedeeld, onverdeeld

undo [ov ww] • tenietdoen, ongedaan maken • losmaken, openmaken • ruïneren

undone [bnw + bijw] • on(af)gedaan • losgemaakt • geruïneerd

undoubted [bnw] ongetwijfeld

undress [ov + on ww] (z.) uitkleden

undue [bnw] overdreven

undulate [ov + on ww] • (doen) golven • (doen) trillen

unearth [ov ww] • opgraven, rooien • aan 't licht brengen, opdiepen

unearthly [bnw] • bovenaards • griezelig, spookachtig, akelig

uneasy [bnw] • ongerust • onrustig • ongemakkelijk, onbehaaglijk

uneducated [bnw] ongeschoold, onontwikkeld

unemployable [bnw] ongeschikt voor werk

unemployed [bnw] werkloos

unemployment [znw] werkloosheid

unenviable [bnw] niet benijdenswaardig, onaangenaam

unequal [bnw] • niet opgewassen tegen • ongelijk

unequalled [bnw] ongeëvenaard

unequivocal [bnw] ondubbelzinnig, duidelijk

unerring [bnw] onfeilbaar

uneven [bnw] ongelijk(matig)

unexpected [bnw] onverwacht

unexplained [bnw] onverklaard

unfailing [bnw] zeker, onfeilbaar

unfair [bnw] • oneerlijk • onsportief

unfaithful [bnw] trouweloos

unfamiliar [bnw] • onbekend • ongewoon

unfashionable [bnw] niet modieus

unfasten [ov ww] losmaken, openmaken

unfathomable [bnw] ondoorgrondelijk

unfavourable [bnw] ongunstig

unfinished [bnw] onafgedaan, onafgewerkt, onaf

unfit [bnw] • ongeschikt • niet in goede conditie

unflagging [bnw] onvermoeibaar, onverflauwd

unflappable [bnw] onverstoorbaar

unfold [ov + on ww] • (z.) ontvouwen, (z.) uitspreiden • opengaan

unforeseen [bnw] onvoorzien

unforgettable [bnw] onvergetelijk

unforgivable [bnw] onvergeeflijk

unfortunate I [znw] ongelukkige II [bnw] onfortuinlijk, ongelukkig

unfounded [bnw] ongegrond

unfriendly [bnw] onsympathiek, nors

unfulfilled [bnw] onvervuld, niet in vervulling gegaan

unfurl [ov + on ww] • (z.) ontrollen, (z.) ontplooien • uitspreiden

unfurnished [bnw] ongemeubileerd

ungainly [bnw] • onbeholpen • lelijk

ungenerous [bnw] • kleinzielig, hard • krenterig, gierig

ungodly [bnw] • goddeloos, zondig • ergerlijk, onmenselijk

ungovernable [bnw] niet bestuurbaar, onhandelbaar

ungracious [bnw] onvriendelijk

ungrateful [bnw] • ondankbaar • onaangenaam

unguarded [bnw] • niet beschermd • onvoorzichtig • onbewaakt

unhappy [bnw] ongelukkig, ongepast

unhealthy [bnw] ongezond

unheard [bnw] niet gehoord

unhelpful [bnw] *niet hulpvaardig*

unhesitating [bnw] *prompt, zonder aarzelen*

unhinge [ov ww] *ontwrichten, iem. uit z'n evenwicht slaan*

unholy [bnw] • *goddeloos, zondig* • <inf.> *verschrikkelijk*

unhook [ov ww] *losmaken, loshaken*

unicorn [znw] *eenhoorn*

unidentified [bnw] *niet geïdentificeerd*

unification [znw] *eenmaking*

uniform I [znw] *uniform* II [bnw] • *uniform, gelijk* • *onveranderlijk, eenparig*

uniformed [bnw] *in uniform*

uniformity [znw] *uniformiteit*

unify [ov ww] • *verenigen* • *gelijkschakelen*

unilateral [bnw] *eenzijdig*

unimaginable [bnw] *ondenkbaar*

unimaginative [bnw] *zonder enige fantasie*

unimpaired [bnw] *ongeschonden*

unimpeachable [bnw] *onberispelijk*

unimportant [bnw] *onbelangrijk*

uninformed [bnw] *niet op de hoogte (gebracht), niet ingelicht*

uninspiring [bnw] *oninteressant, niet inspirerend, saai*

uninterested [bnw] *ongeïnteresseerd*

uninteresting [bnw] *niet interessant*

uninterrupted [bnw] *onafgebroken, ongestoord*

uninvited [bnw] *ongenood, niet uitgenodigd*

union [znw] • *eendracht* • *vakbond* • *vereniging* • *verbinding, verbond* • <form.> *huwelijk*

unionism [znw] • *vakbeweging* • *beginselen v. unionistische partij*

unionist I [znw] • *lid v.d. vakbond* • *voorstander v. politieke unie* II [bnw] • *verenigings- unionistisch*

unique [bnw] • *buitengewoon, ongeëvenaard* • *uniek, enig* <in soort> • <inf.> *opmerkelijk*

unison [znw] *harmonie, overeenstemming*

unit [znw] • *eenheid* • <techn.> *onderdeel* • <mil.> *afdeling*

unite I [ov ww] *verenigen* • (~ *in*) *(doen) verenigen* II [on ww] *z. verenigen* • (~ *with*) *iem./iets met z. verenigen*

united [bnw] • *verenigd* • *eendrachtig*

unity [znw] • *eenheid* • *overeenstemming*

universal I [znw] *algemeen begrip/eigenschap/principe* II [bnw] *algemeen*

unjust [bnw] *onrechtvaardig*

unjustifiable [bnw] *niet te rechtvaardigen*

unjustified [bnw] *ongerechtvaardigd*

unkempt [bnw] *slordig, onverzorgd*

unkind [bnw] *onvriendelijk, onaardig*

unknown I [znw] *onbekende* II [bnw] • *ongekend* • *onbekend*

unlawful [bnw] *onwettig, ongeoorloofd*

unleash [ov ww] *loslaten*

unless I [vz] *behalve* II [vw] *tenzij*

unlike [vz] • *ongelijk* • *anders dan* • *in tegenstelling met*

unlimited [bnw] • *vrij* • *onbeperkt, niet begrensd*

unload [ov ww] • *ontladen* • *lossen*

unlock [ov ww] *ontsluiten*

unlooked-for [bnw] *onverwacht*

unlucky [bnw] • *onzalig* • *ongelukkig*

unmade [bnw] • *niet opgemaakt* <v. bed> • *niet gemaakt*

unmanageable [bnw] • *onhandelbaar, lastig* • *niet te besturen*

unmanned [bnw] *onbemand, onbeheerd*

unmarked [bnw] *niet v.e. merk voorzien*

unmarried [bnw] *ongetrouwd*

unmatched [bnw] • *ongeëvenaard, weergaloos* • *niet bij elkaar passend*

unmoved [bnw] *onbewogen*

unnamed [bnw] *niet met name*

genoemd, naamloos, onbekend
unnatural [bnw] onnatuurlijk,
geforceerd, tegennatuurlijk
unnecessary [bnw] • onnodig
• overbodig
unnerve [ov ww] v. kracht beroven,
verslappen, ontzenuwen
unnoticed [bnw] onopgemerkt
unobtainable [bnw] onverkrijgbaar
unobtrusive [bnw] niet
in-/opdringerig
unoccupied [bnw] onbewoond
unofficial [bnw] officieus, niet
geautoriseerd
unorthodox [bnw] • ketters
• onconventioneel, ongewoon,
ongebruikelijk
unpack [ov + on ww] uitpakken
unpaid [bnw] niet betaald, onbezoldigd
unparalleled [bnw] zonder weerga
unparliamentary [bnw]
onparlementair
unpleasant [bnw] onplezierig,
onaangenaam
unpleasantness [znw] onprettige
toestand, wrijving
unpopular [bnw] impopulair
unprecedented [bnw] • zonder
precedent • weergaloos
unpredictable [bnw] onvoorspelbaar
unpretentious [bnw] niet
aanmatigend, bescheiden
unprincipled [bnw] gewetenloos
unproductive [bnw] onproductief,
weinig opleverend
unprofitable [bnw] geen voordeel
opleverend
unprotected [bnw] onbeschermd
unprovoked [bnw] onuitgelokt
unqualified [bnw] • onbevoegd
• onvoorwaardelijk • totaal, absoluut
unquestionable [bnw] onbetwistbaar
unquestioned [bnw] onbetwist
unquestioning [bnw]
onvoorwaardelijk
unquote [tw] einde citaat

unreadable [bnw] • onleesbaar • niet
te lezen
unreal [bnw] onwerkelijk, irreëel
unreasonable [bnw] • onredelijk
• ongegrond
unreasoning [bnw] onnadenkend
unrecognized [bnw] • niet erkend
• niet herkend
unrelated [bnw] • niet verwant • geen
verband met elkaar houdend
unrelenting [bnw] meedogenloos,
onverbiddelijk
unreliable [bnw] onbetrouwbaar
unrelieved [bnw] niet verzacht
unremitting [bnw] aanhoudend,
onverdroten
unrequited [bnw] • onvergolden
• onbeantwoord <liefde>
unreserved [bnw] openhartig,
vrijmoedig
unrest [znw] onrust
unrestrained [bnw] onbeperkt,
onbeteugeld
unrestricted [bnw] onbeperkt,
onbegrensd
unrewarding [bnw] niet lonend,
teleurstellend
unripe [bnw] onrijp
unrivalled, unrivaled [bnw]
ongeëvenaard
unroll [ov + on ww] ontplooien, (z.)
ontrollen
unruffled [bnw] • ongerimpeld, glad
• bedaard
unsafe [bnw] onveilig, gevaarlijk,
onbetrouwbaar
unsaid [bnw] onuitgesproken,
verzwegen
unsatisfactory [bnw] onbevredigend
unscathed [bnw] ongedeerd,
onbeschadigd
unscientific [bnw] onwetenschappelijk
unscrew [ov ww] losschroeven
unscrupulous [bnw] gewetenloos
unseat [ov ww] • uit het zadel gooien
• v. functie beroven • wegwerken

unseeing [bnw] *zonder (iets) te zien, blind*

unseemly [bnw] • *ongelegen* • *ongepast*

unseen I [znw] *het onzichtbare* II [bnw] *ongezien*

unselfish [bnw] *onbaatzuchtig*

unsettle [ov ww] • *(beginnen te/doen) wankelen* • *van streek brengen*

unsettled [bnw] • *onzeker* • *zonder vaste woonplaats* • *niet opgelost* • *niet gekoloniseerd*

unsightly [bnw] *afzichtelijk, lelijk*

unskilled [bnw] *ongeschoold*

unsociable [bnw] *ongezellig*

unsophisticated [bnw] • *eenvoudig* • *geestelijk ongezond*

unsound [bnw] • *onbetrouwbaar, ondeugdelijk* • *vals*

unspeakable [bnw] • *onbeschrijfelijk* • *afschuwelijk*

unspecified [bnw] *niet gespecificeerd*

unspoken [bnw] *niet geuit*

unstable [bnw] • *onvast* • *wankelbaar*

unsteady [bnw] *onvast*

unstoppable [bnw] *onstuitbaar, niet te stoppen*

unstuck [bnw] *los*

unsuitable [bnw] • *ongeschikt* • *ongepast*

unsuited [bnw] *ongeschikt*

unsung [bnw] • *niet gezongen* • *niet bezongen*

unsure [bnw] *onzeker*

unsuspected [bnw] • *onverdacht* • *niet vermoed*

unsuspecting [bnw] *geen kwaad vermoedend, argeloos*

unswerving [bnw] *niet afwijkend, onwankelbaar*

unsympathetic [bnw] • *geen belangstelling tonend* • *antipathiek*

untangle [ov ww] *ontwarren*

untapped [bnw] *onaangesproken* <fig.>, *(nog) niet aangeboord*

unthinkable [bnw] *ondenkbaar*

unthinking [bnw] *onbezonnen*

untidy [bnw] *slordig*

untie [ov ww] • *bevrijden* • *losmaken*

until I [vz] *tot (aan)* II [vw] *tot(dat)*

untimely [bnw] • *ongelegen, niet op de juiste tijd* • *voortijdig*

untiring [bnw] *onvermoeid, onverdroten*

unto <vero.> [vz] *tot, tot aan*

untold <form.> [bnw] *onnoemelijk*

untouchable I [znw] *paria* II [bnw] • *onaanraakbaar* <hindoeïsme> • *onaantastbaar*

untouched [bnw] *onaangeraakt*

untoward [bnw] *onfortuinlijk*

untrained [bnw] *ongeoefend*

untried [bnw] • *niet geprobeerd* • *onervaren* • <jur.> *(nog) niet berecht/verhoord*

untrue [bnw] • *onwaar* • *ontrouw*

untruth [znw] *onwaarheid*

untruthful [bnw] *leugenachtig*

untutored [bnw] *niet onderwezen*

unused [bnw] • *niet gewend* • *ongebruikt*

unusual [bnw] *niet gebruikelijk, ongewoon*

unutterable [bnw] *vreselijk, onuitsprekelijk*

unveil [ov ww] *ontsluieren, onthullen*

unwanted [bnw] • *niet verlangd* • *niet nodig*

unwarranted [bnw] *onverantwoord*

unwelcome [bnw] *niet welkom*

unwell [bnw] *onwel*

unwieldy [bnw] • *log* • *lastig te hanteren*

unwilling [bnw] • *met tegenzin* • *onwillig*

unwind I [ov ww] *afwinden* II [on ww] • *zich ontrollen* • <inf.> *kalmeren*

unwise [bnw] *onverstandig*

unwitting [bnw] *onwetend*

unworkable [bnw] *onuitvoerbaar*

unworthy [bnw] *onwaardig, niet passend*

unwrap [ov ww] *loswikkelen*

unwritten [bnw] *ongeschreven*

unzip [ov ww] *openritsen, losmaken ‹v. ritssluiting›*

up I [bnw] • *op, omhoog* • *verstreken, afgelopen* • *aan de gang* II [bijw] *op, omhoog, naar boven* III [vz] *op*

upbraid [ov ww] *berispen, verwijten*

upbringing [znw] *opvoeding*

update [ov ww] *moderniseren*

upgrade [ov ww] *verbeteren ‹positie›*

upheaval [znw] • *omwenteling* • *ontreddering*

uphill I [bnw] *moeilijk* II [bijw] • *moeizaam* • *bergopwaarts*

uphold [ov ww] *steunen, verdedigen*

upholstery [znw] *stoffering, bekleding*

upkeep [znw] *onderhoud(skosten)*

upland [bnw] *in/uit/van het hoogland*

uplift I [ov ww] • *helpen, steunen* • *verheffen ‹i.h.b. geestelijk›* II [znw] • *verheffing* • *steun*

upon [vz] • *op* • *meteen na(dat)*

upper I [znw] *bovengedeelte v. schoen* II [bnw] *hoger, boven(ste)*

uppish [bnw] *verwaand*

upright I [znw] *verticale post/stut* II [bnw] • *recht, verticaal* • *eerlijk, eerbaar, oprecht* III [bijw] *rechtop*

uprising [znw] *opstand*

uproarious [bnw] • *bijzonder grappig* • *luid lachend*

upset I [ov ww] • *omverwerpen, omgooien* • *in de war sturen* • *v. streek brengen* II [bnw] *v. streek*

upshot [znw] *resultaat, eind van 't liedje*

upstage [ov ww] *in de schaduw stellen, naar de achtergrond dringen*

upstairs I [bnw] *boven-* II [bijw] *de trap op, naar boven*

upstanding [bnw] *oprecht, hoogstaand*

upstart I [znw] *parvenu* II [bnw] *opschepperig*

upstream [bnw] *tegen de stroom op, stroomopwaarts*

upsurge [znw] *opwelling, plotselinge toename*

uptake [znw] • *verbruikte hoeveelheid* • *begrip*

uptight [bnw] *erg gespannen, zeer nerveus*

up-to-date [bnw] *bij de tijd, modern*

upturn [znw] ‹hand.› *opleving*

urban [bnw] *stedelijk, stads-*

urbane [bnw] *hoffelijk, wellevend*

urbanize [ov ww] *verstedelijken*

urchin [znw] *schelm, kwajongen*

urge I [ov ww] • *aansporen, aanzetten, aandrijven* • *aandringen op* • *(~ on) aanzetten, voortdrijven* II [znw] *aandrang, verlangen*

urgency [znw] • *dringende noodzaak* • *urgentie*

urinal [znw] *urinoir*

urn [znw] • *urn* • *koffie-/theeketel*

us [pers vnw] *ons*

usage [znw] *gebruik, gewoonte*

use I [ov ww] *gebruiken, benutten* • *(~ up) opmaken, verbruiken, uitputten* II [hww] * I used to smoke *vroeger was ik een roker* III [znw] • *gebruik* • *nut* • *gewoonte*

used [bnw] • *tweedehands, gebruikt* • *gewoon, gewend*

useless [bnw] *nutteloos*

user [znw] *gebruiker, verbruiker*

usher I [ov ww] • *binnenleiden* • *aankondigen* • *als ceremoniemeester/ zaalwachter optreden voor* • *(~ in) inleiden* II [znw] • *zaalwachter* • *ceremoniemeester*

usual I [znw] *'t gewoonlijke* II [bnw] *gewoon, gebruikelijk*

usurer [znw] *woekeraar*

usurp [ov ww] *z. aanmatigen, z. wederrechtelijk toe-eigenen*

utensil [znw] *gebruiksvoorwerp*

utility [znw] • *(openbare) voorziening* • *nut* • *bruikbaarheid*

utilize, utilise [ov ww] *gebruik maken van, benutten*

utmost I [znw] *'t uiterste* II [bnw]

hoogste, uiterste, verste
utter I [ov ww] uiten, uiting geven aan
  II [bnw] volkomen, totaal, volslagen
utterance [znw] • uitspraak • uiting
utterly [bijw] totaal, volkomen

vacancy [znw] • lege (hotel)kamer
  • vacature
vacant [bnw] • onbezet, leeg(staand)
  • wezenloos • leeghoofdig, dom • vacant
vacate [ov ww] • neerleggen <v. ambt>
  • ontruimen <v. huis>
vacation [znw] vakantie
vaccinate [ov ww] inenten
vacuity [znw] • ledigheid
  • wezenloosheid
vacuous [bnw] leeghoofdig, wezenloos, dom
vacuum I [ov + on ww] <inf.> stofzuigen
  II [znw] • leegte • het luchtledige
vagabond [znw] landloper, vagebond,
  zwerver
vagary [znw] gril, kuur
vagrancy [znw] landloperij
vagrant I [znw] zwerver, vagebond
  II [bnw] zwervend
vague [bnw] vaag, onbestemd,
  onbepaald
vain [bnw] • ijdel, prat (op) • nutteloos,
  vergeefs
vale [znw] <form.> dal
valediction [znw] afscheid
valedictory [bnw] afscheids-
valet [znw] bediende
valiant [bnw] dapper, moedig
valid [bnw] • geldig • gefundeerd,
  deugdelijk
validate [ov ww] • geldig verklaren
  • bekrachtigen, bevestigen
valise [znw] valies
valley [znw] dal
valour [znw] moed, dapperheid
valuable [bnw] erg waardevol, kostbaar
valuation [znw] schatting, taxatie
value I [ov ww] • waarderen, achten
  • schatten, taxeren II [znw] waarde
valve [znw] klep, ventiel
vamp I [ov ww] • (~ **up**) spannender

maken, oplappen, inpalmen II [on ww]
<inf.> verstrikken, flirten III [znw] <inf.>
verleidster

vampire [znw] • vampier • uitzuiger

van [znw] (bestel-/meubel-/post)wagen

vanguard [znw] voorhoede

vanilla [znw] vanille

vanish [on ww] verdwijnen

vanity [znw] ijdelheid, verwaandheid

vanquish [ov ww] overwinnen,
bedwingen

vapid [bnw] saai, lusteloos

vaporize I [ov ww] • doen verdampen
• besproeien II [on ww] verdampen

vaporous [bnw] dampig, damp-

vapour [znw] damp

variable I [znw] veranderlijke grootheid
II [bnw] veranderlijk, ongedurig

variance [znw] • onenigheid
• tegenspraak

variant I [znw] variant II [bnw]
afwijkend

variation [znw] • variëteit • <muz.>
variatie

varied [bnw] • gevarieerd • bont <v.
kleur>

variegated [bnw] • bont <v. kleur>
• afwisselend

variety [znw] • variatie
• verscheidenheid • soort • variété

various [bnw] verschillend, verscheiden

varnish I [ov ww] vernissen • (~ over)
verbloemen II [znw] • vernis • glazuur

vary [ov + on ww] • variëren, veranderen
• verschillen

vascular [bnw] vaat-

vase [znw] vaas

vassal [znw] • vazal • slaaf

vast [bnw] • veelomvattend
• onmetelijk, reusachtig

vault I [ov ww] springen <steunend op
handen of stok> II [znw] • wijnkelder,
grafkelder • kluis <bank>

veal [znw] kalfsvlees

veer [on ww] • van koers veranderen
• omlopen <v. wind> • draaien

vegetable I [znw] • groente • plant
II [bnw] plantaardig, planten-

vegetate [on ww] vegeteren

vegetation [znw] • plantengroei
• plantenwereld

vehemence [znw] heftigheid

vehement [bnw] heftig

vehicle [znw] • voertuig • drager <fig.>

veil I [ov ww] • sluieren • bedekken
<fig.>, vermommen II [znw] • sluier,
voile • dekmantel

vein [znw] • ader • nerf, geest <fig.>

velocity [znw] snelheid

velvet [znw] fluweel

venal [bnw] omkoopbaar

vend [ov ww] verkopen, venten

vendetta [znw] bloedwraak

vendor [znw] verkoper

veneer [znw] • fineer(bladen),
fineerhout • vernisje <fig.>

venerable [bnw] • eerbiedwaardig
• hoogeerwaarde <in angl. kerk, als
titel v. aartsdiaken>

venerate [ov ww] vereren

vengeance [znw] wraak

vengeful [bnw] wraakgierig

venial [bnw] vergeeflijk

venison [znw] reebout, wildbraad

venom [znw] vergif • venijn

venomous [bnw] • (ver)giftig
• venijnig

vent I [ov ww] lucht geven aan, uiten
II [znw] • schoorsteenkanaal • uitweg,
opening • luchtgat

ventilate [ov ww] • luchten <v.
grieven> • ventileren, luchten • in 't
openbaar bespreken

ventricle [znw] • holte <in hersenen>
• hartkamer

ventriloquism [znw] het buikspreken

ventriloquist [znw] buikspreker

venture I [ov + on ww] riskeren, wagen,
op 't spel zetten • (~ out) z. buiten
wagen II [znw] • (riskante)
onderneming • avontuurlijke reis

venturesome [bnw] stoutmoedig,

gewaagd

venue [znw] *plaats v. samenkomst*

veracious [bnw] *waarheidlievend*

veracity [znw] *waarheid(sliefde)*

verb [znw] *werkwoord*

verbiage [znw] *woordenstroom*

verbose [bnw] *woordenrijk, breedsprakig*

verdant [bnw] *met weelderige plantengroei overdekt*

verdict [znw] • *uitspraak <v. rechter>* • *oordeel, beslissing*

verge I [on ww] *neigen* • (~ **on**) *grenzen aan* II [znw] *berm, rand*

verger [znw] *koster*

verifiable [bnw] *verifieerbaar*

verify [ov ww] • *verifiëren* • *bewijzen, bevestigen*

verisimilitude [znw] *waarschijnlijkheid*

veritable [bnw] *echt, waar*

vermin [znw] • *ongedierte* • *schoelje*

verminous [bnw] *vol ongedierte*

vernacular I [znw] *landstaal* II [bnw] *inheems, vaderlands*

versatile [bnw] *veelzijdig*

verse [znw] • *vers(regel)* • *couplet* • *poëzie*

versed [bnw] *ervaren, bedreven*

version [znw] • *lezing, versie* • *bewerking*

vertebra [znw] *wervel*

vertebrate I [znw] <bio.> *gewerveld dier* II [bnw] *gewerveld*

vertical I [znw] *loodlijn* II [bnw] *verticaal*

vertiginous [bnw] *duizelingwekkend*

vertigo [znw] *duizeling <vooral door hoogtevrees veroorzaakt>*

verve [znw] *geestdrift, vuur*

very I [bnw] • *juist, precies* • *zelfde* II [bijw] • *aller-* • *zeer, heel*

vessel [znw] • *vat* • *vaartuig, schip*

vest [znw] • *(onder)hemd* • <AE> *vest*

vestige [znw] *spoortje*

vestry [znw] • *sacristie*

• *consistoriekamer*

vet I [ov ww] *grondig onderzoeken, behandelen* II [znw] • → **veterinarian** • → **veteran**

veteran [znw] • *veteraan* • *oud-militair*

veterinarian [znw] *dierenarts*

veterinary [bnw] *dierenarts-*

veto I [ov ww] *verbieden* II [znw] *veto, verbod*

vex [ov ww] *plagen, ergeren, hinderen*

vexation [znw] • *plagerij, kwelling* • *ergernis*

viable [bnw] • *levensvatbaar* • *uitvoerbaar*

vial [znw] *medicijnflesje*

vibrate I [ov ww] *doen vibreren, doen trillen* II [on ww] *vibreren, trillen*

vicar [znw] *dominee <angl. kerk>, predikant*

vicarage [znw] • *predikantsplaats* • *pastorie*

vicarious [bnw] *indirect belevend of beleefd*

vice [znw] • *verdorvenheid, fout, gebrek, ondeugd* • *kuur <v. paard>* • *bankschroef*

vicinity [znw] *buurt, nabijheid*

vicious [bnw] *venijnig*

victim [znw] *(slacht)offer*

victimize [ov ww] *tot slachtoffer maken*

victor [znw] *overwinnaar*

Victorian [bnw] • *Victoriaans, uit de tijd v. koningin Victoria* • *v.d. kolonie Victoria*

victorious [bnw] *zegevierend*

victory [znw] *overwinning*

video [znw] *videorecorder, videotape*

vie [on ww] *wedijveren*

view I [ov ww] *bekijken, beschouwen* II [znw] • *(ver)gezicht, uitzicht* • *standpunt* • *idee, denkbeeld* • *bedoeling*

viewer [znw] • *kijker* • *bezichtiger* • *viewer*

vigil [znw] *(nacht)wake*

vignette [znw] • *vignet* • *karakterschets*

vigorous [bnw] *krachtig, vitaal, energiek*

vigour [znw] *kracht, vitaliteit, activiteit*

vile [bnw] • *walgelijk, verdorven, gemeen* • *afschuwelijk, vies*

vilify [ov ww] *belasteren, beschimpen*

village [znw] *dorp*

villager [znw] *dorpsbewoner*

villain [znw] *schurk*

villainous [bnw] *schurkachtig, gemeen*

villainy [znw] *schurkerij*

vindicate [ov ww] • *staven* • *het gelijk bewijzen van*

vindictive [bnw] *rancuneus, wraakzuchtig*

vine [znw] • *wijnstok* • *klimplant*

vinegar [znw] *azijn*

vintage I [znw] *wijn uit een goed jaar* II [bnw] *v. goede kwaliteit*

vintner [znw] *wijnhandelaar*

viola [znw] • <muz.> *altviool* • <plantk.> *viooltje*

violate [ov ww] • *overtreden* • *breken* <v. gelofte> • *onteren, ontwijden, schenden*

violence [znw] *geweld(dadigheid), gewelddaad*

violent [bnw] • *hevig, heftig* • *gewelddadig*

violet I [znw] *viooltje* II [bnw] *violet*

violin [znw] *viool*

violinist [znw] *violist*

viper [znw] *adder*

virgin I [znw] *maagd* II [bnw] • *maagdelijk* • *onbevlekt, ongerept* • *onbetreden* <gebied>

virginal [bnw] *maagdelijk*

virtual [bnw] *feitelijk, eigenlijk*

virtue [znw] • *deugd(zaamheid)* • *(goede) eigenschap*

virtuoso [znw] *virtuoos*

virtuous [bnw] *deugdzaam*

virulent [bnw] *vergiftig, kwaadaardig*

visa [znw] *visum*

vis-à-vis [vz] *vis-à-vis, (recht) tegenover*

viscosity [znw] *kleverigheid*

viscount [znw] *burggraaf*

viscountess [znw] *burggravin*

viscous [bnw] *kleverig*

visible [bnw] • *zichtbaar* • *duidelijk, merkbaar*

vision [znw] • *gezicht(svermogen)* • *visioen, verschijning*

visionary I [znw] • *ziener* • *fantast* II [bnw] • *fantastisch* • *ingebeeld*

visit I [ov ww] *bezoeken* • (~ (up)on) *teisteren* • (~ with) <AE> *bezoeken* II [znw] *bezoek*

visitation [znw] • *visitatie* • *huisbezoek* <v. geestelijke>

visitor [znw] *gast, bezoeker*

visor [znw] • *vizier* <v. helm> • *klep* <v. pet> • *zonneklep* <in auto>

vista [znw] • *vergezicht* • *perspectief*

visual [bnw] • *gezichts-, oog-* • *zichtbaar*

visualize [ov ww] *zich een beeld vormen van*

vital [bnw] • *levens-* • *vitaal*

vitality [znw] *vitaliteit, levenskracht*

vitamin [znw] *vitamine*

vitiate [ov ww] • *verzwakken* • *aantasten* • *ongeldig maken*

vitreous [bnw] *glazen, glasachtig, glas-*

vitriol [znw] • *vitriool* • *venijn*

vitriolic [bnw] • *vitriool-* • *venijnig, bijtend*

vituperative [bnw] *schimpend*

vivacious [bnw] *opgewekt, levendig*

vivacity [znw] *opgewektheid*

vivisection [znw] *vivisectie*

vivisectionist [znw] *vivisector*

vixen [znw] • *wijfjesvos* • *feeks, helleveeg*

vocabulary [znw] • *woordenlijst* • *woordenschat*

vocal [bnw] • *mondeling* • *mondig* • *stem-*

vocalist [znw] *zanger(es)*

vocation [znw] • *roeping* • *beroep*

vogue [znw] *mode, populariteit*

voice I [ov ww] *uitdrukking geven aan* <gevoelens> II [znw] • *stem* • *geluid* • *inspraak*

void I [znw] • leegte • (ledige) ruimte II [bnw] • nietig <v. contract> • onbezet, ledig

volatile [bnw] • vluchtig <vloeistoffen> • wispelturig

volcanic [bnw] vulkanisch

volcano [znw] vulkaan

volition [znw] het willen, wilskracht

voltage [znw] elektrische spanning

voluble [bnw] veel en enthousiast pratend

volume [znw] • boekdeel • omvang, volume <v. zaken> • geluidssterkte

voluminous [bnw] • (te) groot <v. kleren> • omvangrijk, lijvig

voluntary I [znw] <muz.> solo op orgel II [bnw] • opzettelijk • door de wil geregeld <v. spierbeweging> • vrijwillig

volunteer I [ov ww] ongevraagd iets geven of doen II [on ww] • aanbieden iets te doen • in dienst gaan III [znw] vrijwilliger

voluptuous [bnw] • weelderig <v. vormen> • wellustig • heerlijk

vomit I [ov + on ww] braken II [znw] • braaksel • braakmiddel

voracious [bnw] gulzig, vraatzuchtig

vortex [znw] draaikolk, maalstroom

vote I [ov + on ww] stemmen (op) II [znw] stem

voter [znw] • kiezer • stemgerechtigde

vouch [on ww] • (~ for) instaan voor, borg staan voor

voucher [znw] • (waarde)coupon • bon • reçu

vouchsafe [ov ww] • in bewaring geven • verzekeren

vow [znw] eed, gelofte

vowel [znw] klinker(teken)

voyage [znw] (zee)reis

voyager [znw] zeevaarder, (zee)reiziger

voyeur [znw] gluurder, voyeur

vulgar [bnw] vulgair, ordinair, grof, laag

vulnerable [bnw] kwetsbaar

vulture [znw] gier

W

wacky [bnw] idioot, vreselijk excentriek

wad [znw] • prop • pakje bankbiljetten

waddle [on ww] waggelen

wader [znw] • waadvogel • waterlaars

wafer [znw] • wafel • hostie

waffle I [on ww] kletsen II [znw] • wafel • geklets

waft I [ov ww] voeren II [on ww] zweven III [znw] vleugje

wag I [ov ww] • heen en weer bewegen, schudden • kwispelen II [on ww] kwispelen III [znw] grappenmaker

wage I [ov ww] voeren <vnl. v. oorlog> II [znw] loon

wager I [ov + on ww] (ver)wedden II [znw] weddenschap

waggle [ww] → wag

waif [znw] • zwerver, dakloze • verwaarloosd kind

wail I [on ww] • jammeren, weeklagen • huilen, loeien <v. wind> II [znw] jammerende uitroep

waist [znw] taille, middel

wait I [on ww] • wachten • bedienen <aan tafel> • (~ (up)on) bedienen, van dienst zijn • (~ for) wachten op II [znw] • wachttijd • pauze

waiter [znw] kelner

waitress [znw] serveerster

waive [ov ww] afstand doen van, afzien van

wake I [ov ww] wekken • (~ up) wakker maken/schudden II [on ww] wakker zijn, waken • (~ up) wakker worden III [znw] (kiel)zog

wakeful [bnw] • slapeloos • waakzaam, wakker

waken I [ov ww] wakker maken II [on ww] wakker worden

walk I [ov ww] • lopen/wandelen in/op • stapvoets doen gaan, laten stappen, uitlaten **II** [on ww] *lopen, wandelen, stapvoets gaan* • (~ **into**) *onverwachts betrokken raken bij, makkelijk krijgen* <v. baan> **III** [znw] • *wandeling* • *manier v. lopen* • *wandelpad*

walker [znw] *voetganger, wandelaar*

wall **I** [ov ww] • (~ **in**) *ommuren* • (~ **up**) *afsluiten met een muur, dichtmetselen* **II** [znw] • *wand, muur* • *stadswal*

wallaby [znw] *kleine kangoeroe*

wallet [znw] *portefeuille*

wallop **I** [ov ww] *afranselen* **II** [znw] *mep, opdonder*

walloping [znw] *aframmeling*

wallow **I** [on ww] *rollen* • (~ **in**) (z.) *wentelen in* **II** [znw] *poel* <voor dieren>

walnut [znw] • *walnoot* • *notenhout*

waltz **I** [on ww] • *walsen* • *ontspannen en zelfverzekerd lopen* **II** [znw] *wals*

wan [bnw] *bleek, flets*

wand [znw] *(tover)staf*

wander [on ww] • *rondwandelen, zwerven, dwalen, ronddolen* • *afdwalen*

wanderer [znw] *zwerver*

wane **I** [ww] *afnemen, tanen* **II** [znw] *het afnemen*

wangle **I** [ov ww] *voor elkaar krijgen, gedaan krijgen* **II** [znw] *knoeierij*

want **I** [ov ww] • *missen, ontbreken* • *nodig hebben* • *wensen, willen* **II** [znw] • *behoefte* • *gemis, gebrek*

wanting [bnw] *ontbrekend*

wanton [bnw] • *speels* • *lichtzinnig* • *baldadig*

war **I** [on ww] *strijden (tegen), oorlog voeren (tegen)* **II** [znw] *oorlog*

ward **I** [ov ww] • (~ **off**) *afweren, behoeden voor, pareren* **II** [znw] • *zaal, afdeling* • *curatele, voogdij* • *pupil* <v. voogd> • *stadsdistrict*

warden [znw] • *huismeester* • *bewaker* • *(parkeer)wacht*

warder [znw] *cipier*

wardrobe [znw] • *kleerkast* • *garderobe*

warehouse [znw] *pakhuis,*

opslagplaats, magazijn

warm **I** [ov + on ww] *(ver)warmen, warm maken/worden* • (~ **up**) *warmer maken/worden, opwarmen* **II** [bnw] • *warm, heet* • *hartelijk*

warmth [znw] • *warmte* • *hartelijkheid*

warn [ov + on ww] *waarschuwen*

warning [znw] *waarschuwing*

warp **I** [ov ww] • *doen kromtrekken* • *vervormen, verkeerd richten, (verkeerd) beïnvloeden* **II** [on ww] • *kromtrekken* • *afwijken* **III** [znw] • *schering* • *kromming (psychische) afwijking*

warrant **I** [ov ww] *rechtvaardigen, wettigen* **II** [znw] • *machtiging* • *bevel(schrift)*

warrior [znw] *krijger*

wart [znw] *wrat*

wary [bnw] *behoedzaam*

was [ww] verl. tijd → **be**

wash **I** [ov ww] *wassen, spoelen* • (~ **down**) *wegspoelen* • (~ **out**) *uitwassen* • (~ **up**) *afwassen* **II** [on ww] • *wassen* • *spoelen/stromen langs* • (~ **out**) *door wassen eruit gaan* • (~ **up**) *de afwas doen* **III** [znw] • *wasbeurt* • *was* • *deining, het spoelen* • *dun laagje*

washable [bnw] *(af)wasbaar*

washer [znw] • *sluiting, kraanleertje, pakking* • *wasmachine*

wasp [znw] *wesp*

waspish [bnw] *venijnig, nijdig, prikkelbaar*

wastage [znw] *verkwisting*

waste **I** [ov ww] *verkwisten, verknoeien, verloren laten gaan* **II** [on ww] • (~ **away**) *wegkwijnen, wegteren* **III** [znw] • *verkwisting* • *afval* • *braakliggend land* **IV** [bnw] • *woest, braak* • *afval-*

wasteful [bnw] *verkwistend*

watch **I** [ov ww] • *bekijken, nakijken* • *in de gaten houden* • *bewaken, zorgen voor* **II** [on ww] *kijken* • (~ **for**)

uitkijken naar III [znw] • *wacht*
• *nachtwake* • *horloge*
watchful [bnw] *waakzaam*
water I [ov ww] *besproeien, water geven*
• (~ **down**) *verwateren, verzachten*
II [on ww] • *wateren <v. mand>*
• *tranen <v. ogen>* III [znw] *water*
watery [bnw] • *waterig* • *verwaterd*
wave I [ov ww] • *zwaaien met* • *met een gebaar te kennen geven* • (~ **aside**)
afwijzen • (~ **away**) *beduiden weg te gaan* II [on ww] • *golven, wapperen*
• *zwaaien, wuiven* III [znw] • *golf*
• *golving* • *wuivend gebaar*
wavy [bnw] *golvend*
wax I [ov ww] *boenen, met was inwrijven, poetsen* II [on ww]
• *toenemen* • *<vero.> worden* III [znw]
• *lak* • *oorsmeer* • *woedeaanval* • *was*
IV [bnw] *was-, wassen*
waxen [bnw] *wasbleek*
waxy [bnw] *wasachtig*
way [znw] • *weg* • *richting, kant*
• *eind(je), afstand* • *wijze, manier (van doen), methode*
we [pers vnw] *wij*
weaken [ov + on ww] *verzwakken, verslappen*
weakness [znw] • *zwak punt*
• *zwakheid*
weal [znw] *striem*
weapon [znw] *wapen*
wear I [ov ww] • *dragen, aanhebben*
• *afslijten, uitslijten, verslijten*
• *uitputten, afmatten* • (~ **away**)
uitslijten • (~ **down**) *afmatten*
• (~ **out**) *verslijten, afdragen, uitputten* II [on ww] *afslijten, verslijten* • (~ **away/off**) *slijten, steeds minder worden* • (~ **down**) *afslijten*
• (~ **on**) *langzaam voorbijgaan*
• (~ **out**) *slijten, uitgeput raken*
III [znw] • *dracht* • *slijtage*
wearing [bnw] • *moeizaam*
• *vermoeiend*
wearisome [bnw] • *vervelend*

• *vermoeiend*
weary I [on ww] *moe worden* II [bnw]
• *moe* • *beu* • *vermoeiend* • *vervelend*
weasel [znw] *wezel*
weather I [ov ww] *doorstaan*
II [on ww] *verweren* III [znw] *weer*
weave I [ov ww] • *weven* • *in elkaar zetten* II [znw] *weeftrant, patroon, dessin*
weaver [znw] *wever*
web [znw] • *web* • *zwemvlies*
wed [ov + on ww] *trouwen*
we'd [samentr.] /we should/ /we had/
/we would/ → shall, have, will
wedding [znw]
• *huwelijksplechtigheid* • *bruiloft*
wedge I [ov ww] • *proppen* • *een wig slaan/steken in, vastzetten* II [znw]
• *wig* • *stuk kaas, taartpunt* • *sector*
wedlock [znw] • *huwelijk* • *echtelijke staat*
Wednesday [znw] *woensdag*
weed I [ov ww] *wieden* II [znw]
• *onkruid* • <inf.> *marihuana* • <inf.> *zaadje*
weekly I [znw] *weekblad*
II [bnw + bijw] *wekelijks*
weep [on ww] • *wenen* • *vocht afscheiden*
weigh I [ov ww] • *wegen, z. laten wegen*
• *overwegen* • (~ **down**)
(terneer)drukken, doen (door)buigen
• (~ **out**) *afwegen* II [on ww] • *gewicht in de schaal leggen, (mee)tellen*
• *wegen*
weight I [ov ww] *verzwaren* II [znw]
• *gewicht* • *belang* • *zwaar voorwerp*
weighting [znw] *toelage, toeslag, standplaatstoelage*
weighty [bnw] • *gewichtig, belangrijk*
• *zwaar*
weir [znw] • *(stuw)dam* • *weer*
weird [bnw] • *akelig, griezelig* • *vreemd*
welcome I [ov ww] *verwelkomen in*
II [znw] *ontvangst, verwelkoming*
III [bnw] *welkom*

weld I [ov ww] • lassen • samenvoegen
II [znw] las

welfare [znw] • uitkering • bestwil
• sociale voorzieningen

well I [on ww] (omhoog) wellen,
ontspringen II [znw] • put • bron
III [bnw] • goed, beter, gezond
• in orde IV [bijw] • goed, goed en wel
• behoorlijk • een heel eind
V [tw] • nou • nou ja • och ja
• welnu

we'll [samentr.] /we shall/ /we will/
→ **shall, will**

welt [znw] striem

welter [znw] chaos, verwarring

went [ww] verl. tijd → **go**

wept [ww] verl. tijd + volt. deelw.
→ **weep**

were [ww] verl. tijd → **be**

we're [samentr.] /we are/ → **be**

weren't [samentr.] /were not/ → **be**

west I [znw] westen II [bnw + bijw]
west(en), westelijk

westerner [znw] westerling

westernize [ov ww] westers maken

wet I [ov ww] nat maken,
bevochtigen II [znw] nat(tigheid)
III [bnw] nat, vochtig

we've [samentr.] /we have/ → **have**

whack I [ov ww] (erop) slaan,
meppen II [znw] • smak, klap, mep
• (aan)deel, portie

whale [znw] walvis

whaler [znw] walvisvaarder

whaling [znw] walvisvangst

wharf [znw] kade, laad-/lossteiger

what I [vr vnw] wat voor, welk(e), wat
II [betr vnw] wat III [tw] hè

whatever, whatsoever [vnw]
• wat/welke...ook • wat/welke...toch

wheat [znw] tarwe

wheedle [on ww] flemen, vleien,
bedelen

wheel I [ov ww] duwen, laten rijden,
kruien II [on ww] • rijden, rollen
• zwenken • (~ **round**) (om)zwenken,

z. omdraaien III [znw] • wiel, rad
• stuur • spinnewiel
• pottenbakkersschijf

wheeze I [on ww] • piepen <bij 't
ademhalen> • hijgen II [znw] foefje

whelp I [on ww] jongen, werpen
II [znw] welp

when I [bijw] wanneer II [vw] • terwijl
• toen • als

whenever I [bijw] wanneer ook maar
II [vw] telkens wanneer

where I [bijw] waarheen, waar II [vw]
terwijl

whereas [vw] terwijl

wherever I [bijw] waar toch (heen)
II [vw] waar(heen) ook, overal
waar(heen)

whet [ov ww] prikkelen, opwekken,
slijpen

whether [vw] of

which I [vr vnw] wie, wat, welk(e)
II [betr vnw] die, dat, welke, wat,
hetwelk

whichever I [bnw] welk(e)..ook
II [onb vnw] welk(e)

whiff [znw] zuchtje, vleugje

while I [ov ww] • (~ **away**) verdrijven v.
tijd II [znw] tijd(je), poosje III [vw]
terwijl, hoewel

whim [znw] gril, nuk

whimper I [ov + on ww] zachtjes
janken II [znw] zacht gejank

whimsical [bnw] • wispelturig
• eigenaardig

whine I [ov + on ww] • jengelen,
dreinen, janken • gieren II [znw]
• gezeur • gejammer • het gieren

whinny I [on ww] hinniken II [znw]
gehinnik

whip I [ov ww] • kloppen • de zweep
leggen over, geselen, (af)ranselen, slaan
• opzwepen • (~ **off**) snel te voorschijn
halen, eruit flappen • (~ **up**) haastig in
elkaar zetten, opzwepen II [on ww]
• fladderen • wippen, schieten
• (~ **round**) z. snel omdraaien

III [znw] zweep

whirl I [ov + on ww] • draaien • snel rond draaien, rondtollen **II** [znw] • werveling, draaikolk • roes

whirr I [on ww] gonzen, snorren **II** [znw] snorrend geluid

whisk I [ov ww] • tikken, zwaaien, zwiepen, slaan • (op)kloppen • (~ away) in een flits wegvoeren/-werken **II** [on ww] z. snel bewegen, wegglippen • (~ round) z. plotseling omdraaien **III** [znw] • garde, eierklopper • tik, veeg, snelle beweging

whisker [znw] snorhaar <v. kat/hond>

whisper I [on ww] fluisteren **II** [znw] • gefluister • geruis

whistle I [ov + on ww] fluiten **II** [znw] • fluit(je) • gefluit

whit [znw] greintje

white I [znw] blanke **II** [bnw] • wit • bleek • blank

whiten I [ov ww] bleken **II** [on ww] wit worden

whitening [znw] • krijtpoeder • witkalk

whiting [znw] • witkalk • wijting

whittle [ov ww] • (af)snijden • (~ away) verminderen • (~ down) besnoeien, kleiner maken

who I [vr vnw] wie **II** [betr vnw] die, wie

whoever [vnw] wie (dan) ook

whole I [znw] geheel **II** [bnw] • heel • ongeschonden, gezond

wholesale [bnw] • massaal, op grote schaal • m.b.t. de groothandel

wholesaler [znw] grossier

wholly [bijw] geheel

whom [vnw] → who

whoop I [ov + on ww] schreeuwen **II** [znw] uitroep

whopper [znw] • enorme leugen • kanjer, knaap

whopping [bnw] enorm, kolossaal

whore [znw] hoer

whorl [znw] spiraalvorm

whose [vr vnw] wier, van wie, v. welke, wiens, ervan, waarvan

wicked [bnw] • slecht, gemeen, vals • ondeugend

wicker [znw] vlechtwerk, mandwerk

wicket [znw] wicket <cricket>

wide I [bnw] • wijd, breed • uitgestrekt, uitgebreid, groot, ruim **II** [bijw] • wijdbeens • wijd open

widen [ov + on ww] verbreden, wijder maken/worden

widow [znw] weduwe

widower [znw] weduwnaar

width [znw] • wijdte, breedte • ruimheid

wield [ov ww] gebruiken, zwaaien

wife [znw] vrouw, echtgenote

wig [znw] pruik

wiggle I [ov ww] doen wiebelen, (snel op en neer) bewegen **II** [znw] gewiebel

wild [bnw] • wild • woedend • enthousiast

wildcat I [znw] wilde kat **II** [bnw] financieel onbetrouwbaar

wilful [bnw] • opzettelijk • koppig, dwars

will I [ov + on ww] willen **II** [ov ww] nalaten, vermaken **III** [hww] • zullen • willen **IV** [znw] • wil, wilskracht • testament

willing [bnw] bereid(willig), gewillig

willow [znw] wilg

willowy [bnw] soepel

willy-nilly [bijw] goedschiks of kwaadschiks

wilt I [ww] → will **II** [ov + on ww] (doen) verwelken, slap doen/gaan hangen

wily [bnw] sluw

wimple [znw] kap <v. non>

win I [ov ww] • winnen • behalen, verwerven, bereiken • (~ back) terugwinnen **II** [on ww] winnen • (~ out) 't winnen • (~ through) te boven komen, z. erdoorheen slaan **III** [znw] • overwinning • succes

winch [znw] lier, windas

wind I [ov ww] (op)winden, (omhoog)
draaien • (~ **down**) naar beneden
draaien <v. autoruit>, af laten lopen <v.
veer> • (~ **up**) opdraaien <v.
mechaniek>, omhoogdraaien, op stang
jagen, beëindigen, opwinden
II [on ww] zich slingeren • (~ **down**)
aflopen <v. veer>, zich ontspannen
• (~ **round**) kronkelen • (~ **up**)
terechtkomen **III** [znw] • adem • lucht
• wind
windlass [znw] windas, lier
window [znw] • raam • loket • etalage
windscreen [znw] voorruit
windward [bnw] naar de wind gericht
windy [bnw] • winderig • breedsprakig
• bang
wine [znw] wijn
wing I [on ww] vliegen **II** [znw]
• vleugel • wiek • spatbord
winged [bnw] met vleugels
wink I [ov + on ww] • knipperen
• knipogen • flikkeren • (~ **at**)
knipogen naar, oogluikend toelaten
II [znw] • knipoog • wenk
winner [znw] • winnaar • succes
winning [bnw] innemend
winsome [bnw] innemend, sympathiek
winter I [ov + on ww] de winter
doorbrengen **II** [znw] winter
wipe I [ov ww] (af)vegen, afdrogen
• (~ **away**) wegvegen • (~ **out**)
uitvegen, wegvegen, totaal vernietigen
• (~ **up**) opvegen **II** [znw] • veeg
wiper [znw] ruitenwisser
wire I [ov ww] • met draad
vastzetten/versterken • telegraferen
• <techn.> aansluiten **II** [znw]
• telegram • (metaal)draad
wireless I [znw] radio **II** [bnw]
draadloos
wiry [bnw] • taai • weerbarstig
wisdom [znw] wijsheid
wise I [ov + on ww] • (~ **up**) iets
doorkrijgen **II** [znw] <vero.> wijze,
manier **III** [bnw] wijs, verstandig

wish I [ov + on ww] • wensen,
toewensen • verlangen **II** [znw] wens
wisp [znw] • (rook)sliert • bos(je) • piek
<v. haar>
wispy [bnw] piekerig, spichtig
wistful [bnw] treurig, droefgeestig
wit [znw] • geestigheid • geestig persoon
witch [znw] heks
with [vz] • met • van • bij
withdraw I [ov ww] • terugnemen
• terugtrekken **II** [on ww] z.
terugtrekken
withdrawal [znw] • het terugtrekken
• het terugnemen
withdrawn [bnw] • teruggetrokken
• verlegen
wither [ov + on ww] (doen) verwelken,
verschrompelen, verdorren, (uit)drogen
withhold [ov ww] • terughouden, niet
geven **II** [on ww] z. weerhouden, z.
onthouden
within I [bijw] (van) binnen, in huis
II [vz] binnen (in)
without [vz] zonder
withstand [ov ww] weerstaan,
weerstand bieden (aan)
witless [bnw] onnozel, stupide, dom
witness I [ov ww] getuige zijn v.
II [znw] getuige
witticism [znw] geestigheid
witty [bnw] geestig
wives [mv] → **wife**
wizard [znw] tovenaar
wizardry [znw] toverkunst(en)
wobble [on ww] wiebelen, schommelen
woe [znw] wee
woke [ww] verl. tijd + volt. deelw.
→ **wake**
woken [ww] volt. deelw. → **wake**
wolf I [ov ww] • (~ **down**) opschrokken
II [znw] wolf
wolves [mv] → **wolf**
woman [znw] • vrouw • werkster
womanish [bnw] verwijfd,
sentimenteel
womankind [znw] de vrouwen

womanly [bnw] *vrouwelijk*

womb [znw] *baarmoeder, schoot*

women [mv] → **woman**

won [ww] verl. tijd + volt. deelw.
→ **win**

wonder I [on ww] • *verbaasd staan*
• *zich afvragen* • *benieuwd zijn* • (~ at)
zich verwonderen over II [znw]
• *wonder* • *verwondering*

wonderful [bnw] *prachtig, schitterend*

wonderment [znw] *verwondering*

wondrous [bnw + bijw] *verwonderlijk,
buitengewoon*

wont ‹form.› [bnw] *gewoon, gewend*

won't ‹samentr.› /will not/ → **will**

woo [ov ww] • *de gunst proberen te
winnen van* • *het hof maken*

wood [znw] • *hout* • *bos*

wooded [bnw] *bebost*

wooden [bnw] *houten, houterig, stijf*

woodwind [znw] *blaasinstrumenten*

woodwork [znw] • *houtwerk* ‹in
gebouw› • *houtbewerking*

woody [bnw] • *bosrijk* • *hout-*

woof I [on ww] *blaffen* II [znw] • *inslag*
• *weefsel* • *blaf*

wool [znw] *wol*

woollen [bnw] *wollen*

woolly I [znw] *wollen trui* II [bnw]
wollig

word I [ov ww] *uitdrukken, verwoorden*
II [znw] • *woord* • *bericht, nieuws*
• *bevel* • *parool, wachtwoord*

wording [znw] *bewoordingen, stijl,
redactie*

wordy [bnw] *woordenrijk, langdradig*

wore [ww] verl. tijd → **wear**

work I [ov ww] • *laten werken*
• *bedienen, exploiteren* • *bewerken,
kneden, smeden* • (~ in) *erin werken,
ertussen werken* • (~ into) *tot ...
brengen* • (~ off) *te boven komen,
afreageren* • (~ out) *berekenen*
• (~ over) *aftuigen* • (~ up) *opwerken,
aanzetten* II [on ww] • *werken* • *effect
hebben, gaan, functioneren* • (*nerveus*)

trekken • (~ on) *dóórwerken, werken
op* • (~ out) *uitkomen, trainen, lukken*
III [znw] • *werk, arbeid* • *naaiwerk,
breiwerk, borduurwerk* • *werkstuk*

workable [bnw] *bruikbaar*

workaday [bnw] *alledaags, saai*

worker [znw] *werker, arbeider*

working I [znw] • *werking* • *mijn*
II [bnw] • *werk-, bedrijfs-* • *werkend,
praktisch, bruikbaar*

world [znw] *wereld*

worldly [bnw] • *aards* • *werelds*

worm I [ov ww] *ontwormen* II [znw]
worm

wormy [bnw] • *wormstekig* • *vol
wormen*

worn I [ww] volt. deelw. → **wear**
II [bnw] • *versleten* • *gedragen*

worried [bnw] *bezorgd*

worrisome [bnw] *lastig, vervelend,
zorgelijk*

worry I [ov ww] *lastig vallen, vervelen,
(aan 't hoofd) zaniken* II [on ww]
piekeren, z. zorgen maken III [znw]
• *zorg* • *tobberij*

worrying [bnw] *zorgwekkend, zorgelijk*

worse [bnw + bijw] *slechter, erger*

worsen [ov + on ww] *verergeren*

worship I [ov ww] *aanbidden* II [znw]
• *verering, aanbidding* • *eredienst*

worshipful [bnw] *eerbiedig*

worshipper [znw] • *vereerder*
• *gelovige, kerkganger*

worsted [znw] *wol, kamgaren*

worth I [znw] *waarde* II [bnw] *waard*

worthless [bnw] *waardeloos*

worthy I [znw] *beroemdheid, held*
II [bnw] • *waardig* • *waard*
• *(achtens)waardig, braaf*

would [ww] verl. tijd → **will**

wound I [ww] verl.tijd + volt.deelw.
→ **wind** II [ov ww] • *(ver)wonden,
krenken* III [znw] *wond*

wove [ww] verl. tijd → **weave**

woven [ww] volt. deelw. → **weave**

wrangle I [on ww] *ruzie*

hebben/maken, kiften, vitten II [znw]
ruzie
wrap I [ov ww] *inpakken, wikkelen*
• (~ **up**) *afronden, inwikkelen*
II [on ww] • (~ **up**) *z. inpakken*
III [znw] • *omslagdoek* • *reisdeken*
wrapper [znw] *wikkel*
wrapping [znw] *(in)pakmateriaal*
wrath [znw] *toorn*
wreak [ov ww] *aanrichten*
wreath [znw] *krans, guirlande*
wreathe [ov ww] • (~ **in**) *omkransen,
hullen in*
wreck I [ov ww] • *doen schipbreuk
lijden, doen verongelukken*
• *vernietigen* II [znw] *ruïne,
wrak(stukken), overblijfsel*
wreckage [znw] *wrakstukken*
wrecker [znw] *verwoester*
wren [znw] *winterkoninkje*
wrench I [ov ww] • *ontwrichten,
verstuiken* • *wringen, rukken, draaien*
II [znw] • *ruk, draai* • *moersleutel*
• *pijnlijke scheiding*
wrest [ov ww] *wegrukken*
wrestle [ov + on ww] *worstelen (met)*
wrestler [znw] *worstelaar*
wrestling [znw] *het worstelen*
wretched [bnw] • *slecht, miserabel*
• *ellendig, diep ongelukkig*
wriggle I [ov + on ww] *wriemelen,
(zich) kronkelen* • (~ **out of**) *ontkomen
aan* II [znw] *gekronkel, gewriemel*
wring I [ov ww] *wringen* • (~ **out**)
uitwringen II [znw] *draai*
wringer [znw] *mangel*
wrinkle I [ov + on ww] *rimpelen,
plooien* II [znw] *rimpel, plooi*
wrist [znw] *pols*
write I [ov ww] *schrijven* • (~ **down**)
opschrijven • (~ **off**) *als afgeschreven
beschouwen* • (~ **out**) *uitschrijven,
voluit schrijven* • (~ **up**) *in het net
schrijven* II [on ww] *schrijven*
writer [znw] *schrijver*
write-up [znw] *rapport, recensie*

writhe [ov + on ww] *(z.) kronkelen*
writing I [znw] • *schrift* • *geschrift,
handschrift* II [bnw] *schrijf-*
written I [ww] volt. deelw. → **write**
II [bnw] *schriftelijk*
wrong I [ov ww] • *verkeerd beoordelen*
• *onrecht aandoen, onheus behandelen*
II [znw] • *kwaad, onrecht* • *iets
verkeerds* • *ongelijk* III [bnw + bijw]
• *verkeerd, niet in orde* • *slecht*
wrongful [bnw] • *onrechtmatig* • *fout*
wrote [ww] verl. tijd → **write**
wrung [ww] verl. tijd + volt. deelw.
→ **wring**

X

xenophobia [znw]
vreemdelingenhaat/-angst
Xmas [znw] Kerstmis
X-ray I [ov ww] • röntgenfoto maken
(v.) • nauwkeurig onderzoeken II [znw]
röntgenfoto
xylophone [znw] xylofoon

Y

yacht [znw] jacht
yachting [znw] zeilsport
yank I [ov ww] plotseling (weg)trekken,
rukken, trekken aan II [znw] ruk, stoot,
klap
Yank, Yankee I [znw] inwoner v.d. VS,
Amerikaan II [bnw] Amerikaans
yap I [on ww] • keffen • kletsen II [znw]
gekef
yard [znw] • yard (=91 cm)
• binnenplaats, erf, plaats(je) <bij huis>
• emplacement, werf
yarn [znw] • garen, draad • sterk verhaal
yaw [on ww] • uit de koers raken
• slingeren <v. vliegtuig/schip>
yawn I [on ww] gapen, geeuwen
II [znw] • geeuw • vervelend iets
ye <vero.> I [pers vnw] gij, u II [lw] de,
het
yea [znw] ja
year [znw] jaar
yearly [bnw + bijw] jaar-, jaarlijks
yearn [on ww] smachten (naar)
yearning I [znw] vurig verlangen
II [bnw] smachtend
yeast [znw] gist
yell I [on ww] schreeuwen • (~ **out**)
uitbrullen II [znw] geschreeuw, gil
yellow I [ov ww] geel maken II [on ww]
vergelen, geel worden III [bnw] • geel
• laf
yelp I [on ww] janken II [znw] gejank
yes [tw] ja
yesterday [bijw] gisteren
yet I [bijw] • nog, tot nog toe • toch,
nochtans • al II [vw] en toch, maar
Yiddish I [znw] de Jiddische taal
II [bnw] Jiddisch
yield I [ov ww] • op-/voortbrengen,
opleveren • afstaan • (~ **up**) opleveren,
afstaan II [on ww] • toegeven • z.

overgeven • bezwijken **III** [znw]
• productie • opbrengst • oogst
yielding [bnw] *meegaand/-gevend*
yippee [tw] *jippie!*
yodel I [ov + on ww] *jodelen* **II** [znw]
gejodel
yoke I [ov ww] • *'t juk opleggen*
• *aanspannen <v. ossen>* • *verbinden*
II [znw] • *juk* • *heup-/schouderstuk <v.*
kledingstuk>
yokel [znw] *boerenpummel*
yolk [znw] *eidooier*
yonder [bijw] *daar(ginds)*
you [pers vnw] • *jullie, je* • *gij, u* • *men*
you'd [samentr.] /*you would/ /you*
had/ → **will, had**
you'll [samentr.] /*you will/ /you*
shall/ → **shall, will**
young [bnw] *jong*
youngster [znw] *jong mens, kind*
your [bez vnw] *uw, je*
you're [samentr.] /*you are/* → **be**
yours [bez vnw] *jouwe, de/het uwe*
youth [znw] • *jeugd* • *jongeling*
youthful [bnw] *jeugdig, jong*
you've [samentr.] /*you have/* → **have**
yowl I [on ww] *janken, huilen,*
miauwen **II** [znw] • *gejank* • *gemiauw*

Z

zany [bnw] *grappig, excentriek*
zap I [ov ww] <inf.> *doden, doodschieten*
II [on ww] *snel ergens heengaan*
• (~ **through**) *snel iets afmaken*
zeal [znw] *ijver, vuur*
zealot [znw] *fanatiekeling*
zealous [bnw] *ijverig*
zero I [on ww] • (~ **in/on**) *richten op*
II [znw] *nul(punt)* **III** [bnw] *nul-, geen*
zest [znw] • *vuur* • *animo*
zinc [znw] *zink*
zip I [ov ww] • (~ **up**) *dichtritsen*
II [znw] *ritssluiting*
zipper [znw] *ritssluiting*
zodiac [znw] *dierenriem*
zoo [znw] *dierentuin*
zoology [znw] *dierkunde*
zoom [on ww] • *zoemen* • *snel in prijs*
stijgen • (~ **in** (**on**)) *inzoomen (op)*

Een selectie Prisma Opzoekboeken op het gebied van taal

Prisma Woordenboeken

Nederlands	ISBN 90 274 5147 8
Nederlands-Engels	ISBN 90 274 5148 6
Engels-Nederlands	ISBN 90 274 5149 4
Nederlands-Frans	ISBN 90 274 5152 4
Frans-Nederlands	ISBN 90 274 5153 2
Nederlands-Duits	ISBN 90 274 5150 8
Duits-Nederlands	ISBN 90 274 5151 6
Nederlands-Spaans	ISBN 90 274 5156 7
Spaans-Nederlands	ISBN 90 274 5157 5
Nederlands-Italiaans	ISBN 90 274 5154 0
Italiaans-Nederlands	ISBN 90 274 5155 9

Prisma Taalgidsen

Taalgids Hongaars	ISBN 90 274 4173 1
Taalgids Indonesisch	ISBN 90 274 3231 7
Taalgids Portugees	ISBN 90 274 4155 3
Taalgids Russisch	ISBN 90 274 4156 1
Taalgids Spaans	ISBN 90 274 2881 6

Verkrijgbaar bij de boekhandel

Samen met Prisma weet u alles

Prisma Spreekwijzers

Spreekwijzer Duits	ISBN 90 274 2445 4
Spreekwijzer Engels	ISBN 90 274 2443 8
Spreekwijzer Frans	ISBN 90 274 2444 6
Spreekwijzer Italiaans	ISBN 90 274 2442 X
Spreekwijzer Russisch	ISBN 90 274 3109 4
Spreekwijzer Spaans	ISBN 90 274 2446 2

Prisma Brievenboeken

Brieven schrijven in het Duits	ISBN 90 274 4052 2
Brieven schrijven in het Engels	ISBN 90 274 3358 5
Brieven schrijven in het Frans	ISBN 90 274 3293 7
Brieven schrijven in het Italiaans	ISBN 90 274 4168 5
Brieven schrijven in het Nederlands	ISBN 90 274 5595 3
Brieven schrijven in het Spaans	ISBN 90 274 2941 3

Prisma Grammatica

Grammatica Duits	ISBN 90 274 2962 6
Grammatica Engels	ISBN 90 274 4050 6
Grammatica Frans	ISBN 90 274 3336 4
Grammatica Italiaans	ISBN 90 274 3232 5
Grammatica Latijn	ISBN 90 274 1755 5
Grammatica Nederlands	ISBN 90 274 4720 9
Grammatica Spaans	ISBN 90 274 3335 6
Grammatica Zweeds	ISBN 90 274 2568 X

Verkrijgbaar bij de boekhandel

Samen met Prisma weet u alles